无锡文博 己亥撷英

WUXI ARCHEOLOGY AND MUSEOLOGY REVIEW

无锡博物院 编

古吴轩出版社

中国·苏州

图书在版编目（CIP）数据

无锡文博 己亥撷英 / 无锡博物院编. -- 苏州：
古吴轩出版社，2019.12
ISBN 978-7-5546-1477-8

Ⅰ. ①无… Ⅱ. ①无… Ⅲ. ①文物工作－无锡－文集
②博物馆－工作－无锡－文集 Ⅳ. ①G269.275.33-53

中国版本图书馆CIP数据核字(2019)第263782号

责任编辑：周　娇
见习编辑：祝文秀
装帧设计：刘亚丽
责任校对：李爱华　任佳佳
责任照排：刘亚丽　朱敏洁

书　　名：无锡文博　己亥撷英
编　　者：无锡博物院
出版发行：古吴轩出版社
　　　　　地址：苏州市十梓街458号　　邮编：215006
　　　　　电话：0512-65233679　　传真：0512-65220750
出 版 人：钱经纬
印　　刷：无锡市证券印刷有限公司
开　　本：889×1194　1/16
印　　张：20.5
版　　次：2019年12月第1版　第1次印刷
书　　号：ISBN 978-7-5546-1477-8
定　　价：180.00元

如有印装质量问题，请与印刷厂联系。0510-85435777

目 录
CONTENTS

艺术

遗产

附录

考古
archaeology

北宋江阴青阳葛氏葬地选址及墓葬排序考

周利宁 *

【摘要】葛氏家族是江阴宋代声名最盛的世家大族，本文利用文献资料和已经发表的考古资料，对以葛尚书墩墓地为代表的葛氏家族墓葬进行梳理和考证，探讨葛氏家族墓地的选址和墓葬的排位顺序，以此管窥宋代家族墓地墓葬制度和丧葬思想。

【关键词】江阴葛氏　家族墓地　墓葬制度

2018年8月18日，江阴市博物馆举办的一个名为"记忆——建馆三十周年特展"的展览，展出了精挑细选的30件馆藏文物，出自夏港街道三元村的文物达5件，占六分之一，这些文物都出自宋代江阴最早最著名的文人士族——葛氏家族的墓葬。目前，宋代葛氏家族的墓葬发现有6座，虽然基本上没有经过科学发掘，但为研究江阴地区宋代葬制葬俗提供了最直观的标本。

一、葛氏家族及墓地

葛氏家族是宋代江阴形成最早、声名最盛的簪缨之族。据《葛氏宗谱》记载，葛氏源流始于秦末汉初的葛婴，居于山东诸县，后徙至阳都变姓诸葛，再迁京口丹阳，又迁淮南广陵；由于诸葛殷作乱，去复姓，葛炳为江阴葛氏始祖，第三世葛涛因孙儒、杨行密交兵，于公元908年渡江迁到江阴，先居舍村镇（今南闸街道涂镇）东南，其后最主要的两支，一支南迁定居今青阳镇附近，一支东迁定居今定山周边。其中以青阳支最为兴旺，自第五世葛详创立家业，葛氏鼎盛之时户籍遍及宋代青阳、太宁、凤戈、金凤、昭闻、来春、顺化等9个乡，占当时江阴17个乡的一半左右。至元代元统二年（1334）统计，葛氏家族中"千二百人登仕版者，百六十一人登科，三十六人恩科，十一人恩赐，十一人封赠，八人聘恩，三人资补，四人奏荐，八十六人追谥，五人史传"。[1]

据江阴葛氏历代修撰的《葛氏宗谱》世表和《坟墓考》，宋代埋葬于江阴的葛氏家族墓葬多位于太宁乡（今月城镇、南闸街道、夏港街道一带）、凤戈乡（今云亭街道南部、青阳镇东北部一带）、顺化乡（今澄江街道西部、夏港街道一带，原名化龙乡）、青阳乡（今青阳镇一带），主要集中在今夏港街道、南闸街道、青阳镇一带。另外零星位于昭闻乡启山

---

* 周利宁：江阴博物馆考古征集部副主任，馆员

（今云亭街道绮山）、宝池乡贪山（位于绮山东南，今已不存）、同岐（今青阳镇桐岐社区）、来春乡观山（又名凤凰山，位于今南闸街道观山村）、由里山九莲庵后（今云亭街道花山九莲禅院北）和江阴北门（今澄江街道环城北路附近），墓地位置与宋代葛氏户籍所在地大致重合。除葛尚书墩墓地、屠墅（小青阳）墓地已经发现确切地点，其他墓地因年深日久及所在地名变化，均已失考。

葛尚书墩墓地是江阴葛氏家族有记载的最早的，也是唯一位于顺化乡的墓地。顺化乡夏港桥西原建有葛氏家族的仓院。仓院位于葛尚书墩墓地东面，用于储藏从来春、顺化二乡收取的租米，以及用作每年祭祀祖坟前制作祭品的场所；元丰（1078—1085）初，家族析产后不再储存租米而改为庵院[2]。

中华人民共和国成立后发现的宋代葛氏家族墓葬均位于顺化乡夏港西社村（今夏港街道三元村），据原夏港文化站站长徐英才先生[3]和江阴市博物馆原馆长唐汉章先生[4]的记载，葛尚书墩是夏港街道沿江现存的13个土墩中最大的一个，当地人称之为"大墩"，高约10多米，占地3000多平方米，2004年后墩体已不存。在20世纪70—80年代，该墩共出土宋代墓葬6座（图一）。

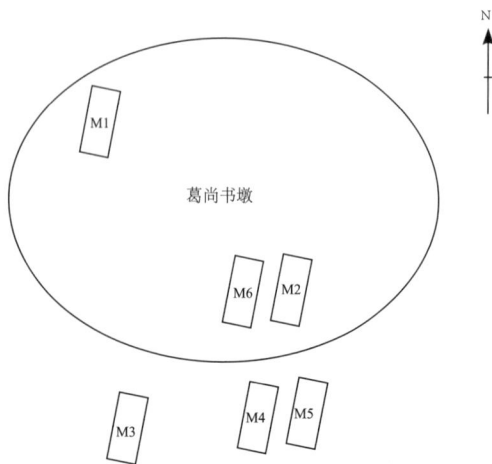

图一　葛尚书墩墓地墓葬相对位置示意图

M1：1978年11月中旬发现，位于墩西北石柱头下，出土梅瓶2件、漆盘1件、漆盒1件、铜盂1件、金筷1双、大翅官帽1件、墓志一块，字迹多漫漶，仅能识别"熙宁四年"4字。

M2：1978年11月中旬发现，位于当时墩体南部，楠木棺椁，形制不明。内棺出土夹钢剑1把、铜钱16斤、檀香木碎片若干等。另有墓志一合，字迹多漫漶，志盖篆书"宋□屯田□□郎□公墓□□"，志文能辨识出"宋熙宁八年乙卯屯田员外郎之墓"，以及左下角"百陵道士周型芝刊"。[5]

M3：1978年11月28日发现，位于墩前偏西10米，为浇浆砖室墓，楠木棺椁，内棺出土日珥风字砚1件、桃形竖钮谜语铜镜1件、棺底各缺一角的铁牛4件、墓志一块，字迹多漫漶，仅能识别"瑞昌""嘉祐六年"。

M4：1980年11月中旬发现，位于墩前东约5米，M2南15米。楠木棺椁，外有浇浆，头向西南。出土买地券、经卷、木俑、木质家具、漆器、铜镜、陶罐、铁剪等。墓主为"瑞昌县君"孙四娘子。[6]

M5：1980年11月中旬发现，位于墩前东约8米，楠木棺椁，外有浇浆，早年被盗，棺内无遗物。

M6：发现时代和形制不明，位于M2附近，出土金饰和一些生活用品。

这6座墓除M1位于墩西北，其他几座墓位置相对接近，由于当时条件所限，都没有经过科学发掘，墓葬的形制大致有砖室木椁墓和浇浆木椁墓两种，都是单室墓。其中M2墓志记述墓主为"屯田员外郎葛公"，卒于熙宁八年乙卯（1075）。当时葛氏担任过屯田员外郎的有第七世葛宫[7]和葛宫次子葛汝平[8]，葛宫卒于熙宁壬子年（1072），且最后官职为工部侍郎，赠工部尚书，因此M2墓主应该为葛汝平，简报误认为是葛闳[9]。M4墓主由买地券确认是葛宫妻"瑞昌县君"孙四娘子。其他几座墓无法明确墓主,根据墓志中"熙宁四年""嘉祐六年"也只能推测墓主大致的生活年代。

二、葛氏墓地选址

宋代承唐季五代流俗,"世俗信葬师之说,既择年月日时,又择山水形势,以为子孙贫富、贵贱、贤愚、寿夭尽系于此"[10]。虽然有司马光、张载等人极力反对,但大部分人包括帝王、士大夫都信奉风水堪舆,溺于阴阳家之言。还有一些士大夫较为持重,介于前两者之间,如北宋著名理学家邵雍(1011—1077),"康节(邵雍)谋葬大父,与程正叔(程颐)先生同卜地于伊川神阴原。不尽用葬书,大抵以五音择地,以昭穆序葬,阴阳拘忌之说,皆所不信"[11],其实也部分采用了堪舆术。青阳葛氏的女婿、大书法家蔡襄(1012—1067)《卜葬帖》也说,"地里(理)家说无了期,但无风水,免乡人言可矣",被南宋诗论家刘克庄(1187—1269)评为"通人之论"[12],即使不是深信风水堪舆的士大夫也难于免俗。

葛氏现存的墓志中较少涉及堪舆的言论,仅有极少数"卜葬"得某地安葬的记述,言语不详,我们通过历次发现的葛氏家族墓地来考察:

1.葛尚书墩墓地。该墓地是葛氏家族早期最重要的墓地,东为老夏港河,旧名夏浦,传说为夏禹所凿,历史悠久,《葛氏宗谱》上有夏港桥西原建有葛氏家族的仓院的记载,明正德《江阴县志》也记载了宋绍定二年(1229)知县林庚在老夏港河建桥,可见宋代老夏港河早就已经存在。葛尚书墩墓地正东正位于老夏港河的转折处,位置、流向、地势与《地理新书》卷四《水势吉凶》中"凡水从西南来,至冢宅前折东北流,宅东地势下,名天仓地"的记载相对接近,风水师认为冢宅

位于这样的地形,"累世富贵,出三公九卿,大吉"[13]。

2.屠墅墓地。该墓地位于今里旺里行政村小青阳自然村,原本失考。屠墅墓地辈分最高的是第七世葛密,陈氏为葛密的继室,按礼制祔葬在葛密墓附近。民国十九年(1930),陈氏墓因当地村民耕种破土被发现,也因此确认屠墅墓地位于小青阳村[14]。锡澄运河位于墓地之西,又有东北向的青阳河与锡澄运河在墓地北部交汇。锡澄运河古称运粮河、经河,北宋皇祐年间(1049—1054),江阴军知军葛闳聚粟二万斛,自五泻堰至黄田港力浚漕运,成为江阴主要通江航道。葛密卒于元丰壬戌年(1082),屠墅墓地大致于这个时间开始营建,与《地理新书》卷四《水势吉凶》中"凡水从东南来,于冢宅西过东北去"地形大致相似,阴阳师认为冢宅在此地,"累代富贵,出卿相不绝,大吉"[15]。

这两个墓地是葛氏已知的最早的两个墓地,选择了境内平原上的土墩或高地,而没有选择风水较佳的江阴北部山地,推测是因为这些土地属于葛氏家族所有,可以随意规划。相对位置一北一南,与葛氏青阳支由江阴北部向南部迁居的轨迹相同,便于祭祀和管理。这些地域原本皆是荒地,经以葛详为首的葛氏族人经营以后才变成沃壤。由于这些限制,葛氏无法找到完全契合堪舆术的吉地,只能相对选择佳地,比如屠墅墓地,无视了地理书中的另一种说法"凡西有水流通江河,冢宅皆凶"[16]。

三、葛氏家族墓地墓葬排序

据《葛氏宗谱》记载,葛尚书墩墓地葬有葛详、葛惟甫及妻吴氏、葛宫及妻孙四娘子、葛寔及妻陈氏和继室尹氏、葛汝平及妻孙氏,也有宗谱失考的其他家族成员葬在此地,比如葛详妻焦氏,按照当时的风俗和其他家族成员

的出土墓葬推断，两人应该是异穴合葬。有记载的家族成员的关系如下（图二）：

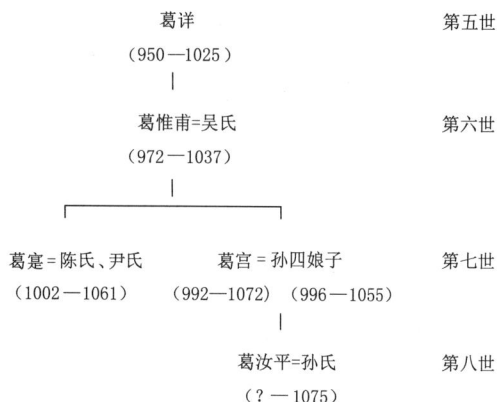

```
              葛详                    第五世
           (950—1025)

            葛惟甫=吴氏                第六世
           (972—1037)
                │
        ┌───────────────┐
   葛寔=陈氏、尹氏    葛宫=孙四娘子      第七世
   (1002—1061)     (992—1072)(996—1055)
                        │
                   葛汝平=孙氏          第八世
                    (?—1075)
```

图二　葛氏家族世系图（葛尚书墩墓地）

葛尚书墩墓地自第五世葛详至第八世葛汝平，至少埋葬有四代人，第十世葛立方的《葛氏创置兴徙记》记载，直到葛惟甫下葬的时候才立为"顺化坟茔"，其实至少在葛详下葬的时候就已经开始了，在《葛氏宗谱》卷五《江阴始祖纲领图表》和卷二十六《坟墓考》[17]都有葛详葬于葛尚书墩墓地的记载，该墓地到绍兴十年（1140）还作为家族墓地来维护。

虽然没有进行科学发掘，葛尚书墩墓地布局也有迹可循。

孙四娘子墓（M4）从考古发现的确切位置看位于当时土墩的正南面，墓中出土了一件墨书买地券，"……取当年七月二十九乙酉化龙乡祖茔西仄，用价钱九万九千九百九十九文，买得吉地壹段。东止甲乙青龙，西止庚辛白虎，南止丙丁朱雀，北止壬癸玄武，其他各分，封步分明……"[18]，这段券文透露出整个墓地是有一个规划的，孙四娘子墓被安排在"祖茔"的西侧。而"祖茔"应该是高于第七世的长辈坟墓，是葛详或者葛惟甫的墓。按照当时的葬制，妻子与丈夫合葬，一同祔葬祖坟。孙四娘子墓是单室墓，因此与它相距仅3米的M5为其夫葛宫墓的概率高于其他人。同理，葛汝平墓（M2）西部距离极近的女性墓

葬M6应该为其妻孙氏墓。

江阴市博物馆还藏有一件木质买地券，20世纪70年代平整土地时在夏港公社东园村向阳大队（即葛尚书墩墓地所在大队）出土，从残存的墨书券文结合北宋蔡襄所写的《尹夫人墓志铭》[19]，可以确定买地券的主人是葛氏家族第七世葛寔的继室尹氏[20]。M3出土墓志能识别的文字有"瑞昌"和"嘉祐六年"。"瑞昌"即葛宫妻孙四娘子，被封为瑞昌县君，墓葬位置明确，卒于至和二年（1055），墓志中不可能出现"嘉祐六年"，因此不可能是孙四娘子墓，推断可能是墓志字迹漫漶后的误读或回忆中的误记。葛寔生卒年龄失考，发妻陈氏早丧，继室尹氏墓志记载"以嘉祐六年八月初九日卒"，再加上尹氏买地券出土于20世纪70年代，与M3出土时间基本一致，M3为葛寔或者尹氏墓，是尹氏墓的可能性更大一些。M1虽然无法得知墓主是谁，但"熙宁四年"也说明该墓的年代要晚于葛宫夫妇墓和葛寔夫妇墓。综上所述，葛尚书墩墓地是父东子西、孙辈在北的格局。

北宋时最受推崇的是赵宋皇室采用的"五姓取穴"法，即按照姓氏属于宫、商、角、徵、羽五音的哪一个来确定墓穴方位。按照五音，葛为商姓，参照《地理新书》卷第十三《五姓取穴祔葬图·商角昭穆葬》或者《五姓取穴祔葬图·商角贯鱼葬》[21]的方位，以地心为坐标点，祖穴位于壬地（西北方），昭穴位于丙地（东南方），穆穴位于庚地（西南方）。从现在发现的墓葬来看，祖穴的方位与五音方位不符合。考察北宋时期已发现的家族墓地，蓝田吕氏家族墓、富弼家族墓、韩琦家族墓、包拯家族墓、滕子京家族墓等，只有韩琦家族墓大体符合"以五音择地，以昭穆序葬"[22]，可见"五姓取穴"法并不是士大夫阶层普遍流行的墓葬选址标准。

当时还流行一种"步地取吉穴"法，有8

种样式：阡陌、金车龙影、窟、突、垅、墩、卧马和昭穆[23]。其中"昭穆"法在河南、河北、关中、陇外较为流行，也为考古发现所证实，如蓝田吕氏家族[24]，兼学"关学"和"洛学"，遵守儒家礼法，墓地以族中最长吕通为核心，纵向分布长子长孙、横向同辈并列的排列方式，是"葬之穴，尊者居中，左昭右穆而次，后则或东或西，亦左右相对而启穴也"[25]的具体体现。

"卧马"是当时最普遍使用的步地取穴法，"旧墓是一穴之地，后丧拟相近葬者，即向后斜形，加雁形之势，即依血脉命步，如墩葬法（墩，谓土地窄狭，不得已，依古墩而葬，即向八干命步）"。根据主墓和后葬墓葬的不同位置，"卧马"又有4种不同的布局："如旧有一冢，若冢后望西南行，则以东方为主……若于旧冢望东南行，则以北方为主……若于旧冢望东北行，则以西方为主……若旧冢望西北行，则以南方为主。"[26]在"昭穆"法流行的河南，位于邙山的富弼家族墓地，可能限于地势地形，就采用了这种最流行且布局灵活的"卧马"法，主墓在东，子孙墓在西、南排列如雁形[27]。安徽的包拯家族墓则是主墓在北，子孙墓在东、南排列[28]。

葛尚书墩墓地虽然发现的墓葬不多，但从发现的墓葬长辈位于东南、孙辈在西北的布局来看，也是采用"卧马"，而且墓地位于东西宽、南北窄的土墩上，限于地形，应该是"墩葬卧马"[29]，是"墩"和"卧马"结合的葬法，主墓在东南，子孙墓在西、北排列，只是由于早期的葛详、葛惟甫墓未发现，仅发现在西、北面的后辈墓葬。屠墅墓地中辈分最高的葛密继室陈氏墓葬出土的墓志记载陈氏墓位于"青阳乡屠墅之东原"[30]，屠墅墓地的布局与葛尚书墩墓地相似，也是以东为尊。

另外，南宋初期的第九世葛胜仲夫妇

墓，可以从葬地位置推断葬法是"窟"[31]。墓葬位于由里山山冈腹肋中，郭璞《条山记》云："由里山前瓠子冈，葬之正者封侯王，由里之名昉此。"[32]葛胜仲在葛氏家族中官位较高，官至从三品的正议大夫，封丹阳郡开国公，谥"文康"，罢官南阳后"别建二老堂于宅南，眷望由里诸山，皆在目……往往乐饮竟日"[33]，风水上地势极佳，加上对由里山风光的喜爱，选址葬于此地。

四、余论

北宋时期家族墓地的墓地布局和墓葬位序，不仅是家族丧葬观念的体现，也暗示了家族组织的结构。以葛尚书墩墓地为例，当时的葛氏家族成员并没有全部安葬在该墓地，葛详、葛惟甫都是次子，父祖兄弟葬在别处，葛宫兄弟四人，其他两个分别葬在其他墓地，与北方中原、关中等地聚族而葬的习俗完全不同，直接原因应该为家族的分家析产。

早在刘宋时期，江南之俗"今士大夫以下，父母在而兄弟异计，十家而七矣。庶人父子殊产，亦八家而五矣"[34]，到宋代发展更甚。葛详、葛惟甫时期虽没有记载，其实从葛氏第三世葛涛迁居江阴，第四世就分为彬公支和彪公支，另两个兄弟外迁，这就是分家导致的。到元丰时期（1078—1085）则记载明确，"至元丰初家既分析（尚书下子孙所分）"[35]，葬于葛尚书墩墓地的葛宫、葛寔、葛汝平夫妇都亡于元丰初年之前，葛宫、葛寔的兄弟葛密、葛宥都亡于元丰末，分家之后单独创建以他们墓地为首的家族墓地，导致出现这种父子、兄弟墓葬于不同墓地的状况。后期分家析产越来越频繁，由三、四代葬于同一个墓地，演变为父子两代占一个墓地，甚至一个墓地仅有一代人，这种变迁是葛氏这个北方士族家庭迁居到江南之后江南化历程的一个缩影。

注 释

[1] 葛元鼎：《葛氏世谱序》，葛康寿等主修《葛氏宗谱》卷一，民国三年（1914），上湖草堂木活字本，上海图书馆藏。

[2] 〔宋〕葛立经：《葛氏创置兴徙记》，葛康寿等主修《葛氏宗谱》卷一，民国三年（1914），上湖草堂木活字本，上海图书馆藏。

[3] 徐英才：《尚书墩周边出土文物记》，江阴市政协 学习文史委员会编《江阴市建国后"三亲"史料集粹》，上海古籍出版社，2013年版，第1112—1118页。

[4] 唐汉章：《尚书墩葛氏家族墓》，《江阴文物胜迹》，上海古籍出版社，2012年版，第64—74页。

[5] 江阴县文化馆就M2曾发表过发掘简报，见江阴县文化馆：《江苏江阴北宋葛闳夫妇墓》，《文物资料丛刊10》，第171—174页；《江阴夏港北宋墓发掘简报》，江苏省博物馆学会《文博通讯》1980年第6期，第9—12页。从这两篇简报内容看，整理者误把M1至M3出土的遗物全部归为M2出土，且简报记载M2"分左右两室"，徐英才、唐汉章二先生的文章均没体现这一点，怀疑所谓"女棺"即下文M6。但墓志描述部分较为可信，引入本文。

[6] 苏州博物馆、江阴县文化馆：《江阴北宋"瑞昌县君"孙四娘子墓》，《文物》1982年12期，第28—35页。

[7] 江阴市博物馆藏《宋故寿昌县太君吴氏墓志铭》中有"长曰宫，即屯田君""景祐二年任尚书屯田员外郎"，推断景祐二年（1035）葛宫曾担任尚书屯田员外郎。

[8] 上海图书馆藏民国三年（1914）上湖草堂木活字本《葛氏宗谱》卷七《彰公派青旸支系表》："葛汝平，字正叟，宋皇祐元年登冯京榜进士，又以父荫改官至屯田员外郎赠金紫光禄大夫"；《瑞昌县君孙氏墓志铭》："有子蒙，登进士

第，处州缙云尉。"（〔北宋〕蔡襄著，吴以宁校：《蔡襄集》，上海古籍出版社，1996年版，第707页）；上海图书馆藏明永乐《常州府志》卷十二《科名》："葛汝平，元名蒙，字正叟，宫之子，终屯田员外郎。"《葛氏宗谱》记载葛汝平卒于熙宁丁亥，但熙宁没有丁亥年，记载有误，应以墓志卒年为准。

[9] 简报把宋代曾担任江阴军知军的葛闳与葛汝平误为一人。江阴军知军葛闳（1003—1072），字子容，皇祐中知江阴军，与青阳葛氏同出丹阳一脉，但为建德人，生平事迹见〔北宋〕苏颂：《光禄卿葛公墓志铭》，四川大学古籍研究所编《全宋文》第六十二册卷一三四七，上海辞书出版社，2006年版，第104—107页。

[10] 〔北宋〕司马光撰，张焕君校点：《司马氏书仪》卷七《葬仪三》，北京大学《儒藏》编纂与研究中心编：《儒藏·精华编·七三》，北京大学出版社，2012年版，第64页。

[11] 〔北宋〕邵伯温撰，李剑雄、刘德权点校：《邵氏闻见录》卷二十，中华书局，1983年版，第221页。

[12] 〔南宋〕刘克庄撰：《后村先生大全集》一百零五卷《蔡公帖》，上海涵芬楼藏赐砚堂钞本。

[13] 〔北宋〕王洙等编撰，〔金〕毕履道、张谦校，金身佳整理：《地理新书校理》卷第四，湘潭大学出版社，2012年版，第132页。

[14] 章受椿：《葛氏重得小青阳祖墓记》，上湖草堂《葛氏宗谱》卷二十五，上湖草堂2009年续修本，江阴市博物馆藏。

[15] 〔北宋〕王洙等编撰，〔金〕毕履道、张谦校，金身佳整理：《地理新书校理》卷第四，湘潭大学出版社，2012年版，第130页。

[16] 〔北宋〕王洙等编撰，〔金〕毕履道、张谦校，金身佳整理：《地理新书校理》卷第四，湘潭大学出版社，2012年版，第132页。

[17] 葛康寿等：《葛氏宗谱》，民国三年（1914），上湖草堂木活字本，上海图书馆藏。

［18］苏州博物馆、江阴县文化馆：《江阴北宋"瑞昌县君"孙四娘子墓》，《文物》1982年第12期，第29页。

［19］〔北宋〕蔡襄著，吴以宁校：《尹夫人墓志铭》，《蔡襄集》，上海古籍出版社，1996年版，第723—724页。

［20］翁雪花：《江阴夏港出土宋买地券考释》，《江阴文博》2003年第1期，第14、15、19页。

［21］〔北宋〕王洙等编撰，〔金〕毕履道、张谦校，金身佳整理：《地理新书校理》卷第四，湘潭大学出版社，2012年版，第370页。

［22］安阳市文物考古研究所等：《河南安阳市宋代韩琦家族墓地》，《考古》2012年第6期，第42页。

［23］〔北宋〕王洙等编撰，〔金〕毕履道、张谦校，金身佳整理：《地理新书校理》卷第四，湘潭大学出版社，2012年版，第366页。

［24］陕西省考古研究院：《陕西蓝田县五里头北宋吕氏家族墓地》，《考古》2010年第8期，第52页。

［25］〔北宋〕程颐：《葬说》，四川大学古籍研究所编《全宋文》第八〇册卷一七五六，上海辞书出版社，2006年版，第320页。

［26］〔北宋〕王洙等编撰，〔金〕毕履道、张谦校，金身佳整理：《地理新书校理》卷第四，湘潭大学出版社，2012年版，第367页。

［27］洛阳市第二文物工作队：《富弼家族墓地》，中州古籍出版社，2009年版，第2页。

［28］《合肥东郊大兴集北宋包拯家族墓群发掘报告》，《文物资料丛刊》第3辑，第154—178页。

［29］〔北宋〕王洙等编撰，〔金〕毕履道、张谦校，金身佳整理：《地理新书校理》卷第四，湘潭大学出版社，2012年版，第369页。

［30］〔北宋〕葛宥：《宋故颍州陈氏夫人墓志铭》，上湖草堂《葛氏宗谱》卷四，上湖草堂2009年续修本，江阴市博物馆藏。

［31］〔北宋〕王洙等编撰，〔金〕毕履道、张谦校，金身佳整理：《地理新书校理》卷第四，湘潭大学出版社，2012年版，第366页。

［32］转引自〔明〕赵锦修，〔明〕张衮纂，刘徐昌点校：《嘉靖江阴县志》卷三《提封记第二（下）·山川》，江阴市政协学习文史委员会编，上海古籍出版社，2011年版，第60页。

［33］〔宋〕葛立方：《韵语阳秋》卷二十一，上海古籍出版社，1997年版，影印本。

［34］〔南朝〕沈约：《宋书·卷八十二列传第四十二·周朗传》，中华书局，1974年版，第2097页。

［35］〔宋〕葛立经：《葛氏创置兴徙记》，葛康寿等主修：《葛氏宗谱》卷一，民国三年（1914），上湖草堂木活字本，上海图书馆藏。

无锡惠山区三婆婆坟墓群发掘简报

邵　栋[*]

【摘要】无锡惠山区三婆婆坟墓群位于无锡市惠山区洛社镇绿化村。该墓群发掘了宋至清代的墓葬17座，以及宋代种植经济作物的高台堆积。发掘的宋代墓葬虽然只随葬平民日用器具，但是丧葬形式多样，出土器物具有鲜明的时代特征，反映了当时无锡经济社会的诸多特征，为研究无锡当地的丧葬文化提供了第一手资料。

【关键词】三婆婆坟　墓群　宋墓　高台堆积

一、墓葬及主要遗迹概况

无锡市惠山区绿化村三婆婆坟墓群位于无锡市惠山区洛社镇绿化村东部，京杭运河以南、直湖港以西，旧312国道从墓群南侧穿过（图一）。“三婆婆坟”是一处高出地面1米多的高台堆积，南侧台地上有一个馒头状的高起的土堆，高约2米。现存平面呈近长方形，东西宽约25米，南北约50米，面积1250平方米。现地表种植桃树。当地人称这处高台为“三婆婆坟”，原先高出地表五六米，占地有数亩之多，后因农业种植形成现状。

因新沟河延伸拓浚工程建设的需要，2014年6月起，无锡市文化遗产保护和考古研究所对该墓群进行了抢救性发掘，以高台南侧最高处为中心点，布十字隔梁，将高台分为四个探方，分别编号为T1—T4。此次考古发掘主要发现了一批墓葬，时代为宋代至清代，共17座，墓葬形制有竖穴土坑墓、砖室墓和砖石结构墓三类，出土器物有青瓷碗、瓷罐、瓷粉盒、铜镜等。此外对“三婆婆坟”本体的高台堆积进行了清理，确认为一处宋代至明清时期遗址（图二）。

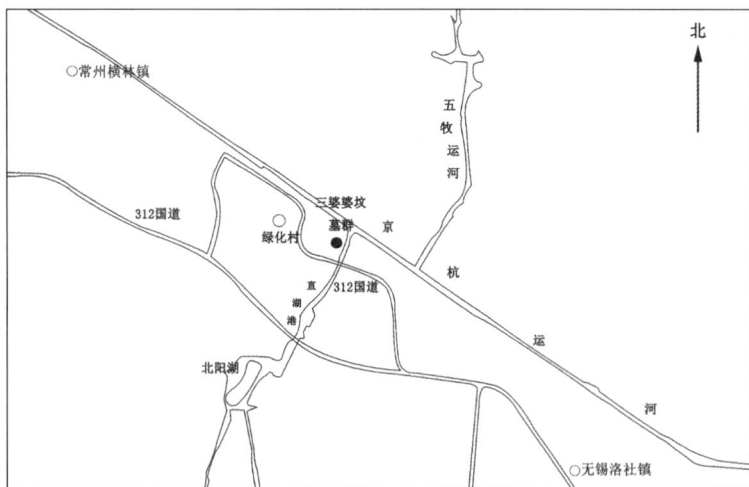

图一　三婆婆坟墓群位置图

---

* 邵栋：无锡市文化遗产保护和考古研究所馆员

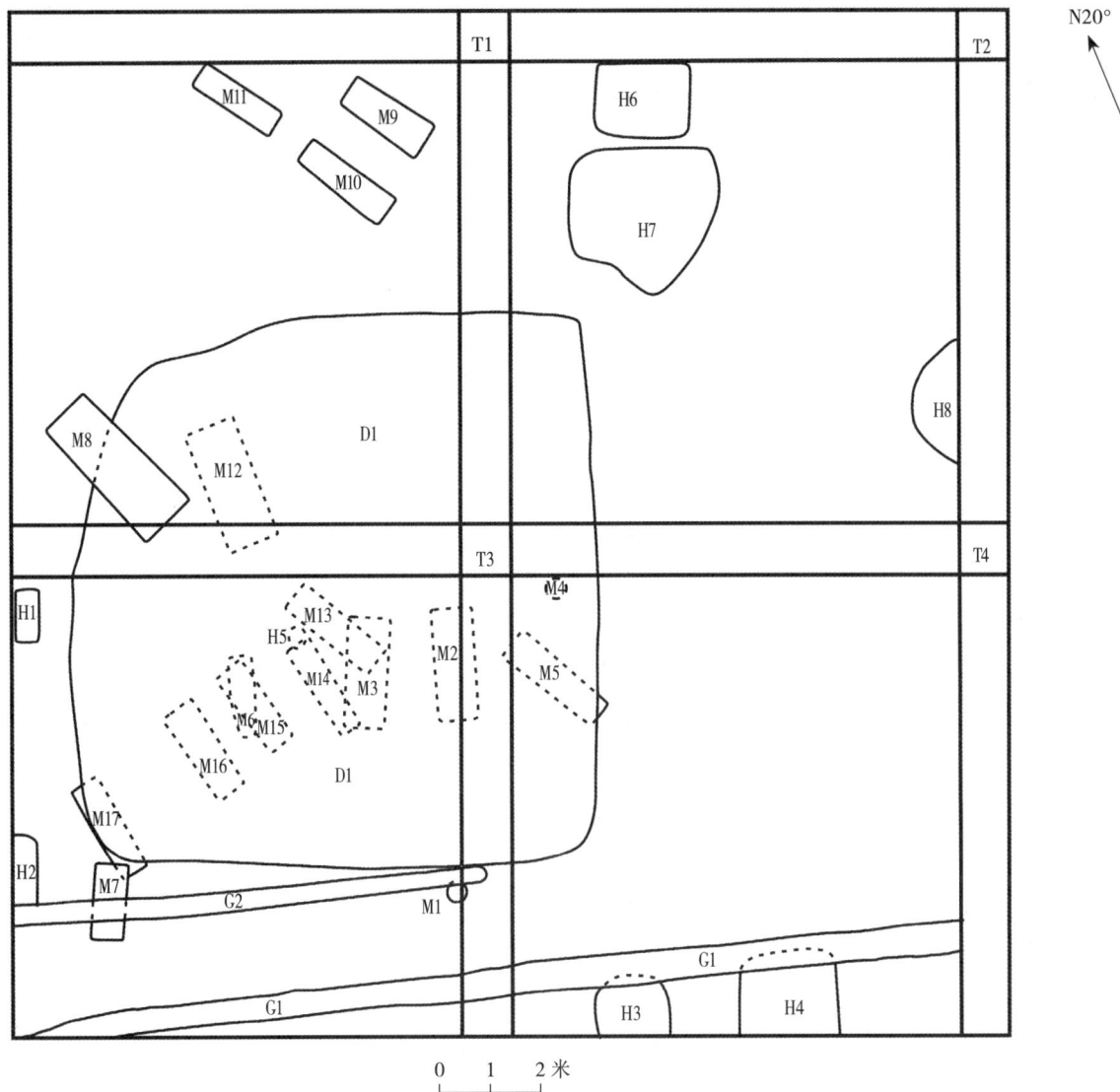

图二　三婆婆坟墓群主要遗迹分布图

二、主要遗迹及出土器物

（一）墓葬

1.圆形瓮棺墓。圆形瓮棺墓 2 座，编号 M1、M4。

M1，位于 T3 东南部，开口于⑦层下，被 G2 打破，打破⑧层、生土。墓口形状为近圆形，距地表 25 厘米，直径 40 厘米，深 16 厘米。斜直壁平底。骨架已朽无痕迹。葬具为平底灰陶罐，破碎无法起取（图三）。

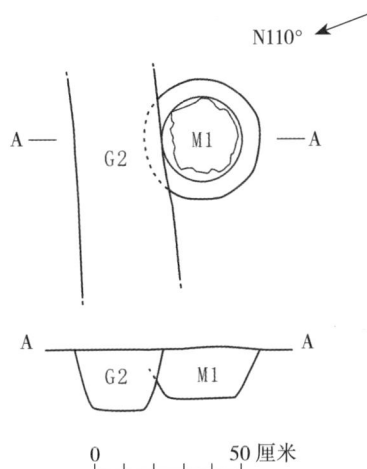

图三　M1 平、剖面图

M4，位于 T4 西北部，墓室开口于 D1⑥下，打破 D1⑦⑧层，墓口形状为圆形，距地表 65 厘米，直径 40 厘米。墓室深 36 厘米，斜直壁平底，墓坑内填土呈深黄褐色花土，土质稍硬。骨架已腐蚀。葬具为瓮棺，瓮口部盖一瓷碗（图四）。

2. 竖穴土坑墓。竖穴土坑墓的墓室形制均一致，有 M2、M3、M5、M6、M7、M9、M10、M11、M12、M13、M14、M15、M16、M17 等 14 座。以 M2 和 M11 为例：

M2，位于 T3 东北部。开口于 D1⑤层下，打破 D1⑥、D1⑦⑧层、生土。墓口距地表 114 厘米，形状为近长方形，墓向 16°，长 216 厘米、宽 80 厘米，墓室深 90 厘米，直壁平底。墓主骨架已腐蚀，从墓葬形制推测墓主人头向近北。葬具应该有木棺，腐朽严重，仅发现棺痕。出土器物 3 件，有酱釉陶罐、瓷碗（图五）。

M11，位于 T1 北部，开口于⑦层下、打破⑧层、生土。墓向为 322°，墓口距地表 62 厘米，形状为近长方形，长 180 厘米，宽 50—54 厘米。墓室深 112 厘米，直壁平底。墓主骨架已腐蚀，从墓葬形制推测墓主人头向近北。葬具应该有木棺，腐朽严重，仅发现棺痕。出土器物 3 件（组）（图六）。

3. 砖室墓 1 座，M8（图七）。

此墓为近长方形单人砖室墓，开口于②层

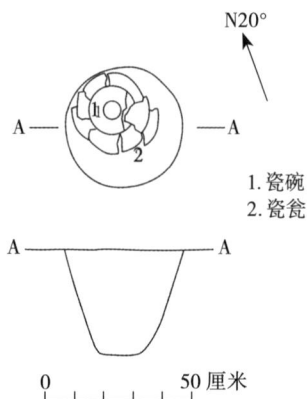

1. 酱釉陶罐
2. 瓷碗
3. 瓷碗

图五　M2 平、剖面图

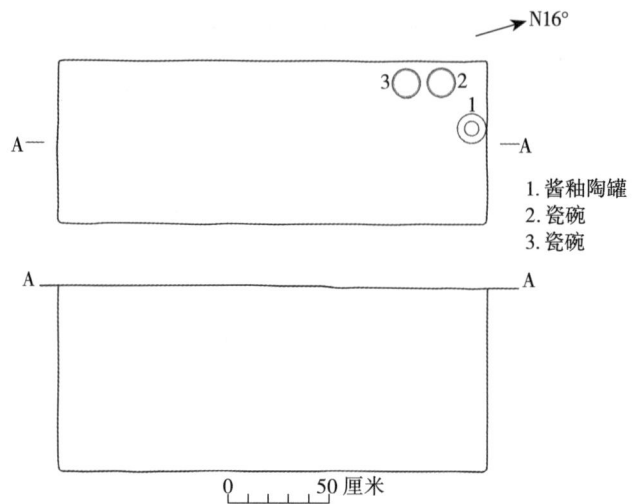

1. 铜钱（2 枚）
2. 瓷碗
3. 瓷碗

图六　M11 平、剖面图

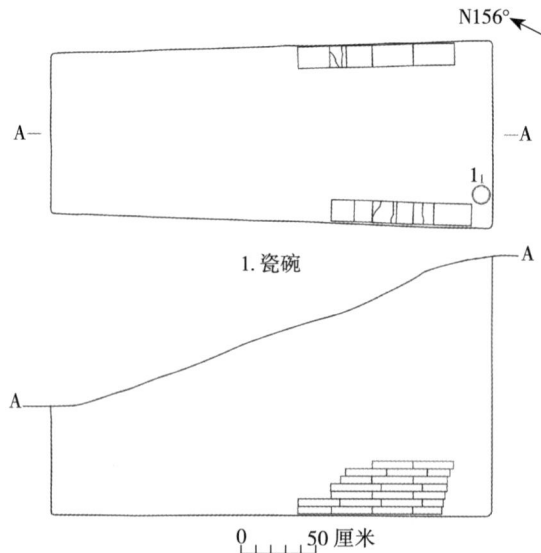

1. 瓷碗

图七　M8 平、剖面图

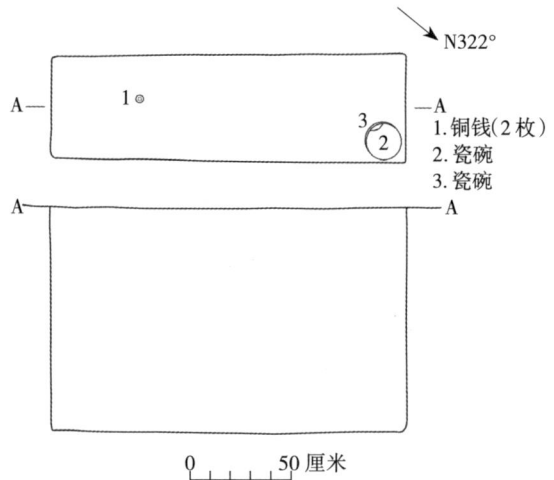

1. 瓷碗
2. 瓷瓮

图四　M4 平、剖面图

下，北部被一座近代墓打破，打破 D1⑧层、生土。墓口距地表 30 厘米。墓向为 156°，墓圹长 300 厘米、宽 104—124 厘米、深 72—172 厘米。直壁平底。墓室用砖尺寸为长 28 厘米、宽 14 厘米、厚 5 厘米。墓室，内长 260 厘米、内宽 74—94 厘米、高 36—72 厘米。墓室砖仅残存南部东壁及西壁的一部分，砖墙单行顺砖平铺，西壁残存 1—14 层，东壁残存 2—7 层，墓顶铺盖石板，仅残存南部的一块，墓底未铺砖。墓主人的骨架和葬具已腐蚀无痕迹，故葬式、性别、年龄不详，从地势推测墓主人头向南。

（二）出土器物

盗扰严重，仅有部分墓葬出土了随葬品，主要有青瓷碗、瓷粉盒、铜镜、韩瓶、青花瓷碗、瓷罐等。现按器型分述如下：

1. 青瓷碗 7 件。

根据碗底圈足、施釉情况的不同，可以分为二型（图八）。A 型 5 件，釉色近青釉偏白，可分为两式。

A 型 1 式。M4：1，敞口、圆唇、斜弧腹，直圈足较矮，内外壁施釉均不及底，口径 17.6 厘米、底径 6 厘米、通高 6 厘米（照片一）。

A 型 2 式。M11：2，敞口，圆唇外撇，斜直腹微弧，圈足略外撇，足壁较薄，足内凹较平，碗内壁满施釉，外壁施釉不及底，内壁中部纹饰一周凹弦纹，口径 14 厘米、底径 6.4 厘米、通高 7—7.6 厘米（照片二）。

M11：3，敞口、圆唇，斜直腹微弧，圈足略外撇，碗底中间较厚，圈足中部向下凸起。内壁施釉，底部有涩圈，外壁仅上腹部施釉，内壁中部纹饰一周凹弦纹，口径 16.2 厘米、底径 6.6 厘米、通高 6.3—6.7 厘米（照片三）。

M12：2，敞口，圆唇外撇，斜弧腹，圈足略外撇，碗底中间较厚，圈足中部向下凸起。内外壁施釉均不及底，口径 15.8—16.3 厘米、底径 6 厘米、通高 7.2—7.6 厘米（照片四）。

M12：3，敞口，圆唇外撇，斜弧腹，圈足略外撇，碗底中间较厚，圈足中部向下凸起。内外壁施釉均不及底，口径 15.2—16.2 厘米、

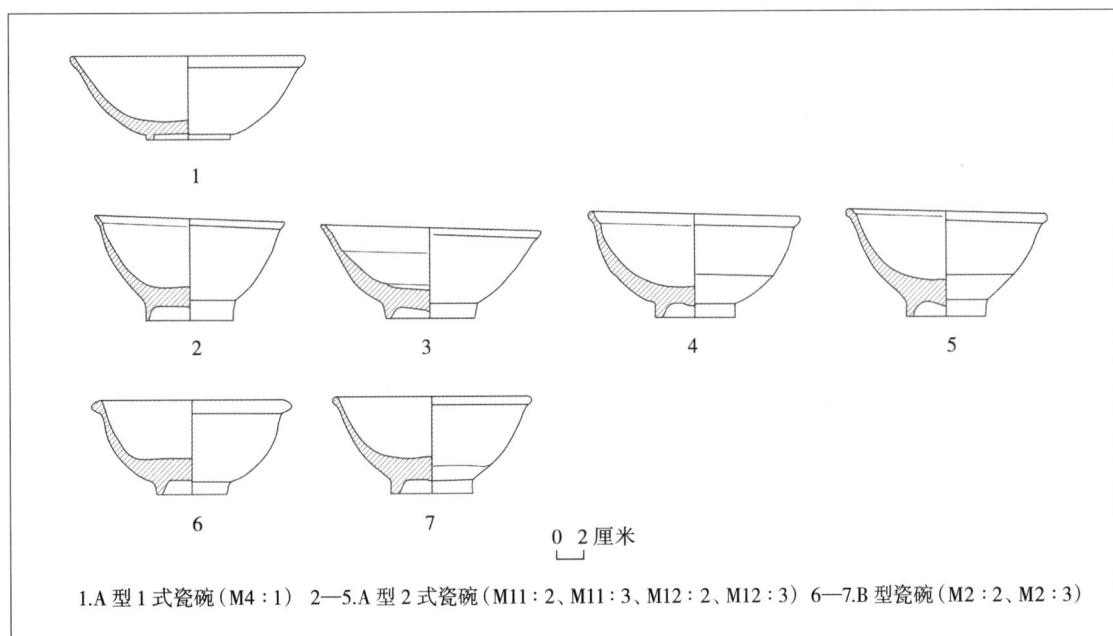

1.A 型 1 式瓷碗（M4：1）　2—5.A 型 2 式瓷碗（M11：2、M11：3、M12：2、M12：3）　6—7.B 型瓷碗（M2：2、M2：3）

图八　出土青瓷碗

照片一　M4：1 瓷碗

照片二　M11：2 瓷碗

照片三　M11：3 瓷碗

照片四　M12：2 瓷碗

底径 5.8 厘米、通高 7.3—7.8 厘米（照片五）。

B 型 2 件。M2：2，敞口、尖圆唇、斜弧腹、圈足外撇，碗底胎厚度较一致，内外壁施青釉均不及底，口径 14.8 厘米、底径 5.2 厘米、通高 6.8 厘米（照片六）。

M2：3，敞口、尖圆唇、斜弧腹，圈足外撇，碗底中心略厚，内外壁施青釉均不及底，口径 14.6 厘米、底径 5.8 厘米、通高 7 厘米（照片七）。

2. 青花瓷碗 1 件（图九）。

M8：1，敞口、外撇圆唇、斜弧腹、圈足，内壁满施青釉，外壁施青釉不及底，内壁底部及外壁均有青花花纹，口径 14.3 厘米、底径 5.3 厘米、通高 6.4 厘米。

3. 影青粉盒 2 件（套）。带盖，其中一件盖不存（图一〇）。

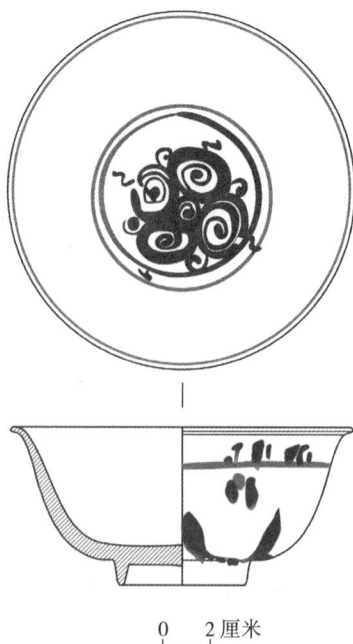

图九　M8：1 青花瓷碗

照片五　M12：3 瓷碗

照片六　M2：2 瓷碗

照片七　M2：3 瓷碗

照片八　M5：1 粉盒

M5：1，盖不存，口为子口，微敛，尖圆唇，弧腹，平底，器表一周呈凸棱状，内壁满施青釉，外壁仅上腹部施青釉，口径 7.1 厘米、腹径 8.4 厘米、底径 7.1 厘米、通高 2.4 厘米（照片八）。

M13：1，整体呈扁圆形，有盖，口为子口，敛口，尖圆唇，弧腹，平底略凹，器表一周呈凸棱状，内壁满施青釉，外壁仅上腹部施青釉，盖面微凸起，盖面纹饰花草纹，盖一周呈凸棱状，外壁满施青釉，内壁未施釉，施白色化妆土，口径 7 厘米、腹径 8 厘米、底径 6.2 厘米、通高 4 厘米（照片九）。

4. 韩瓶 2 件（图一一）。

M12：1，敛口，沿外斜，尖唇、短束颈、溜肩、鼓腹、平底，器表饰螺旋状凸弦纹，口径 5.7 厘米、腹径 12 厘米、底径 5.5 厘米、通高 18 厘米。

M14：1，直口微侈，沿外斜，尖圆唇、短束颈、溜肩、鼓腹、平底，器表饰螺旋状凸弦纹，口径 5.6 厘米、腹径 9 厘米、底径 4.7 厘米、通高 14.4 厘米。

5. 酱釉陶罐 1 件。

M2：1，侈口、圆唇、溜肩，弧腹微鼓，平底，外壁施酱釉不及底，内壁仅口部施釉，口径 7.2 厘米、腹径 14.4 厘米、底径 7 厘米、通高 14.4 厘米。

6. 瓷瓮 1 件。为葬具。

M4：2，敛口、尖唇，沿外斜，短束颈、溜肩、圆鼓腹，底内凹，外壁施酱青色釉不及底，内壁未施釉，施有白色化妆土，口径 16.4 厘米、腹径 23.6 厘米、底径 8.2 厘米、通高 21.6 厘米。

7. 铜镜 3 件。其中 2 件方形，1 件为八瓣葵花形，均为湖州镜（照片九）。

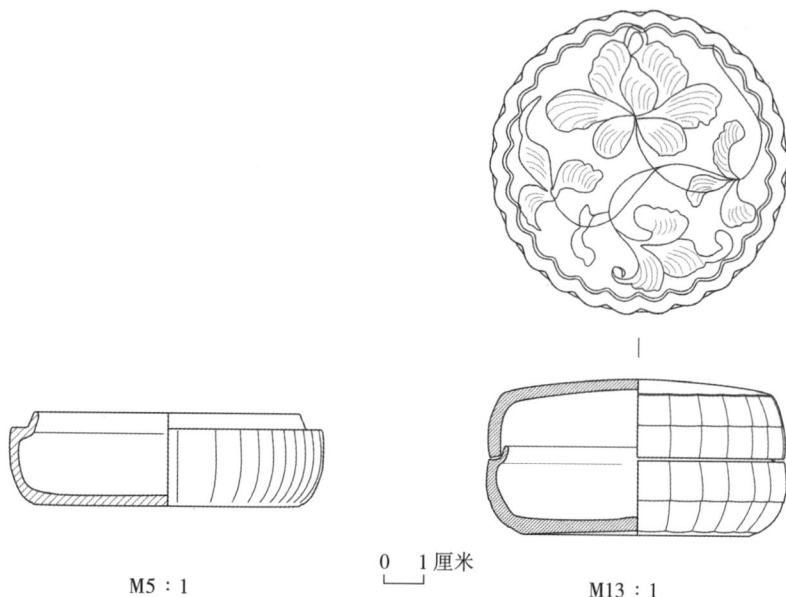

图一〇　青瓷粉盒

M5 : 1　　　0　1厘米　　　M13 : 1

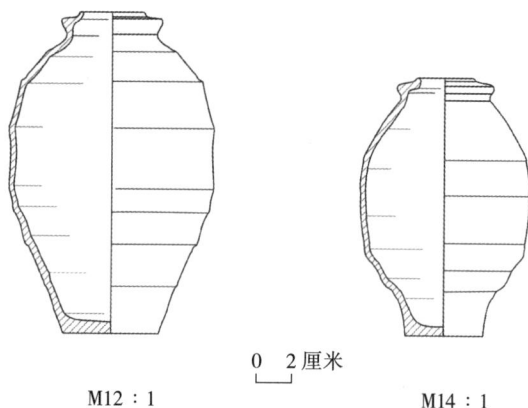

M12 : 1　　　0　2厘米　　　M14 : 1

图一一　韩瓶

照片九　M13 : 1粉盒

M5 : 2，方形，鉴面磨光，圆钮（部分残缺），圆钮座，背面左上部竖向双排铭文"湖州真石家念二叔照子"，铭文外有边框，凸三角缘，边长10.4厘米，钮高0.15厘米，缘厚0.4厘米。

M9 : 1，方形，鉴面磨光，桥形钮，圆钮座，素面，凸平缘，边长9.8厘米，钮高0.3厘米，缘厚0.3厘米，整体厚0.5厘米。

M13 : 2，八瓣葵花形，鉴面磨光，桥形钮，圆钮座，背面左侧竖向双排铭文"湖州真石家念二叔照子"，铭文外有边框，凸三角缘，直径14.2厘米，钮高0.3厘米，缘厚0.4厘米，整体

厚0.5厘米。

8. 钱币2枚。均出自M11。

M11 : 1，熙宁元宝1枚，圆形方穿，钱外缘及穿正面有郭，光背，正面篆书"熙宁元宝"，钱径2.4厘米，穿宽0.6厘米；政和通宝1枚，圆形方穿，钱外缘及穿两面有郭，光背，正面篆书"政和通宝"，钱径2.4厘米，穿宽0.6厘米。

（三）高台堆积

高台堆积的平面近圆角方形，底大顶小，四周呈倾斜状，顶部及底部较平。整体形制近

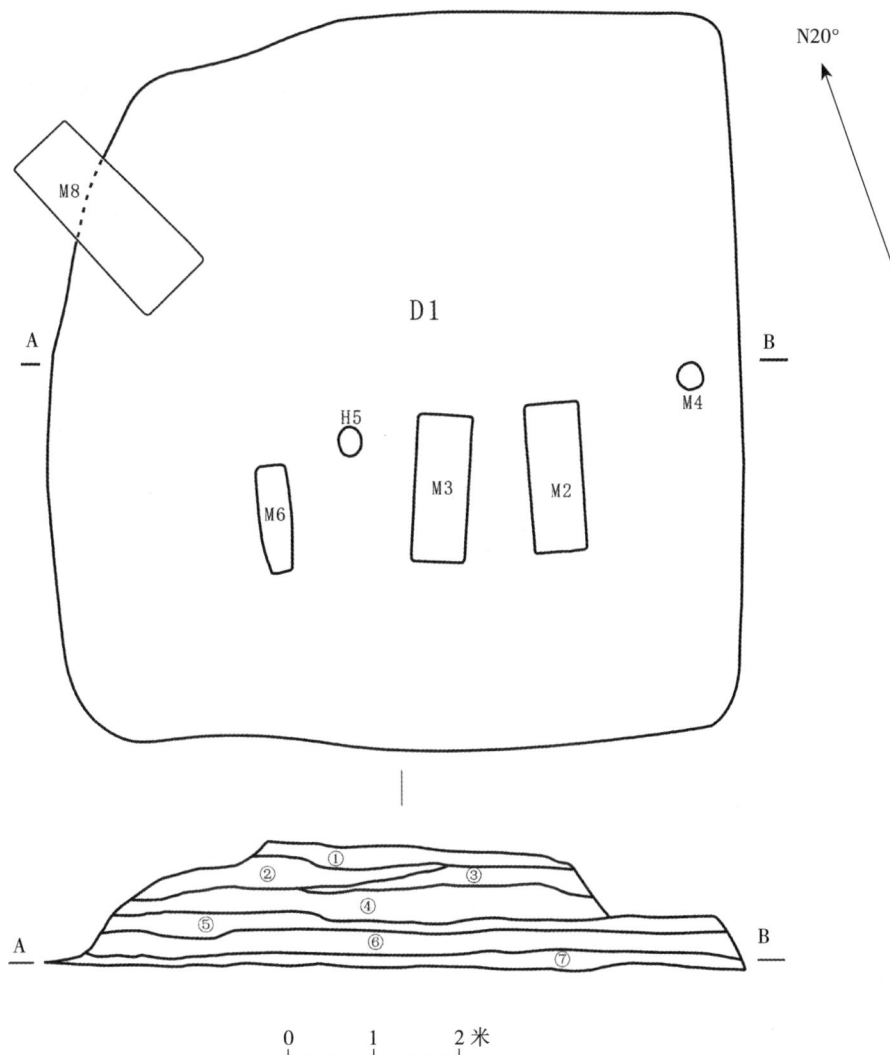

图一二　D1 平、剖面图

覆斗形。西部较高，东部少部分上部被破坏，较低。开口⑦层下，被 M8 打破，向下叠压⑧层，开口距地表 10 厘米，南北长 1080 厘米，东西宽 1025 厘米，西侧高 185 厘米，东侧高 75 厘米，遗迹编号 D1（图一二）。

D1 ①层，深 0 厘米，厚度 5—35 厘米。土色呈黄灰色，土质松软，此层分布于遗迹中部，西厚东薄，基本呈水平状。此层出土遗物有少量青花瓷片。

D1 ②层，深 20—35 厘米，厚度 5—45 厘米。土色呈浅黄灰色，土质松软，此层分布于遗迹西部，西厚东薄，东高西低呈倾斜状。此层出土遗物有少量青花瓷片。

D1 ③层，深 10—25 厘米，厚度 5—35 厘米。土色呈深灰色，土质稍硬，此层分布于遗迹中部，东厚西薄，中部高南北两端较低，呈倾斜状。此层出土遗物有少量青花瓷片。

D1 ④层，深 40—65 厘米，厚度 20—55 厘米。土色呈灰褐色，土质坚硬，此层分布于遗迹西部偏北，东厚西薄，基本呈水平状。此层出土遗物有少量青花瓷片及宋代瓷片，可辨器形有韩瓶、瓷碗。

D1⑤层，深70—100厘米，厚度15—38厘米。土色呈浅黄褐色，土质较硬，此层除边缘外基本分布于整个遗迹，边缘厚中间薄，南高北低呈倾斜状。此层出土遗物有少量青花瓷片及宋代瓷片，可辨器形有韩瓶、瓷碗。该层下开口的遗迹有M2、M3。

D1⑥层，深85—130厘米，厚度5—35厘米。土色呈浅灰褐色，土质稍硬，此层除边缘外基本分布于整个遗迹，北厚南薄，南高北低呈倾斜状。此层出土遗物有少量的宋代瓷片，可辨器形有韩瓶、瓷碗。该层下开口的遗迹单位有M4、M6、H5。

D1⑦层，深115—160厘米，厚度5—35厘米。土色呈青灰褐色，包含黄色土块，土质松软，此层分布于整个遗迹，南厚北薄，基本呈水平分布。此层出土遗物有少量宋代瓷片，可辨器形韩瓶、瓷碗。该层下开口的遗迹单位有M5、M12、M13、M14、M15、M16、M17。

从出土器物和遗迹的叠压关系判断，D1的①—⑤层为明清地层，⑥、⑦层为宋代地层。

（四）其他遗迹现象

灰坑8个，灰沟2条。仅个别遗迹在填土中包含青花瓷碎片。分析可能为后期农业种植蓄水和排水设施。

三、相关认识及结语

（一）墓葬的年代分析

1. 各墓葬的相对年代

从地层来看，M4、M6同开口于宋代地层D1⑥层之下，M5、M12、M13、M14、M15、M16、M17层位也同样开口于宋代地层D1⑦层之下。故而认为这些墓葬应是宋代墓葬。M9、M10、M11等3座墓葬均被明代地层叠压，从墓葬形制来看与M5同层位的其他墓葬均一

致，故而也被认定为宋代墓葬。

M1、M2、M3、M7、M8等5座墓葬均打破宋代地层，被清代地层叠压，故而可以认定这5座墓葬属于明清时期。

2. 出土器物的时代特征

（1）瓷碗

A型瓷碗均具有龙泉窑系的风格，如器底厚重、圈足宽阔而矮等[1]。但其胎质较粗糙，釉色接近青白釉，且釉色不一，施釉不均匀，做工较差，可能属于本地的地方民窑产品。其中M4的A型1式瓷碗与南宋时期的南京江宁上坊宋墓[2]M3Y：8一致。M11、M12的A型2式瓷碗与南京市太新路宋墓[3]M1：3的风格接近，太新路宋墓的年代上限为北宋晚期。所以M4应属南宋时期，M11、M12的上限也应不超过北宋晚期。

B型瓷碗与南京板仓华侨新村明墓[4]M1：2的青瓷碗形状一致，可以断定M2为明代墓葬。

M8出土的青花瓷碗具有清代特征，结合墓葬方式，应为清代墓葬。

（2）铜镜

M5、M9、M13均出土了铜镜，其中M5：2与M13：2均有"湖州真石家念二叔照子"的铭文，M9：1虽为素面，但是材料、做工和形制均与其他两面一致，故而可以认定它们属同一时期。

这种铜镜多出现在宋代，这种纪名号镜，镜背面没有纹饰，实际上是类似于印的一种纹饰，以长方形居多，印中纪地名和商家字号，以"湖州镜"居多，在宋代还有"饶州""建康""成都"等。从目前考古发掘材料和传世材料看，字号内容除标明湖州外，还列出铸家名号，以石家最多，如"湖州真正石家无比炼铜照子""湖州石家炼铜照子"，更多的镜子不只泛称石家，还列出铸家的排行："湖州真石家念二叔照子""湖州真石家二叔店照子"。[5]

从考古出土材料看，这种"湖州镜"在北

宋晚期江西波阳宋墓[6]中即有发现，南宋时期较多，如长沙东郊杨家山南宋墓[7]等，可见"湖州镜"在南宋时期是较为流行的。所以M5、M13的时代也多属南宋。

（3）粉盒

粉盒多随铜镜一起出土，粉盒与铜镜均属梳妆用具，从侧面证明了墓主人应为女性。M5∶1粉盒与浙江龙游寺底袁南宋墓[8]M35∶1的粉盒近似，M13∶1粉盒与南京南郊南宋墓[9]M17∶18一致，故而M5、M13均应是南宋墓葬。

虽然M11出土了北宋的钱币，但是由于南宋政府铸币能力和通行货币方式的原因，宋代墓葬特别是南宋墓葬是不足以以钱币来断代的。[10]故而综合以上地层和器物的分析，M4、M5、M6、M9、M10、M11、M12、M13、M14、M15、M16、M17均应是南宋墓葬，M2为明代墓葬，M8为清代墓葬。M1、M3、M7无出土器物，只能根据地层判定属于明清时期。

（二）墓葬反映的时代特征及社会状况

1. 火葬——佛教的倡导和贫富分化的加剧

从葬俗上分析，火葬从新石器时代开始就出现了，但是汉族真正意义上的火葬要到宋代才盛行开来[11]。宋代盛行火葬和社会的贫困与佛教的倡导有关。[12]从这点来看，环太湖地区虽是宋代经济发达地区，但有大量的贫民，本地区的贫富分化应该是较为显著的。关于经济倒退，从南宋墓葬随葬钱币较少也可见一斑。

2. "湖州镜"——商品生产的发展新阶段

在北宋末年以后，特别是南宋时期，背面以素面为地铸造商标字号铭文的铜镜盛行起来，铜镜的风格发生了重要变化，开始了中国古代铜镜重实用、不重装饰纹样的阶段。[13]字号商标铭文镜的大量出现是宋代特别是南宋铜镜的重要特征，许多字号商标都冠以州名，标明姓氏。较为特别的是不少铭文中都注明"真""真正"等

宣传字样，这表明宋代铜镜商品生产的发展和商品竞争的加剧。

（三）高台堆积的时代及性质

1. 高台堆积的时代

从地层来看，清代墓葬M8打破高台堆积，高台堆积之下叠压着宋代墓葬。从出土瓷片来看，高台堆积的第⑤层以上均有青花瓷出土，所以高台堆积应为宋代之后开始堆筑，明清继续使用。

2. 高台堆积的性质

这种高台堆积的地层堆积、地层包含物、时代等，均类似无锡锡山区的华巷、周巷上土墩遗存[14]。锡山区的这两处遗址，发掘者认为是宋代之后形成的经济作物高台用地，可能与宋代以后无锡地区发达的蚕丝经济有关。由于养蚕需要大量的桑田，而江南原有的低洼水稻田却并不适合种植需要高爽台地的桑树。在商品经济的刺激下，该地区自宋代以后将大量的低洼地改造成面积不大的高台地，供种植桑树之用。这种种植桑树的功能的另一印证是当地村民称当地近代曾有不少这样的高台堆积，统称为"桑墩"。故而，我们认为"三婆婆坟"就是具有经济作物种植地性质的高台堆积。

发掘领队：刘宝山

执　　笔：邵　栋

发掘人员：刘宇飞、杨瑞、宋学旺等

绘　　图：杨　瑞、刘宇飞

摄　　像：邵　栋

注　释

[1]　中国硅酸盐学会主编：《中国陶瓷史》，文物出版社，1982年版，第274页。

[2]　南京市博物馆、江宁区博物馆：《南京江宁上坊宋墓》，南京市博物馆编：《南京考古资料汇编》，凤凰出版社，2013年版，第1973页。

[3]　南京市博物馆：《南京市太新路宋墓发掘简报》，

《东南文化》2011 年第 6 期, 第 41 页。

[4] 南京市博物馆:《南京板仓华侨新村明墓发掘简报》, 南京市博物馆编:《南京考古资料汇编》, 凤凰出版社, 2013 年版, 第 2302 页。

[5] 孔祥星、刘一曼:《中国古代铜镜》, 文物出版社, 1984 年版, 第 190—191 页。

[6] 余家栋:《江西波阳宋墓》,《考古》1977 年第 4 期, 第 286 页。

[7] 高至喜:《长沙东郊杨家山发现南宋墓》,《考古》1961 年第 3 期, 第 149 页。

[8] 浙江省文物考古研究所、龙游县博物馆:《龙游寺底袁宋代墓地》, 浙江省文物考古研究所编著:《浙江宋墓》, 2009 年版, 第 44—45 页。

[9] 南京市博物馆、南京市雨花区文管会:《南京南郊宋墓》, 南京市博物馆编:《南京考古资料汇编》,

凤凰出版社, 2013 年版, 第 1963 页。

[10] 浙江省文物考古研究所、桐庐县博物馆:《桐庐象山桥南宋墓》注 14, 浙江省文物考古研究所编著:《浙江宋墓》, 2009 年版, 第 27 页。

[11] 许周鹣:《古代江南的火葬习俗》,《东南文化》1989 年第 2 期, 第 75 页。

[12] 吴敬:《南方地区宋代墓葬研究》, 社会科学文献出版社, 2015 年版, 第 127 页。

[13] 孔祥星、刘一曼:《中国古代铜镜》, 文物出版社, 1984 年版, 第 196 页。

[14] 南京博物院、无锡市考古研究所、锡山区文管会:《无锡锡山区华巷、周巷上土墩遗存发掘简报》, 南京博物院编著:《穿越长三角——京沪、沪宁高铁江苏段考古发掘报告》, 科学出版社, 2013 年版, 第 146 页。

无锡明代钱樟夫妇墓出土纺织品

李一全　王淑娟*

【摘要】钱樟夫妇合葬墓是在无锡鸿山街道发现的一座明代浇浆墓葬，由于墓葬密闭保存情况较好，在该墓中出土被子、夹袄、背包、枕头、纱巾、绣鞋、缎裙、棉裤等纺织品20余件（套），针对该批纺织品的保护现状，无锡市文化遗产保护和考古研究所与中国丝绸博物馆合作对该批纺织品进行了保护性修复。

【关键词】明代　钱樟夫妇合葬墓　纺织品

2012年2月初至4月，为配合大和房屋（无锡）房地产开发有限公司在鸿山街道的开发建设，无锡市文化遗产保护和考古研究所对其所征地块进行了勘探与调查，在调查中发现了一座明代浇浆墓葬，经过发掘，知其为钱氏家族墓地中的钱樟夫妇合葬墓。

钱樟夫妇合葬墓发掘地点位于锡梅路与鸿山路交叉点东侧，隶属于鸿山街道。钱樟夫妇合葬墓保存完整，该墓为方形夫妻合葬浇浆墓。墓圹呈方形，此墓外围由糯米浆、石灰、粗砂等材料搅拌成的"胶浆"经过层层夯打筑成，三合土细腻坚硬，内含米粒痕迹，浇浆内包裹着石椁、木椁、木棺。其东室为女性墓主，西室为男性墓主（图一）。由于墓葬封闭较好，未受到盗扰，合葬墓内出土物品丰富，发掘出土木器、锡器、金银器、铜器、瓷器、丝绸等100余件，其中纺织品种类有被子、夹袄、背包、枕头、纱巾、绣鞋、缎裙、棉裤等20余件（套）。

2014年，无锡市文化遗产保护和考古研究所委托纺织品文物保护国家文物局重点科研基地（中国丝绸博物馆）对钱樟夫妇墓出土的纺织品进行了修复，2018年修复工作全部完成。

一、丝绸制品款式种类

钱樟夫妇墓所出纺织品品类齐全，既有服用的袄、裤、裙、鞋、巾等，又有生活用的枕、背袋等物。修复完成的纺织品如下：

金扣素缎珠子箍（M1∶1）。质地为丝、金。长25厘米，宽33厘米。面料为素缎，内为绢衬里，脑后有4粒金扣。此类纺织品，当时称作"头箍"，又俗称"箍儿"，以箍儿多缀珠，故亦称"珠子箍儿"，为明代妇女的特殊发饰。

纱巾（M1∶2）。质地为丝，长75厘米，宽79厘米。出土时对折成三角形，展开后呈方形，可见斜向色差印痕，局部有破损，散布小皱褶。

───────────────
* 李一全：无锡市文化遗产保护和考古研究所副所长，副研究馆员

　王淑娟：中国丝绸博物馆副研究员

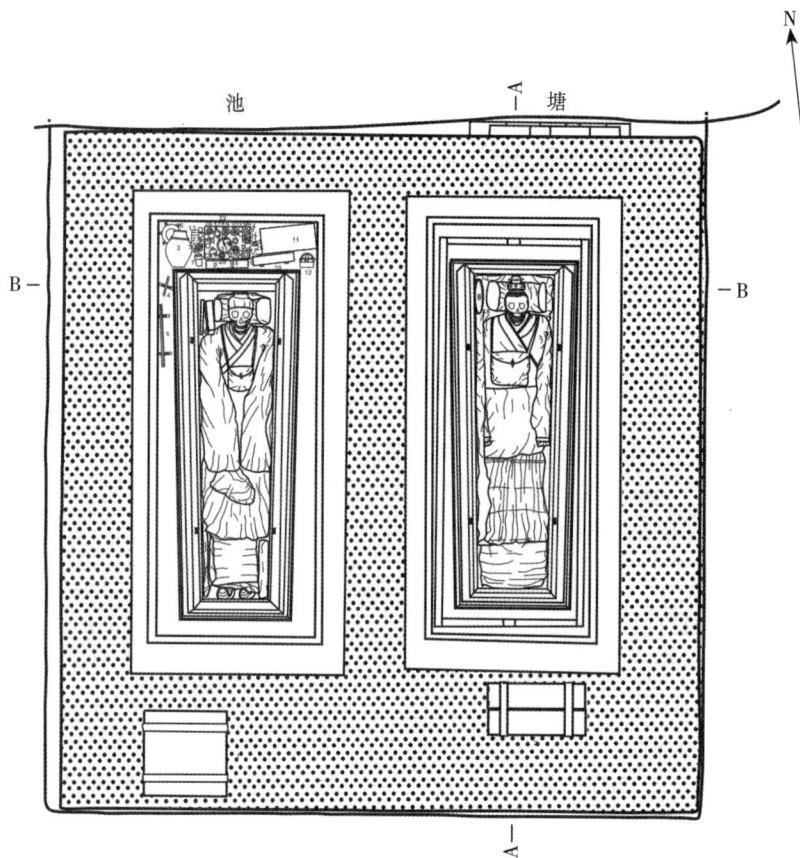

图一　钱樟夫妇合葬墓平面

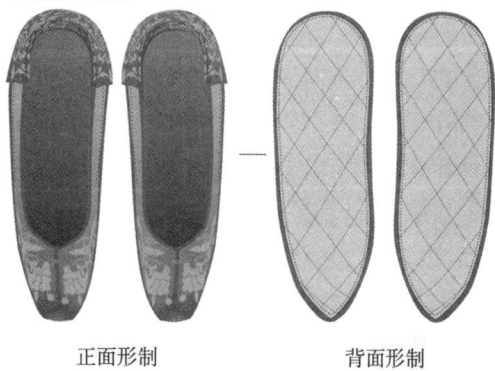

正面形制　　　　背面形制

图二　绣花缎鞋

从纱巾特点及其所存痕迹推测极有可能是钱樟之妻华氏的包头。

绣花缎鞋（M1：3）。质地为丝、棉。长19.5厘米，宽7厘米，高5厘米，此鞋为明代常见的女鞋样式。鞋作平底，鞋头微翘，鞋后有提跟，以杂宝花卉纹样的暗花缎制成，绢作衬里。鞋底为本色棉布，以菱形格线缝纳。鞋面上用平绣等针法绣出花卉等纹样（图二）。

杂宝朵花纹缎绵膝裤（M1：4—1）。质地为丝、棉。长34厘米，宽18厘米。为杂宝朵花纹面料，内衬本色棉布，中夹丝绵。膝裤呈筒状，上端侧面开口。穿着时应套于小腿处，盖在袜子之上，开衩处朝上，并且在最外层绑上系带。

素绢绵袜（M1：4—2）。质地为丝、棉。长27厘米，宽17厘米。绵袜面料与衬里均为绢，中夹丝绵。袜筒前侧有开口，后侧有两条绢带。

日月纹绣缎背袋（M1：5）。质地为丝、金。长24厘米，宽24厘米，绢带长80厘米。袋身呈方形，两面绣制。所绣纹样为云托日月，正背面各有一祥云，上饰一圆形，正面内作三足乌，表示太阳，背面内作玉兔捣药，表示月亮，主体纹样之外再绣以祥云。袋口以半圆形素缎作盖，并缀有金质子母扣一枚以作扣合。

菱格小花刺绣棉袖边（M1：6）。质地为棉，展开全长27.7厘米，宽4.5厘米，两片，为同一件女衣袖口上的饰件。主要为十字绣针法绣制，白色棉布地上绣以褐色丝线，绣出的纹样整体二方连续，中间界以方格，方格之中绣出几何花叶纹样。反面衬以棉布衬里。

鸟衔花枝纹缎对襟夹袄（M1：7）。质地为丝，通袖长218厘米，衣长87厘米，对襟、大袖，袖作琵琶袖，衣长及腰。平铺时，两衣襟略有交叠，呈交领状，左衽。面料为鸟衔花枝纹暗花缎，衬里为绢。该鸟衔花枝纹由一燕子嘴衔一枝五瓣小花枝和一株有着两朵五瓣花和花苞的折枝构成，两个主要图案在一行内交替排列，相邻行元素垂直镜像，各元素垂直方向二二错排。燕子双翅展开，羽毛丰满，颈部弯曲。折枝花纹样枝条优美自然（图三）。

四季花鸟纹织金妆花缎襕裙（M1：9）。质地为丝，腰长139厘米，裙长93.5厘米，裙身由两片叠加缝制，每片由四幅织物拼缝而成，密布细褶，左右相对。面料地部纹样为四季花卉与飞鸟纹相间，裙上还有三道织金妆花襕。第一道为狮子纹，第二道为璎珞纹，最下一道为奔鹿纹（图四）。

莲花纹绣缎枕（M1：11）。质地为丝、棉、木。长50厘米，宽20厘米，高17厘米。枕呈长方形，两侧枕顶衬有两块弧角方形的木板，略呈方形，枕身为暗花缎，枕顶部分素缎地上刺绣莲花纹样。枕内以本色棉布为衬，枕身外罩绢套。

素绢绵袄（M1：12）。质地为丝，通袖长

图三　鸟衔花枝纹缎对襟夹袄

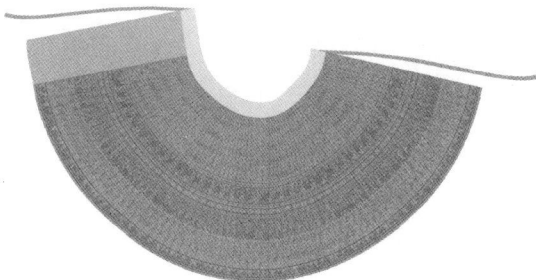

图四　四季花鸟纹织金妆花缎襕裙展开图

203厘米，衣长80厘米。绢面，内衬绢里。大袖，袖作琵琶袖，衣长及腰，夹制，其内有丝绵。领缘镶有素缎，左短右长。平铺时两襟略有交叠，右腋下有系带，可作左衽穿着。

日月纹绣缎枕（M1：14）。质地为丝、木。长44厘米，宽20厘米，高19厘米。此枕整体呈长方形，枕顶略呈方形，以素缎为底，上绣云托日月，分别以圆圈内绣三足乌和玉兔捣药表示日月。枕身用杂宝朵花纹暗花缎制成，外罩斜纹绫（图五）。

杂宝朵花纹缎棺垫（M1：15）。质地为丝，长181厘米，宽65厘米。棺垫呈长方形，杂宝朵花纹暗花缎制成，棉布衬里。棺垫为独幅。入殓时，棺垫铺于墓主人身体之下。整件垫布上有若干铜钱锈蚀后留下的印痕。

镶几何边绢袄（M1：16—1）。质地为丝，通袖长183厘米，衣长80厘米，对襟、大袖，袖作琵琶袖，衣长及腰。领子缀以几何纹织金纱加纳纱绣作为装饰，前襟缀有系带两根，衣身左侧腋下缀有系带一根。据此可知，此夹袄

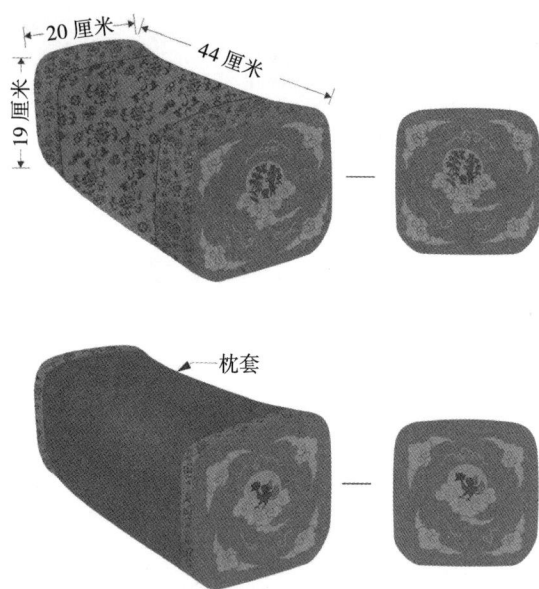

图五　日月纹绣缎枕

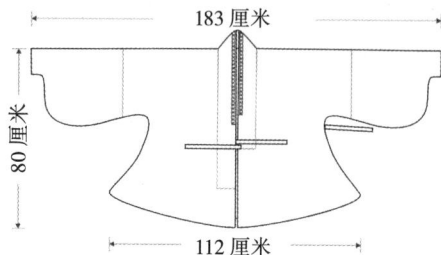

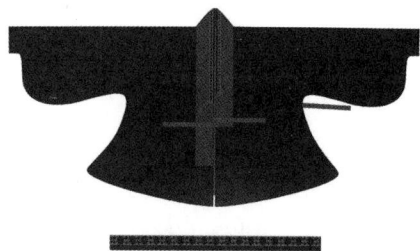

纹样复原

图六　镶几何边绢袄

虽为对襟也可作交领穿着（图六）。

镶菱格纹边绢袄（M1：16—2）。质地为丝，通袖长178厘米，衣长76厘米，对襟、大袖，袖作琵琶袖，衣长及腰。领子镶以菱格纹织金纱作地，再加纳纱绣作为装饰，前襟缀有系带两根，衣身左侧腋下缀有系带一根。据此可知，此夹袄虽为对襟也可作交领穿着。

镶缠枝花边绢袄（M1：16—3）。质地为丝，通袖长182厘米，衣长80厘米，对襟、大袖，袖作琵琶袖，衣长及腰。领子镶以纳纱绣的缠枝花卉纹条带作为装饰，前襟缀有系带两根，衣身左侧腋下缀有系带一根。平铺时，两襟略有交叠，呈左衽。

棉布裤（M1：18）。质地为棉，裤长95厘米，腰宽60厘米，裤脚宽30厘米。裤为平纹本色棉布所制，单层无衬里。出土时折叠成块状，边缘破损严重。存有裤裆，裤脚、裤腰已多残损。

棉布贴里残片（M1：19）。质地为棉，通袖长210厘米，衣长125厘米，本色平纹棉布制成，单层无衬里。上下拼缝而成，腰间密褶。明代士人通常将贴里穿在袍内裈护之下，贴里的褶子能使袍身宽大的下摆略向外张，显得端庄稳重（图七）。

四合如意云纹缎绵裙（M1：20）。质地为丝，腰长118厘米，腰高8厘米，裙长92厘米。裙由两片构成，面料为四合如意云纹缎，衬里为绢，中夹丝绵。每片裙片由三幅织物拼缝而成，裙面密密打褶，每片褶向均左右相对。

云凤纹福寿巾（M1：21）。质地为丝，长76厘米，宽60厘米，此巾原塞于素绢棉袄的一只袖中，取出后呈褶皱状，粘附大量棉絮。经揭展平整后，巾呈长方形，两端流苏长约4厘米。巾为暗花缎制织，正中为"福""寿"二字，四周绕以四合如意云纹和凤纹（图八）。

杂宝朵花纹缎被（M1：22）。质地为丝、棉。长154厘米，宽77.5厘米。盖被呈长方形，以杂宝朵花纹缎为表，衬以本色棉布。

二、织物种类、纹样及形制研究

通过对在钱樟夫妇墓中选取的9件纺织品脱落的细碎纱线进行纤维横截面观测，加上纤维鉴别，发现该批纺织品中纤维品种包括丝、棉、麻等（图九，表一）。其中丝织物主要用作

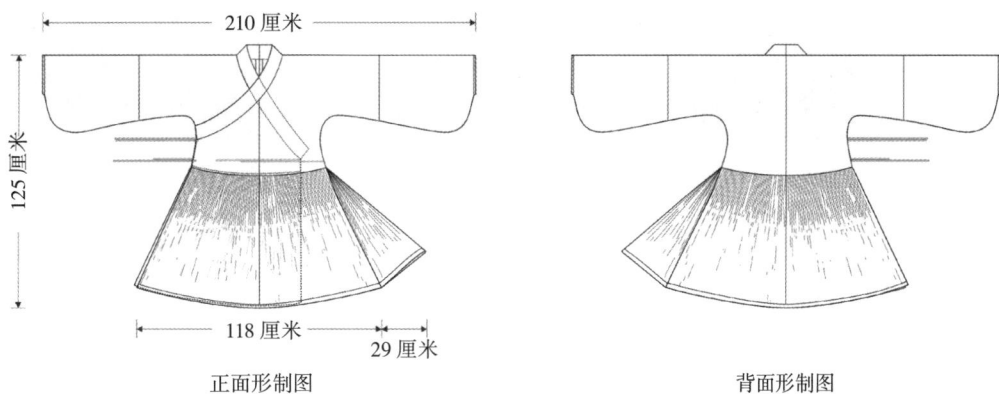

正面形制图　　　　　　　　　　　　背面形制图

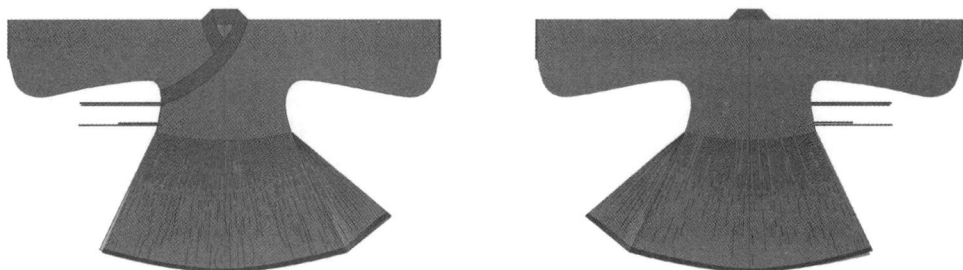

图七　棉布贴里

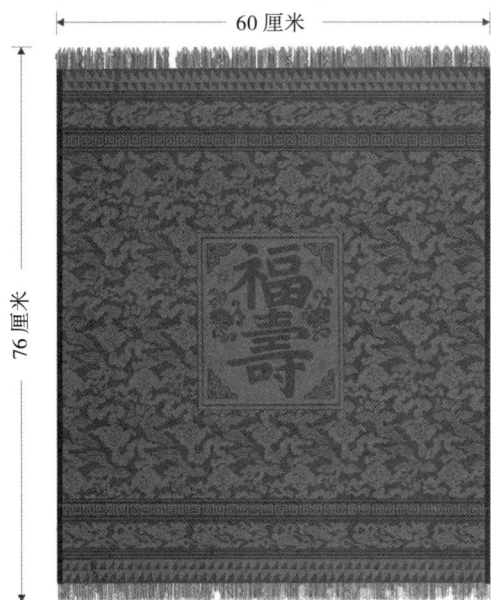

图八　云凤纹福寿巾

明代暗花丝织物所涉及的纹样题材包罗万象，有植物纹样、动物纹样、自然景观纹样、几何纹样及其他人文纹样等几大类，多赋有祥瑞之意。钱樟夫妇墓所出土暗花织物服饰虽非众多，但几乎涵盖了上述各类风格纹样，杂宝纹样、云纹、衔枝鸟纹、四合如意纹及几何纹及文字装饰在该批丝织品上均有表现（图一〇—图一九）。

明代服装形制复杂多样，可谓不一而足。根据已知明代丝绸服装的典型形制特征，可将其分为袍（衫）、上衣、下裳、裤四大类；再根据该大类服装的典型特征，将其分为若干"小类"，如圆领衣、交领衣、单裙、棉裙等。钱樟夫妇墓中未发现袍（衫），出土了上衣、下裳和裤。衣服多为交领（M1：19）（图二〇）和直领款式（M1：16—2）（图二一），因其袖和摆的不同，款式也略有区别。下裳为两条百褶裙（M1：9、M1：20）（图二二），另有一条直腰型裤子（M1：18）（图二三）。

纺织品的面料；棉主要包括棉布及棉絮，棉布既用作纺织品面料也用于衬里，面料棉布较细腻，衬里棉布稍粗糙，麻织物亦用于衬里。

整体看来这批文物主要分为三大类：单层素织物（绢、斜纹绫、平纹棉布）、缎类（素缎、暗花缎、织金缎）及绞纱类（织金纱）。

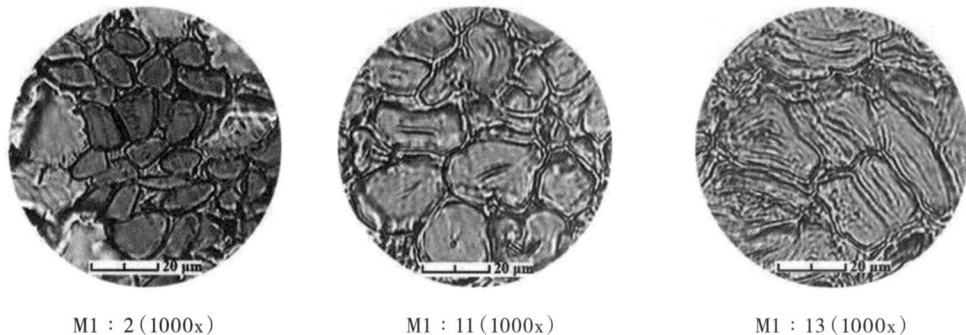

M1：2（1000x）　　　M1：11（1000x）　　　M1：13（1000x）

图九　各类纤维横截面

表一　钱樟夫妇墓出土服饰纤维分析

序号	文物号	部位	测试结果
1	M1：11	面料 衬里	丝 棉
2	M1：14	面料1 面料2	丝 丝
3	M1：12	面料 絮	丝 棉
4	M1：8	面料	丝
5	M1：10	面料	丝
6	M1：2	面料	丝
7	M1：18	面料	棉
8	M1：13	面料 衬里	丝 麻

三、保护处理修复

钱樟夫妇墓分东西二室，西室男性墓主身上所穿衣物由于长期积水浸泡且埋藏时间早于东室，故保存状况较差，仅对置于头部的衣服及枕头进行提取。东室女性墓葬内衣物略好于西室，女性墓葬内的挎包、外衣、裙子、夹袄以及置于头顶的夹袄基本都已提取，但由于墓葬中尘土等污染物较多，对纺织品的保存相当不利，导致纺织品病害较为严重，钱樟夫妇墓中丝织品的主要病害有以下几种：

破裂。破裂指完整的纺织品出现裂缝、开裂，并未缺损，仅是纺织品沿经线或纬线方向断裂形成裂口。在修复过程中无需补全，通过适当的平整和缝合即可恢复原有形制。

残缺。残缺指丝织品在传承过程中出现缺失，无法保持其完整的现象。在修复过程中，选择用质地、厚度、颜色均合适的背衬材料进行铺垫缝合。

褪色。明代当时的染料多为植物染料，对可见光敏感，褪色现象较为明显。

粘连。因为长时间存放，同一件纺织品、不同类纺织品以及纺织品与其他物品之间都产生了不同程度的粘连，需要将这类粘连物揭展剥离开来。

图一〇　杂宝朵花纹（M1：4—1）

图一一　菱格花纹（M1：6）

图一二　鸟衔花枝纹（M1：7）

图一三　四季花鸟纹（M1：9）

图一四　织金妆花襕（M1：9）

图一五　几何纹（M1：16—1）

图一六　缠枝纹（M1：16—3）

图一七　四合如意纹（M1：20）

图一八　云凤纹（M1：21）

图一九　文字（M1∶21）

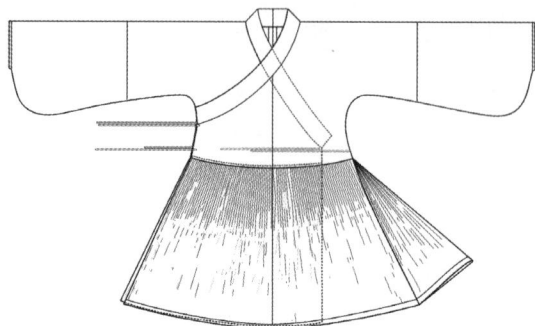

图二〇　交领上衣形制图（M1∶19）

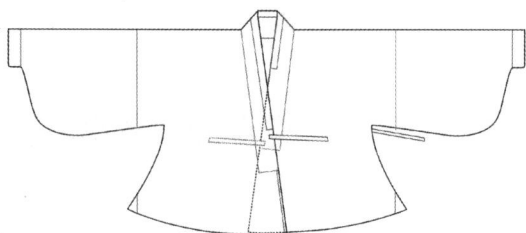

图二一　直领上衣形制图（M1∶12）

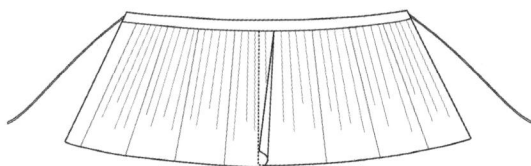

图二二　裙形制图（M1∶9）

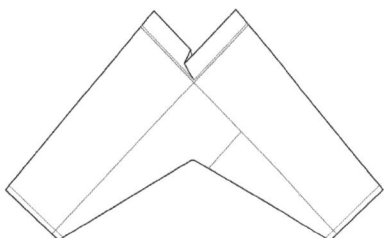

图二三　裤形制图（M1∶18）

皱褶。皱褶指纺织品表面的不平整，包括可调整和不可调整的变形，影响纺织品的外观。

糟朽。因为长期受积水浸泡影响，钱樟夫妇墓中的纺织品保存状况非常差，导致其纺织品结构疏松，力学强度大幅度降低，部分已一触即破且很难辨认其原始形制。

尘土。尘土这类病害是最常见的，因为出土的纺织品时间年代久远，其表面容易附着一部分灰尘，影响纺织品外观和手感。

污染。南方出土纺织品上污染物以有机类的尸体分解物和无机类的结晶盐居多，此二者都极大程度地影响到文物的外观，并且非常不利于文物保管；因为这些污染物中含有微生物

生长的营养源，一旦温湿度条件适宜，极易滋生霉菌。钱樟墓出土的丝绸文物，在衬里和表面都不同程度地存在着污染。这些残留在文物上的污染物，有些仅仅停留在织物表面，危害尚不明显且易于去除，有些已经渗透至纤维内部，极大程度地影响到文物的外观，这类顽固污染物难以彻底清除干净。

发霉。微生物对纺织品文物的破坏无处不在。纺织品文物属于有机材质，加之在埋藏过程中沾染了大量尸体分解物等污染物，成为微生物生长的良好培养基。发霉是由微生物中的霉菌在纺织品上生长繁殖所引起的腐霉作用。在发霉过程中，会产生多种有机酸及有害毒素，这些物质对纺织品起着强烈的腐蚀破坏作用，使其褪色、泛黄，出现霉斑、机械强度降低等劣化现象，同时，霉菌产生的有害毒素，会危及人体健康。

金箔脱落。根据史料记载和实物考证，明代的织金服饰大多在织造过程中采用圆金线和

平金线。由于年代久远，当年用于粘连金箔和背衬的胶粘剂基本失效，金箔仅仅依靠简单的物理附着力停留在背衬上，此时的圆金线或平金线在外力作用下难免脱落，仅仅留下背衬。虽然纹样的大致轮廓不变，但是已经失去了当年金光闪闪的艺术特色。

针对钱樟夫妇墓出土丝绸制品的不同病害特征，在保护修复过程中采取了相应的修复措施。

揭展。本批纺织品中有几件呈包块形式，如莲花纹绣绢枕、素缎发罩残片、棉布裤及杂宝朵花纹缎绵膝裤。这些纺织品在处理前需先行揭展，揭展时先将织物缓慢回潮，再一层层将织物剥离，对于粘连较重的部位需反复回潮，缓慢揭展。

清洗。此批纺织品在修复之前，部分污染严重，除去尸体污染物之外，主要还有大量尘土粘附。首先，用专用吸尘器吸除纺织品表面的灰尘、污物等。然后，进行局部清洗实验，以判断清洗是否会造成不良后果（如纤维流失、染料流淌等），确定安全后方可进行大面积清洗。否则，只可采取局部干洗去污。清洗时，将纺织品平铺于低压清洗台的托网之上。用去离子水轻柔冲洗织物表面，污水旋即从清洗台下方流走，同时使用软羊毛刷在纺织品表面顺着经纬线轻轻地刷，切忌用力。如果纺织品比较厚实、污染严重，可以借助海绵轻轻按压纺织品表面。用棉签蘸取有机溶剂，在污染部位沿纤维方向轻柔滚动，逐步将污染物去除。

平整。纺织品文物在清洗后需要进行平整处理，使织物经直纬平，恢复到最初的状态。目前所用平整方法的原理主要是将纺织品回潮，利用纤维在湿润状态下易变形的特点，使织物最大限度地恢复到初始的平整状态。平整的基本过程包括回潮纺织品、整理织物、压放重物、干燥。该批纺织品由于挤压和浸泡时间较长，基本都存在皱褶现象，而且部分折皱比

较严重，所以均需进行平整。平整工作是该批文物保护处理过程中的重要一环，也是关键的一步。但对于某些顽固的折痕应在保证文物安全的前提下，尽量予以去除，实在无法消除则保留。如在素绢绵袄袖子里发现的云凤纹福寿巾，因长期处于皱褶的状态，折痕处已非常顽固，加之织物本身较薄，很难在保证文物完整的前提下完全去除皱褶，故暂时予以保留。

确定形制。本批服饰中部分有缺损或缝线脱落，以至形制不明确，所以首先对其形制进行研究，并根据研究结果打样复原，在复原研究的基础上实施修复。如棉布贴里在揭展后破碎成几块，难以辨认形制。经过对各部分残留信息的仔细观察，发现决定服装形制的关键信息尚存。根据存留信息及相关文献资料确定形制后绘制形制图，再根据形制图实施修复。

背衬织物准备。根据所修复纺织品的面料特征，选取与之材质风格相近的现代织物作为加固所用的背衬织物，并将其染成与文物一致的颜色。染色时，选用化学合成染料。此批服饰所用织物品种主要为三类，即绢、暗花缎和平纹棉布。因缎类纺织品虽有破裂，但缺失并不明显，所以选择与织类背衬织物相同的电力纺作为修复用面料；平纹棉布类服饰则选择相同的平纹棉布作为背衬织物；发罩则选用同样透明的平纹丝织物——绉丝纱。

修复。针对本批服饰的保存状况，采用针线缝合加固的修复方法。针线缝合加固是运用缝制服饰的针线技术来修复纺织品文物的一种方法。修复时，对于有破裂和残缺病害的丝织品，在揭展、清洗和平整等工作完成后，采用与丝织品本身质地、颜色相同或相近的现代丝织物衬于文物背后，采用针线缝合法加固，以恢复丝织品的整体效果，并利于织物的保存。对于破损糟朽部位，采用铺针，并结合跑针、鱼骨针等其他针法实施修复。根据此批纺织品的保存状况，在采用针线缝合加固法时，其背

衬织物的衬垫方式有两种，即局部衬垫及整体衬垫。局部衬垫指对总体缺损较少及牢度相对较高的纺织品，仅针对其破损部位加衬修复织物；整体衬垫则指对于牢度较差或缺损较多的纺织品，整件加衬修复用织物。如在对鸟衔花枝纹缎夹袄的修复中，由于此件夹袄保存相对较好，仅两侧腋下各有两条破裂，前襟与后背同时断裂，故采用局部衬垫的方式。剪裁略大于破裂长度、宽度约10厘米的电力纺作为背衬织物，衬入破裂处背后，调整好背衬与文物两层织物的经纬方向，以铺针沿裂口垂直方向缝合。前后分别加固后，再按原拼缝工艺将裂开的前后片拼缝。对于棉布贴里的修复，由于此件贴里破损严重，修复前破碎成若干块，故采用全衬垫的方式修复。根据形制研究结果，剪裁与各部位形制相同的平纹棉布作为背衬织物，包括两袖、两襟、后背、领及下摆。然后衬于各部位之下，平整后以相应针法将背衬与文物缝合。各部位修复好之后，再按贴里的形制拼合。

本批出土纺织品中的莲花纹绣绢枕保存状况极差，虽然形制完整，但是绢面料非常脆弱，无法过多承受针线的穿缝。因此，修复时除了在绢面料背后衬垫电力纺外，在其表面再覆盖一层薄透的真丝织物——绉丝纱。该面料具有一定牢度，且透明度高，覆于文物表面后起到了保护作用，又不影响文物的观感，重要的是通过覆盖绉丝纱可以大大减少对文物本体的干预，缝线时可仅沿织物的破损边缘进行加固。

另外，此批纺织品中部分缺失较多或牢度极差，无法施行针线缝合加固，不具复原其形制的条件。因此，对此几件文物在清洗保护后按残片的保存方式予以处理。

四、相关问题

从钱樟夫妇墓志所载年代看，钱樟卒于弘治乙丑年（1505），其妻华氏卒于嘉靖七年（1528），为明代中晚时期。钱樟虽出身望族，但年止于二十，无官无职。对于明代士庶葬俗，官方有其规定，在《大明会典》和《明史》中均有记载。《明史》卷六十《礼志》"士庶人丧礼"中载洪武五年的庶人丧礼规定："庶民袭衣一称，用深衣一、大带一、履一双，裙袴衫袜随所用。饭用粱，含钱三。铭旌用红绢五尺。敛随所有，衣衾及亲戚襚仪随所用……明器一事。功布以白布三尺引柩。柳车以衾覆棺。志石二片，如官之仪。"钱樟夫妇墓中所出虽无深衣、大带等物，与制度规定有所出入，但随葬之具中的袄、裙、衾（被子）及盖棺麻布、棺木垂帐等物与制度并无违背，仍是当时葬俗的反映。

钱樟夫妇墓中出土的绣缎枕和绣缎背袋上均饰有日月纹，其上所绣纹样为三足乌和玉兔捣药，分别代表日月，下以祥云托衬。明墓中的云托日月造型较为常见，多见于金银饰，在苏州张士诚母曹氏墓[1]、南京汪兴祖墓[2]、徐俌夫妇墓[3]、常州武进王洛墓[4]、常州白氏家族墓[5]等墓葬中均发现有云托日月纹金银饰品。在无锡前房桥明代钱氏墓中也有此类

图二四　无锡前房桥明墓出土日月纹金饰

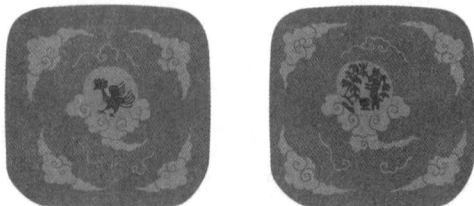

图二五　绣缎枕日月纹

金银饰品发现，在祥云所托饰片上直接写上"日""月"二字（图二四）。这种饰片上的日月，象征太阳、太阴，应与道教系统相关，多用于墓葬中。墓中随葬之物作此纹样，其意在于"乞请太阳、太阴赦免死者生前所犯罪孽，削除北阴死籍，重获身形，早登仙录"。钱樟墓中则是用丝绣品图案来表现，可能是金银饰的表现力不如丝织品上的刺绣的缘故，所以在金银饰上日月只用汉字"日""月"表示，而在丝绣品上日月则用三足乌和玉兔来表现，更为生动（图二五）。

钱樟夫妇墓所出的 5 件女衣，衣身较短，袖作琵琶袖，形制大体相同，衣襟或衣袖且用刺绣加以装饰。在几件衣服前襟上各自缀有系带，其中至少 3 件左侧腋下缀有系带，由此可知 5 件女衣虽作对襟，但至少其中 3 件女衣可作交领穿，且作左衽。《大明会典》记载庶人丧礼小殓时"左衽不纽，裹之以衾"。据此或以为墓中所出至少 3 件左衽女衣乃袭殓时所用，其实并非如此。明初虽然有废弃胡服的规定，但从元代到明代，女子对襟的衣服作交领穿着且作左衽的现象确属多见，这从元代壁画、板画及明代墓葬出土实物及容像中均可看到（图二六）。

墓中所出的所谓的纱巾，也是当时女子穿着的真实反映。钱樟夫妇墓所出的纱巾可能相当于包头纱，由明入清的叶梦珠在《阅世编》中对包头的尺寸、使用及演变等记载非常详细："今世所称包头，意即古之缠头也。古或以锦为之。前朝冬用乌绫，夏用乌纱，每幅约阔二寸，长倍之……崇祯中，式始尚狭……今裁幅愈小，褶愈薄，体亦愈短，仅施面前两鬓，皆虚以线暗续于鬓内而属后结之，但存其意而已。"此外，明代墓葬中出土的女子用于裹发的发罩亦不少，在明代容像中也不少见。

钱樟夫妇墓中出土的明代服饰，虽无宫廷王室华服的奢豪，却极具明代服饰特色，且品种丰富，纹饰多样。虽然部分服饰已经褪色，但其形制尚存较多、纹样清晰、金饰华丽，足可体现当时名门望族的服饰特点。

注　释

［1］ 苏州市文物保管委员会、苏州博物馆：《苏州吴张士诚母曹氏墓清理简报》，《考古》1955 年第 6 期，第 295 页。

［2］ 南京市博物馆：《南京明汪兴祖墓清理简报》，《考古》1972 第 4 期，第 33 页。

［3］ 南京市文物保管委员会、南京市博物馆：《明徐达五世孙徐俌夫妇墓》，《文物》1982 年第 2 期，第 30 页。

［4］ 武进区博物馆：《武进明代王洛家族墓》，《东南文化》1999 年第 2 期，第 32 页。

［5］ 常州市考古研究所：《江苏常州花园底明代白氏家族墓发掘简报》，《东南文化》2014 年第 6 期，第 46 页。

图二六　汪世显家族墓出土木屋上人物

无锡市尤家弄—顾更上土墩墓群 D7 发掘报告

李永军 *

【摘要】2018 年 7 月无锡市文化遗产保护和考古研究所在对西气东输无锡新区段改线工程进行考古调查勘探时发现了尤家弄—顾更上土墩墓群，土墩数量 30 余座，时代跨度从春秋时期至明清。2019 年 3 月，对影响工程建设的 D7 进行了考古发掘，共发掘墓葬 24 座，时代为明代和清代，这些墓葬以家庭为单位分布排列，同一家庭墓葬外围有半环形土垅墓圹。D7 内部堆积及墓葬分布情况与江南土墩墓有较多相似之处，是土墩墓这一葬俗在明清时期的延续。

【关键词】尤家弄—顾更上　家族墓地　土墩墓

一、墓地概况

　　尤家弄—顾更上土墩墓群位于无锡市新吴区梅村街道和鸿山街道，具体位置在金城高架以南，锡东大道以西，泰伯大道以北，新韵北路以东，面积近 3 平方公里。西气东输无锡新区段改线工程从墓地东侧边缘穿过，2018 年无锡市文化遗产保护和考古研究所对墓地进行了先期考古调查和勘探，共确认土墩 31 座（图一），集中分布在尤家弄、顾更上、袁更上、田里金家的村庄和农田里。土墩现状简单介绍如下：

　　D1 位于尤家弄村东边缘，修路和建房对土墩破坏比较严重，现存长度 41 米，宽 17 米，大致呈长方形，覆斗状，高出地表 1.6 米。堆积大致分为 4 层，从上而下分别是表土层、灰土层、黄土层和生土层，其中在黄土层中探铲带出原始瓷片。D2 位于 D1 的南面，两座土墩距离 10 米，土墩大致呈长方形，顶部平整，覆斗状，东

西长 49 米，南北宽 27 米，距离地表高约 2 米，堆积厚度最深 3 米。D3 位于 D2 的西面，二者相距不足 5 米，边缘有小水塘，土墩现状为长方形，东西长 29 米，南北宽 23 米，最高处距离地表 1.5 米，堆积厚度 1.8 米。D4 位于尤家弄东南角，周围都是稻田，附近有水塘一座，土墩遭破坏比较严重，现状大致呈不规则长方形，长 88 米，宽 41 米，残存高度 0.5 米，堆积厚度 1.7 米。D5 位于尤家弄村南面农田内，土墩现状为长方形覆斗状，长 24 米，宽 18 米，距离地表 0.6 米，堆积厚度最深 2.4 米。

　　D6 位于尤家弄村东南角，D4 的东侧，周围为稻田和水塘。土墩遭破坏严重，早期平整土地期间被推平，现在略高于地表，上面生长树木和杂草，现存长 23 米，宽 19 米，堆积厚度 1 米。D7 位于尤家弄村东南角，在 D4 和 D6 之间，土墩现状为不规整长方形覆斗状，长 20 米，宽 18 米，距离地表高 1.6 米，堆积厚度最深 2.5 米。

---

* 李永军：无锡市文化遗产保护和考古研究所研究室主任，副研究馆员

D8 位于尤家弄东南角，D7 的南面，现状为不规整长方形，长 37 米，宽 14 米，距离地表 0.5 米，堆积厚度最深 1.4 米。D9 位于尤家弄西南，附近有一小水塘，土墩现状为不规整长方形，一条现代沟从中间穿过，土墩长 76 米，宽 60 米，距离地表 0.8 米，堆积厚度最深 2.5 米。D10 位于尤家弄东南角，因平整土地基本与地表相平，上面种植香樟树，残长 23 米，宽 15 米，堆积厚度 1.5 米。

D11 位于尤家弄西南角，北邻 D9，南面有一条小河。土墩现状为不规整长方形，长 34 米，宽 18 米，高出地表 1.3 米，堆积厚度 2 米，探孔碰到石板墓。D12 位于尤家弄西南角，东南

靠近 D11，东北靠 D9，土墩现状呈工字形，长 56 米，宽 41 米，距离地表 0.5 米，堆积厚度 1.8 米，探孔中发现墓砖。D13 位于尤家弄村南面，东临 D11，北邻 D12，土墩基本与地表相平，大致呈方形，长 38 米，宽 36 米，堆积厚度 0.6 米。D14 位于尤家弄南面，东南角与 D12 相邻，土墩现状为不规整长方形，顶平呈覆斗状，长 44 米，宽 23 米，距离地表 1.5 米，堆积厚度近 2 米，探孔发现石板。D15 位于尤家弄村西南角，东西两面有河流经过，土墩为长方形覆斗状，长 57 米，宽 40 米，距离地表 1.6 米，堆积厚度 2.2 米。

D16 位于尤家弄西南，在 D15 的南面，土

图一　尤家弄—顾更上土墩墓群平面图

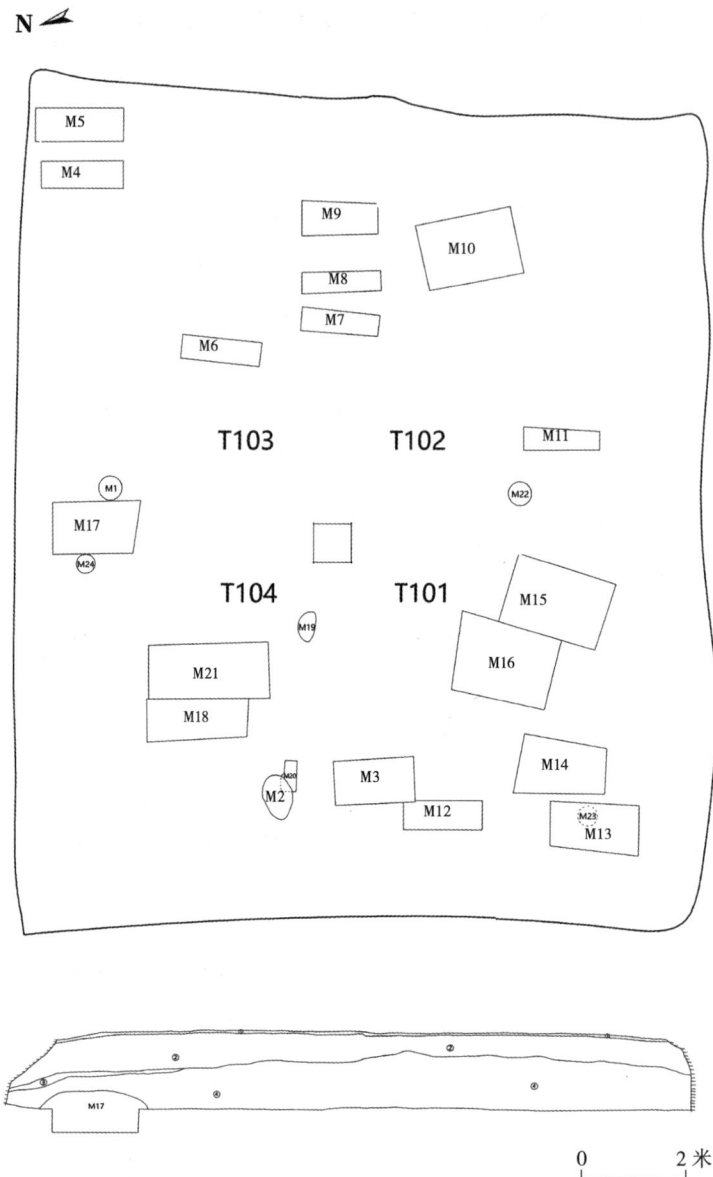

图二　尤家弄土墩 D7 平、剖面图

墩现状为不规整长方形，长 43 米，宽 21 米，距离地表 1.6 米，堆积厚度最深处有 3.2 米。D17 位于尤家弄西南，东临 D15 和 D16，土墩遭破坏严重，现状大致呈刀把形，长 88 米，宽 46 米，距离地表 1.1 米，堆积厚度 1.5 米，探孔中发现硬陶片。D18 位于尤家弄西南，南邻 D16，基本与地表相平，长 15 米，宽 8 米，堆积厚度 1.5 米。D19 位于顾更上村西，土墩现状近方形，长 35 米，宽 32 米，距地表 0.6—1.3 米，堆积厚度 1.7 米。D20 位于顾更上村西，东临 D19，西、南两面都有河流，基本近方形，边长 38 米，距离地表高 1 米，堆积厚度 1.8 米。

D21 位于顾更上西，东临 D20，土墩现状为刀把形，北高南低，长 32 米，宽 27 米，距离地表 1.5 米，堆积厚度 2.4 米，探孔发现墓砖。D22 位于顾更上西，东临 D21，土墩现状为长方形覆斗状，长 35 米，宽 23 米，距离地表 0.5 米，堆积厚度 2 米。D23 位于袁更上西，土墩现状为刀把形，中间高四周低，长 36 米，宽 24 米，距离地表高 0.5—1.2 米，堆积厚度最深 2 米。D24 位于袁更上西，南邻 D23，土墩现状为狭长刀把形，长 36 米，宽 14 米，距离地表 0.6 米，堆积厚度 1.4 米。D25 位于袁更上东，南面紧靠小河，土墩现状为狭长长方形，长 40 米，宽 18 米，距离地表 1.7 米，堆积厚度 2.7 米，探孔中发现砖室墓。

D26 位于袁更上东北，西面距离 D25 不远，土墩现状为不规则狭长长方形，顶部斜坡南高东低，长 55 米，宽 11 米，距离地表 1.7 米，堆积厚度最深 2.3 米。D27 位于袁更上北，西邻 D26，土墩现状为不规整长方形，长 34 米，宽 22 米，距离地表 0.5 米，堆积厚度 1.2 米，探孔中发现墓。D28 位于田里金家东南角，遭破坏严重，与地表相平，长 22 米，宽 17 米，堆积厚度 0.9 米。D29 位于田里金家南，平整土地期间被推平，现存长度 35 米，宽 10 米，堆积厚度 0.8 米。D30 位于田里金家南，北邻 D29，土墩为不规整长方形，长 32 米，宽 28 米，距离地表 0.6 米，堆积厚度 2.5 米。D31 位于田里金家南，土墩现状刀把形，南窄北宽，长 35 米，宽 31 米，距地表 1.5 米，堆积厚度 3 米，探孔发现墓葬。

后因西气东输路线调整，管道从 D7 中间穿过，因此对该土墩进行了抢救性考古发掘，共发掘墓葬 24 座（编号 D7M1—D7M24）（图二），出土各类文物 50 余件，现将 D7 的发掘情况报告如下。

二、D7 土墩堆积及遗物

尤家弄土墩平面呈弧角方形，覆斗状，底部边长 20 米，顶面边长 17 米，东南部分因耕种取土缺失。土墩北靠鸿山河支流，其他三面为农田所围，高出地表约 2 米。为了解土墩堆积和墓葬封土间关系，采取探方法发掘，以土墩中心为基点，布探方四个，现以土墩南北向剖面介绍 D7 内部堆积和墓葬分布情况。

第①层，表土，土色青灰，质松。第②层，黄灰色，土质黏硬，出土大量的青花瓷、青瓷残片。堆积呈漫坡状，发掘墓葬 6 座。第③层，土色浅灰，土质松散，含少许的青花瓷器残片。该堆积很薄，主要分布于土墩北部和西部，呈缓坡状。第④层，土色黄灰，质较硬，出土青花、青瓷、白瓷残片。器型多为碗，少许为盏和盘等。该层下清理发现环形状坟圈三处，发掘墓葬 18 座。⑤层为黄色沙性黏土，纯净，质硬，为生土层。

地层出土遗物标本多为瓷片，主要为青瓷和青花瓷，器型有碗、盘和盅等，时代均为清代中晚期。

青花瓷器碗 2 件。标本（T101②：1）敞口，尖唇，弧腹，圈足。内壁挂蓝彩，底饰"寿"字。口径 14.8 厘米，底径 5.4 厘米，高 5.6 厘米（图三，1）。标本（T101②：2）敞口，方唇，弧腹，圈足。器施青釉，外挂蓝彩饰麻点纹。口径 10.8 厘米，底径 6.5 厘米，高 5.3 厘米（图三，2）。

青瓷碗 2 件。标本（T104④：1）敞口，卷弧沿，弧腹，圈足。器施青釉，口径 14.2 厘米，底径 4.2 厘米，高 6.6 厘米（图三，3）。标本（T104④：4）侈口，卷弧沿，斜弧腹，圈足，底径 4 厘米，高 6.6 厘米（图三，4）。

青瓷盘 1 件。标本（T104④：2）敞口，圆弧唇，折弧腹，矮圈足。器施青釉。口径 13.8 厘米，底径 4.4 厘米，高 3.2 厘米（图三，5）。

青瓷盅 1 件。标本（104④：3）侈口，圆弧唇，弧腹，圈足。口径 6 厘米，底径 2.2 厘米，高 3 厘米（图三，6）。

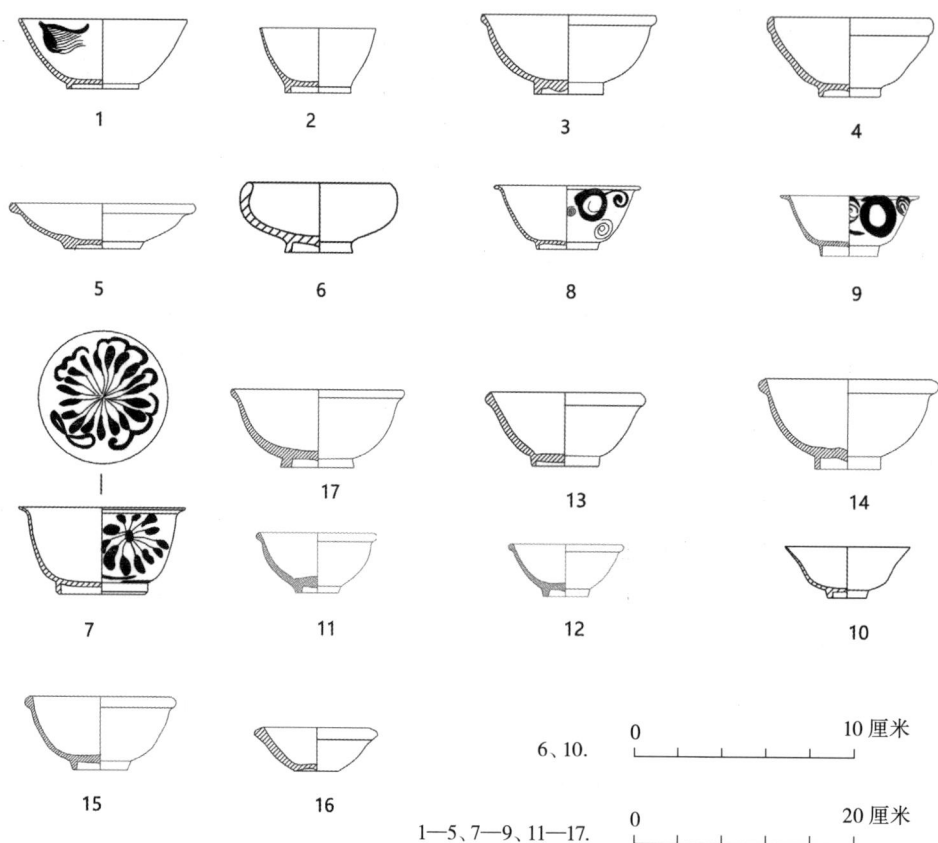

1—2、7—9.青花青碗（T101②:1、T101②:2、M2:2、M4:1、M5:2）
3—4、11—15、17.青瓷碗（T104④:1、T104④:4、M19:3、M19:4、M20:1、M20:5、M20:7、M24:1）
5.青瓷盘（T104④:2）　6.青瓷盅（T104④:3）　10.白瓷盅（M9:2）　16.釉陶灯（M21:1）

图三　尤家弄土墩发掘出土瓷器

三、墓葬及随葬品

D7共发掘墓葬24座，开口②层下6座、④层下18座，按照层位、早晚关系以及墓葬形制、结构分述如下：

②层下墓葬6座，编号分别为M1—M3、M11—M13，形制有瓮棺葬和土坑竖穴葬两种，瓮棺葬2座，均由土坑和实用器葬具构成，内填充尸骨。土坑竖穴墓4座，墓圹均呈梯形状，葬具可按单棺葬和双棺合葬而分。

M2方向88°（图四），土坑平面形状为椭圆形，东西径长1.24米，南北径宽0.76米，深0.8米，斜直壁、平底。釉陶罐葬具6件，口部用小砖和青花瓷碗遮盖，罐内填充骨骼。随葬器物7件，釉陶罐6件，青花瓷碗1件。釉陶罐6件。M2:1，侈口，卷沿，尖唇，平弧肩，筒形腹，平底。腹中部饰凹弦纹两周圈带。器施黄釉。口径15.6厘米，底径25厘米，通高26厘米（图五，1）。M2:3，侈口，卷沿，圆唇，折弧肩，筒形腹，平底。上腹部饰不规则麻点纹，中腹部饰凹弦纹两周圈带。器施酱釉。口径15.4厘米，底径24厘米，通高26厘米（图五，2）。M2:4，侈口，卷沿，圆唇，折弧肩，筒形腹，平底。下腹部饰凹弦纹一周圈

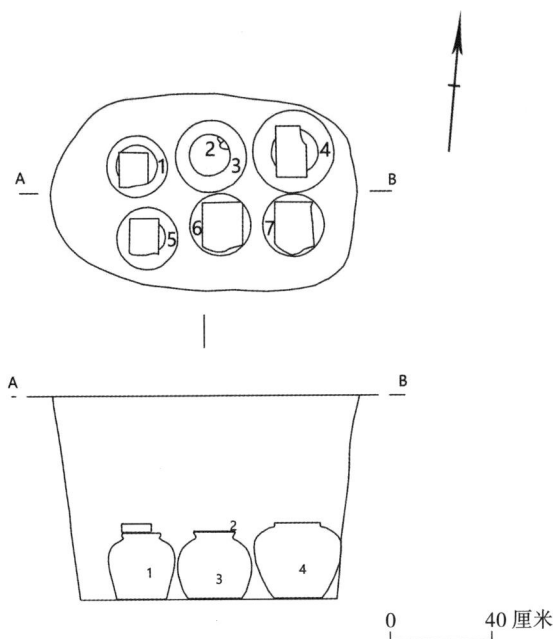

1、3、4、5、6、7. 釉陶罐 2.青花瓷碗

图四　M2 平、剖面图二次合成

带。器施黄釉。口径16厘米，底径28厘米，通高30厘米（图五，3）。M2:5，敞口，卷沿，圆唇，溜肩，上直腹，下斜弧，平底。上腹饰弦纹，呈瓜棱状，下腹饰凸弦纹一周圈带。器施酱黄釉。口径13厘米，底径23厘米，通高24厘米（图五，4）。M2:6，敞口，卷沿，尖唇，溜肩，近筒形腹，平底。上腹饰弦纹，呈瓜棱状，器施酱釉。口径13厘米，底径23厘米，通高26厘米（图五，5）。M2:7，侈口，卷沿，圆唇，折弧肩，筒形腹。上腹饰弦纹，呈瓜棱状，器施酱釉。口径13厘米，底径22厘米，通高27厘米（图五，6）。青花瓷碗1件。M2:2，敞口，卷弧沿，尖唇，深弧腹，圈足。内外挂蓝彩，饰花卉纹。口径14.6厘米，底径6.2厘米，高7.2厘米（图三，7）。

M11 方向 10°，墓室平面呈梯形，南北向，长2.06米，宽0.5—0.64米，深0.9米，直壁、平底。墓室底部清理出瓦枕，头向朝北，葬具和尸骨

腐朽。

M3 方向 350°（图六），墓室平面呈梯形，南北向，长2.1米、宽1.16—1.2米、深0.6米，近直壁、平底。室底双棺，仅存朽痕，东棺长1.9米、宽0.34—0.48米，北部置瓦枕，内残留少许骨骼，随葬品"乾隆通宝"3枚,钱径2.5厘米、穿径0.6厘米。西棺长1.76米、宽0.36—0.42米，北部置瓦枕，随葬品"康熙通宝"2枚,钱径2.8厘米、穿径0.6厘米。

④层下墓葬18座,坟圈3处。坟圈环形，截面梯形，圈内包含墓葬数量不等，排列均由北向南，坟圈内墓葬大部分保留封土，封土呈圆形和椭圆形，封土下多有两个墓坑，部分一个或三个。

M4方向10°（图七），南北向，墓室呈梯形，长2米、宽0.6—0.72米、深1.12米，直壁、平底。底部清理发现木质棺板残存。墓室北壁置壁龛，椭圆形，宽0.42米、进深0.24米、高0.24米，内随葬釉陶罐和青花瓷碗各1件。青花瓷碗M4:1，敞口，卷弧沿，尖圆唇，斜弧腹，圈足。器施青釉，腹外挂蓝彩，饰大小不一卷云纹。口径14.3厘米、底径5.6厘米、高5.1厘米（图三，8）。釉陶罐M4:2，敛口，圆弧唇，折弧肩，弧腹，平底中凹。肩部饰对称桥形耳两组。腹部饰凹陷纹两周，体施酱釉，大部剥落。口径10.2厘米、底径7.6厘米、通高14厘米（图五，7）。

M5方向10°（图八），南北向，墓室平面呈梯形，长2.32米、宽0.72—0.84米、深0.82米。西壁置壁龛，椭圆形，宽0.18米、进深0.12米、高0.16米，内置青瓷碗1件。墓室底部发现棺残板，可确认葬具系木棺，长1.92米、宽0.4—0.6米，墓室西北角随葬釉陶罐1件。釉陶罐M5:1，敞口，平弧沿，圆唇，矮弧颈，折弧肩，弧腹，平底中凹。器施黑釉，釉不及底。口径7.2厘米、底径10.4厘米、通高14厘米（图五，8）。青花瓷碗M5:2，敞口，平弧沿，尖圆唇，斜弧腹，

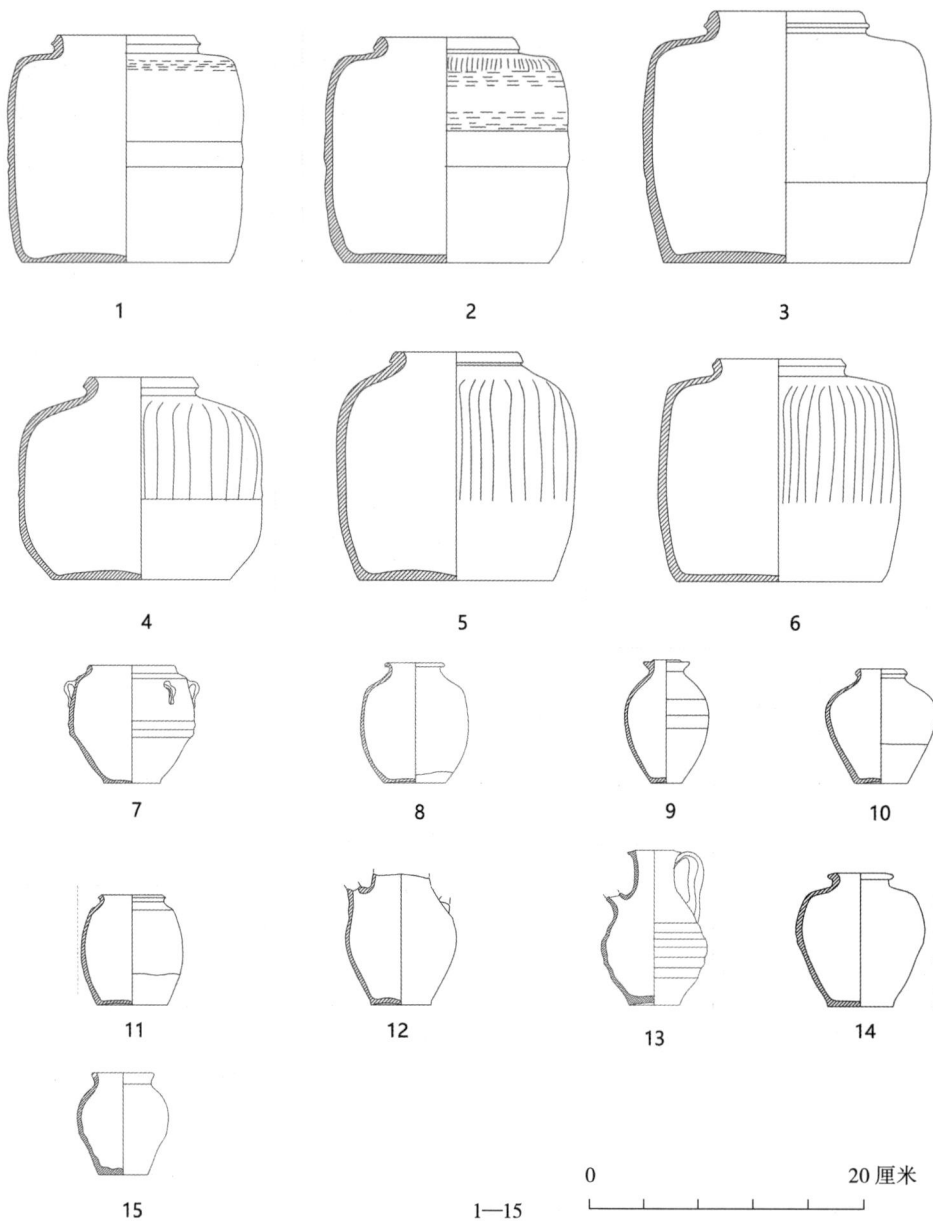

釉陶罐:1.M2:1 2.M2:3 3.M2:4 4.M2:5 5.M2:6 6.M2:7 7.M4:2
8.M5:1 9.M6:1 10.M8:1 11.M9:1 14.M14:1 15.M15:1
釉陶壶:12.M10:1 13.M10:2

图五　出土釉陶器

圈足。器施青釉,腹外挂蓝彩,饰大小不一卷云纹。口径15厘米、底径5.6厘米、高4.7厘米(图三,9)。

　　M6 单棺墓,方向20°(图九),带封土。封土形状呈椭圆形,南北径长2.75米。东西宽2.35米,高约0.6米。墓室为梯形状竖穴土坑墓,南北向,长1.9米、宽0.54—0.7米、深0.62米。结构近直壁、平底,墓室东北角随葬釉陶罐1件,头向北,室内残留木质棺板。随葬釉陶罐1件,M6:1,侈口,平沿,圆唇,矮束颈,溜肩,弧腹,平底。腹部饰凸弦纹,器施酱釉,口径3.5厘米、底径3.6厘米、通高14.7

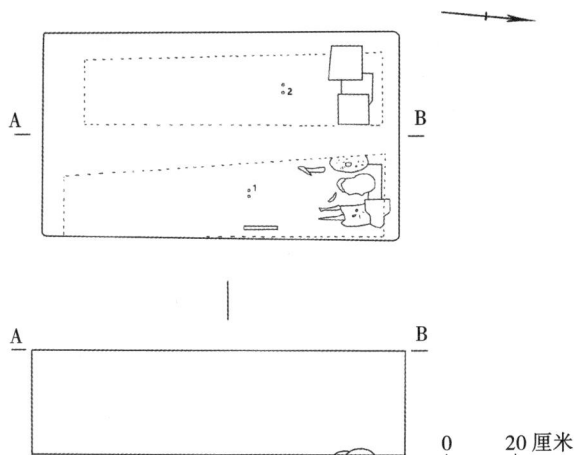

1、2. 铜线

图六　M3 平、剖面图

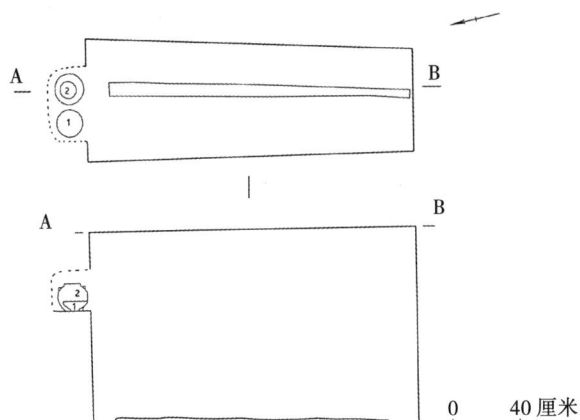

1. 青瓷碗 2. 釉陶罐

图七　M4 平、剖面图

厘米（图五，9）。

M7、M8、M9 三座墓位于同一个封土下面，封土近长方形，东西长约 4 米，南北宽 3.5 米，残高约 0.6 米，三座墓由西向东依次排列，均为竖穴土坑。M7 方向 10°，南北向。墓室平面呈梯形，长 2.06 米、宽 0.5—0.64 米、深 0.9 米，直壁、平底。墓室底部清理出瓦枕，头居北部，无随葬器物。

M8 方向 5°（图一〇），南北向。墓室平面呈长方形，长 2.14 米、宽 0.7 米、深 0.86 米，直壁、平底。墓底清理葬具印痕，长 1.78 米、宽 0.36 米、残高 0.24 米。棺外随葬釉陶罐 1 件，棺底四角设小砖垫铺。随葬品釉陶罐 1 件，M8：1，侈口，卷沿，尖唇，矮束颈，溜肩，斜弧腹，平底。器施黑釉，釉不及底，口径 5.7 厘米、底径 6.5 厘米、通高 13.1 厘米（图五，10）。

M9 方向 10°（图一一），墓室长 2.20 米、宽 0.74 米、深 0.78 米。墓圹北壁置壁龛，椭圆形，宽 0.24 米、进深 0.18 米、高 0.22 米。内随葬釉陶罐 1 件，罐内置白瓷盏 1 件，墓室近直壁、平底。室底清理发现棺板残留，可辨棺长 1.84 米、宽 0.4 米、残高 0.08 米，棺板底部四角垫铺小砖。随葬器物 2 件，釉陶罐和白瓷盏各一件。釉陶罐 M9：1，侈口，平弧沿，尖圆唇，矮喇

叭颈，折弧肩，弧腹，平底中凹。器施黑釉，釉不及底。口径 7.6 厘米、底径 9 厘米、通高 13 厘米（图五，11）。白瓷盏 M9：2，敞口，尖唇，斜弧腹，圈足，器施白釉。口径 6.8 厘米、底径 2.4 厘米、高 1.9 厘米（图三，10）。

M10 方向 355°（图一二），墓室平面近长方形，长 2.34 米、宽 1.6 米、深 1.34 米。近直壁、平底，东室呈梯形状砖室结构，长 2.14 米、宽 0.72—0.82 米、高 0.6 米，顶用小砖砌券，大部坍塌。内壁用单砖错缝平砌，北部置壁龛，内随葬釉陶壶 1 件，室底残余棺板和垫砖。西室土坑墓，平面近长方形，长 2.4 米、宽 0.48 米、高 0.36 米。北壁置壁龛，长方形，宽 0.18 米、进深 0.12 米、高 0.28 米，内随葬釉陶壶 1 件，室底残余有棺板。随葬品共有釉陶壶 2 件。M10：1，口部残，溜肩，弧腹，平底中凹。肩部置錾手和流，均残。下腹刮削，器施黄釉，底径 7.4 厘米、残高 15.4 厘米（图五，12）。M10：2，侈口，卷弧沿，圆唇，束颈，溜肩，弧腹，平底中凹。肩部置流、錾手，流残，下腹刮削。器施黄釉。口径 5.2 厘米、底径 6.4 厘米、通高 18.1 厘米（图五，13）。

M14 双棺合葬墓，方向 10°（图一三），南北向。封土椭圆形，长径 3.3 米，短径 2.5

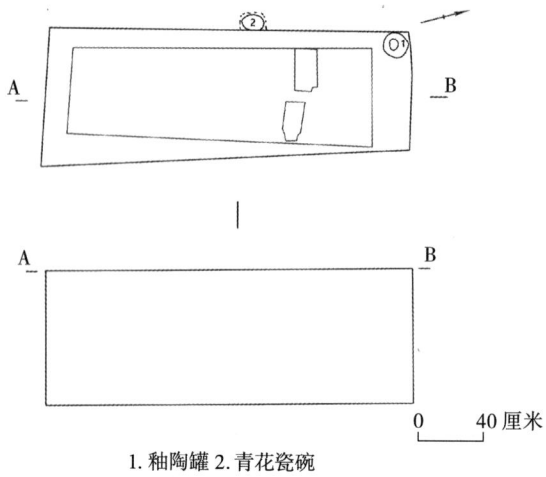

1.釉陶罐 2.青花瓷碗

图八　M5平、剖面图

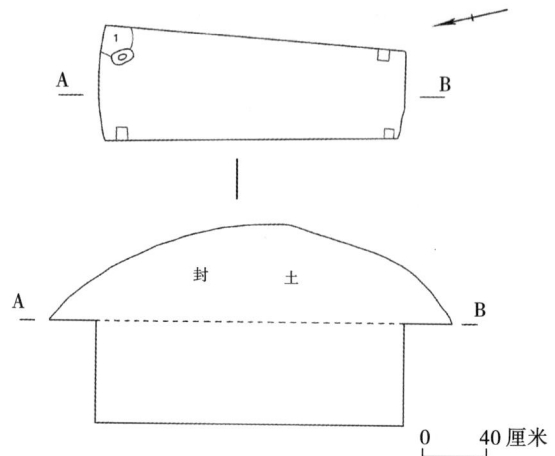

1.釉陶罐

图九　M6平、剖面图

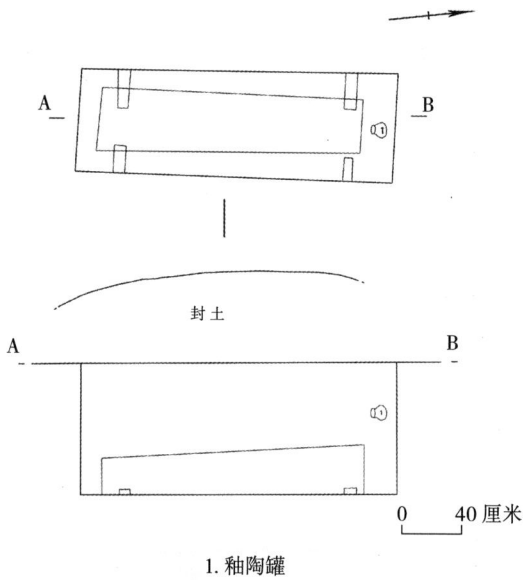

1.釉陶罐

图一〇　M8平、剖面图

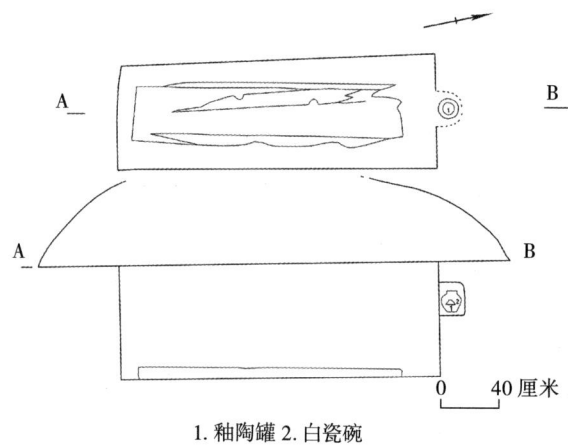

1.釉陶罐 2.白瓷碗

图一一　M9平、剖面图

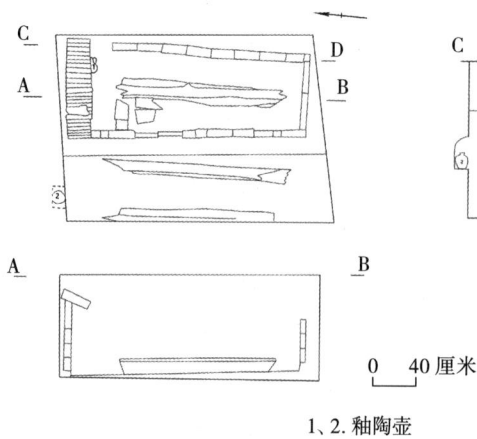

1、2.釉陶壶

图一二　M10平、剖面图

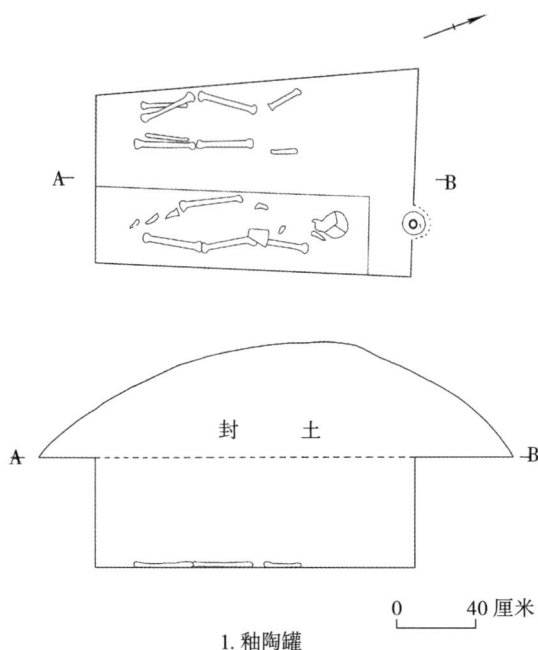

1. 釉陶罐

图一三　M14 平、剖面图

米，高约 0.6 米。西南被 M13 打破，东部打破 M16，墓葬呈梯形状竖穴土坑合葬墓。墓室长 2.26 米、宽 1.16—1.42 米、深 0.76 米。直壁、平底，东室置棺，仅存朽痕，棺长 1.94 米、宽 0.54 米，内骨架保存尚好，可辨头向居于北部，葬式为仰身直肢。北部置头龛，内随葬釉陶罐 1 件，西室未发现棺痕，骨架仅留肢骨，头向朝北，葬式为仰身直肢。随葬品釉陶罐 1 件，M14：1，侈口，卷弧沿，圆唇，矮弧颈，溜肩，圆弧腹，平底中凹。器施酱黄釉，口径 7 厘米、底径 8.2 厘米、通高 15.7 厘米（图五，14）。

M15 土坑竖穴砖室合葬墓，方向 20°（图一四）。封土椭圆形，长径 3.6 米，短径 2.5 米，高近 0.6 米。墓坑长 2.3 米、宽 1.8 米、深 1.04 米，竖穴状、平底。墓室分东西双室，顶用小砖砌券，呈拱形，室四壁用单砖错缝平砌，两室北部均置有壁龛。东室长 2.2 米、宽 0.92 米、高 0.54 米，底清理木棺板材，可辨棺长 1.84 米、宽 0.5 米，头龛内随葬釉陶罐 1 件。西室长 2.2 米、宽 0.86 米、底留木棺板材，确认棺长 1.8 米、宽 0.56 米。随葬品共有釉陶罐 1 件，M15：1，侈口，平弧沿，束颈，溜肩，斜弧腹，平底。器施酱黄釉，口径 6.1

厘米、底径 5.6 厘米、通高 12.1 厘米（图五，15）。

M16 方向 30°（图一五），椭圆形封土，长径 3.55 米，短径 2.75 米，高近 0.6 米。墓坑长 2.86 米、宽 1.72—2.16 米、竖穴状、平底。墓室分东西双室，顶用小砖砌券，呈拱形，室四壁用单砖错缝平砌，两室北部均置有壁龛。东室长 2.30 米、宽 0.84 米、高 0.88 米，底清理出木棺板材，板材长 1.88 米、宽约 0.1 米，头龛内随葬釉陶壶 2 件。西室长 2.26 米、宽 0.88 米。底清理木棺板材，板材长 1.86 米、宽 0.12 米。随葬品共有釉陶壶 2 件，M16：1，立口，卷弧沿，喇叭颈，溜肩，圆弧腹，平底中凹。肩部置鋬手和流，流残，器施酱釉，口径 6.8 厘米、底径 7.8 厘米、通高 17.4 厘米（图一六，1）。M16：2，侈口，卷弧沿，尖圆唇，喇叭颈，折弧肩，弧腹，平底中凹，器施黑釉。口径 7.4 厘米、底径 8.9 厘米、通高 16.1 厘米（图一六，2）。

M17 方向 340°（图一七），墓室平面呈梯形，长 2.08—2.32 米、宽 1.32—1.4 米、深 0.6 米。近直壁、平底，西北角随葬釉陶壶 1 件，室底置双棺，仅存朽痕，东棺长 1.6 米、宽 0.42 米，可辨头向居于北部，残留下肢骨少许。西棺长 1.58 米、宽 0.48 米，头居于北部，残留下肢骨少许。随葬釉陶壶 1 件，M17：1，侈口，卷弧沿，尖唇，喇叭颈，折弧肩，斜弧腹，平底，器施黄釉，口径 6.8 厘米、底径 5.6 厘米、通高 13.7 厘米（图一六，3）。

M18、M21 位于同一个封土下面。M18 方向 330°，南北向，平面形状呈梯形，长 2.12—2.20 米、宽 1.30 米、深 0.92 米，近直壁、平底。室内未发现随葬器物。M21 方向 350°（图一八），平面形状近长方形，长 2.70 米、宽 1.42 米、深 1.82 米，近直壁、平底。砖室顶坍塌，墓室四壁用单砖错缝砌筑，北部置头龛，内随葬釉陶灯 1 件，东壁设壁龛，室底可辨葬具为木棺，长 2 米、宽 0.6 米。随葬品釉陶灯 1 件，M21:1 敞口，卷沿，弧腹，凹形顶。口径 9.4 厘米、

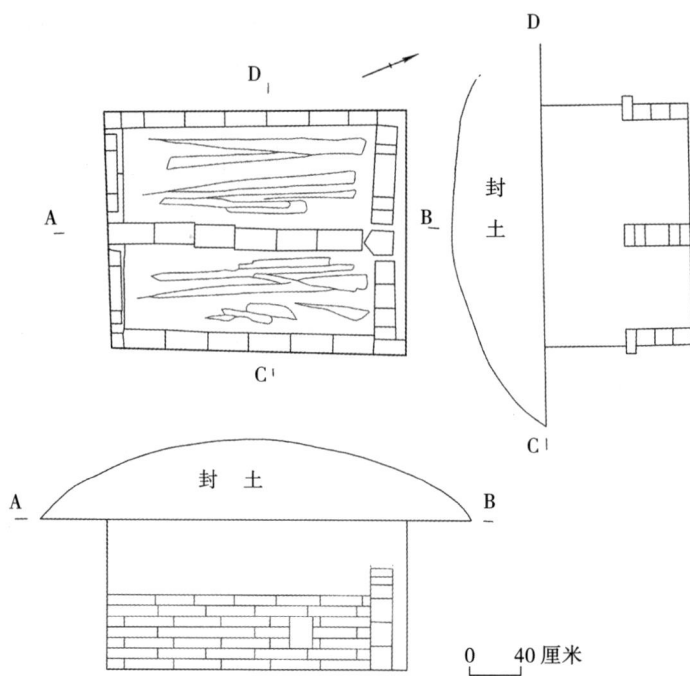

1.釉陶罐

图一四　M15平、剖面图

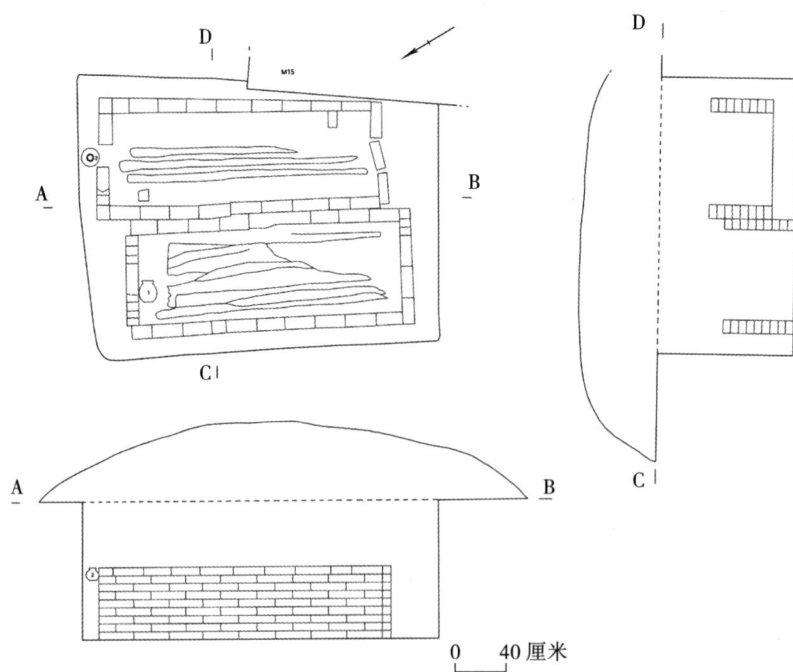

1、2.釉陶壶

图一五　M16平、剖面图

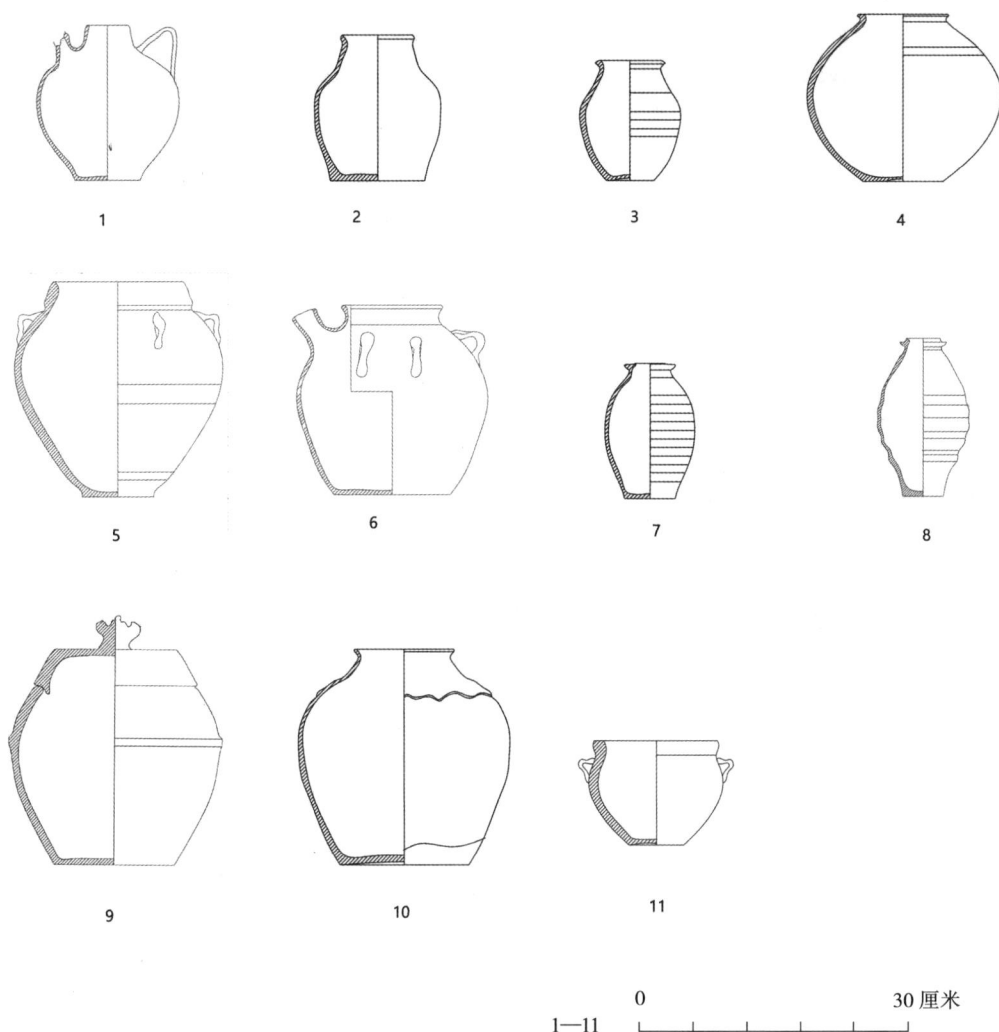

1—11　├─────┼─────┼─────┼─────┤　0　　　　　　　30 厘米

1—3、6. 釉陶壶（M16：1、M16：2、M17：1、M20：2）
4—5、7—11. 釉陶罐（M19：1、M19：2、M20：3、M20：4、M20：6、M23：1、M24：2）

图一六　出土釉陶器

高 3.6 厘米（图三，16）。

瓮棺 4 座，编号 M19、M20、M23、M24。

M19 方向 85°（图一九），封土椭圆形，东西径长 1.55 米、南北宽 1.25 米，高近 0.6 米。墓坑平面形状近椭圆形，径长 0.75 米、宽 0.45 米。砖室分双室，均圆形，口用单砖和石块封堵，室用小砖立砌，中置釉陶罐作主葬具，内

填充大量骨骼，东室附属葬具青瓷碗。随葬品 4 件，釉陶罐和青瓷碗各 2 件。釉陶罐 2 件，M19：1，敞口，卷沿，矮弧颈，广圆肩，鼓腹，平底中凹。腹部饰凹陷纹数周，器施黄釉，口、底等径 9.4 厘米，通高 19.2 厘米（图一六，4）。M19：2 敞口，卷弧沿，溜肩，弧腹，平底。肩部饰对称两组桥形耳。器施黄

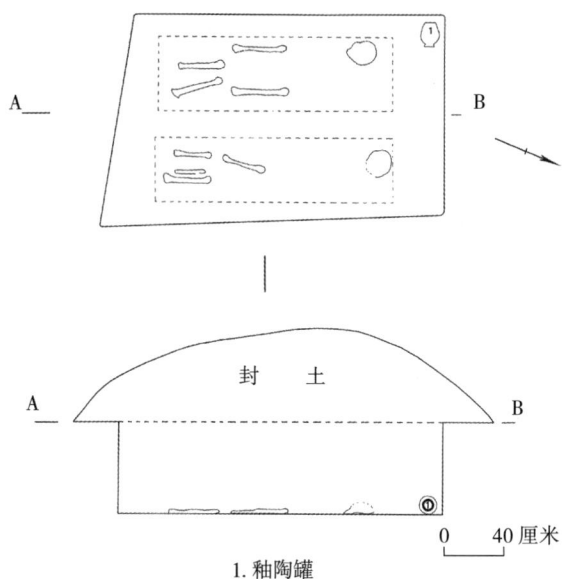

1. 釉陶罐

图一七 M17 平、剖面图

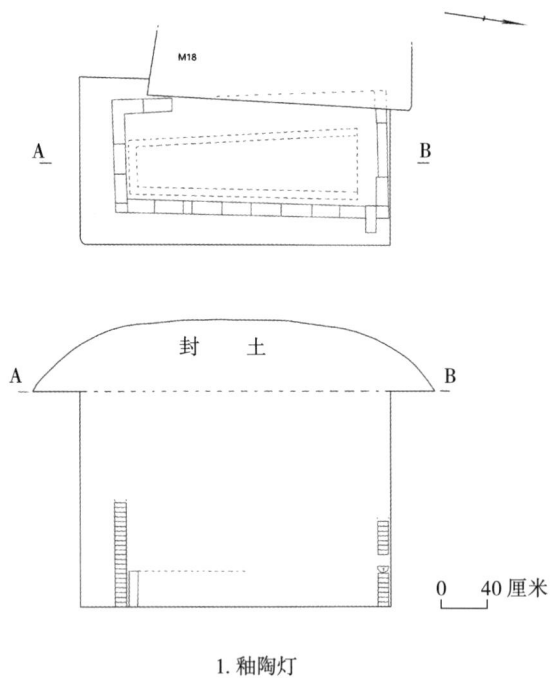

1. 釉陶灯

图一八 M21 平、剖面图

釉，口径16.6厘米、底径9.2厘米、通高24.9厘米（图一六，5）。青瓷碗2件，M19：3敞口，卷弧沿，弧腹，圈足。器施青釉。口径14.9厘米、底径4厘米、高7.3厘米（图三，11）。M19：4，敞口，卷弧沿，弧腹，圈足。器施青

釉。口径14.6厘米、底径4.4厘米、高6.6厘米（图三，12）。

M20方向100°（图二〇），封土圆形，直径约1.55米，高0.6米。墓室平面形状呈"凸"字形，分双室。东室呈方形，边长0.32米，内置釉陶壶1件作葬具，内置骨骼，罐口盖青瓷碗，东北角随葬釉陶罐1件。西室呈弧角方形，边长0.48米，内用单砖砌筑，呈圆形，内置带盖釉陶罐作葬具，葬具内填充骨骼。内随葬青瓷碗1件，其西南随葬釉陶罐1件。随葬器物7件，主要为青瓷碗、釉陶罐、釉陶壶。

青瓷碗3件，大致相同，敞口，卷弧沿，尖唇，弧腹，圈足，器施青釉。M20：1，口径14.8厘米、底径5厘米、高6.3厘米（图三，13）。M20：5，口径14.4厘米、底径4.4厘米、高7.2厘米（图三，14）。M20：7，口径15厘米、底径4.2厘米、高6厘米（图三，15）。

釉陶罐3件，M20：3，侈口，平沿，尖唇，矮弧颈，溜肩，弧腹，平底。腹部刮削，器施酱

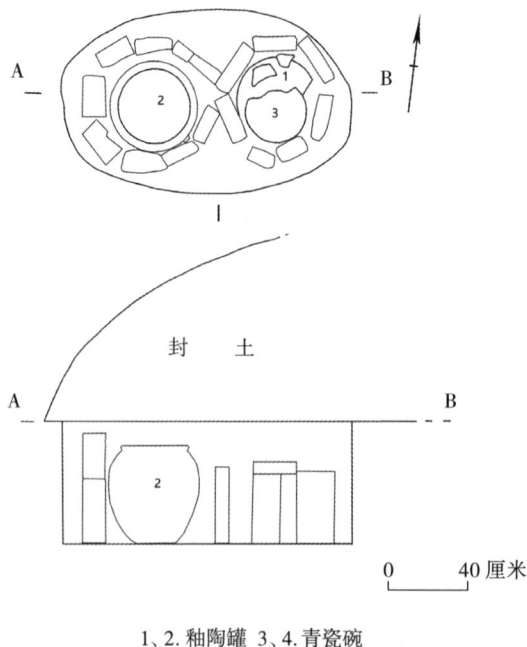

1、2. 釉陶罐 3、4. 青瓷碗

图一九 M19 平、剖面图

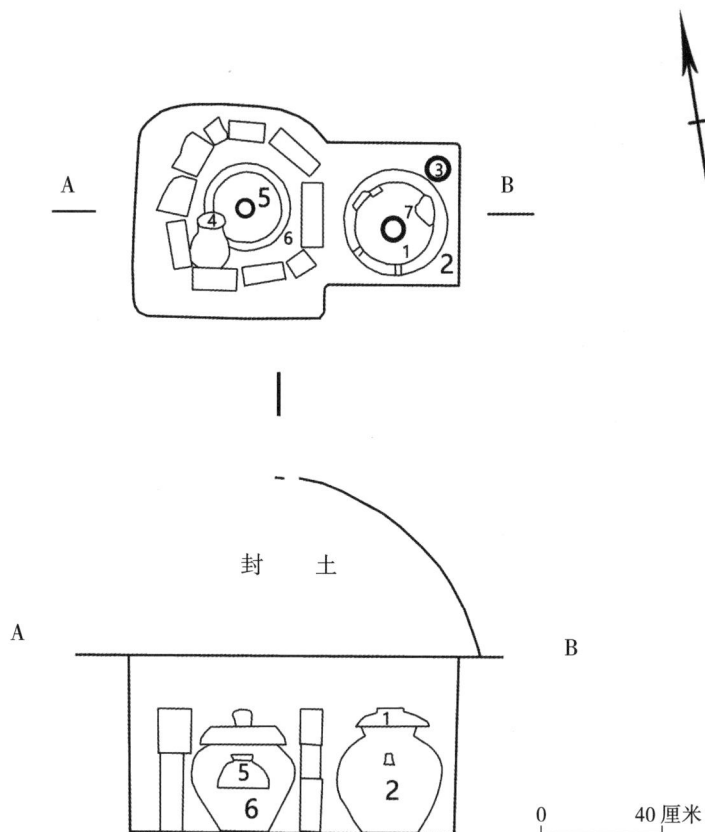

1、7. 青瓷碗　2. 釉陶壶　3、4. 釉陶罐　5. 青瓷碗　6. 釉陶罐（带盖）

图二〇　M20 平、剖面图

黄釉，剥落严重。口径 3.6 厘米、底径 5.4 厘米、通高 15.6 厘米（图一六，7）。M20：4，侈口、平弧沿，矮弧颈，溜肩，弧腹，平底。腹部刮削，器施酱黄釉，剥落严重。口径 3.2 厘米、底径 5.3 厘米、通高 18.2 厘米（图一六，8）。M20：6，带盖，盖呈覆钵状，平顶，圆形抓钮，斜弧壁，器敛口，圆弧唇，溜肩，弧腹，平底。肩腹初贴条一周，器施酱黄釉。口径 16.7 厘米、底径 15 厘米、通高 29 厘米（图一六，9）。

釉陶壶 1 件，M20：2，敞口，卷弧沿，圆唇，矮弧颈，广肩，鼓腹，平底。肩部置对称桥形耳、錾手和流。器施酱黄釉，口径 11.5 厘米、底径 14 厘米、通高 21.8 厘米（图一六，6）。

M23 方向 0°（图二一），口部被 M13 打破，于地表浅挖坑，直径约 0.5 米，用小砖贴坑壁立砌，残深 0.48 米，内置釉陶罐，罐内填充骨骼。随葬品釉陶罐 1 件，M23：1，敞口，圆弧沿，矮弧颈，贴肩，鼓腹，平底。器施黑釉，釉不及底。口径 10.4 厘米、底径 15.2 厘米、通高 24.6 厘米（图一六，10）。

M24 方向 0°（图二二），墓坑圆形，直径约 0.6 米、深 0.24 米。内置葬具釉陶罐，罐内少许骨骼，口部用石板封堵，石板上倒置青瓷碗。随葬品青瓷碗和釉陶罐各 1 件。青瓷碗，M24：1，敞口，卷弧沿，圆唇，弧腹，圈足。器施青釉。口径 14.4 厘米、底径 4.5 厘米、高 6.2 厘米（图三，17）。釉陶罐，M24：2，敞口，卷沿，溜肩，斜弧腹，平底。肩部饰桥形耳两组对称。器施酱黄釉，口径 12.8 厘米、底径 6.4 厘米、通高 11.6 厘米（图一六，11）。

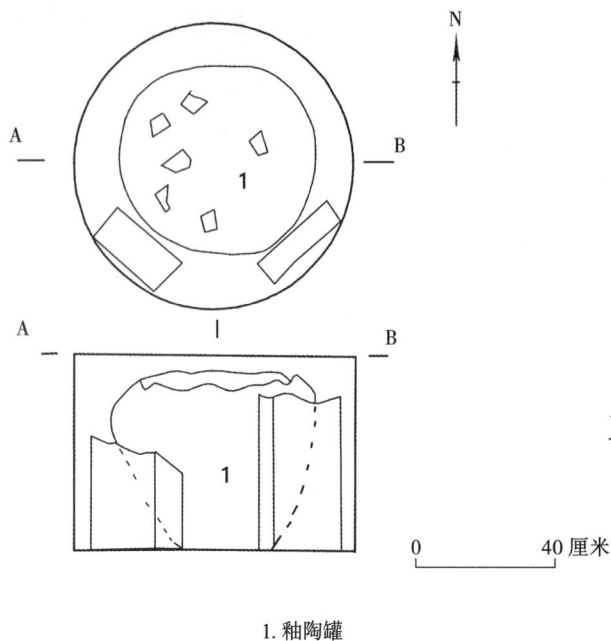

1. 釉陶罐

图二一　M23 平、剖面图

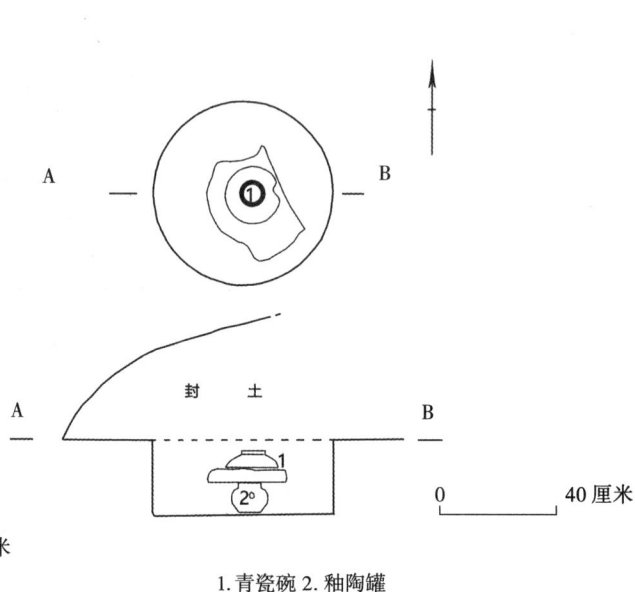

1. 青瓷碗 2. 釉陶罐

图二二　M24 平、剖面图

四、结语

尤家弄土墩发掘墓葬 24 座。虽然墓葬出土纪年铜钱较少，但是无论是墓葬形制还是随葬器物，其时代特征都很明显。尤其是随葬器物中最具时代特征的青瓷碗，贴沿，弧腹、圈足类型为大宗，诸如 M19：3、M20：1、M20：5、M24：1 等，与无锡城南遗址发掘瓮棺墓葬[1]中的 A 型青瓷碗形体特征相同；M9:2 出土青瓷碗和 M5：2、M4：1 出土的青花瓷碗形体特征与淮安楚州翔宇花园发掘明清墓[2]中的 M21：4、M21：5 出土的白瓷碗形体特征相同。对比无锡同时期墓葬出土的釉陶器，D7 内的墓葬时代特征比较明确，时代基本为明代晚期至清代中晚期，每座墓葬的时代见附表 (表一)。

土墩墓是江南地区商周以来一种独特的墓葬形式[3]，一般平地起封，墓葬位于地表以上，贵族墓葬一般一墩一墓，平民墓葬一般一个土墩内安葬同一个家族内 2—5 代人，墓葬数量从几个到几十个不等。例如太湖沿岸的湖州妙西独山头土墩墓[4]、江苏苏州高新区东诸馒首山土墩墓[5]相同，均属于一墩多墓。目前学术界一般认为土墩墓随着吴越两国的灭亡也就消失了，但近年来江浙地区的考古资料表明，有相当数量的汉代土墩墓存在，其墓葬形制与两周时期土墩墓有极大的相似性。尤家弄 D7 的外形与鸿山遗址内的春秋战国时期土墩外形完全一致，土墩堆积情况相似，唯一不同的是墓葬的时代差距较大，因此笔者认为土墩墓这一墓葬形式在江浙地区并没有随着吴越的灭国而消亡，而是一直在沿用，直至明清时期。

尤家弄 D7 是一座平民家族墓地，内部墓葬以家庭为单位集中分布，遵循着千百年来传统的葬制葬俗。明清时期，江南地区农业发达，经济长期繁荣，社会相对稳定，成为全国人口密度较大地区。由于相对富足，即使是最底层的平民阶层也有能力营建坟墓。以无锡相对落后的东部为例，明清墓葬的数量也相当可观，密度远大于其他时期的墓葬。数量众多的墓葬、严格有序的墓地规划也说明了在商品经济繁荣的江南地区，人们更加重视传统的丧葬习俗，始终遵循和传承着几千年来的丧葬文化。

另外，墓葬的分布可以反映出宗族观念、家庭观念深入人心，家庭成为最基本的核心单元和价值认同。不仅同一个家庭的墓葬排列有序，长幼清晰，成员关系一目了然，而且在家族的墓地中突出强调家庭的地位，家族内不同家庭墓葬甚至营建独立的坟圈。这一习俗在现在仍有保留，在江南地区一般同一家庭的若干个墓葬外围仍用黄土先堆出不封闭的环形坟圈，待墓地稳定后用砖和水泥等现代建筑材料建造半环形坟圈，成为后人永久性祭祀场所。

附表：

无锡尤家弄土墩 D7 发掘墓葬登记

墓号	方向	开口层位	形制结构	墓室概况（单位：米）	随葬品	时代
M1	0°	②	瓮棺葬	圆形 0.6—0.3	青花瓷盘 1 件 釉陶罐 1 件	清代
M2	88°	②	瓮棺葬	1.24×0.76—0.8	釉陶罐 6 件 青花瓷碗 1 件	清代
M3	350°	②	竖穴土坑合葬墓	2.1×1.16（1.2）—0.6	康熙通宝 1 枚 乾隆通宝 4 枚	清代
M4	10°	④	竖穴土坑墓	2×0.6（0.72）—1.12	青花瓷碗 1 件 釉陶罐 1 件	明代
M5	10°	④	竖穴土坑墓	2.32×0.72（0.84）—0.82	釉陶罐 1 件 青花瓷碗 1 件	明代
M6	20°	④	竖穴土坑墓	1.9×0.54（0.7）—0.62	釉陶罐 1 件	明代
M7	10°	④	竖穴土坑墓	2.06×0.5（0.64）—0.9	无	明代
M8	5°	④	竖穴土坑墓	2.14×0.7—0.86	釉陶罐 1 件	明代
M9	10°	④	竖穴土坑墓	2.2×0.74—0.78	釉陶罐 1 件 白瓷盅 1 件	明代
M10	355°	④	竖穴土坑合葬墓	2.34×1.6—1.34	釉陶壶 2 件	明代
M11	10°	②	竖穴土坑合葬墓	2.06×0.5（0.64）—0.9	无	清代
M12	10°	②	竖穴土坑墓	2.14×0.74—0.88	无	清代
M13	10°	②	竖穴土坑合葬墓	2（2.26）×1.18（1.46）—0.56	崇祯通宝 1 枚 釉陶罐 1 件	明代
M14	10°	④	竖穴土坑合葬墓	2.26×1.16（1.42）—0.76	釉陶罐 1 件	明代

（续表）

墓号	方向	开口层位	形制结构	墓室概况（单位：米）	随葬品	时代
M15	20°	④	竖穴土坑砖室合葬	2.3×1.8—1.04	釉陶罐 1 件	明代
M16	30°	④	竖穴土坑砖室合葬	2.86×1.72（2.16）—1.04	釉陶壶 2 件	明代
M17	340°	④	竖穴土坑合葬墓	2.08（2.32）×1.32（1.4）—0.6	釉陶壶 1 件	明代
M18	330°	④	竖穴土坑墓	2.12（2.2）×1.3—0.92	无	明代
M19	85°	④	瓮棺葬	土圹 0.75×0.45—0.3	釉陶罐 2 件 青瓷碗 2 件	明代
M20	100°	④	瓮棺葬	东室 0.32—0.4 西室 0.48—0.4	青瓷碗 3 件 釉陶罐 3 件 壶 1 件	明代
M21	350°	④	竖穴土坑砖室墓	2.7×1.42—1.82	釉陶灯 1 件	明代
M22	0°	④	瓮棺葬	0.6—0.26	青瓷碗 1 件 釉陶罐 1 件	明代
M23	0°	④	瓮棺葬	0.5—0.48	釉陶罐 1 件	清代
M24	0°	④	瓮棺葬	0.6—0.24	釉陶罐 1 件 青瓷碗 1 件	明代

注　释

[1] 无锡市文化遗产保护和考古研究所：《江苏省无锡市城南遗址瓮棺墓葬发掘简报》，《华夏文明》2019 年第 6 期，第 20—24 页。

[2] 淮安市博物馆：《淮安楚州翔宇花园明清墓群发掘简报》，《东南文化》2012 年第 1 期，第 60—67 页。

[3] 黄建秋：《江南土墩墓三题》，《东南文化》2011 年第 3 期，第 96—100 页。

[4] 浙江省文物考古研究所、湖州市博物馆：《湖州妙西独山头土墩墓发掘简报》，《东方博物》第 36 期，第 72—80 页。

[5] 苏州市考古研究所、苏州市高新区教育文体局：《苏州市高新区东诸馒首山土墩墓发掘简报》，《东南文化》2013 年第 5 期，第 42—51 页。

历史
history

宋代杜镐家族及其文史活动

任　翌*

【摘要】无锡杜镐家族，在北宋时期有着重要的文史贡献。家族主要代表人物杜镐及其三孙杜植、杜杞、杜枢，都是北宋时期的名臣。我们从两个角度去认识杜镐祖孙的文化贡献。首先，北宋太宗、真宗两朝是宋代文化整理工作的繁兴时期，主要内容包含对儒家经籍和历代史籍的全面整理和注解，纂修《文苑英华》《册府元龟》等大型类书等。杜镐正是重要的参与者之一，他毕生的学术活动，主要体现在这些文化整理工作中。其次，北宋中后期又是一种新的文风和诗风奠立的时期，杜植兄弟是欧阳修、梅尧臣"诗文革新"运动的积极参与者，并有着自己独到的贡献。本文试在整理文献资料的基础上，梳理杜镐、杜植等在文学、史学、目录学等方面的具体工作和贡献。

【关键词】杜镐　杜植　文史贡献　目录学

北宋时期，由南唐入宋的杜镐家族，是江南无锡著名的文史世家。以杜镐及其三个孙子杜植、杜杞、杜枢为代表，在文学、史学、目录学等方面均有所建树。本篇试以文献为依据，梳理杜镐家族的文史活动并兼及其他。

一、杜镐及其家世

杜镐（938—1013），字文周，《宋史》卷二九六《杜镐传》云："常州无锡人。父昌业，南唐虞部员外郎。镐幼好学，博贯经史。兄为法官。""（镐）举明经，解褐集贤校理，入直澄心堂。"这是杜镐在南唐的仕履记录。南唐时，"集贤院"主要掌刊辑校理经籍。"澄心堂"本为南唐宫中便殿，后为内府书库，中主、后主召集文士入内整理经籍。杜镐在南唐时期的活动主要在后主时期，并主要从事内府文献的整理工作。

史载杜镐与其先世皆仕于南唐，然见于载籍者，唯杜昌业。关于杜昌业，《宋史·杜镐传》云乃杜镐之父；然据欧阳修所撰《兵部员外郎天章阁待制杜公墓志铭》所载，墓主杜杞"其曾伯祖昌业，仕江南李氏，为江州节度使"，"曾祖讳某，赠给事中"。[1]杜杞是杜镐之孙，杜杞的曾伯祖是杜昌业，则昌业当是杜镐的伯父，曾任南唐江州节度使。欧阳修与杜杞认识，且与杜杞之兄杜植是好友，并修纂《新唐书》和《新五代史》，于人、于史皆熟稔，故欧阳修之说更为可信。且欧阳修所撰墓铭中，明言杜镐之父另是某人，其"赠给事中"，显然生前没有功名和官任，因子而受封赠。

又《全宋文》卷一四，载有徐铉所撰《杜

昌业江州制》，提及：

> 金紫光禄大夫、上柱国、京兆县开国子、食邑五百户杜昌业，始以明敏肃恭，服劳近密……先帝用能，委之邦政。

> 朕以中流之寄，九江为重，控五岭之冲要，镇百蛮之驿骚。属予相臣，入总枢务……依前检校太保兼御史大夫使持节江州诸军事、江州刺史、本州团练观察使，散官勋如故。[2]

制书中有"朕祗荷庆基""先帝用能"一类文字，故当写于中主李璟即位之初。又庐山《弥勒菩萨上生殿记》有碑记"保大三年二月二十日，翊圣功臣、江州都团练观察处置等使、金紫光禄大夫、检校太保守刺史、京兆县开国子、食邑五百户杜昌业建"云云[3]，则在保大三年（945）二月前，杜昌业已封职江州。从制书及碑记内容，还可知杜昌业在南唐立国之初即有封爵，功臣号"翊圣功臣"，爵位"开国子"，食邑"五百户"。

关于杜昌业事迹，《资治通鉴》卷二八三记，中宗李璟即位后，重用宋齐丘一党，冯延巳兄弟皆得重用，"延鲁自礼部员外郎迁中书舍人、勤政殿学士，江州观察使杜昌业闻之，叹曰：'国家所以驱驾群臣，在官爵而已。若一言称旨，遽跻通显，后有立功者，何以赏之！'"宋齐丘及冯氏兄弟等五人结党擅权，时人称为"五鬼"。作为开国老臣的杜昌业，对中主任人以恩而不以功表现出了担忧。

《资治通鉴》卷二八五也略载中主李璟把杜昌业从江州召回出任吏部尚书，主管尚书省之事。此外，清代吴任臣《十国春秋》卷二十一有《杜业传》，其云：

> 杜业，不知其家世。初仕吴未显，入唐，渐膺事任。升元时，以兵部尚书兼枢密使。业有心计，优权变，兵籍、民赋，指之掌中，烈祖甚宠任之。妻张悍妒殊甚，室绝姬媵，业惮之如严亲……[4]

吴氏传记中，主要记杜业在烈祖时事，提及杜业"本狂生"，"初仕吴未显"，因精于"兵籍、民赋"，深得烈祖李昇赏识和重用；并杜业妻张氏悍妒。所记诸事，实皆本自郑文宝的《南唐近事》"杜业传"[5]。吴氏传记中"杜业"下有自注："《江表志》作'杜光邺'，今从《南唐近事》《唐余纪传》。"检郑文宝《江表志》卷上，记有"枢密使杜光邺"[6]。则可知杜昌业、杜业、杜光邺实为同一人。《江表志》《南唐近事》的作者郑文宝是南唐时人，"初事后主，以文学选为清源公仲寓掌书记，迁校书郎"（陆游《南唐书·郑彦华传附传》），撰书时或因避讳，而改字或缺字。

吴任臣作《十国春秋》，文献搜罗详备，其云"杜业，不知其家世"，则杜昌业先世在唐末时或不显。又据南宋韩元吉撰《右通直郎知袁州万载县杜君墓志铭》记载：

> 宋朝衣冠姓系，惟杜氏谱录最远，自汉建平侯延年，晋当阳侯预，至唐京兆，族望皆有其传。而元和宰相宣献公之子有名胜者，尝为扬州租庸使，遂贯于扬之永正，今仪真郡也。三世仕南唐，徙家建业。是生礼部尚书镐（"镐"之误），以文学受知太宗、真宗。又再世，是生天章阁待制杞，以才略事仁宗，任方面，皆号名臣。[7]

墓主杜铎，是杜杞曾孙。韩元吉在《杜君墓志铭》中自述与杜铎"契谊实弟兄"，其对杜氏先世的记述，追溯至汉代建平侯杜延年，又有晋代杜预；地望乃著名的京兆杜氏。杜镐这一支系，又上溯至唐元和时期宰相杜黄裳之子杜胜。杜胜在唐末时官扬州租庸（古同"佣"）使，其后人定居于仪真（今仪征）的永正，"三世仕南唐，徙家建业"云云。如上文所言，杜氏仕南唐者，仅知杜镐及其伯父杜昌业；又《宋史》中记有杜镐"兄为法官"，则可知其兄也仕于南唐[8]。

关于杜镐的籍贯，欧阳修《杜杞墓志铭》中称杜氏"世为金陵人"，"江南灭国，杜氏北迁，今为开封府开封人也"。唯《宋史·杜镐传》中称"常州无锡人"。又《嘉靖建阳县志》亦称杜镐之孙"杜杞，字伟长，无锡人"。[9]《无锡杜氏宗谱》以杜镐为尊祖，始迁祖为南湖公杜充，明代嘉靖时从毗陵迁锡，遂在锡世居繁衍。

二、杜镐在北宋的学术活动

根据《宋史·杜镐传》记载，杜镐在宋灭南唐后仕于宋。但有很长一段时间寂寂无闻："江南平，授千乘县主簿。太宗即位，江左旧儒多荐其能，改国子监丞、崇文院检讨。"到宋太宗即位时，在原来江南旧儒的推荐下回到京城，在国家图籍中心"崇文院"整理典籍。杜镐的学术活动，开始于南唐，主要集中在北宋太宗、真宗两朝，主要包括三个方面的内容：一是奉旨校勘经籍及编纂大型类书《文苑英华》《册府元龟》；二是参与纂修实录；三是著述目录学著作。

（一）预修实录和大型类书

宋太宗即位次年，下诏重新建三馆：昭文馆、史馆、集贤院，于太平兴国三年（978）建成并赐名"崇文院"。端拱元年（988）又在崇文院设"秘阁"，"分三馆书万余卷别为书库"（《宋史·艺文志一》）。杜镐担任崇文院检讨，后又兼秘阁校理，不久迁著作佐郎。根据宋代职官制度，秘阁校理，主要掌校雠典籍、勘正谬误之事；著作佐郎，主要掌修纂日历（《宋史·职官志四》）。同时，杜镐又因常备顾问，"进对称旨"，颇得太宗赏识，"再迁驾部员外郎，判太常礼院，与朱昂、刘承珪编次馆阁书籍。虞部郎中，事毕，赐金紫，改直秘阁。会修《太祖实录》，命镐检讨故事，以备访问"。

（《宋史·杜镐传》）

故从太宗朝始，杜镐一直在清要的馆阁从事学术活动，先后会同修纂了《太祖实录》和《文苑英华》。《太祖实录》是太宗在太平兴国三年（978）命李昉等修撰，五年（980）九月成。《文苑英华》是太平兴国七年（982）开始纂修，到雍熙三年（986）十二月完成，是书上承《文选》，收南朝梁至唐代的诗文一千卷，是卷帙浩繁的大型类书。杜镐当时以"国子监丞"受诏参与纂修，搜寻研探，颇称尽力。

宋真宗景德初，杜镐又"预修《册府元龟》"。景德二年（1005），真宗命王钦若、杨亿等十八人修纂历代君臣事迹、德美之事，"为将来典法，至于开卷览古，亦颇资于学者"（《玉海》卷五十四），此即《册府元龟》，时"龙图阁待制杜镐"也受诏参与编修。此书以正史为主，间采经书、子书，异端、小说一类咸所不取，纂修严谨，史料详备。全书一千卷，历八年成书。景德四年（1007），杜镐拜右谏议大夫、龙图阁直学士。

（二）整理校点经史典籍

北宋理学之兴，始于对儒家经籍的整理与疏证。虽然学者在批判宋初经学时，往往论其"守旧"，但宋初的经籍整理，是北宋中期学者发明经旨，并逐渐形成"宋学"的基础，也是宋初文化整理工作的有机部分。欧阳修在评价唐代名儒整理"五经"的贡献时认为，唐代孔颖达等，剔除芜杂，对前代笺传中的弊端加以订讹修正，使经义纯一无杂，"则学者之宗师，百世之取信也"。但"所载既博，所择不精，多引谶纬之书"[10]，宋儒对经籍的整理，正是在唐代学者的基础上进行的。根据《玉海》《宋史·艺文志》等文献记载，杜镐参与了北宋数次大的经籍整理工作，约略记载如下：

1. 校定"七经正义"

北宋时期对经籍的整理，最早的记载是太

祖建隆三年（962），判监崔颂等上新校《礼记释文》；后逐次又校《孝经》《论语》《尔雅》《尚书》等。太宗端拱元年（988）三月，司业孔维等奉敕校孔颖达的《五经正义》百八十卷，五月即镂板颁行；又校《易》《书》《春秋》；诸经在淳化元年（990）完成并刊印。

到太宗淳化三年（992），判监李至上奏，指出（五经）："义疏释文，尚有讹舛，宜更加刊定。杜镐、孙奭、崔颐正苦学强记，请命之覆校。"[11]至道二年（996），李至再次上奏："请命李沆、杜镐等校定《周礼》《仪礼》《穀梁传疏》，及别纂《孝经》《论语正义》。从之。"[12]这是北宋初期对"五经"典籍的又一次大规模整理工作。到咸平三年（1000），宋真宗又敕命国子监祭酒邢昺代领李沆之职，由杜镐、舒雅等预其事："凡贾公彦《周礼》《仪礼疏》各五十卷，《公羊疏》三十卷，杨士勋《穀梁传疏》十二卷，皆校旧本而成之。《孝经》取元行冲疏，《论语》取梁皇侃疏，《尔雅》取孙炎、高琏疏，约而修之，又二十三卷。四年九月，以献。赐宴国子监，进秩有差。十月九日，命杭州刻板。"[13]

可见，"校经"最后结束时，乃完成了"七经正义"。所校旧本，主要是以"唐五经正义"本为底本进行校勘；但也有另著的，如《尔雅》义疏，因旧本浅略，邢昺、杜镐等别著此书。从太宗端拱校"五经"，到真宗咸平校"七经"，基本完成对儒家经籍的整理工作，故到景德二年（1005）龙图阁"经典阁"所藏经籍有"总三千三百四十一卷。目录三十卷，正经三百一十四卷，经解千三十五卷，训诂四百九十五卷"[14]。

2. 校定"诸子"

咸平六年（1003）四月，杜镐等受命"校《道德经》。六月毕"[15]。"景德二年二月甲辰，命孙奭、杜镐校定《庄子》释文"，并以《释文》三卷镂板。另校有《尔雅音义》一卷。这年四月，

因国学版本的《尔雅释文》讹误很多，又命杜镐、孙奭加以重新详定[16]。

3. 校定"三史"

太宗"淳化五年七月，诏选官分校《史记》《前后汉书》"（《玉海》卷四十三），时任虞部员外郎、崇文院检讨兼秘阁校理的杜镐，受命校《史记》。除了史籍整理外，在咸平三年（1000）十月，李沆请命续修《通典》，朝廷即诏宋白、李宗谔负责编修；宋、李二人又请舒雅、杨亿等一起参与，并由杜镐负责检讨，总责文献史料的审核检定。

（三）编纂目录学著作

宋代中央官方藏书的基本格局有三：以太清楼为主的皇室藏书处；以"三馆一阁"为主的中央政府藏书处；以国子监为代表的其他中央机关藏书处。这个格局是在太宗朝建立起来，真宗时得到完善。杜镐长期在馆阁从事国家图籍的整理、校勘工作，北宋初期的数种官修目录，均是在他参与下修纂的。杜镐所撰目录，主要见载于《宋史·艺文志三》和王应麟《玉海》卷五十二"书目"类下，《直斋书录解题》等也有著录，可分为皇室藏书目录和馆阁藏书目录。

《馆阁图籍目录》。真宗咸平元年（998），因三馆秘阁书籍岁久不治，"诏朱昂、杜镐与刘承珪整比，著为目录"。据《玉海》卷五十二记载，咸平三年（1000），朱昂、杜镐等受诏编写《馆阁图籍目录》（又称《咸平馆阁图籍书录》）成，奏御而受奖。这是两宋第一部系统的藏书目。按宋制，国史皆有艺文志，吕夷简等所上《三朝国史》中的艺文志，记太祖、太宗、真宗三朝的藏书，即朱昂、杜镐等所编《馆阁图籍目录》，共著录典籍三千三百二十七部，三万六千三百八十卷。

《太清楼书目》四卷。真宗咸平五年（1002）十二月，因太清楼、龙图阁书"尚有舛误，未

雠对者犹二万卷"，诏令刘筠、杜镐、聂震等七人于崇文院重校。景德四年（1007）撰《太清楼书目》四卷（又名《景德太清楼四部书目》）。"太清楼"建于太宗太平兴国四年（979），真宗时用以贮太宗御书墨迹、秘籍善本及三馆秘阁四部图籍复本，"以黄绫装裱，谓之'太清本'"。宫中藏书以"太清楼"最全。

《玉宸殿书目》四卷。景德四年（1007），编成《玉宸殿书目》四卷。《玉海》卷五十二记载："（玉宸殿）聚书八千余卷。上曰：'此唯正经、正史，屡经校雠，他小说不与。'其后，群书又增及一万一千二百九十三卷。太宗御集御书又七百五十二卷。"

《龙图阁书目》七卷（又名《祥符龙图阁四部书目》）。《宋史·艺文志三》记杜镐所编。"龙图阁"建于景德元年（1004）。据《玉海》卷一六三记载，阁成，"以戚纶、杜镐兼待制"，于此工作。景德四年（1007）"以镐为直学士"。祥符二年（1009）九月丁丑，真宗召宁王元渥等于龙图阁观书目，则《龙图阁书目》当编成于此年。祥符三年（1010），迁杜镐为龙图阁学士。真宗云："龙图阁书屡经雠校，最为精详。""龙图阁"与"太清楼"两处，为宋朝藏书规模最大殿阁。

《十九代史目》二卷。杜镐此目，是在唐殷仲茂《十三代史目》基础上续补而成。唐代殷仲茂辑《史记》《两汉》《三国》《晋》《宋》《齐》《梁》《陈》《后魏》《北齐》《周》《隋》诸史篇次名氏，成《十三代史目》一卷。南宋晁公武在著录《郡斋读书志》书目时指出："国朝杜镐以《唐五代》书目续之。"杜镐续补之书即《十九代史目》二卷，或写成《唐五代史目》，两书相合，即为三卷。

宋代的馆阁，是国家图籍中心，也是培养高级人才的地方，而馆职之"清切贵重，非他官可比"。任职馆阁，除了编校图籍和纂修官修书籍外，还参与朝廷典礼政事的讨论。杜镐是一个纯粹的学者，终其一生，在馆阁校定、编纂典籍，或备顾问，有理有据地解决朝政问题。《宋史》言其"素有懿行，士类推重之"；学问渊博，又终身治学不辍："寓直馆中，四鼓则起诵春秋""年逾五十，犹日治经史数十卷"，在去世前的几年，仍详定《东封仪注》，参订礼制。杜镐一生清廉："所居僻陋，仅庇风雨，处之二十载，不迁徙。"

杜镐去世后，其子孙皆受荫封授官。其子杜渥录为大理寺丞，三孙植、杞、枢皆得官。

三、杜杞三兄弟

杜镐之子杜渥在大中祥符六年（1013）因父荫授官，居官不显，但其三个儿子植、杞、枢各有所树立。杜杞，仁宗朝名臣，《宋史》卷三百有传，杜植、杜枢附焉。

（一）杜杞："以兵略显"

杜杞（1005—1050），字伟长。杜渥次子，因祖父杜镐之荫授官。初任建阳县令时，革除闽中陋习颇有力。庆历初，范仲淹行新政，"公为参政，与韩、富二枢并命，锐意天下之事，患诸路监司不才，更用杜杞、张昷之辈"，谓："一家哭何如一路哭耶？"[17]欧阳修撰有《兵部员外郎天章阁待制杜公墓志铭》（见前引），此文被明代茅坤选入《唐宋八大家文钞》，茅坤评点曰："杜公以兵略显，故志中特详。"欧阳修所记杜杞一生兵略，主要有三事。

第一事，庆历三年（1043），盗起京西，劫掠百姓、逐走守官，火烧光化军。宰相晏殊向仁宗推荐杜杞曰："名家子，好学通知古今，宜可用。"仁宗即命其为京西转运按察使，数月内，杜杞即平贼，诛杀叛兵。

第二事，庆历四年（1044），广西欧希范纠集山蛮蒙赶叛乱。晏殊再次推荐杜杞，即除杜杞为兵部员外郎及广南西路转运、按察、安抚等使，前往平叛。杜杞诱杀匪首，并将欧希范"戮而醢之，以醢赐诸溪峒"，迅速平定叛乱。但言官梅挚弹劾其"杀降"，仁宗"置之不问，诏书谕君，赐以金帛，君即上书引咎"。

第三事，庆历七年（1047），西夏元昊一边称臣，一边不断在边境制造事端。杜杞"是岁夏，拜天章阁待制，充环庆路兵马都部署、经略安抚使、知庆州"，负责安边。得罪元昊的头领孟香率众内附，元昊一边向朝廷施压，一边派兵驱杀边民、掠夺牛马，强令归还孟香。杜杞顶住朝中压力，坚持不交出孟香，陈词其理，"夏人违誓举兵"在先，"孟香得罪夏人，势无还理，遣之必反为边患"。最后用冷处理的方式："'因移檄夏人，不偿所掠，则孟香不可得。'夏人不偿所掠，君亦不与孟香。夏人后亦不敢复动。君治边二岁，有威爱。"

从欧阳修所记杜杞三事看，杜杞虽非武人出身，但颇有武将的刚毅果敢和决断谋略，如最受人诟病的"杀降"之事，实杜杞晓谕在先。受命平叛，刚到宜州时，杜杞即命释放狱囚，令其进洞游说劝降；不成，才武力攻伐，迫使蒙赶等匪人来降。但杜杞认为，蒙赶等匪人因败而降，非真心慑服，"啖之以利，后必复动"；且从历史看，山匪习险恃阻，加以恶劣的气候，朝廷一直难以根除祸害，故往往采用"捐厚利为招之"的绥靖政策，导致匪人反复无常："盖威不足以制，则恩不能以怀，此其所以数叛也。"

故杜杞坚持"吾将先威而后信，庶几信可立也"，不惜假以非常手段，终慑服之。但杜杞的这种思想行为，显然与宋代文官政治所倡扬的"德治"理想相违背，故招致言官的批评。另外，武人的杀伐决断与将在外不听诏令，始终是宋王朝的心头之患，故仁宗皇帝亦听任杜杞引咎，在两年后才转杜杞为两浙转运使，令其赴浙江沿海治理海塘。

虽然杜杞以兵略显，但欧阳修所撰《墓

志》中亦认为，杜氏自祖父杜镐起，"以博学为世儒宗，故其子孙皆守儒学而多闻人。君尤博览强记，其为文章多论当世利害，甚辩。有文集十卷，奏议十二卷"。杜杞英年早逝，享年四十六岁。庆历四年（1044），余靖曾有《上仁宗乞平时蓄养贤俊》疏云："伏自去年以来，陕西举知州，始用杜杞；三司择通判，则又用杞；京西多盗贼，则又用杞；今兹蛮人作叛，则又用杞；皆席未遑暖而即移之，是使杜杞有奔命之劳，朝廷有乏贤之叹。"[18]

过度使用人才，未尝不是杜杞早逝的原因之一。杜杞去世，王安石有《祭杜待制文》，云："士耻无材，耻不修身。身修而材，有不及民。凡世可愿，于公皆有。"[19]表现出对这位才德相称、心怀黎民的前辈的敬仰。庆历六年（1046）杜杞任两浙转运使时，王安石为鄞县知县，曾向上司建议兴修鄞县水利，即《上杜学士言开河书》，得到杜杞赞许。王安石有《同杜使君饮城南》诗，记二人在浙时的交往；又有《祭杜庆州祀文》，追怀杜氏的治政之明。

杜杞之子杜照（？—1105，字自明）以父恩荫录为秘书省校书郎，与王安石之子王雱相善。好学能文，尤长于诗，有少陵思致，风格亦以平淡为主。崇宁四年（1105）卒于京师。杜照次子杜圮，字受言，以父任官，至朝请大夫，历福建、江西路提举常平事；绍兴间以祠官家居者十六年，徜徉小圃，诗酒自娱。《直斋书录解题》卷二〇著录有杜圮《三径老人砭砆集》十三卷，崇安大儒胡宪（字原仲）为之序。后佚。

（二）杜植："以文雅知"

杜杞之兄杜植，字挺之，也以荫补入仕。附传云其"以文雅知"。嘉祐中，累官至比部员外郎，知虔州。治平元年（1064），"荆湖南路转运使、光禄少卿杜植，知安州"[20]。治平四年（1067）由少府监出知洪州。

杜植"善吟咏",与梅尧臣是诗友。在梅尧臣集中,梅酬赠杜植的诗歌就有二十余首。检《全宋诗》中梅尧臣酬杜之诗作,第一首是《杜挺之赠端溪圆砚》,作于庆历七年(1047),诗句中有"非意予敢贪,既拒颇不怿",或两人相识不久,时间大致在杜植从韶州知州任上回京调官时。余靖写于庆历七年五月的《涌泉亭记》中,亦记及杜植在韶州的治绩:

> 尚书外郎杜君挺之之为守也,狱无冤私,赋役以时,事举条领,民用休息。近郭胜概,亡不周览。梁济真水,越一长亭,得涌泉焉……

> 挺之乘间一来,吟酌永日。自非嘉宾,无预兹赏。傍有精庐,因泉得名。于是知事僧谋于众曰:"古之君子,必观于水,盖有道焉。习氏之名,千载若存,盖有道焉。今太守适意水石,而露坐泉傍,虽旷淡自适,岂吾人之所安也?"乃募金伐材,构亭泉心,贯之飞梁,虹横波际,翼以堂室,备宾游之憩;外营碓硙,为民事之观。挺之暇则造焉,以涤烦虑。既罢郡归阙,且半岁,某与后太守潘伯恭、南康倅李仲求共陟泉亭,一饭一啜,不同于俗……

> 因叹曰:韶处岭厄,杂产五金,四方之民,聚而游手。牒诉纷拏,称倍他郡。挺之以诚应物,庭无留事,日自适于山水间,乃知为政自有体也。[21]

有关杜植的文字记载甚少,余靖此文,记"涌泉亭"之由来,实写前太守杜挺之的风神与治政之有体。余靖与杜杞、杜植兄弟相熟,且余靖此游时杜植已经离任,故此篇对杜植"为政自有体也"的记述,当是据实由衷而发。

庆历七年(1047)初,杜植回京任职。约在皇祐三年前后,梅尧臣、杜挺之与周围志同道合者形成一个强大的朋友圈,中有蔡襄、刘原甫贡甫兄弟、韩维、江邻几等人,他们时常雅集,或城西射弓,或轮流做东聚饮,听琴、鉴古、歌唱,梅尧臣甚至自况为"竹林七贤"。韩维《同邻几原甫谒挺之》诗中有:"凭君莫唱《阳关曲》,自觉年来不能悲。"下有自注云:"挺之善歌此曲。"[22]蔡襄也有《城西射弓,挺之以病不至,简示新诗,有"唯应欠我渭城歌"之句,谨吟一篇,以答佳意》一诗[23]。韩维、江邻几等皆精通音乐,刘敞、江邻几都善鼓琴,江氏也善唱《阳关曲》,这些诗作,记录了北宋皇祐间,梅尧臣等同道知己的雅会唱和之情形,也记录了北宋文人歌唐代古曲的情景,这是唐代"声诗"在宋代保存和传唱的历史记录。

皇祐三年(1051)末,杜植出知和州,梅尧臣有《杜挺之新得和州将出京遗予薪刍豆》诗。杜植当在过完年后,于皇祐四年(1052)初离京赴任,因为梅尧臣有诗记《正月二十七江邻几杜挺之刘原甫贡甫韩持国邀饮于定力院》,并有《送知和州杜驾部》诗相赠。

皇祐五年(1053)秋天,梅尧臣因母丧,扶枢归宣城守制,直到至和二年(1055)九月服阕。这期间,杜植时有土仪相赠于梅,二人也有诗歌酬唱。至和二年,杜植也要返京,故杜、梅二人相约同行,梅尧臣有《历阳过杜挺之遂约同入汴》,诗中写道:"人说维摩居士病,我同王子雪舟来。"梅尧臣自喻为雪舟访戴的王子猷,把杜挺之比作维摩居士。嘉祐元年(1056),两人先后动身,"与君同川途,舟发偶后先"(梅尧臣《先至山阳怀杜挺之》),但梅尧臣的船在淮河上搁浅,梅有《闰三月八日淮上遇风,杜挺之先至洪泽,遣人来迎》。因祸得福,一群朋友"共休绿榆荫,置酒聊慰安"。梅尧臣此番有七首诗写赠给杜植,相得甚欢。从前诗友相聚的日子似又回来了,梅尧臣有《依韵和不疑寄杜挺之以病雨止冷淘会》《依韵和邵不疑以雨止烹茶观画听琴之会》,都是写于此时。此后,杜、梅二人一路水程,一路有诗歌书信相慰问。

到汴京,梅尧臣因欧阳修举荐,担任国子

监直讲。这年,杜植又出知虔州,梅尧臣有《送杜挺之郎中知虔州》,诗中有"大庾岭边无腊雪,惟有梅花与明月"之句,味其意,杜植当在嘉祐元年岁末离京赴任,梅尧臣以"梅花与明月"来写岭南风景,也暗喻挚友的人格。这是梅尧臣赠杜植诗歌中的最后一首。

梅尧臣在嘉祐五年(1060)染时疫遽然离世,杜植与欧阳修、刘敞等一些梅的旧友,凑钱数百千,置义田以恤其家。检欧阳修集中,于嘉祐五年(1060)下有《答杜植》书信一通[24],另有《与杜郎中》[25]书简两通,均表达了与故人"不相见数年间,亲旧零落,所有无几"的悲感。这年,梅、杜的朋友江邻几也死于这场时疫。而远在虔州的杜植,也当近60岁了,故欧阳修在信末动容地叮嘱老友:"新岁千万加爱。"

杜植与梅尧臣、欧阳修等的交往,可以从两个角度理解其意义。

首先,欧阳修领导北宋"诗文革新运动"时,诗歌以梅尧臣为主力,即《四库提要》所称的"佐修以变诗体者,则梅尧臣也",故刘克庄称梅为宋诗的"开山祖师"。梅尧臣提倡一种自然平易又有真情实感的新诗风,围绕在梅尧臣、欧阳修周围的诗人群体,通过唱酬的方式,学习并接受这种新诗体,并形成风气。梅氏曾不止一次在诗歌里称赞杜植,"杜老谈思月色清"(《泊徐城寄杜挺之王平甫》),"穷堤有来客,芬芳可与言"(《阻浅挺之平甫来饮》),"得君晨起咏,远远见交情"(《依韵和挺之晨起见寄》),"我慕杜挺之,磊落高世谈"(《书二客论呈李君锡学士》)。语清、思深、情真,这是新诗风的重要特征,杜植诗风亦然。

其次,这种被称为"欧梅体"的新诗,有别于当时盛行的"西昆体",以宗法盛唐李杜、王孟等为主,又兼宗中唐韩愈,"李杜韩"是这个诗人群体主要学习的对象。"欧梅体"诗歌理论的主要内容,是梅尧臣的"平淡"之说,

此观点的提出,在梅氏《读邵不疑学士诗卷,杜挺之忽来,因出示之,且伏高致,辄书一时之语以奉呈》一诗中已有表述。梅尧臣此诗赞邵不疑的诗歌艺术,同时也表明了自己重要的诗学主张:"作诗无古今,唯造平淡难。"这是梅尧臣认为的诗美的至境,而最高典范就是"李杜韩"所曾创造的诗境,为追寻此至境,梅尧臣说自己将"愿执戈与戟,生死事将坛"。梅、杜二人的同道交流,是基于一种"共情",也同时影响着彼此的诗学思想。梅尧臣在另外一首诗《依韵和不疑寄杜挺之以病止冷淘会》中云:"邵杜二良守,相逢欲沾醉。促膝一开颜,衮衮言有味。"可见,邵、杜、梅都是文章知己。钱锺书《宋诗选注》说梅尧臣"主张'平淡',在当时有极高的声望,起极大的影响"。梅尧臣周围的诗人群体,都趋同这种"平淡"诗风。

杜植的文章,《全宋文》中仅收《辨异兽奏》一篇,主要因交趾所献异兽而写,因为朝廷回复时若说错名字则有失国体。杜植上奏,称曾请教广州的番商,乃"山犀",但此名不见记载。又考诸《符瑞图》《尔雅》《广志》等文献,排除"麒麟"说,最后建议只称"异兽":"足使殊俗不能我欺,又不失朝廷怀远之意。"朝廷最后采纳此建议。考察杜植论证的过程:咨访、征实、合理建议,并广征博引,这种思维特点,与杜镐、杜杞非常一致,都具有文史论者的思辨性。可惜杜氏的诗文都罕有存世者。晁公武《郡斋读书志·附志》"总集类"下,著录有《宋贤体要集》十三卷,收入欧阳修、曾巩、杜植、王安石、三苏等十八人作品。

杜植、杜杞之弟杜枢,"亦强敏"。范仲淹"庆历革新"时,曾向朝廷推荐殿中丞范宽之、杜枢等数人:"并有才称,宜处要务。"[26]杜枢曾官至比部员外郎,因得罪权贵,被贬为衡州监税,不久卒。

范仲淹《祭杜待制文》曰:"呜呼!大儒

之门，生此令人。学深如海，文敏若神。群经众史，精微悉臻。长疏大议，慷慨屡陈。蔼然风采，出乎缙绅。"[27] 这是范仲淹对杜杞的盛赞，也可作为对杜镐家族的文史成就的评价。

注　释

[1] 〔宋〕欧阳修著，李逸安点校：《欧阳修全集》卷三十，中华书局,2001年版，第448—450页。

[2] 〔南唐〕徐铉撰：《杜昌业江州制》，《全宋文》第一册卷一四，第311页。

[3] 〔宋〕陈舜俞著：《庐山记》卷五"古碑目第七"，〔晋〕慧远著，张景岗点校：《庐山慧远大师文集》附录，九州出版社，2014年版，第404页。

[4] 〔清〕吴任臣：《十国春秋》，中华书局，1983年版，第308页。

[5] 〔南唐〕郑文宝：《南唐近事》，丛书集成初编本，中华书局，1985年版，第11—12页。

[6] 〔南唐〕郑文宝：《江表志》，丛书集成初编本，中华书局，1991年版，第2页。

[7] 〔宋〕韩元吉：《南涧甲乙稿》卷二十，文渊阁四库全书影印本，台湾商务印书馆，1986年版，第322—1165页。

[8] 据《锡山杜氏宗谱》卷十一所载杜氏世系，杜胜子庭坚居真州，庭坚传审彤，再传昌业与继元，继元传某与镐。

[9] 〔明〕《嘉靖建阳县志》卷十三列传"宦迹类"杜杞传，天一阁藏明代方志选刊31，上海古籍书店，1981年版。

[10] 〔宋〕欧阳修《上仁宗乞删去九经正义中谶纬之文》，赵汝愚编：《宋朝诸臣奏议》（上册）卷八十三，上海古籍出版社，1999年版，第895页。

[11] 《玉海》卷四十三"端拱校五经正义"，广陵书社，2003年版，第813页。

[12] 《玉海》卷四十一"咸平孝经论语正义"，广陵书社，2003年版，第778—779页。

[13] 《玉海》卷四十一"咸平孝经论语正义"，广陵书社，2003年版，第778—779页。

[14] 《玉海》卷四十二"咸平校定七经疏义"，广陵书社，2003年版，第803页。

[15] 《玉海》卷四十三"景德校诸子"，广陵书社，2003年版，第815页。

[16] 《玉海》卷四十三"开宝校释文"，广陵书社，2003年版，第812—813页。

[17] 朱熹：《名臣言行录》卷七，文渊阁四库全书影印本，台湾商务印书馆，1986年版，第82—449页。

[18] 赵汝愚：《宋朝诸臣奏议》（上册）卷十三，上海古籍出版社，1999年版，第114页。

[19] 〔宋〕王安石：《临川文集》卷八十五，文渊阁四库全书影印本，台湾商务印书馆，1986年版，第711—1105页。文中所引文字皆此版本。

[20] 《宋会要·职官志·黜降官二》（六五之二三）记永州零陵县令徐复因误断民失牛案被弹劾，杜植等人误引大理寺"失入杖罪不劾例"，"牒提点刑狱，今勿劾。及奏上，复坐冲替，而植等亦坐罚。"事在治平元年（1064）。

[21] 〔宋〕余靖：《武溪集》卷五，四库全书文渊阁影印本，台湾商务印书馆，1986年版，第47—1089页。

[22] 〔宋〕韩维：《南阳集》卷八，四库全书文渊阁影印本，台湾商务印书馆，1986年版，第576—1101页。

[23] 〔宋〕蔡襄：《端明集》卷六，四库全书文渊阁影印本，台湾商务印书馆，1986年版，第385—1090页。

[24] 〔宋〕欧阳修《欧阳文忠公集》十七"书简"，第76页。

[25] 〔日〕东英寿考校，洪本健笺注：《新见欧阳修九十六篇书简笺注》，《与杜郎中》书信二，上海古籍出版社，2014年版，第90页。

[26] 〔宋〕范仲淹撰：《举赵拯等充陕西河东大郡通判奏》，《全宋文》卷379，上海辞书出版社，2006年版，第627页。

[27] 〔宋〕范仲淹：《范文正集》卷十，文渊阁四库全书影印本，台湾商务印书馆，1986年版，第669—1089页。

安国研究札记五则

石　雨 *

【摘要】明锡邑安国哥安邦卒于粮长，坚定青年安国经商致富决心。青年安国一年不到的时间里八赴浙江，浙江成为安国频繁往来的经商热土，他甚至晚年还赶赴台州与刚上任的台州知府诗酒交往，浙江台州是安国经商致富的大本营。安国在 30 年经商致富过程中成长为文化专家兼文化商品贸易巨擘。从底层崛起的明两巨贾安国与华麟祥是姻亲。安国商业王国一代而终，有安国诸子分家后财富分散、诸子以科举入仕为生活重点、诸子财富被倭寇劫掠一空、家衅外侮踵至等原因，但根本性原因是封建社会对商业的极度轻视与压抑，它不是安国家族的悲剧，而是封建社会自身的悲剧。

【关键词】安国　江苏无锡　文化专家　商业巨擘

前辈史家已故傅衣凌先生在其 1956 年出版的《明清时代商人及商业资本》书中将明锡邑安国、邹望、华麟祥列为巨商典型："当明代正德、嘉靖时，无锡有三大富家，曰安国、邹望、华麟祥，人有日日金银用斗量之谣……"[1] 之后，安、邹、华三位杰出商业人才便为治明史者，尤其是治明清经济史者所关注，如改革开放以来最早出版的一部明断代史——汤纲、南炳文合著的《明史》就摘录傅氏有关安国、邹望的记述。但 1956 年至今 60 余年过去了，有关安、邹、华三人经商信息仍相当匮乏，有些相关信息甚至是私意臆说并以讹传讹。本文深度梳理锡邑本埠安国家族公私资料，并比照明清相关资料，力图较为全面、准确地了解、描述安国，为傅氏《明清时代商人及商业资本》增补安国的一些信息，也为安国研究的后来者提供一些进一步研究的参考意见。

一、哥之殇：安国坚定经商致富决心

安国（1481—1534）是手握 2000 亩田步入社会的富裕青年地主，他何以会走上风险巨大、前程未卜的经商之路？对于这一原初性问题，傅氏未触及，傅氏之后的安国研究者似也极少有人触及。若单从家族原因分析，安国之所以会坚定地将远距离懋迁作为自己的事业，当与他哥安邦（1465—1503）的遭遇有很大关联。而要说安国哥俩的事，则得从他俩祖父安校、父亲安祚（1446—1505）说起。

安国祖父安校"字公俊，处静其号也。世居胶山之堰村……公世业始微而后盛，而父母俱早世……以身尝起于单窭，故恒念人之贫匮患难者，辄周恤之不吝，未尝觊人之报也。人有纷争不直者，以公刚正不挠，辄来求直，退无后言，遂举为一乡之长……公自以少务农失

* 石雨（本名石锡兴）：华东旅游报社记者（已退休）

学，每见儒绅辄曲意下之，曲尽款洽礼意，士林亦多与之，与其为善人也。虽资产充拓，实本力作勤俭所致，略无意于侵牟"。[2] "公生永乐末……家业始微而后盛……遂举乡祭酒。乡人每相戒曰：'各修乃行，慎毋为安太翁所短。'"[3] "祭酒公遗嘱，田止四百亩，与祚、祉二子平分。"[4] 将上述三种相关资料串联起来看，安校从贫穷起步发家。由于父母早亡，安校小时候连书都读不起，但自学成才，能识文断字，且能言善辩，能为乡亲排解纠纷，加上自小种田，为庄稼好手，克勤克俭，终于发财了。从贫困户演变为有 400 亩田的小地主实属不易，为他写墓表的作者，因此特别申明这 400 亩田是勤俭致富的成果，来路正大光明，非巧取豪夺的不义之财。又由于处处尊重有势力的乡绅，与读书人关系也相处甚好，"遂举乡祭酒""举为一乡之长"，安校晚年任公职而取得一定的政治地位。从明乡村行政管理体制看，安校晚年实际担负了当时称为"老人"的公职，相当于现在社区的宣教委员、调解委员："里设老人，选年高为众所服者，导民善，平乡里争讼。"[5] 所以，当时邑人谈纲为安校作传时特别提到"乡人每相戒曰：'各修乃行，慎毋为安太翁所短。'"可见安校晚年是被尊称为"太翁"的，在乡里颇有威信。

安祚与安校比，青出于蓝而胜于蓝。他"生而秀敏，弱冠能综画家政，凡黍稌粱稻灌溉种树之候不爽蚤暮"[6]。无疑安祚自小就是聪明、勤奋的地主子弟，年纪不大就能顶起家庭大梁，将家事安排得井井有条，且善于学习，不断进步，于各类庄稼适时种植、灌溉诸农事，甚至于植树绿化等副业，皆为行家里手。成年后更见出色，不仅自己生活得滋润，还与父亲安校一样，担负服务乡里的社会公职，"既壮，掌赋于乡"[7]。所谓"掌赋于乡"，究其实只是乔宇为安祚夫妇作合葬墓志铭的溢美之词，安祚实际做的不过就是粮长而已。安祚所在村庄名塘

村，亦称"塘村里"[8]，表明是人口众多的一大村落。按明户籍制度，"以一百十户为一里，推丁粮多者十户为长，余百户为十甲，甲凡十人。岁役里长一人，甲首一人，董一里一甲之事。先后以丁粮多寡为序，凡十年一周，曰'排年'。在城曰'坊'，近城曰'厢'，乡都曰'里'"。[9] 而"粮长者，太祖时，令田多者为之，督其乡赋税"，当时"催征岁办钱粮"的运作流程是"里甲催征，粮户上纳，粮长收解，州县监收"。[10] 具体到安祚，他这个粮长得收纳塘村里及周边数村粮户所缴钱粮，并负责将之押运至京城北京上交国库。这无疑是极为复杂、繁重的事，不说一一验收众多粮户缴纳粮食的质量数量，检验所缴银两成色诸事，光是无锡到北京，千里大运河上得与多少"各色人等"、多少官吏打交道，风吹雨打舟楫之旅中还要保证所运粮食不霉烂、不变质……但安祚却能够在千头万绪之中，长袖善舞，左右逢源，"公廪私蓄，事若猬集，躬览其要，而区别其细，罔有遗缺"[11]，非但粮长履职圆满，还不耽误自己发财。他分家时财产只有 200 亩田，到他给安邦、安国两儿子分家时，已有 4000 亩田[12]，财产扩大 20 倍。

按安国后裔清安璿《家乘拾遗》所载："又有承事公遗嘱，田已四千亩，与邦、国二子平分。"文中说"遗嘱……平分"，似乎是安祚死后，安国哥俩才分的家。但实际情况当是安国哥俩分家时安祚还健在。有记载称："公晚年雅爱文士，日与骚人墨客觞咏山亭，树菊千百本，餐英咀华，与之相忘，以友菊自号。"[13] 又有记载云安邦"与其弟民泰自少连业，辄更相琢磨，各底于成。识者谓为'安氏双璧'"[14]。文中"自少连业"一语，其潜台词岂非是指安国哥俩较早就已分家自立，各自开始自己的创业之路，但分而不断，哥俩有时还会"连业""更相琢磨"，成就各自的产业。所以，推断安国哥俩在父亲安祚在世时已分家。安邦为长子，又有 2000 亩田，以当时"田多者"为粮长的惯例，

跟着接手老父安祚粮长的社会公职。但安邦竟卒于粮长："父尝掌乡税，有深惠于人，君起而继之，亦躅逋代轮至倾橐弗吝，有司贤之，屡加奖劳……君司赋既久且惫，念国计至重，不敢委人，卒以督饷劳困，抵家病泄而卒。实弘治癸亥正月二十五日也，享年仅三十九。"[15]弘治癸亥，即弘治十六年（1503），安邦39岁卒时，弟安国23岁，父安祚58岁还在世。白发人送黑发人，青年弱弟送年长16岁、唯一的哥哥，其哀痛，可想而知。

安邦为粮长，与父安祚一样，"亦躅逋代轮至倾橐弗吝"，却为此劳累操心至死，表面看似乎处世能力相比安祚要差很多，但若从明历史大背景考察，可知事情并非如此。"弘治以前，官无横征，民无逋赋，为粮长者乐于应役。嗣后……官府惮于催科，惟取盈于粮长，征收未半，先令报完，小民乘机拖赖，悉自粮长赔偿。大户田广而粮多，除充军之外，遗下白粮，粮长代运。""至于转输之艰，往返万里，动踰岁月。钱粮至京，公家之人视为奇货，百计需索……又如细米春办，安银滴角，衙门使用，管粮部运官常例，艰苦百端，不可胜述。大率一年应役，数年坐累，虽有甚厚之业，经数役而茫然矣。"[16]这段明万历时追溯粮长沿革的记载清楚表明，明中后期朝廷政治生态越来越恶化，皇帝日益慵懒，官员不作为增多，大户为富不仁，贪官、刁民增多，粮长之职由早前人们皆"乐于应役"的美差变味为苦役。安邦在此情况下任粮长，家未破只身死，说明其处世能力并不差，与安国并称为"安氏双璧"，实非过誉。安邦卒于弘治末期，也许可称是最早因劳累死于明粮长役的粮长了。39岁的哥哥安邦因担任粮长，操心劳累死了，对于23岁的弟弟安国来说，当是痛心、震撼而引发深思的。于是，不走祖父、父、兄地主生活老路，借助当时商品经济蓬勃发展的东风，安国坚定决心走经商致富道路。与当时安国如此心路历程一致的历史真相，是安邦

去世后不久，至明正德初，就出现青年安国竟在不到一年的时间里八赴浙江的事件。安国如此频繁地往来浙江，做什么去了？安国研究者对于类似这些看似细节性的问题是必须发现、研究、答复的。

二、浙江台州：安国经商致富大本营

安国经商致富的具体信息即使在锡邑本埠安国家族公私资料中也是极度匮乏的。比如我们赖于了解安国情况的重要来源——安国祖上与他本人及他儿孙们的众多墓文，皆极少披露相关信息。以安国墓文为例，我们可以看到共有六人写六篇，分别为当时的名人兼高官顾鼎臣撰的墓表铭、秦金撰的墓志铭、王廷相撰的墓碑铭、湛若水撰的墓碣铭、吕柟撰的《桂坡子安民泰传》等，其中顾、秦、王、湛等四人是绝对回避安国经商致富事实的，只有吕柟《桂坡子安民泰传》，即吕柟撰写的安国"墓主传"才有语焉不详的披露。因此，我们所能做的是细心阅读各种相关资料，综合分析研究，有时甚至还需逆向思维，即对那些绝口不提安国经商的文章也要认真阅读，从字里行间发现安国经营商业的蛛丝马迹，下一番古人所说"缘物之情及人之情，以为所闻"的功夫，才能一步步接近、发现历史真相。

1993年笔者曾撰文论证安国经商致富，引述未明写作年月日期的安国诗《映江楼和二泉邵先生韵》："越山都入映江楼，此地年来八度游。客子倚栏舒望眼，乡人结社看潮头。江湖敢作元龙气，廊庙谁怀范老忧。逸兴无边诗思阔，片帆还许下东流。"[17]接着分析指出："诗题中'二泉邵先生'，当指无锡的邵宝，二泉是他的别号。据《邵文庄公年谱》记载，弘治十八年（1505）至正德三年（1508）三年间，邵宝居官浙江，先后任按察使、右布政使。此时邵宝四十六七岁，安国还只是二十五六岁的

年青人，去浙江时拜访同乡长辈又是高官的邵宝是十分自然的事情，诗首句'越山都入映江楼'，从侧面印证了此事。我们最感兴趣的是下一句'此地年来八度游'。安国在一年未到的时间里就已经连续八次赴浙江，这就不是去旅游了。说安国是'经营地主'，从此诗看，也说不通。经营地主离不开土地，从事农田管理是很忙碌的。笔者在地方文献中看到差不多与安国同时期的无锡经营地主形象：'孚伯少有智略，甫弱冠，以父命治田千余亩、佣者百余人。孚伯高笠短褐，日行田间，手漆如意指挥，作止加之号令，翕然响应。'忙碌如此，决不会有太多的余暇作长途旅游，更不可能一年八次去浙江。安国不同寻常地频繁与浙江保持热线联系，很可能当时他正在浙江行商，甚至在那里建有商业据点。"[18] 文中还引述安国另一首诗《宴台州巾子山许太守席》："宴罢巾山月满楼，晚风凉透木棉裘。城中楼阁千家火，海上烟云万里秋。偃蹇乔松双塔迥，参差远岫小堂幽。此游莫浪逢人说，尽属新图警句收。"[19] 接着继续分析指出："台州，在明代为府治，辖境相当于今浙江临海、黄岩、温岭、宁海、象山等县，濒临东海，港湾众多，是明代对日贸易活跃之地，早在宣德年间，临海县就已有人'一家父子叔侄同恶，下海通番'。安国千里迢迢跑到那里去宴请台州许太守，且嘱'此游莫浪逢人说'，显得十分诡秘，为什么要这样呢？这是安国研究中值得思考的问题。从明代中期海禁政策时紧时弛，而对日贸易始终被严格控制，但东南沿海地区民间对日贸易却相当频繁的社会大背景考察，笔者认为安国去台州可能与经商有关。"[20]

1990 年初笔者在无锡市图书馆阅读写作时，该馆无安国《北游记》等书，当时无法确定此诗年代。今笔者阅读 2012 年出版的《无锡文库》影印、南京图书馆藏明安氏西林书屋钞本《北游记西游记东游记》，在安国记载他

嘉靖十一年（1532）秋开始的浙江行《东游记》中发现了安国诗《宴台州巾子山许太守席》的撰写年代线索。由于该《东游记》缺两页，按《无锡文库》编纂者撰写的《提要》说法，缺的是"十一、十二"两页，但我阅读全文后，觉得缺的应是六、七两页。因为五页说到安国"入天台矣，山行五十里"，天台山在台州府天台县，而下页（未标页码）直接说到小龙湫、大龙湫，已是温州府地界的雁荡山名胜，缺的正是安国在台州府其他一些地方活动的记载，且《东游记》附录《东游赠言》中也无"台州许太守"赠诗，故目前尚无直接证据说安国到了台州城。但阅读台州府志，可知明嘉靖十一年至十六年（1532—1537），台州真有知府许继其人[21]，而诗题中所言"巾子山"就位于临海县县衙"东南一里一百步"[22]，加上台州府、临海县同城而治，安国"东游"时既已入台州地界，推断他必到台州城与新任知府许继见面，并就近在巾子山宴请这位"许太守"，是完全符合逻辑与情理的，也完全符合安国一贯亲近官府的处世哲学。所以，再推断安国诗《宴台州巾子山许太守席》就写于嘉靖十一年（1532）安国"东游"时，亦当无疑。

至此，我们可以知晓浙江台州在安国生命中的重要意义。《映江楼和二泉邵先生韵》诗可视为青年安国的经商宣言。安国在一年不到的时间里不辞辛劳八赴浙江，明显是为了考察市场与确定自己经商的"营业范围"，也可视为安国一生商海拼搏奋斗精神之象征。安国此诗同时吟唱"片帆还许下东流"，则明显是针对明太祖朱元璋说的。明初朱元璋严禁民间下海通番，曾有"片板不许下海"之语，反映出当时浙江沿海民间通番贸易的兴盛景象。而安国《北游记西游记东游记》看似为山水游记，但游记中安国活动轨迹却昭示浙江一直是安国频繁往来的经商热土。至嘉靖十一年（1532），晚年安国，还不辞辛劳，特地"东游"至台州

城与刚接任台州知府不久的许继把酒沟通。这是为什么？安国实际目标不就是为了确保自己在台州的商业据点能够继续得到当地官方支持顺利运营，并推出新业务？所以，《宴台州巾子山许太守席》诗中安国特别叮嘱这位刚见面的新任台州知府"许太守"，有关他的经商"新图""莫浪逢人说"。此时安国早已功成名遂，为手眼通天的明嘉靖时全国十七家巨富之一，但经商毕竟是不光彩的事，能遮盖就遮盖。与安国此思路一致的事实是《东游记》附录《东游赠言》中有温州（今温州市）知府赵锦赠诗，有处州（今丽水市）知府吴仲赠诗，却无台州知府许继赠诗。这是为什么？恐怕不是这位"许太守"不会作诗，而是"许太守"诗涉及对安国经商"新图"回应信息，不宜在貌似山水游记中出现而被删去，致使我们在《胶山安氏诗集》所刊安国诗《宴台州巾子山许太守席》中，才知晓这位台州知府与安国交往的信息。至此，说浙江台州是安国经商致富大本营，当是历史真相。

三、安国：文化专家兼文化商品贸易巨擘

今人研究安国经商致富，有以吕柟撰写的《桂坡子安民泰传》所言"起业贩缯刍牧之间，后其富可敌侯王"之语为路线图，指出安国贩米、贩布帛、做海外贸易而致富者。此说貌似全面，实为糙招。所以在描述安国做贩布生意时，推断明锡邑布市盛况："故在明代时毗邻古运河的南塘街一带花行、牙行集中，林立密布，已经形成商业规模，黄印所言'棉花之利独盛于吾邑'当不虚。"[23]实际上，明锡邑根本没有所谓的"毗邻古运河的南塘街"，当时沿古运河的只有"东直街，自北门而入，直南至南门渡""西直街，自南门而入，直北至北门渡"[24]，而南门外跨塘桥一带（今无锡市梁溪区南长街、南下塘等），明嘉靖时还是"居然

山林趣，况复非离群。绕屋皆水竹，开门见耕耘。遥望傍郭山，空翠来氤氲"[25]的乡村景象，哪有什么"明代毗邻古运河的南塘街一带花行、牙行集中，林立密布"之类商业气象？即使到了安国卒后40年的明万历时，整个锡邑才出现"段匹市，在大市桥西南；青果市，在水磋桥；米市，在北门大桥；砖灰窑市，在南门外""铸冶行""木行""缸市""竹市"[26]等八九个县域性、事关百姓日常生活的专业市场。其中"段匹市"，当是纺织品市场无疑，在当时锡邑城区的"大市桥西南"（今无锡市梁溪区中山路地铁三阳广场站24号口一带），也不过是锡邑城乡百姓交易纺织品的县域性市场所在，并非清锡邑城乡棉布棉花大进大出、联通长江中下游地区商业的"布马头"。所以将清黄印评说清锡邑布码头的言辞，移用来形容明锡邑布市，是未明清《锡金识小录》书中所言清锡邑布码头实质。

从吕柟撰写的《桂坡子安民泰传》全文看，文中"贩缯刍牧"之语，仅是"经商"一词之代称而已，今人将之完全坐实，写了安国贩布，又写安国贩米，等等，颇有泥古不化之嫌，或说有片面性之嫌。这情形好比明万历时浙人王士性《广志绎》书说："天下马头，物所出所聚处：苏杭之币……无锡之米……广陵之姬、温州之漆器。"[27]今人仅以王士性一语为证据，寡证单行地推断："明万历前后，无锡已成为全国有名的大米集散地，这种情况一直延续到清代。"[28]而不了解、不研究当时锡邑经济具体情况，只知其一，不知其二，这就不可避免地完全脱离上述明万历时锡邑仅有一个县域性"米市，在北门大桥"的历史真相。而且与此历史真相一致的还有明锡邑正史、野史皆无当时锡邑"已成为全国有名的大米集散地"的任何记载或描述的事实，再联系明《光禄寺志》有关"光禄寺大烹门东夹道"设立"无锡米仓"[29]的记载，我们可以明白，王士性所言"无锡之

米",只是强调无锡米好,有资格进入皇家食堂,成为"御米"而已。另一方面,古代江南人经商就总体而言,当然是因地制宜,江南毕竟为"鱼米之乡""纺织盛地",贩米、贩布帛为首选。无锡米质量好进了光禄寺,王士性将之录入自己的著作,而无锡周边地区也是出产稻米的好地方,比如,据明《嘉靖常熟县志》载,当时常熟县稻之品种多达29种,早、中、晚稻及籼、粳、糯各色稻齐全[30],而同时期无锡稻有7个品种[31],江阴稻是12个品种[32]。具体到安国贩米,在经商早期,安国做些这样的生意,符合逻辑。比如,台州明"正德三年夏,旱、蝗,大饥"[33]。既是旱灾,又是虫灾,台州大饥荒,安国将无锡及周边江阴、常熟等地米收购,贩至台州销售当然是题中之义。但贩米、贩布帛之类生意历来是徽商驾轻就熟的传统强项,安国会不会与之竞争?而且安国并不需要经商的"第一桶金",他分家时就有2000亩田入手[34]。因此,对于安国从事何种商品贸易成为巨富的问题,我们理应全面思考。

据汤纲、南炳文《明史》分析,明中后期大商人有五特征:一与封建官府关系密切,二与土地关系密切,三多兼营高利贷,四大量役使佃户和奴婢,五具有浓厚的宗族性。[35]对照安国情况看,安国"与封建官府关系密切"有之,"大量役使佃户和奴婢"有之,其余三条基本无。综合分析各种资料,尤其是要对上述提及的那些绝口不提安国经商的墓文细心阅读,并进行逆向思维,我们就可以大体归纳出安国终其一生、颇有特色的商业经营范围,他"气侠志雄,海内游士握瑜弹铗造谒者,皆收馆之"[36],安国仿佛变身为战国时期广收门客的信陵君,但安国门客都是文化人,并无鸡鸣狗盗者,这有利于他组成大批量收购、销售文化商品所必需的专家智囊团。画家吴竹巢就是智囊团中一员,除嘉靖四年(1525)春陪同安国北游至北京,沿途收购书画外,还曾

七随安国往来于吴地与浙江之间。吴竹巢去世后,安国在杭州作诗怀念这位画家"同游七度","不复得至此,感怆不已"[37]。安国的这种文化商品专家智囊团形式长盛不衰,世界各地著名的博物馆、拍卖商都有自己的文物书画艺术品专家团队把关进出的各类文化商品。他"又嗜古书名画,商彝周鼎,一见辄辨真赝"[38],是货真价实的资深古籍、书画、青铜器鉴定专家。他"多购异书,以至充栋,及刻颜鲁公等集,铸活字铜版,印诸秘书,以广其传"[39],是老练的古籍善本收购、出版的专家、发行人兼书商。他"多蓄古文金石,汲丘科斗书、周秦两汉间敦彝罍樽玉剑器、天禄辟邪宝炬之属与晋唐人鹅经马图,罔不倾赀购求,橐橐充溢丙舍"[40],安国广泛收购价值连城的古书画、古雕塑、古兵器、青铜重器、出土文物等等,藏品应有尽有,数量惊人,质量上乘,其舍仿佛今之大型博物馆。而至明嘉靖十三年(1534)他临终时的财产簿记可能不完整,但仍已"哀然成册,属松江府印钤田至两万亩,他物称是约六十倍于所授"[41],安国的不动产即田2万亩,动产即他物,"称是约六十倍于所授","所授"指安国分家时得到的2000亩田,2000亩的60倍,即12万亩,安国动产竟价值12万亩田,即那些"充栋"的印刷精美的书籍、那些堪称博物馆式收藏的文物可折价12万亩田。这表明安国财产结构特点是不动产少、动产多,两者总值至少达14万亩田之多,构成当时的一个财富传奇。至此,安国的商业与文化知识结构以及其财产结构与数量,为明王世贞著作中记载的安国以财富"过五十万",与当时著名的两家徽商、三家晋商并列,跻身嘉靖间天下十七家巨富行列[42]信息,提供了可资计算、研究的定量性注解。由此也可见安国真不同于贩米、贩布帛发财的普通生意人,将安国定位为古籍、书画、青铜器鉴定方面的文化专家兼文化商品贸易巨擘

当符合历史真相。

安国父、祖父皆非文化人，只是精明勤俭的中小地主而已，于古董鉴定、图书印刷之类文化行为完全是外行，而出生于这样缺少"雅文化"熏陶家庭的安国最终能够成长为书画文物鉴定方面的文化专家，不可能天授，只能是长期实践出真知，应是他一生从事文化商品贸易实践增长文化才能的体现。1993年笔者曾提出："例如安国从事铜活字印刷书籍，就值得综合中外资料研究。早在安国之前，无锡的华燧就以铜活字印刷刊行书籍，但耗资颇巨，华燧因此家境式微，而安国却蒸蒸日上。由此产生疑问，安国的铜活字印刷是纯文化活动还是商业性质？若是商业性质，安国那些印刷精美的书籍是内销还是私人对外出口贸易？明代胡宗宪《筹海图编》中说私人大宗对日贸易品除衣料、磁器、铁器、化妆品外，古玩、字画、书籍的数量也相当大。"[43]现在，将文化专家兼文化商品贸易巨擘的安国与浙江台州密切关系等情况联系分析，推断安国以浙江台州为商业据点，将大批量的书籍、古玩、字画等文化商品运至那里，供出口海外的商人采购，从中获取巨量利润，当也符合历史真相。

此外，尽管安国并未直接从事出海通番贸易，但他在浙江台州大批量销售专供外贸的文化商品也是犯忌的。所以吕柟《桂坡子安民泰传》文中论述安国从事文化商品生意发财时只好写出如下别扭文字："君毗陵之富室也，然未尝规规于计然赢缩之谋，而高赀雄于吴中……乃有起业贩缯刍牧之间，后其富可敌侯王，今观桂坡子，益验哉。彼桂坡子，遨游山水，吟咏诗赋，何尝握觚坐肆，如垄断人乎，然而富自若也。"[44]此类看似不着边际之语，似说非说，让今人往往一时拎不清安国究竟做的是什么生意而"富可敌侯王"。这是吕柟作为封建士大夫的苦衷反映，要保护安国经商致富不受蔑视商人的传统思想势力的攻击，只能这

样含糊地写。所以，在文末吕柟拉出孔夫子作陪："孔子曰：'富而可求也，虽执鞭之士，吾亦为之。如不可求，从吾所好。'予因桂坡子，再告云。"[45]这段文字写得棒极了，堪称绝妙好辞，既婉转地为安国经商致富有理辩护，也为自己替商人撰传辩护。吕柟作《桂坡子安民泰传》时官南京太常寺少卿，与当时已任尚书、侍郎的秦金、王廷相、湛若水、顾鼎臣相比，官位稍低，但他的《桂坡子安民泰传》和顾的安国墓表铭、秦的安国墓志铭、王的安国墓碑铭、湛的安国墓碣铭完全回避安国经商致富事实不同，尚能说出安国经商实话。此外，安国墓文中，顾、秦、王、湛诸人皆称安国为"公"或"君"，仅是例行的敬称而已，安氏家族文献中皆载安国"号桂坡"，只有吕柟一人说安国"号桂坡子"，显然此"子"与孔子之"子"含义一致，译成白话就是"老师""有道德、知识之人"，足见吕柟是从心底里钦佩与尊重一生商海拼搏奋斗的安国的。以上两点分析表明，吕柟对社会与人生的思考，显然比顾、秦、王、湛诸人深刻、真实得多。吕柟此文观点甚至可看作是当时部分封建士大夫对于"耻言利"儒家思想束缚的觉醒与反叛，也是明中后期商品经济之所以会蓬勃发展的思想基础。可惜的是这种先进思想当时不可能成为社会思潮主流，否则安国当能创出更为壮丽的商业诗篇。

从上述诸文所叙可知，青年安国在一年不到的时间里不辞辛劳八赴浙江"下海"经商，到嘉靖间成为天下十七家巨富之一，是终其一生，历经30年风风雨雨，一步步奋斗出来的。比如，安国父安祚卒于弘治十八年（1505），此时安国25岁，刚经商不久，财富尚少，知名度还不高，故安祚葬礼默默无闻，但至正德十三年（1518）母安司马氏去世时，安国38岁，从商已十三四年，各方面境况大有改善，于是安国将父母合葬时，就出现"会葬者五千人"[46]的盛况，至嘉靖四年（1525）安国45岁，赴北京办事观

光，受到京城尚书、侍郎等诸多高官热情接待，已是"声藉藉动朝野"之"布衣"[47]，而至嘉靖十三年（1534）安国54岁立遗嘱时，财富价值至少已折合14万亩田之多，是当初安国分得2000亩田的70倍。所以，安国惊人的财富、知名度等绝非一蹴而就，而是其拼搏奋斗一生积累的成就。然而，今人却有安国"速富"且无举证者云："安国经营有方，很快成为一个拥有土地一千六百余顷的大地主。安家的家族经济主要依赖经营农业生产和地租的收入，佐以商业经营以及高利贷收入……后人称安国'富几敌国'，名列明代嘉靖、隆庆、万历年间全国十七个首富之一。"[48]说"安国很快成为一个拥有土地一千六百余顷的大地主"，是对锡邑先贤安国一生商海拼搏奋斗精神的失察与贬低，亟应纠正。

走笔至此，笔者不禁想起1993年刊于《东南文化》论证安国经商致富文章中的一个关于年份的"硬伤"："关于杨一清还可以补充一些情况：此人正德年间即已任内阁大学士，后因权臣江彬等攻击而去职。'大礼议'起，正闲居丹徒家中，因他支持明世宗的意见，嘉靖六年（1527）首辅费宏致仕时，再次入阁并任首辅……安氏《家乘拾遗》载云安国'北游日，适杨文襄赴召，翁晤之于京口'，其中'杨文襄赴召'说的正是此事。这一记载间接指明安国北游的具体年份……安国于嘉靖六年（1527）去北京游览了不少地方……"[49]这段26年前的文字说安国嘉靖六年（1527）"北游"，是完全错误的。安国《北游记》明确载安国"北游"时间是"乙酉之春"，即嘉靖四年（1525）春。然而，当年无锡市图书馆无安国《北游记》等诸书，笔者囿于视野未见安国《北游记》，将安璿《家乘拾遗》所言"杨文襄赴召"与《明史·费宏传》所言首辅费宏嘉靖六年（1527）致仕联系推断，铸成大错。笔者谨此特向当年《东南文化》的编者、读者表

示最深切的歉意。

四、1532年夏，安国华麟祥两巨贾同框

明嘉靖十一年（1532）夏，52岁的安国有浙江行，撰《东游记》，出发前曾到锡邑城厢与华麟祥晤面。自傅衣凌先生《明清时代商人及商业资本》一书出版之后，明锡邑安国、邹望、华麟祥三位杰出商人，不再遮遮掩掩，而是堂而皇之正式以巨商身份出现于史书中。由于资料限制，傅氏也许不知道安国、华麟祥曾见面，且还是姻亲，否则当会就此发表真知灼见。另一方面，安、邹、华三位巨商是同时代邑人，乡里乡亲，同为巨贾，理应有所串联交流，但锡邑本埠公私资料绝少相关记载，只有在安国的《东游记》中，我们才看到安国、华麟祥之间的一次交往。解读这两巨商见面，能让我们得到一个机会深入了解巨商华麟祥从社会底层崛起之不易，深刻领会华麟祥坚毅、奋进、好学的人格魅力，也可了解到安国是以有2000亩田的富裕地主身份进入商海的，而华麟祥则是以穷秀才身份开创商业天地，从而加深对明中后期社会、经济、文化发展多样性、丰富性的了解与认识。

安国《东游记》文字相当简洁，其中他与华麟祥见面是这样记录的："壬辰之秋，遂决策往游焉……至西庄登舟……带月挂帆，赋诗举觞，二鼓抵邑城，实七月十六日也。越明日为癸亥，时姻家海月华君拜爵，因往贺其家，其子乡进士从龙赠之诗。"[50]文中壬辰，指嘉靖十一年，具体日期是农历七月十六日，公历为1532年8月16日。这天是安国东游，即浙江行的头天，时锡邑正值炎夏（这是我们现代人对时令的概念，此时正值学校暑假，而明安国称之为"秋"），白昼热浪灼人，但夜晚月色溶溶，在胶山西庄上船，扬帆启航，凉风送爽，安国一路心情极好，饮酒赋诗，二鼓，即夜十

点钟前后，抵锡邑城。翌日即往华麟祥家祝贺“拜爵”。

安国笔下的“姻家海月华君”，即为大名鼎鼎的华麟祥（1464—1542），字时珍，又字时祯，号海月。有关华麟祥的家世是这样记载的：“君王大父、大父，皆敛饬孝弟，力田守先绪，里墟中称长厚君子。父坦庵先生尝读儒书，为科举之学，顾好奇节，不屑羁检，濒贡罢去。”[51]“时祯之父坦庵，讳栋，字良用。蚤游邑庠，晚亦遂隐。”[52]“至吾父坦庵府君有声场屋，中岁谢去，而业始落矣。”[53]“坦庵，讳栋，试有司九弗利，贡而长谢，为隐人以为高。”[54]综合上述4种资料可知，与安国祖父、父皆为“白丁”地主稍不同，华麟祥曾祖、祖父虽家境一般，小地主而已，但父华栋，字良用，号坦庵，考中秀才，已走上科举之路。由于先后九次考举人皆失利，华栋至中年时已经济拮据，生活困难。这就使得青少年时代的华麟祥很受磨难：“余年十七，督学侍御广信娄公收入庠校，既而教谕鄞县金先生，谓余家贫无志读书，白娄中辍。”[55]“坦庵与福州髻稺同笔砚，谑言缔好，而时祯孺人，物同比长。坦庵请妇，福州曰：‘吾挈家之官吴外，母老无托，请甥乎馆。’遂馆。”[56]上述两种资料说明，华麟祥读书颇好，17岁即为锡邑县学秀才，却碰到了一个超级势利眼的县学校长，即那位锡邑县学教谕金先生，他以华麟祥家穷就“无志读书”的荒唐逻辑推断为由，竟将华麟祥赶出县学大门，封建社会之黑暗可见一斑。此后华麟祥又做了张逊家的上门女婿。虽说张逊与华麟祥父亲华栋是总角之交、同窗之友，华麟祥与张逊女儿自小结成“娃娃亲”，后张逊在外做官，锡邑家中母老无托，华麟祥到张家与张逊女儿结婚居住是为照顾张逊老母，但上门女婿当时总被人鄙视。然而，华麟祥从逆境中奋起，走上经商致富道路，文徵明对此总结写道：“公雅负才谞，能激邛任事，既不为时用，用植其家。菑播畜牧能谨之，以时訾算转轮，得其肯綮，用能恢衍，故业膏腴连延，布泉流溢，几埒素封。”[57]文徵明不仅是大画家，文章也写得简明扼要，短短数语即总结了华麟祥科举失败，转而经商成巨富的全过程。

更令人印象深刻的，是华麟祥成为富贾之后，晚年仍不忘学习。“乃请入粟补郎散官，已弃郎散官去游太学。太学诸生推华生才，祭酒、司业皆喜华生勤学好礼，又有名南都。南都再大比，竟不利。当是时君之子云举于乡矣，曰：‘吾不能复仆仆人下。’遂上疏乞长告官，授浙江布政司都事。”[58]“先生讳云，字从龙，自号补庵居士……嘉靖辛卯以太学得顺天乡试魁选。”[59]上述两记载生动再现晚年华麟祥孜孜不倦学习景象。华麟祥长子华云（1488—1560），于嘉靖十年（1531）在北京参加顺天乡试考中举人，时年44岁。此年华麟祥已是68岁老翁，竟同时在南京与诸多国子监学子及各地秀才一样步入南直隶乡试考场，虽再度名落孙山，但他这种老而不倦的进取精神至今还是十分励志的。而此次乡试之前，华麟祥自费进入南京国子监读书，国子监同学们都称时年67岁华麟祥为“华生”，推崇这位年迈“华生”学问渊博，而国子监校长、副校长则欣赏华麟祥这位老学子勤学好礼，全无大富翁倨傲姿态。因此晚年华麟祥国子监读书在当时南京是传为美谈的。华麟祥知道华云中举后，喜悦之余申请退学，按例得授浙江布政司都事官衔，翌年，嘉靖十一年（1532），朝廷官衔授予批文下达，华麟祥正式“拜爵”，阖家庆祝，安国正好东游出行，从乡下胶山到锡邑南门外不远的华府祝贺。

安国称华麟祥为“姻家海月华君”，用的是平辈尊称。实际情况是安国儿子安如石娶了华云女儿[60]，安国、华云是儿女亲家，按辈分算华麟祥要高出安国一辈，且此时华麟祥已69岁，华云45岁，安国52岁，按礼仪，安国应用长辈尊称称华麟祥“姻伯父”，但安国仅称“君”，此事足见安国的强势。这是安国对自己巨大财富的自信，也是安国在社会地位方面更有优越感的体现，因为此时不仅安国本人与诸多高官往来密切，其长子安如山也已经以进士及第入仕[61]，而华云才考中举人。所以，安国以平辈尊称称呼华麟祥是可以理解的。

在阅读华麟祥资料时，还可以推断明《万历无锡县志》中关于华麟祥"正德间"被授"布政司都事"的记载[62]当是误刊，"正德间"当纠正为"嘉靖间"。因为上述郑晓记载华麟祥生平的《明故浙江布政司都事海翁华君墓表》撰写于嘉靖二十一年（1542）华麟祥去世时，比明《万历无锡县志》成书时间早20多年，且当时人写当时事，更接近事实，当以郑晓文中信息为准。

安国到华麟祥家中祝贺"拜爵"的同一年，即嘉靖十一年（1532），华麟祥刊行宋吴淑《事类赋》，也是应当提及的明锡邑文化事件。据是年"明后学无锡华麟祥校刊"的《宋本校刻〈事类赋〉》书中所载华云撰写的《刻〈事类赋〉叙》"余家有宋刻善本""校酬弥月，故鲜鱼豕，览者垂察焉""嘉靖壬辰冬十月，郡公内江赵鹭洲先生属家君刻宋吴淑《事类赋》藏郡斋，广来学之贶"[63]三段文字表明，华云是以踌躇满志的心态推介华麟祥刊行《事类赋》一事的。所用底本是自己家藏的善本，加上校对仔细，差舛甚少、质量佳，刚出版即被常州知府赵兑收藏，作为府学及各县学优秀学子们的奖品，这确是值得当时华麟祥、华云父子骄傲的事。华麟祥校刊的《宋本校刻〈事类赋〉》流传至今，时见于拍卖市场。有关华麟祥校刊《事类赋》事，《江苏艺文志·无锡卷》也有载，然而该书所言"参校者：无锡县学生倪奉……安如山"[64]，其中的"安如山"，亦当是误刊，安如山当纠正为安如石。因为明嘉靖十一年（1532），安如山已经在外地做官[65]，在锡邑参与华麟祥校刊

《事类赋》的是当时县学秀才安如石[66]——安国嫡出的第三子，华云女婿、华麟祥孙女婿。此外，有意思的是当时安国经营的印刷工场"锡山安氏馆""安桂坡馆"皆已经很有知名度，比如在华麟祥校刊《事类赋》之前，高官廖纪撰写《东光县志》，就是慕名特别请安国活字印刷的。华麟祥校刊《事类赋》，安国儿子安如石也参与了该书校对工作，但最终该书却未由安国印刷。这其中有什么原因？也许，安国研究的后来者可以解开这个谜。

安国在《东游记》中说他到华麟祥家祝贺"拜爵"时，曾提及"其子乡进士从龙赠之诗"一事。从龙即华云，乡进士即举人，当时华云刚考中举人不久。华云赠诗记载于《东游赠言》，现在还能看到，诗云："名区郁郁遥东海，老矣临文犹四愁。石壁春云乱花舞，雁山晴树入空秋。何人能医长卿渴，此日却欣康乐游。赋就行歌海鸥动，月明吹遂仲宣楼。"诗末署"琴山华云"[67]。华云，字从龙，自号补庵居士，诗署的这个"琴山"，可能是华云不常用的一个别号。诗中"四愁""仲宣楼"皆典故，事关东汉杰出科学家兼诗人张衡、诗人王粲，皆怀才不遇之历史名人，而"康乐游"则又将安国比作南北朝时期的诗人、旅行家谢灵运。这些当然都是华云对自己亲家又是巨贾安国的高级恭维话语。虽然诗中"何人能医长卿渴"句，将安国比作西汉辞赋大家司马相如，也是高级吹捧言词，却让我们明白安国为什么会在"东游"两年后即去世的原因。"长卿渴"明白说了安国患有与司马相如一样的糖尿病。糖尿病必须忌酒、戒酒，唐著名医药学家孙思邈早已指出这个要点，但安国未必知晓此理，或是嗜酒如命戒不了。看安国诗文，可知安国无时无地不与酒连在一起。比如，安国大热天从乡下胶山西庄到锡邑城一路上就是喝酒。《北游记》等诸书载安国喝酒更多，比如："登日观，赏大夫松，绝顶则有

秦王无字碑、李斯磨崖碑……弗克宿山……晏酒于坡下，欢饮而别。""余适有公帑内输，因谒崔于公署，启筵谈古，倾倒欢甚，诸司各送奇品，藜藿之腹获饫大烹珍味，亦奇遇也。""尝谒太学，宣访百川吴司业……吴以菊花酒饮之，酩酊而归。"[68]上述三信息表明，安国确是无酒不欢。游泰山，喝酒；到北京，进光禄寺，那是皇家食堂，酒更多，光禄寺卿崔杰与安国又是一见如故，畅谈加畅饮加大嚼是必须的，故安国自己也颇为得意地感叹"藜藿之腹获饫大烹珍味，亦奇遇也"；参观国子监，当时的"国立大学"，吴副校长也以菊花酒招待安国，而安国也是开怀畅饮，大醉而返。至此，安国（1481—1534）为什么54岁就去世的原因，已经十分清楚了。相比于华麟祥（1464—1542）79岁才离世，安国可称早夭，一代巨贾劳累毕生，竟因酒与糖尿病而早夭，诚可叹息也！

五、安国商业王国为何一代而终

明嘉靖十三年（1534）新年期间，劳累毕生的安国，因沉疴多年，糖尿病加重（从现代医学角度看，可能还有多种并发症）而卧床，至闰二月竟不治去世："甲午，征君乃疾，其子如磐、如石，遍召列郡名医，案发苑秘，夙夜方药。征君知勿瘳矣，乃速所厚马君惟贤入中寝，从容权处诸子事。分金贫族，授田于家僮之多功者，无出侍媵悉遣归之。家务缕缕嘱也……竟以闰二月癸丑卒。"[69]安国生病去世时，长子安如山外地任官，主要由二子如磐、三子如石照料及张罗治疗等事宜。尽管遍请常州、苏州、湖州等周边各府名医会诊，遍用各色秘方药物，安国还是每况愈下。安国自知大限将至，即请挚友马惟贤来到病榻前，从容与之商议儿子们具体析产办法，并决定给安氏贫困族人发放银两，给为安国商业王国奔走效益显著的家

僮们授田，未生育的姬妾们全部遣返各自娘家。安国不愧为一代巨贾，具有清人所谓的"每临大事有静气"风度，即使到了临终之时也能"家务缕缕嘱也"，而他分金贫族、授田有功家僮、遣返未生育姬妾的举措，又充分展示出其以人为本的宽大胸襟，这与安国早先曾捐资助常州府城墙修葺工程完工、修建胶山李纲寺并设立李纲寺管理基金等公益活动是一脉相承的。

观察安国一生，可知安国青年时携2000亩田"下海"经商，至54岁去世，30年间创造了至少价值14万亩田的财富，按明王世贞载，已与当时著名的两家徽商、三家晋商一同跻身嘉靖间天下十七家巨富行列，这种一代而起的商业王国可称经济奇迹。然而，这一创造了庞大财富的商业王国随着安国的去世，亦一代而终。这是为什么？综合分析锡邑本埠安氏家族公私资料及其他明清资料，可以归纳如下几个原因：

（一）安国六子均分财富，削弱了安氏家族规模经商能力。安国有七子，最小的安如陵出嗣，不参与析产。实际是六子"三嫡三庶，四六均分"，"金宪、鸿胪、文学嫡出，称上三家；五峰、十峰、胶崖三太学，庶出，称下三家"[70]，就是被称为"上三家"的安如山、安如磐、安如石嫡出三兄弟均分安国全部家产的60%，而"下三家"的安如京、安如岳、安如冈庶出三兄弟均分安国全部家产的40%。如此安排，安国二代六家经济力量自然单薄，安氏家族规模经商能力必然下降。连后世啧啧称道的安国印刷活字，分家时"六家以量分铜字，各残缺失次，无所用矣"[71]，最终成为一堆废金属。而曾经蜚声海内外的"锡山安氏馆""安桂坡馆"印刷工场也成为一代绝唱。

（二）安国儿子们学习、生活重心转移至科举，经商已不是主业，经商能力下降。今人在著作中称，明邑人秦金在《安国墓志铭》中指出安国"以末致财，以本守之"[72]。此说，离

谱；将秦金此言论奉为圭臬，更离谱。首先秦金写《安国墓志铭》根本没有"以末致财，以本守之"的字句。其次也不可能有这样的话语，因为秦金撰《安国墓志铭》是完全回避安国经商事实的。如果秦金在《安国墓志铭》中真说了安国"以末致财"，岂非自相矛盾，承认安国经商，秦金既为高官，这点逻辑思维能力还是有的。安国的实际操作是自己"以末致财"，让儿子们"科举守之"。所以安国"有丈夫子七人，各授一经"[73]，安排儿子们努力读书，回归儒家传统的"学而优则仕"路径。可惜的是，第七子出嗣早夭，其余六子中，只有长子安如山成功科举入仕，其余五子运气都不好，举人考试都屡屡失败，最后只能出钱捐个太学生或低级官吏头衔。不过安国去世后的20年里，安国儿子们即使经商能力再差，尚有"为安国商业王国奔走效益显著的家僮们"的支撑，经商不赚钱，或者甚至有时赔钱，也不是大问题，毕竟家底富足，总体生活还是安逸的。但对于安国第四子、庶出的安如京（1521—1550）却是致命的："子大……气促质弱……而子大承父之业，既以庠生援例入太学，益事宏拓，无复敛藏，而家渐落矣。戊申，余自京师归过子大，见其三子而情多悒悒，癸丑返自袁，则子大已即世矣……子大生正德辛巳四月，卒于嘉靖庚戌十一月，享年三十。"[74]安如京，字子大，号五峰，自小体弱，科举失利，捐个太学生头衔后，下海经商失败，家道因此凋落，郁郁而终，于嘉靖二十九年（1550）去世，终年才30岁。

（三）明嘉靖三十三年（1554）倭寇侵袭锡邑，在胶山大肆烧杀抢掠，安国所余五子大伤元气。当时安氏家族围绕胶山而居，倭寇大约早已风闻胶山安国文化商品贸易巨擘大名，五月初五日，侵犯锡邑时，竟是"直抵其家"[75]，"倭贼突入本家烧劫，此时臣等惊惶失措，飞窜逃命，家财房屋并前诰命二轴，俱遭烧毁一空"[76]。虽然安国后裔都逃入锡邑城中避难，

保全了性命，但上述提及的"橐橐充溢丙舍"的"古文金石、汲丘科斗书、周秦两汉间敦彝罍樽玉剑器、天禄辟邪蚩尤之属，与晋唐人鹅经马图"，即安国遗下的那些可以获取巨大商业利润的文化商品全部被倭寇劫掠一空。倭难之后，房屋园亭化为灰烬的可再建，田地也还在，但价值与数量都巨大的文化商品没了，安国五子遭遇前所未有之经济压迫。

（四）家衅外侮踵至，家族凝聚力降低，安国六子，最终"五枝并萎"[77]。外侮指"胶泉之负气，与邑顾尚书兄弟讼，有'顾氏三龙不若安门一虎'之谣致上闻，世庙旨下籍没，幸徐文贞公在政府，鼎力回天，然家已破"[78]。清安璿这段记载说了安国次子安如磐与顾可学三兄弟打官司，惊动嘉靖皇帝而破产事。但清邑人黄印转述的明万历时相关记载有不同说法："惠岩又与安氏讼，则在后，亦无大胜负。时有谚云：'顾氏三龙不及安家一虎。'三龙谓可学、可适、可久，一虎谓如山。如磐与严世蕃善。"[79]此两记载一说"家已破"，一说"无大胜负"，孰是孰非，限于篇幅，本文不展开。作为安氏家族史的一个问题，安国研究的后来者也许对此会有解读。家衅指"嗣后以十峰之暴戾，与金宪父子为难，亦致上闻，事虽得直，而家益破"，"十峰君分宅在老五房左，后与少峰君结讼，尽倾厥家流关外，遁归栖身无地矣"[80]。十峰即安国第五子安如岳[81]（号十峰），金宪父子指安国长子安如山（官按察司金事。按察司金事简称金宪）、长孙安希尧（号少峰）。安如岳对安如山安希尧父子的官司动静也很大，同样惊动到嘉靖皇帝，安如山安希尧胜出，安如岳败诉破产且被流放东北，返回锡邑后成为"栖身无地"的无产者。至此，安国六子，"五枝并萎，惟金宪公以宦游自振"[82]，五子皆败落，只有安如山长子这一支，由于安如山安希范父子先后以进士入仕，安国"以末致财，科举守之"的构想才未完全

落空，但这与安国商业王国已是完全不同的两个概念。

若是我们能够进一步扩大视野，从世界历史角度思考安国及其家族命运，则可知晓安国商业王国一代而终的根本性原因在于：

"首先，由于明王朝继承和发展了我国封建社会长期的'贱商抑末'的传统，此时大商人虽然掌握巨额财富，在社会上也有一定作用和影响，但在政治上却仍处于无权状况，没有任何特权可资利用。为了逃避税役和各项禁令，不得不援结官府和权贵，藉其阴庇，以取得种种便利，获取更大商业利润。同时，在货币威力面前，封建社会尊卑贵贱关系出现了新的变化。为了取得物质利益，官僚权贵也不得不求助于富商巨贾。上面提及的廖纪贵为尚书，为了出版自己的书籍，只好屈尊与安国过从，且'契谊最深'，就是一例。

"其次，欧洲中世纪王权是进步因素，它先后实行一系列保护工商业，鼓励海外贸易，支持海外殖民的政策，这对于欧洲资本主义的发生发展起到巨大作用。而与此同一时期的明王朝还是紧紧抱住封建传统不放，制定种种制度和法令，限制和禁止商业发展到了登峰造极的地步，严重制止资本主义的胎动，滞迟了我国社会发展进程。

"最后，就安国而言，他拥有巨额商业资本，又拥有手工工场作坊，雇用工人，如著名的印刷工场'锡山安氏馆''安桂坡馆'等。按照马克思的分析，'商业资本的存在和发展到一定的水平，本身就是资本主义生产方式发展的历史前提'，'商人直接支配生产'是封建生产方式向资本主义生产方式推移的一种形式。像安国这样的大商人完全可以成为'最初的资本家'。可是，在明王朝的统治下，缺乏最起码的政治保护和扶持，加之传统儒家'耻言利'观念的束缚，在安国身上应该发生的事最终并没有发生。安国后裔不但仕途连蹇，而且连商业

经营和工场生产都放弃了，致使家道中落，失去应有的历史位置和作用，这与其说是安氏家族的悲剧，毋宁说是我国封建社会的悲剧。"[83]

至此，安国商业王国一代而终的历史真相展现。

安国商业王国的辉煌虽然短暂，但如今已被多位史家关注，作为国家记忆而载入多部学术著作。而于锡邑而言，安国这位先贤创造与当时闻名全国的两家徽商、三家晋商并驾齐驱的商业传奇与他一生商海拼搏奋斗的精神，已成为这座古老又美丽的城池不断前行中的一点璀璨光芒、一份幽深乡愁……

注　释

[1] 傅衣凌：《明清时代商人及商业资本》，人民出版社，1956 年版，第 24 页。

[2] 〔明〕戴冠：《明故处士处静安公墓表铭》，《无锡文库》第 3 辑，凤凰出版社，2012 年版，第 553—554 页。

[3] 〔明〕谈纲：《明乡祭酒处静安公传》，《无锡文库》第 3 辑，凤凰出版社，2012 年版，第 554 页。

[4] 〔清〕安璿：《家乘拾遗》，清康熙稿本。

[5] 〔清〕张廷玉等：《明史》卷七十七《食货一》，中华书局，2000 年版，第 1254 页。

[6] 〔明〕乔宇：《明故处士友菊安公暨司马孺人合葬志》，《无锡文库》第 3 辑，凤凰出版社，2012 年版，第 555 页。

[7] 〔明〕乔宇：《明故处士友菊安公暨司马孺人合葬志》，《无锡文库》第3辑，凤凰出版社，2012年版，第555页。

[8] 〔明〕王达：《明故清逸处士私谥贞敏先生叔英公墓志铭》，《无锡文库》第 3 辑，凤凰出版社，2012 年版，第 551 页。

[9] 〔清〕张廷玉等：《明史》卷七十七《食货一》，中华书局，2000 年版，第 1253—1254 页。

[10] 〔清〕张廷玉等：《明史》卷七十八《食货二》，中华书局，2000 年版，第 1267 页。

[11] 〔明〕乔宇：《明故处士友菊安公暨司马孺人合葬志》，《无锡文库》第3辑，凤凰出版社，2012年

版,第555页。

[12] 〔清〕安璨:《家乘拾遗》,清康熙稿本。

[13] 〔明〕华山:《明承事郎友菊安公传》,《无锡文库》第3辑,凤凰出版社,2012年版,第556页。

[14] 〔明〕屠勋:《明故承事郎宁斋安公墓表铭》,《无锡文库》第3辑,凤凰出版社,2012年版,第558页。

[15] 〔明〕屠勋:《明故承事郎宁斋安公墓表铭》,《无锡文库》第3辑,凤凰出版社,2012年版,第558页。

[16] 〔明〕《万历无锡县志》卷八《食货志二》《役法》。

[17] 〔明〕安国:《映江楼和二泉邵先生韵》,〔清〕《胶山安氏诗集》(复印本)。

[18] 石锡兴:《安国研究的两个问题——与王赓唐先生商榷》,《东南文化》1993年第2期,第156—162页。

[19] 〔明〕安国:《宴台州巾子山许太守席》,〔清〕《胶山安氏诗集》(复印本)。

[20] 石锡兴:《安国研究的两个问题——与王赓唐先生商榷》,《东南文化》1993年第2期,第156—162页。

[21] 《民国台州府志》卷十《职官表二》。

[22] 《民国台州府志》卷四十《山水略一》。

[23] 任翌:《社会转型时期的江南士族》,光明日报出版社,2018年版,第11页。

[24] 〔明〕《万历无锡县志》卷四《里巷》。

[25] 〔明〕龚勉:《始居南郭作》,〔清〕《梁溪诗钞》卷九《龚方伯勉》。

[26] 〔明〕《万历无锡县志》卷四《市镇》。

[27] 〔明〕王士性:《广志绎》卷一《方舆崖略》。

[28] 徐新:《20世纪无锡地区望族的权力实践》,上海大学出版社,2005年版,第73页。

[29] 〔清〕英廉等:《钦定日下旧闻考》卷六十五《官署四》。

[30] 〔明〕《嘉靖常熟县志》卷四《物产志》。

[31] 〔明〕《万历无锡县志》卷八《土产》。

[32] 〔明〕《嘉靖江阴县志》卷六《食货记第四下》《土产》。

[33] 《民国台州府志》卷一百三十四《大事略三》。

[34] 〔清〕安璨:《家乘拾遗》,清康熙稿本,无锡市图书馆藏。

[35] 汤纲、南炳文:《明史》(上),上海人民出版社,1985年版,第616—618页。

[36] 〔明〕严讷:《明故四川按察司金事进阶朝列大夫胶峰安公墓志铭》,《无锡文库》第3辑,凤凰

[37] 〔明〕安国:《北游记西游记东游记》,〔明〕安氏西林书屋钞本影印,《无锡文库》第4辑,凤凰出版社,2012年版,第1—9页。

[38] 〔明〕秦金:《明承事郎桂坡安徽君墓志铭》,《无锡文库》第3辑,凤凰出版社,2012年版,第561页。

[39] 〔明〕秦金:《明承事郎桂坡安徽君墓志铭》,《无锡文库》第3辑,凤凰出版社,2012年版,第561页。

[40] 〔明〕王穉登:《安长君传》,《无锡文库》第3辑,凤凰出版社,2012年版,第587页。

[41] 〔明〕安璨:《家乘拾遗》,清康熙稿本。

[42] 〔明〕王世贞:《弇州史料后集》卷三十六《严氏富贵》。

[43] 石锡兴:《安国研究的两个问题——与王赓唐先生商榷》,《东南文化》1993年第2期,第156—162页。

[44] 〔明〕吕柟:《桂坡子安民泰传》,《无锡文库》第3辑,凤凰出版社,2012年版,第566—567页。

[45] 〔明〕吕柟:《桂坡子安民泰传》,《无锡文库》第3辑,凤凰出版社,2012年版,第567页。

[46] 〔明〕华山:《明承事郎友菊安公传》,《无锡文库》第3辑,凤凰出版社,2012年版,第556页。

[47] 〔明〕秦耀:《四川按察司金事进阶朝列大夫胶峰安公行状》,《无锡文库》第3辑,凤凰出版社,2012年版,第574页。

[48] 庄若江:《无锡望族》,江苏人民出版社,2006年版,第62—63页。

[49] 石锡兴:《安国研究的两个问题——与王赓唐先生商榷》,《东南文化》1993年第2期,第156—162页。

[50] 〔明〕安国:《北游记西游记东游记》,《无锡文库》第4辑,凤凰出版社,2012年版,第1页。

[51] 〔明〕郑晓:《明故浙江布政司都事海翁华君墓表》,《无锡文库》第3辑,凤凰出版社,2012年版,第210页。

[52] 〔明〕邵宝:《华硕人张氏圹志铭》,《容春堂续集》卷十五,明正德刻本。

[53] 〔明〕华麟祥:《复梅里草堂故址述事》,清光绪《华氏宗谱通八奇二合辑》《通八支传芳集》卷三。

[54] 〔明〕林俊:《明待选国子生华君时祯配张孺人墓志铭》,《无锡文库》第3辑,凤凰出版社,2012年版,第211页。

[55] 〔明〕华麟祥:《复梅里草堂故址述事》,清光绪《华

氏宗谱通八奇二合辑》《通八支传芳集》卷三。

[56]　〔明〕林俊：《明待选国子生华君时祯配张孺人墓志铭》，《无锡文库》第3辑，凤凰出版社，2012年版，第211页。

[57]　〔明〕文徵明：《有明华都事碑铭》，清光绪《华氏宗谱通八奇二合辑》《通八支传芳集》卷三。

[58]　〔明〕郑晓：《明故浙江布政司都事海翁华君墓表》，《无锡文库》第3辑，凤凰出版社，2012年版，第210—211页。

[59]　〔明〕马森：《明奉训大夫南京刑部江西司郎中致仕补庵华先生墓表》，《无锡文库》第3辑，凤凰出版社，2012年版，第232页。

[60]　〔明〕瞿景淳：《太学生胶阳安君墓志铭》，《无锡文库》第3辑，凤凰出版社，2012年版，第579页。

[61]　〔明〕陈鎏：《四川按察司金事胶峰安公传》，《无锡文库》第3辑，凤凰出版社，2012年版，第573页。

[62]　〔明〕《万历无锡县志》卷十三《援例入监》。

[63]　〔明〕华云：《刻〈事类赋〉叙》，〔明〕华麟祥校刊《宋本校刻〈事类赋〉》。

[64]　南京师范大学古文献整理研究所编著：《江苏艺文志·无锡卷》，江苏人民出版社，1995年版，第104页。

[65]　〔明〕陈鎏：《四川按察司金事胶峰安公传》，《无锡文库》第3辑，凤凰出版社，2012年版，第573页。

[66]　〔明〕华麟祥校刊：《宋本校刻〈事类赋〉》。

[67]　〔明〕《东游赠言》，《无锡文库》第4辑，凤凰出版社，2012年版，第20—22页。

[68]　〔明〕安国：《北游记》，《无锡文库》第4辑，凤凰出版社，2012年版，第1—3页。

[69]　〔明〕黄省曾：《桂坡安徽君传》，《无锡文库》第3辑，凤凰出版社，2012年版，第568—570页。

[70]　〔清〕安璿：《家乘拾遗》，清康熙稿本。

[71]　〔清〕安璿：《家乘拾遗》，清康熙稿本。

[72]　任翌：《社会转型时期的江南士族》，光明日报出版社，2018年版，第9页。

[73]　〔明〕瞿景淳：《太学生胶阳安君墓志铭》，《无锡文库》第3辑，凤凰出版社，2012年版，第579页。

[74]　〔明〕俞国振：《明太学生五峰安君墓志铭》，《无锡文库》第3辑，凤凰出版社，2012年版，第580页。

[75]　〔明〕陈鎏：《四川按察司金事胶峰安公传》，《无锡文库》第3辑，凤凰出版社，2012年版，第573页。

[76]　〔明〕安如山：《重请诰命疏》，《无锡文库》第3

辑，凤凰出版社，2012年版，第437页。

[77]　〔清〕安璿：《家乘拾遗》，清康熙稿本。

[78]　〔清〕安璿：《家乘拾遗》，清康熙稿本。

[79]　〔清〕黄卬：《锡金识小录》卷十《前鉴·邹顾构讼》。

[80]　〔清〕安璿：《家乘拾遗》，清康熙稿本。

[81]　《无锡文库》之民国《胶山安黄氏宗谱》，是目前安国研究者常引用的安氏家族文献，但该谱关于安国五、六、七子顺序是混乱、矛盾的。按顾鼎臣、秦金、王廷相、湛若水、吕柟等五人安国墓文载，安国七子，长幼依次为如山、如磐、如石、如京、如冈、如陵、如岳，如岳为第七子。但该谱中，《明太学胶崖安君传》称，如冈为安国"第六子"；《子实府君家传》称，如陵为安国"第七子""为舅氏爱江公后"；安希范墓文中也有"出后叔父如陵"语；清安璿著《家乘拾遗》说："十峰君分宅在老五房左"。对上述四信息综合分析后，笔者认为如岳应是第五子，安国五、六、七子顺序应纠正为如岳、如冈、如陵。本文取此说。同理，上文所引清安璿《家乘拾遗》各文，"下三家"顺序也已纠正为五峰、十峰、胶崖，即如京、如岳、如冈。安国去世时，第四子如京才14岁，第五子如岳年纪当更小，而长子如山已32岁，虽任官外地，锡邑家中事由安国次子28岁如磐主持，但对诸幼弟当亦会有所照顾。由于如岳与如山希尧父子的官司原因，特别是作为庶子又是幼弟的如岳状告嫡长兄如山，尤为封建伦理道德所不容，该谱中鲜见如岳信息。又该谱载顾鼎臣撰安国墓表署"荣禄大夫太子少保……参赞机务（误。顾鼎臣是"入参机务"——笔者注）"等从一品正二品官衔、官职，是后世谱匠的篡改。嘉靖十三年（1534）安国去世、顾鼎臣撰安国墓表时任官吏部左侍郎（正三品），至嘉靖十七年（1538）始，才以礼部尚书兼文渊阁大学士入参机务，陆续获少保、太子太傅、荣禄大夫诸衔。所以，该谱所载安国墓表已非安国去世时碑文原貌。类似后世谱匠为提升家族荣誉，篡改前朝原文的情况有多处，该谱阅读、引用者必须注意与鉴别，以免受误导出错。

[82]　〔清〕安璿：《家乘拾遗》，清康熙稿本。

[83]　石锡兴：《安国研究的两个问题——与王赓唐先生商榷》，《东南文化》1993年第2期，第156—162页。

经典写作与跨界意义

——文本学视野下《徐霞客游记》的经典价值与跨界创新

【摘要】《徐霞客游记》本是一部游记体的纪实散文，400多年来，后世读者从不同角度对之展开读解与研究，揭示了这部奇作在地理学、地质学、植物学、动物学、民俗学、文化学、人类学、民族学、文学以及旅游学、生态学诸方面之杰出贡献，形成了"徐学"研究极为丰赡之内容，此显现了《徐霞客游记》作为经典的丰富性与超越性，本文依托现代文本学理论，通过对其文本形态与经典意义、跨界写作之学术密码以及文本价值与文体创新等角度的研究，试图揭开《徐霞客游记》背后的学术潜藏，探究这部不朽的千古奇书之真谛。

【关键词】《徐霞客游记》 跨界写作 文本价值 经典意义 文体创新

中国学界对于博大精深的经典或学人素有"说不尽"之说，并常常冠以专门的学问，如：说不尽的《红楼梦》（"红学"），说不尽的鲁迅（"鲁学"）。其实，真正的经典，从学术意义上考量和省察，除了文本此在的核心价值之外，由文本内涵与外延指向所决定，其价值的生成与凝结，还有其"能指"与"所指"的意指作用，即存在一种"此在"的价值与"显在"的意义的逻辑关联，而"此在"与"显在"的互动与互映，则深化了经典的内涵与价值，突显出经典"无极"的意义。基于这样的学术思维和学术理路，当我们以"千古奇书"《徐霞客游记》为研究对象，立意从"文本"出发，在"细读""精读"和"深度解读"文本的基础上，探寻《徐霞客游记》的文本价值与学术潜藏，我们会发现，一部皇皇60万字的旅游巨著，

其实是一座蕴藏极为丰富的文化、思想、学术、科学的富矿，由《徐霞客游记》而建构起的"徐学"研究及其思想内蕴、文化精神以及科学启思，对于后学，其实也是说不尽、道不完乃至常读常新、启思无穷的。

一、《徐霞客游记》文本的经典价值与超越性

毋庸置疑，从文本原生价值考量省察，《徐霞客游记》首先是一本旅游学著述。当年的徐霞客穷其一生，并以毕生之功，游历大半个中国，写下260多万字的见闻与考察笔录（现存60万字），笔锋所向是神州大地的名山大川、溶洞暗河、地质地貌、珍奇植物、动物分布、气候气象、民情民性、风俗异闻、人文事象，其篇

* 肖向东：江南大学人文学院教授，中国新文学学会副会长

幅之巨，内容之丰，几乎囊括了明末时期自然山水与社会生活的百态世情，构成了一卷巨大无比而生动鲜活的明末时代的社会全景与百科全书。披览该书，凡大自然的山水形胜、斑斓色彩，明末社会的繁复演变、边陲动态，各地域各民族的奇异风情、原生生态，亘古以来自然演化中的地质形貌、地理变迁，皆被徐霞客以一支真实而灵动的传世之笔，一一道来。是故，与徐霞客同时代的明代文学大家陈继儒在《答徐霞客》一文中说："出游记示我，请为涤耳易肠而读之。"[1] 众所周知，陈继儒是明末时代的通学大儒，以其博学多通和在文坛的名气声望，面对《徐霞客游记》所写的那些鲜而未闻的内容，亦为之动容且"涤耳易肠"，可见其对徐霞客，尤其是对游记的评价之高。而在徐霞客的台州挚友陈函辉眼中，徐霞客更是一个"顶天脚拄地""寻山如访友""梦游笑李白"的奇人。

毫无疑问，陈继儒与陈函辉的判断，代表了古代先贤的不刊之论。作为与徐霞客同时代的学人，这一判断无疑也是极具眼光的。后世关于徐霞客以及《徐霞客游记》的评价，实无出其右者。然而，如果仅此而已，到此止步，只是把《徐霞客游记》当作一部纯粹的"游记散文"来读，或因徐霞客以其奇行开启了中国古代的旅游先河而尊其为"游圣"——如果只从这些角度看，那所看到的也只是徐霞客一个方面的成就。而当我们有了新的理论，并在这种理论的烛照下，开启一种新思维研究时，现代学术研究与古代学术的不同之处就会显示出来，理论的不断创新和理论支持下学术研究的不断掘进也会把我们带进一个个新的天地。这里所说的新理论就是现代文本学。

作为一种现代理论，文本学主要研究文本的生成方式与存在形态。这一理论告诉我们，任何文本的价值，一方面在于文本本身以及文本原初语境所指向的向度。另一方面，当我们面对这个文本并试图去接近它时，是永远不可能回到作者当初写作的原初语境中去的。也就是说，一个历史性的文本，只能存在于它的历史之中，后世的任何读者在体知和解读这个文本的时候，该文本的价值实际上已具有了文本自身意义和文本接受者主观阐释的双重性，即原始文本自在的价值与接受者以自身的学识赋予其的思想建构的叠加价值，也正是这种双重建构与文本的放大，赋予了文本十分重要的重构性功能，进而使之走向"经典"。

譬如《论语》与《史记》，一部《论语》，其实就是孔子与其弟子的谈话录，其文体大体可归为语录体散文集，内容主要记录孔子思想及其弟子的言行，但后世却从《论语》中读解出儒家学派的思想以及孔子有关教育、哲学、文学、政治学、伦理学、社会学的一系列学说。《史记》亦然，这部被列为二十四史之首的纪传体史著，其真正的价值本应属于历史学范畴，然而后来的《史记》研究者除了尊重其史学建树之外，更为认同的却是其文学上的价值，即认为《史记》同时还是中国古代最为优秀的文学著述——历史散文、历史小说、传记文学，中国现代作家鲁迅所谓的"史家之绝唱，无韵之《离骚》"[2] 突显的也是这部巨著特具的双重价值。因此我们说，任何文本的生成方式与存在形态，既有其原生意义与此在价值，又有为后世接受者所重构的思想价值，即德国近代学术语境产生的狄尔泰所提出的"解释"与"理解"学说，以及 20 世纪以来西方具有影响力的学者海德格尔、伽达默尔建构的现代文本学和解释学理论所指涉的"能指"范畴，这种基于文本学和解释学的理论，把阅读过程区分为"两个视域"——"文本视域"与"读者视域"。"文本视域"毫无疑问就是文本本身，但"读者视域"显然就带有阅读者"主体的隐形认识构架"。这种阅读现象，常常发生在经典阅读的过程之中。

基于这样的理论预设，当我们把《徐霞客游记》置于此种理论的框架之下进行观察时，一个有趣的学术现象就发生了，那就是"文本视域"的《徐霞客游记》所指向的其实就是一部记叙徐霞客毕生行游以及所到之处见闻的日记体游记，正是这样一部庞大以宏大视角描绘华夏风景、资源的旅游巨篇，奠定了徐霞客作为古今第一的"游圣"地位。而"读者视域"的《徐霞客游记》就不同了，数百年来，当不同的读者带着"主体的隐形认识构架"进入《徐霞客游记》这一奇特的文本时，就像当年徐霞客游览群山众窟一样，似乎进入了奇峰林立的宏大景区或贮满了奇珍异宝的地下溶洞，在一步步的探察、体知、感悟、勘探、挖掘中，逐步发现了隐藏在文本内面的一个个学术密码——地理学的、地质学的、植物学的、动物学的、民俗学的、文化学的、人类学的、民族学的、文学的，以及具有现代新兴学科性质的旅游学、生态学等方面的潜藏价值资源。

如何解析这一奇异的文本现象？现代文本学告诉我们，这里有一个学术研究本就存在的"此在"的客观主体与"能指"性的主观认知的互动与互见问题。所谓此在的客体（即文本）乃事物的客观存在，是事物的原生质层，作为被研究对象，本身具备可被阐释的一切可能性。而能指的主观性研究，则因研究者主体能动性的发挥与解读阐发能力的周延而表现出一种阅读自觉的状态，即从阅读主体出发，以自身的学识、思想去穿透客体，参悟客体，解释客体，进而体现出一种主客体相互"作用"与"融合"的学术认知精神，从而发现与放大客体本有的价值，外显出客体潜藏的本质性的原素。按照阿尔都塞的说法就是读书最重要的方面，是要能够"穿透"文字去把捉作者，看到文字内面的潜藏蕴意，这是一种生成的、历史研读的方法，只有这样，才能在那种看似"纯粹"的文字中，既读出文本的原生价值又发现其超越性

的东西，进而析分与放大，通过提炼与凝聚，凝结为一种具有新质的"质体"。

以之反观《徐霞客游记》，其呈现的这一有趣的文本现象，其实对我们从事真正具有学术性质的研究是极富启思与激发意义的。也就是说，当我们把《徐霞客游记》当作"游记"来看时，这部书稿一派天籁，本就是一部原生态的记游性散文。但当我们用学术研究的眼光去"勘探"文本，"穿透"作者迷彩般的文字，探察把捉文本内面的潜藏蕴意时，文本的魔力与"魔幻性"便生发出来。于是，地理学家看到的是徐霞客对所到之处山川地理的真实踏勘与考察；地质学家看到的是徐霞客在地质地貌描述上的科学发现；植物学家从对《徐霞客游记》中所记叙的各类奇异植物的梳理肯綮看到徐霞客对现代植物学的贡献；动物学家则因徐霞客对珍奇动物的见闻而欣喜其留下了珍贵的历史史料；民俗学家于大量的游记文字中体察了各地各民族的风情演变；文化学家在徐霞客所及之地看到了边地与内地不同的文化样态；人类学家于游记丰富的民性记载中撷取了极为宝贵的标识资料；民族学家在相关的民族生活转述中捕捉到了民族变迁的足迹；生态学家则从游记大量关于自然与人文的原生态的记叙中看到了今昔环境与生态的演绎变化；至于旅游学家，他们更是从徐霞客毕其一生畅游祖国山水的壮行中领悟了其开辟旅游事业的伟大功勋；而文学家则对游记那绮丽的文字、瑰丽的风景、奇幻的风物，浪漫的文笔、洗练的描述、简约的文风称赞不已。一部《徐霞客游记》，因人而异，百变其身，随着不同的研究者与读者的解读以及现代新学科理论的形成与阐发，其丰富的潜藏蕴意和内含的价值亦被不断地发现与挖掘出来。由此，我们得到启示，经典就是经典，经典的原创性与丰富性，决定了它是可以被不断阐释和解读的，而时间的打磨与历史的选择，一方面在核心价值上强化了其作为经典的典范

性与代表性，另一方面，又以经典所必然具备的丰富的思想内蕴和多向度的价值取向而为其获得再生性和持续性流传的可能，这也是经典不断超越自身、叠加价值，从而经久不衰、万世流传的内在密码。

现代文本学的意义就是借助经典特具的这种超越性的功能与价值，在文本读解上，以不断解读、不断阐释、不断发现、不断创新的方式，对文本内蕴的思想"质素"和外显的发散"张力"进行新的诠释与挖掘，使人们看到文本本有的文字与叙述容纳之间可以认知的关系，进而阐发出文本潜在的价值。基于此，我们认为，徐霞客研究除了"徐学"已经开拓出的相关领域，如：徐霞客家世研究、生平研究、故乡研究、旅游行踪研究、遗文考据研究、旅游地古今变迁考证研究、徐霞客与历史人物的比较研究、徐霞客思想精神研究等等。随着理论的生长与发展，如果继续关注文本，或可从文本更深入的层面去寻找与挖掘那些可能存在然而还没有被我们发现的东西，尤其那些还没有被很好地开掘的领域，如哲学、美学、历史学、宗教学、饮食文化学等。

二、《徐霞客游记》的跨界
行为及其学术解码

从写作学的角度审理、考量《徐霞客游记》的生成方式，明眼人一眼就可看出，《徐霞客游记》的成功，事实上来源于当下学术界所谓的"跨界研究"与"跨界写作"。以今人的思维和推测，我们很难对徐霞客当年的写作意识与原初的写作境况进行"还原"，也很难准确地把握徐霞客所处的明末时代科学发展的历史脉络，但当我们以今天的跨界思维去打量或从整个中国古代科学体系与现代科学设置以及学科基本划分的比较上，应该还是可以追寻出大致的端倪与概貌的。

现代科学的设置，随着科学的发达与学科门类的细化，大体有以下两种含义。（1）相对独立的知识体系。即把人类有史以来所创造的所有知识划分为五大门类：自然科学、人文与社会科学、农业科学、医药科学、工程与技术科学。（2）由国家教育主管部门颁布的人才培养的13大学科门类，即：哲学、经济学、法学、教育学、文学、历史学、理学、工学、农学、医学、军事学、管理学、艺术等。就相对独立的知识体系而言，自然科学、人文与社会科学、农业科学、医药科学、工程与技术科学五大门类之下，各学科体系又可再分门别类进行具体划分，如自然科学，主要研究大自然中有机或无机的事物和现象，可细分为天文学、物理学、化学、地球科学、生物学等。人文与社会科学划分则更细，如哲学、宗教学、语言学、文学、艺术学、历史学、考古学、经济学、政治学、法学、军事学、社会学、民族学、新闻学与传播学、图书馆学、情报与文献学、教育学、体育科学、统计学等等。再如农业科学，大而言之，为研究农业发展的自然规律和经济规律的科学，细分则极为复杂，因涉及农业环境、作物和畜牧生产、农业工程、农业经济以及林业科学、水产科学等多种学科而具有交互性与综合性。这些，远不是徐霞客时代所具备的，徐霞客也不可能超越时代而专门涉足上述各学科的领域。然而，《徐霞客游记》文本所表现出的复杂现象，又的确带给我们一种极有价值的思考，也就是说，该游记在文本结构上所呈现的价值复合与意义重叠的写作现象，其实是一个颇为值得今人追溯与探讨的问题。破译其内在的写作密码，其学术价值对于现代学科研究以及现代教育所倡导的创新人才培养当是极具启示意义的。

众所周知，中国古代的科学思维与相关研究与现代科学最大的不同就是学科意识与学科划分比较朦胧与粗放，尤其是受制于中国古代思想特有的整体思维科学观。古人科学思维的概念除"人"之外，不外乎两大系统——"天""地"，故以"天""地"为界，则形成所谓"天文""地理"两大学科。除此之外，其他研究大体都归于人文学科的范畴。《徐霞客游记》给我们最大的启示，就是徐霞客以自己的独行方式成功地将"天""地""人"统为一体，尤其是开创性地将自己幼年、少年以及青年时代所有书本上知识性的学习，一一拿到具体的旅行之中，与丰富的旅行生活实践相结合，即以"知"为先导，以"行"证其"知"；以"知"为媒介，以"行"达其"志"。在实践层面上成功解决了"知"与"行"、"察"与"思"、"学"与"研"、"闻"与"写"之关系。于是，一部《徐霞客游记》传达出的信息，就不再是作者单一的"游记"生活，而是整合了明末时期"自然"与"人文"各方面内容的一部知识大系。凡现代学科所细分出地理的、地质的、植物的、动物的、气象的、水文的、生态的、文化的、风俗的、历史的、人事的、少数民族的等诸种学科内容，在其游记中均以见闻异录、风物逸事、科学踏勘、体知观察的方式，通过一支灵动妙笔，予以生动描述，该书既可看作是明末社会的百科全书，又可称作是一部徐霞客式的"读写天地"的大书！

笔者在此前的研究中，曾这样评述徐霞客的这种行为："徐霞客可谓是中国古代第一个将阅读山川、研究自然、描绘世界从书本引向户外，由小小书房延展到广阔天地的一代学人……以一人的独行，纵横天下，饱览山川，在身心自由的状态之下，将天地作为一部大书来读，其笔下既有雄奇壮丽的自然山水，又有旖旎多姿的风景名胜；既有带有异乡异闻的人文风俗，又有散落民间隐蔽村野的历史遗迹；既有边地炫丽浪漫的民族风情，又有东西南北形态各异的文化事象……凡徐霞客足迹所到之处，天地万物，人间万象，俱被收入笔端，纳入记述范围……内容厚重博雅，笔势雄阔宏大，

气韵涵盖天地，气象贯通古今，不仅表现了霞客腹有诗书气自馥的情韵，而且透显了霞客吞纳天地山川的雄阔胸襟。"[3]当然，这样的评价仍属我们依据文本读解而对徐霞客精神、徐霞客现象、徐霞客特有的人生奇行的一种宏观性认识，如果我们换一种思维方式，即从现代科学以及学科设置、人才培养方向这样具体的专业与学术视角，来解析徐霞客以及其千古奇行所创造的这一奇异"现象"，则会发现，400多年前的"徐霞客行为"，事实上回答了今天教育与科学研究中许多始终困扰我们的学术难题。

首先从中国科学史的角度看，中国古代科学以"天地人"为基本构架来解释宇宙和人类生活现象。在这样的体系构架中，"天与地"，被视为"人"活动的环境空间，亦是"人"从事一切活动的对象主体，"人"作为"天地"之间的一分子，既是独立的主体存在，又与客体的天地相统一，和"天地"这一广大的系统共同构成体系完备的"宇宙"，因此，天地万物，和谐共生，归根结底又是庄子所说的"齐一"。徐霞客所处的明末时期，中国古代科学已基本具备体系与构架，除天文、地理之外，水文、化学、本草、中医学以及人文科学的哲学、宗教、历史、语言、文学等，均已有独立的架构与相对应的研究领域，徐霞客杰出的贡献在于，以独特的"游记文本"打通了诸学科的界限，即把现代科学体系严格区分的自然科学与人文社会科学——地理学、地质学、水文学、植物学、动物学、生态学、民俗学、文化学、人类学、民族学、文学——以实地旅行和科学勘察的方式统一起来，不同学科背景下的不同学人，从一部《徐霞客游记》里，都可以按照不同的学科诉求和研究理路，去挖掘和获取内中所蕴藏的珍贵学术质素，探寻其内在的科学价值。从这样的意义上说，《徐霞客游记》虽从"文本阅读"上显示其就是一本文学式的游记，但因支撑其写作构架的是中国古代科学崇尚"整体思

维"的思想体系，"天""地""人"浑然一体，互为表里，互联互动，因而，当徐霞客将个体生命融入天地宇宙这部气象万千的大书中时，其生命亦必然焕发出奇异的光芒！

其次，从教育思想和人才成功的角度看，徐霞客的成长与成功看似与教育没有什么联系，但是其自学成才之路以及特异的人生范式却给予当代教育重大的思想启示。史载，童年的徐霞客出身书香门第，且天资聪慧，但其对科举考试之类的经书并不感兴趣，包括万历二十九年（1601），其15岁时，也曾应过一回童子试且没有考取。科考的失败，没有挫败徐霞客的求知欲望，反而给予了本就无意仕途而偏好探险山水与探索创新的他另辟人生新路的契机。从徐霞客年谱中，我们看到，在母亲支持下，青年徐霞客大胆舍弃了当时一般读书人一心求取的功名之路，回归故里之后，肆志玄览，在家藏的"万卷楼"里遍读先世藏书，且因钟情于地经图志，神往于天下山水，立下"丈夫当朝碧霞而暮苍梧"[4]的旅行大志。而一旦正式开启其旅行事业，踏上漫漫人生征途，则胸藏万壑，笔耕千山，气吞万里，包孕天地，以一支巨椽大笔，把其所游历过的山水奇胜、人文奇景，尽陈笔下，使得一部看似寻常的个人游记，一变而为统揽天下、气韵生动、宏博多姿、气象万千的人间大书。

"天地几万里，至人不能量"[5]"芒鞋遍岩壑"[6]"大千何尽藏"[7]，神州大地的壮丽山河、奇峰秀水，人间社会的时风世相、奇风异俗，几乎尽在其中，以致后世亦惊亦叹。对此，同时代的张天如如是评价："世固不乏奇山水，恨无奇人与之映发，终亦泯没不彰。霞客搜奇索险，山无遁美，山水之幸也。"[8]的确，山水之美，需得发现之人，然古今以来，任何发现都是发现者和成功者付出努力与克服艰辛的结果。徐霞客的成就，从教育和人才成功的角度看，一是得益于其读书阶段搜奇寻胜，对历代

地经图志的悉心研究；二是踏遍青山、亲力亲为的实践考察。其成功的范式，与同处明代的哲学家王阳明所倡导的"知行合一"思想表现出惊人的"契合"。也就是说，当王阳明提出"知行合一"思想的时候，与王阳明几乎同时代的徐霞客以自己身体力行的伟大实践，成功地印证了王阳明的这一学说，特别是在徐霞客那里，"知"与"行"的关系主要表现为："知"为先导，"行"为结果；以"知"启"行"，以"行"证"知"。二者在逻辑上，互为表里，辩证统一。当"知"与"行"达到高度统一时，即可直达"真知"的目标。从徐霞客在30年的旅行考察中科学地纠正了许多古人对于地理、水文、河流记载的失误，以及他以大量的实地考察与悉心研究填补了前人著述严重不足的例证中，我们可清晰地感受到其特具的求真唯实的科学精神与崇尚实践的精神品格。而徐霞客一生不唯书本、不盲从古人、不拘一格、勇于探索、敢于追求、敢闯新路的人生范式，对于现代教育体制下那些墨守成规、死扣教本、只讲传承、不求创新的僵化的教育理念来说，也当是一面不言自明的镜子。

三、《徐霞客游记》的文体意义与创新性启思

文体意义上《徐霞客游记》是一部游记体的纪实散文，后世不同角度的解读及对其价值判断，主要来自文本本身丰富的价值内涵，现代文本学告诉我们，文本本身是不可改变的，不管后世读者如何对文本进行解读，给予其怎样的评价，文本其实就在那里，其"广义上的构成"和"母题形成"当是其核心之所在，正如研究文本学的学者所说："它的价值正好在于它既指结构的或叙述的构成，同时又指心理的、社会的或哲学的理论的内在结构。"[9]也就是说，《徐霞客游记》以其本有的结构形态

构成了其核心"母题"，但其"广义上的构成"，在文本以及文体上却显示了其可能的多向度价值叠加与内在性结构，这使得我们可以从不同的角度进入文本，得以从文本的内面去探寻其潜藏的价值。因此，就其给予我们的创新性启思而言，至少可以得到三点启示：

（一）文体的包孕性与思想的结构性。中外文学史上，游记是一种应用十分广泛的文体，无论是叙事抒情性的游记、山水写景游记，还是记叙旅程的游记，其写作大多都是作者以旅游者的身份将所见所闻记载下来，或描述沿途风光、人情世态，或叙写异闻趣事和各色习俗，或记录风景名胜与旅游者的心境情绪，其文笔多为随笔风格或抒情文字。如东汉马第伯的《封禅仪记》，堪称我国现存最早的古代记述攀登泰山的文字。至南北朝时期，自然山水作为审美对象进入文人视野，领略自然之美，描述山川景物、名胜古迹成为文学时尚，此为后来的唐宋八大家散文，尤其是唐代的散文大家柳宗元的《永州八记》开启了山水游记的新风，亦使中国古代游记正式进入独立发展的阶段。

文体上，游记体裁不拘一格，作者往往随性而写，文字上，亦可实可虚，可长可短，然正因为这样的随笔风格，许多古代的游记作者大多即兴而作，随性而写，难以坚持，更不用说表达系统的思想与高远的志向。《徐霞客游记》则不然，其文体以长达30年的漫长游踪为经，以系列连缀的"日记体"为纬，以壮游大半个中国的名山大川和名胜古迹的奇异生涯为坚实依托，以"肩负五岳去""足下有八荒"的精神气度为支撑，以包孕天地、心游万仞的豪迈气概为导引，不仅书写与彰显了其不是双鸿鹄、千里恣翱翔的一生奇行，而且秉笔录下了其万壑千峰杖底测的眼中山水，极显了徐霞客千古奇人的精神气质！这样气势磅礴、气韵恢宏的游记结构以及笔韵优美的文字，加上游记所包容的丰富的知识与思想，以及作者在一次次游历中关于地理、地质、生态、民风上的丰富的发现，均使《徐霞客游记》表现出一种超越古今的气度和高度，而多向度思想价值的叠加与思想结构的丰富性，也使《徐霞客游记》成为一部包孕天地的"千古奇书"，古今游记文体的奇葩！

（二）无边界的跨界写作与多重的价值整合。古今文人的写作，大多有自己独守的领域与思想范畴，如屈原的浪漫诗歌集《楚辞》，司马迁的不朽之作《史记》，杜甫关注民生多艰的"三吏三别"，辛弃疾表达其爱国情绪的豪放诗词，这些文人式的写作大体有自己的边界与创作主旨。阅读《徐霞客游记》，我们会发现，千古奇人徐霞客的笔下，所表现出的其实是一种无边界的跨界写作，虽然整部日记采用的都是纪实之笔，但其笔下的山川风物、地质地貌、风景名胜、民情风俗、动物植物、生态样貌、水文变化、民族迁变等等，却随着徐霞客独特的视角、视点、视线以及游历时间、季节、气候之不同而移动、变化，即使同一景点景区的风景，由于笔者着墨不同，或写作目的不同，研究者透过文本所看到的也是截然不同的东西。更不用说因"读者视域"不同，文本所呈现的内容侧面亦不同了。这也是为什么后世的地理学家由此看到了游记地理考察的价值，地质学家看到了游记记载地质地貌的变迁，生物学家看到了动植物变化的生动形态，生态学家触摸到了生态演变的自然节律，探险家们洞悉了大量古溶洞的隔世奇观，旅行家由之发掘出古往今来人迹罕至的巨量风景资源的原因。多向度的写作模式与多重的价值整合，使《徐霞客游记》成了一种"广义构成"的结构形态，其价值生成也在其"母题"核心结构的基础上呈现出发散性与辐射性的功能，凸显出文本特有的丰盈性与独特性。

（三）创新的追求与自由的文体。当代作家时常在标榜自身成就时大谈所谓"创新"问题，但从文体写作与思想建树方面考量，历数那些当代作家，真正具有"创新"特质和"伟大"建树者并不多见。而当我们把《徐霞客游记》放在古今作家的序列加以比较，我们会发现，一部《徐霞客游记》足以让那些自命创新的当代作家们黯然失色。我们不说在古代落后的交通条件下，徐霞客足抵八荒的精神行为所创造的举世无双的千古奇行，即使在交通工具十分发达的今天，也没有任何一个旅行家或作家敢于尝试只身四野、穷极山水，去天地之间挑战人类极限，去人迹罕到的绝顶之上登攀新的峰巅，更不用说在穷尽路途之际，在孤灯只影之下，依然秉笔书写天地这部大书。这种人生范式的创新，这种不忘初心的追求，既来自身心的自由，又根生于伟大的情怀。情怀的博大和身心的自由，自然也孕育和催生了《徐霞客游记》新颖舒放的文体，使之成为古今书写的奇观与伟大创造！

古今以来，以一个人、一生行、一部书，建构起千古丰碑并长久影响后世者，以奇伟的建树辐射当今众多科学领域之研究者，以一支平凡秋毫描画出天地宏图者，以不求功名而身许山水却青史留名与山水同在者，唯徐霞客一人也！千古奇人与千古奇书，交相辉映，烛照华夏，惠及百代，留芳千秋，这样的奇人奇行，奇

功奇迹，个中的隐秘与潜藏，难道不值得我们去探究与深思吗？

注　释

[1]　〔明〕陈继儒：《答徐霞客》，《徐霞客游记》，吉林出版集团有限责任公司，2011年版，第274页。

[2]　鲁迅：《汉文学史纲要》，《鲁迅全集》，人民文学出版社，1981年版，第420页。

[3]　肖向东：《读天地之大书，秉精神以壮游——论〈徐霞客游记〉与"霞客精神"》，《无锡文博论丛》第3辑，科学出版社，2018年版，第69页。

[4]　〔明〕徐宏祖著：《徐霞客游记》，吉林出版集团有限责任公司，2011年版，第295页。

[5]　周琦：《徐霞客台州挚友陈函辉》，《徐霞客研究古今集成》，中国书籍出版社，2004年版，第403页。

[6]　周琦：《徐霞客台州挚友陈函辉》，《徐霞客研究古今集成》，中国书籍出版社，2004年版，第402页。

[7]　周琦：《徐霞客台州挚友陈函辉》，《徐霞客研究古今集成》，中国书籍出版社，2004年版，第402页。

[8]　周琦：《徐霞客台州挚友陈函辉》，《徐霞客研究古今集成》，中国书籍出版社，2004年版，第404页。

[9]　〔美〕雷·韦勒克，奥·沃伦著：《文学理论》，生活·读书·新知三联书店，1984年版，第244页。

清末无锡、金匮两县生员与地方社会

廖章荣[*]

【摘要】作为下层士绅的生员，是地方秩序的重要维护者，组建团练保卫乡里、调解民众纠纷皆是生员维护地方秩序的重要表现。此外，生员群体在地方兴学过程中亦贡献颇多，清末无锡、金匮两县创办新式学校、改良私塾时，即有不少生员参与其事，在当地教育革新过程中发挥了积极作用。在地方士人阶层中，以生员群体的数量最为庞大，他们是地方学术发展的重要推动力量。无锡、金匮两县生员硕彦众多，著述繁富，为当地的学术传承和发展做出了突出贡献。

【关键词】清末　生员　地方社会　地方秩序　教育革新　学术发展

明清时期，生员在政治、经济上均可以享受部分特权，其地位要高于一般平民。此外，作为下层士绅的生员与地方民众接触较多，是联系官、民的重要纽带。清人王凤生说："士为齐民之首，朝廷法纪不能尽喻于民，惟士与民亲，易于取信。"^[1]朝廷的法纪既然不能"尽喻于民"，因此与民众联系较为密切的士绅就充当了国家治理基层社会的重要媒介。生员与中国传统地方社会的诸多方面皆存在密切关联，本文以《锡金游庠同人自述汇刊》为基础，并结合其他材料，从地方秩序、地方教育、地方学术三个方面来讨论清末江苏无锡、金匮两县生员的地方活动及其产生的影响。

一、生员与地方秩序维护

清廷为防范生员干预政治，于顺治九年（1652）"颁卧碑文于直省儒学明伦堂"，规定生员不许干求官长、干预他人词讼、上书言事、立盟结社等^[2]。清廷尽管在法律上对生员的政治活动做出了诸多限制，但并没有完全杜绝生员参政、议政的现象。据无锡人黄印说，康熙以前县中若有不便于民之事，生员、监生、耆老均可以联名具呈，当地的贪官污吏因此有所顾忌^[3]。雍正以后，"公呈有禁"，生员的政治活动受到进一步限制，不过生员在地方社会中仍扮演着重要角色。例如，每逢地方上举行重要典礼如乡饮酒礼、祀孔等，生员都是其中重要的参与者。此外，在地方很多公共事务，例如造桥、修路、修庙的集资、督办以及其他公益事业中，均有地方生员的参与。

生员在政治、经济上享有某些特权，因此社会地位有别于一般平民。在通都大邑，生员较为常见，张葆培在《松属采芹录·叙》中说：

---

* 廖章荣：湖北大学历史文化学院硕士研究生

"置身于前清同、光间，郡邑之秀才，可车载而斗量也。"[4]不过在僻壤的乡村之中，生员有如鹤立鸡群，因此乡民把生员的地位看得很高。这种情况在清代小说中就有生动的反映，如《官场现形记》说陕西朝邑县某庄有方、赵两姓，世代均以务农为业，突然赵家中了一名秀才（生员），"乡里人眼浅，看见中了秀才，竟是非同小可，合庄的人都把他推戴起来，姓方的便渐渐的不敌了"[5]。生员作为绅士阶层的重要构成部分，在地方社会具有一定地位，是维护地方秩序的重要群体，如组建团练保卫乡里、调解地方纠纷等均是生员维护地方秩序的具体表现。

在中国传统社会，地方士绅虽无守土之责，不过受乡土观念以及传统儒家思想的影响，加之他们在地方社会上具有较高威望，他们往往会自觉承担起保卫乡里的责任。因此，当地方面对外来势力侵犯时，士绅往往是组织地方民众进行反抗的领导成员。生员虽然属于下层士绅，但他们在保卫乡里时同样扮演了重要角色。据光绪《无锡金匮县志》所附《殉难绅民表》记载，咸丰十年（1860）太平军攻陷无锡、金匮县城时，部分生员如华黼臣、薛敬、张定等人纷纷组织团练、义勇，领导当地士民抵御太平军的进攻。在此期间，还有不少生员因"拒贼"而死难，这些均是两县生员领导当地民众"守土"的具体明证。

在日常生活中，生员维护地方秩序的重要表现形式是调解民事纠纷。无锡、金匮两县部分地方存在好讼之风，光绪《无锡金匮县志》即说"兴道、布政、神护、富安西鄙之民，颇鸷讦而好讼"[6]。讼事一启，后患无穷，纵是千金之家，"一受讼累，鲜不破败"[7]，故不到万不得已，平民一般不愿通过诉讼途经解决问题，因此调解就成了解决纷争的主要手段之一。在传统社会，士绅在调解民事纠纷时发挥了重要作用，他们往往是地方（尤其是乡村）民众纠纷的裁决者，并在一定程度上取代了地方官的

司法权[8]。如无锡生员沈焕章为乡民调解纠纷二十余年，为维护乡里秩序做出了重要贡献，据其子沈寿桐说："先君避洪、杨乱徙乡，课徒自给，乡人有互争者，恒以片言释之，临近数十里二十余年无讼累。"[9]基层社会纠纷较多，若调解者处理不慎，往往会引发地方秩序的混乱。因此，调解者唯有抱着公正的态度处理地方纠纷，方能赢得当地民众的敬重。生员袁宗沂之父袁光照，为地方之贤士，处事公正，袁宗沂说其父"晚年董理图政十余载，公正廉明，乡里推重"[10]。袁氏主政乡区期间，所遇民事纠纷并不在少数，其之所以能为"乡里推重"，处事公正廉明是主要原因。

光绪九年（1883），无锡县一个具有英商背景的茧行与当地乡民产生纠纷，这在当地而言显然不是一件小事。生员萧焕梁、萧焕唐等七人前往调解，事态反而进一步扩大，无锡知县裴大中、英国驻上海领事、无锡县教谕张云生、两江总督曾国荃（曾国藩之弟）均先后插手此事。关于事情的起因，萧焕梁后来自述说："癸未，吾乡许舍开设鲜茧行，其主系英商所用之称，自十八两至二十两不等，与无锡向用十六两四钱四码之收丝称不合，乡人卖茧每每争论，而该行动辄报县弹压提究。时知县为霍邱裴大中（字浩亭），到行弹压，乡人愈聚愈众，势将激成事端。"在此情况下，萧焕梁与萧焕唐、王炳彪、庄濠、杨廷熙、王壎、王炳麟等七人前往茧行调解，不料该行不分青红皂白，要求知县裴大中"戒饬"萧焕梁等七名生员，遭到裴氏拒绝。但该行不甘就此作罢，竟致函英国驻上海领事强行干预此事，英国领事向江苏当局移送咨文，要求江苏当局查问萧焕梁、萧焕唐、王炳彪、王壎、王炳麟五人的信札。无锡县教谕张云生系萧焕梁等人的座师，且深知此事内情，遂仗义执言，向南洋大臣曾国荃详述事情原委。最后，曾国荃下达批文："该生等仗义执言，深堪嘉尚，查问应无庸议。"经曾国荃批

示后，茧行纠纷案终于尘埃落定。经过此案后，无锡县当局趁机对茧行之秤进行统一校正，萧焕梁云："后裴公（即裴大中——引者注）以茧称呈牙厘总局校正，凡锡、金茧行称均给印花，一律校准十六两四钱四码，称应用以符锡市收丝之惯例，并晓谕各茧行，不贴县中印花及大于十六两四钱均以私论。"无锡茧行纠纷案最后得以解决，固然是曾国荃、裴大中、张云生从中周旋的结果，不过也与生员萧焕梁等人大有关联，而萧焕梁等七人亦因此博得时人赞誉，金匮生员裘廷梁即谓："此举差强人意，可与晋之竹林七子后先媲美。"[11]

清末实行的地方自治，是清廷为稳定地方社会而采取的重要手段。据清廷颁布的《城镇乡地方自治章程》规定："地方自治以专办地方公共事宜、辅佐官治为主。按照定章，由地方公选合格绅民，受地方官监督办理。"[12]由此可知，地方士绅是实现地方自治的重要人员。在地方自治的实践过程中，生员同样扮演了重要角色，部分生员在自治机关中担任职务，成为国家治理基层社会的代理人。如萧焕梁于宣统三年（1911）任开化乡筹备自治事务所副所长，1912年开始任无锡县临时议事会议员[13]。再如，俞霖先是被金匮知县汪鸣凤任命为本乡扇董，宣统三年（1911），在城镇乡地方自治选举中，他被选为镇议事会议员及董事会总董[14]。又如，俞家振在推行地方自治后，被当地推为无锡县自治筹备所参议员，辛亥革命后任县临时议事会议员[15]。生员担任地方基层职务，除维护地方秩序外，亦有参与地方公共事务之责，如蒋士松在乡区主政十年，"其间辟广路、建公所，虽任劳怨，分所应为。至若修家乘、营宗祠，极费周章，义不容缓"[16]。此类例子还有周锡绶，周锡绶经陆蔼如推荐，于光绪二十九年（1903）继任新安乡董事，对平籴、赈捐等公共事务均不落人后。清廷令各地办理地方自治后，周锡绶又担任乡议事会议

长[17]。这些生员是清末地方自治的践行者，他们为维护地方秩序发挥了重要作用。

二、生员与地方教育革新

在中国传统社会，士绅阶层是发展地方教育的重要推动力量，士绅捐田、捐资创办学塾之事频见于各种史籍。光绪《无锡金匮县志》即记载了不少相关事例，如江陂乡塾系同治七年（1868）当地杨氏公建，"以课异姓孤寒子弟"，其经费来源是杨文埗、杨瞻渭等人所捐的107亩田。又如莪香书馆，系同治十一年（1872）邑人高鹏、凌鸿德共同建造，此后，高鹏之子高念祖又与凌鸿德合捐钱600千文，"存典生息"，作为书馆的经费[18]。清末时期，两县士绅沿袭了这一优良传统，其中生员群体在新式学校的倡导、创办方面贡献突出，推动了当地的教育革新。

清末，由于清廷的提倡和鼓励，兴学之风在数年之间席卷全国，新式学校如雨后春笋。江苏无锡县在兴学过程中可谓开风气之先，无锡籍学者钱穆云："晚清以下，群呼教育救国，无锡一县最先起。"[19]早在光绪二十四年（1898）初，无锡举人杨模即与当地开明士绅创办了竢实学堂，生员丁福保等人曾在此任教。同年秋，长期寓居无锡的吴稚晖联合无锡、金匮两县生员丁宝书、丁福保、周璜、杨鼎复等人创办了三等公学。其时科举尚未废除，当地人士对三等公学不免心存疑虑，因此他们大多不愿将子弟送往三等公学，故首批入学者皆为倡办人子弟，据杨鼎复自述："戊戌秋，偕吴稚晖、俞仲还、丁芸轩、曹衡之先生等十余人创办无锡三等公学于崇安寺。时风气未开，召集同人子弟二十四人以为倡，捐认常年经费外，并为义务教员。另设私立北塘小学，邑人士之守旧者聚讼纷纭，以科举尚未废，目为异党，复等不顾也。"[20]竢实学堂和三等公学是无锡、金匮两

县创办"洋学堂"的先声，对当地教育事业的发展影响深远。

继竢实学堂和三等公学后，两县陆续创办了一批新式学校，生员侯鸿鉴说："吾邑（实指无锡、金匮——引者注）之学校，自私立三等公学及公立竢实学堂后，七八年间，公立、私立之学校，接踵而起。"[21]两县新式学校之所以"接踵而起"，与当地生员的贡献关系颇大。不过在光绪二十七年（1901）清廷施行新政之前，生员办学之事在两县并不多见，除竢实学堂和三等公学外，生员侯鸿鉴于光绪二十五年（1899）创办了务本小学。光绪二十七年清廷宣布施行新政，创办学堂成为地方要务之一。在此背景下，两县生员纷纷投入兴学的潮流中，生员范熙在施行新政的次年即与高子鎏试办蒙养学堂，这是清廷实行新政以后无锡、金匮两县由生员创办的最早的学堂之一。光绪三十年（1904）夏，两县发生毁学事件，多所学堂被烧毁、砸毁，对当地教育产生造成重大破坏。在两江总督端方的介入下，当地官员、肇事者均受到相应的惩罚，并"勒令两县赔修学堂，庙捐拨提二厘以充常年经费"。此外，由两县米商集资赔偿杨模个人损失，并出资2000元捐建学务公所。学务公所的创建，被钱基厚（钱锺书叔父）视为一大创举[22]。经过毁学事件后，无锡、金匮两县不仅建立了学务公所，而且学堂的经费来源有了一定保障，当地士绅对新式学校的隔膜亦有所消减，当地的教育发展迎来了新局面。

光绪三十二年（1906），清廷更定学务官制，令各厅州县均设劝学所，"劝学所以本地方官为监督，设总董一员，综核各区之事务。每区设劝学员一人，任一学区内劝学之责。总董由县视学兼充，劝学员由总董选择本区土著之绅衿品行端正、夙能留心学务者，禀请地方官札派"[23]。劝学员由学务总董从地方士绅之中遴选，作为下层士绅的生员自然在遴选的范围之

内，无锡、金匮两县部分生员即担任了劝学员，并在倡导、创办新式学校的过程中发挥了重要作用。如孙光斗担任劝学员后，与生员王国治、虞同书等人一起创办了胶南小学，孙光斗云："科举废，学校兴，诸子侄先后入校，余于斯时奉委为本邑劝学员，与虞君仲良父子、王君黼平创办胶南小学校，并任学董、校长。至宣统己酉，应荡口华公子随聘，课其孙辈，兼任果育学校校务。辛亥，华公病危，易篑时，特以教务付托，至今言犹在耳。"[24]生员袁宗沂则以劝学员身份在当地劝办洛社、高明两所小学，袁氏云："清政不纲，教育迂腐，所学非所用，所用非所学，忧国之士，咸思兴学，以植人才。吾邑初设劝学所，委沂为劝学员，劝办洛设、高明两小学，民国改造归公立。"[25]

自两县设立劝学所后，生员办学热情高涨，不少生员参与了新式学校的创建，兹试举数例，以见一斑。侯鸿鉴先后创办竞志女学、西城师范学校、模范小学，其中西城师范学校、模范小学均为侯鸿鉴独立创办，为筹措经费，侯氏"牺牲一切，知有校而不知有家"，堪称是无锡、金匮两县生员中办学的杰出代表[26]。生员顾献鸿25岁时从无锡师范及体育传习所肄业，26岁创办了致毅学堂，并兼任锡金商会夜校教务，28岁时将致毅学堂迁往北直街，规模有所扩充，辛亥革命后因失去经费来源而停办[27]。殷日同则参与了多所学校的创办，他在自述中说："三十六岁，助族叔质卿、族弟良佐、涤新等创办明德小学于齐家社，开地方风气之先。三十八岁，助薛君伯谦、剑锋掌教礼社、开明小学及玉祁、进化小学。四十一岁，襄办玉祁、东镇、启明小学。"[28]生员陈然"倾私囊、募捐款"创办乐群小学，主持校务两年后，陈氏进入无锡师范深造，肄业后在城南小学任职，不到半年即由劝学所送往江苏省教育会附设单级练习所学习[29]。生员赵夔系无锡米商领袖，他与同行陈伯贤等人商筹公款，在当地创办积

余学校，并恢复崇正义塾，此外分设崇实学校，"俾北里子弟可就近上学，得免奔走远方，不致因贫失学"，此后学校规模不断扩大，至1931年三校已有学生千余人[30]。此外，生员周锡绶与陆蔼如、倪翔青等人创办了振兴两等小学。无锡荣宗敬、荣德生兄弟经商致富后，积极参与地方教育事业，于光绪三十二年（1906）创办公益小学，同宗生员荣善昌亦参与其事，荣德生云：

> （光绪三十年）因思古人云"三十而立"，吾人须对社会、地方稍尽公益义务之责，故时至家塾中观察，拟改良教育。于是，华生先生发起捐款，开办小学，共捐年费六百元，余兄弟二百元，收款归余管理。此举瑞馨、子俊、永吉、华生均赞成助款。吉人先生（即荣善昌——引者注）尽教育筹备义务，以椿年先生出名，时鄂生叔尚在校中也。至明年成立荣氏家塾，建筑新校舍于祠堂之左，有课堂二间及校舍，由瑞馨任筹款，共为二千元，渠任多数。光绪卅二年，正式迁入，立案时公议改为公益小学校……至光绪卅四年，经费全由余独任，吉人先生为校长……[31]

从荣德生自述可知，荣善昌在公益小学创办前期的主要工作是"尽教育筹备义务"，此后担任该校校长一职。实际上，除公益小学外，荣善昌还参与了本族竞化女学的办理。据荣善昌自述，他为族中办理公益小学、竞化女学长达八年半之久。上述生员参与创办学校的同时，皆有服务学堂、学校的经历，为当地教育事业的发展做出了贡献。

在清末兴学期间，除创办新式学校外，各地还对部分私塾进行改良，以顺应时代潮流之发展。改良私塾在教学上融入了"新学"的内容，与传统私塾具有明显区别。无锡、金匮两县一些以"舌耕"糊口的生员为迎合社会需要，亦开设了改良私塾，如陈纲36岁时与谈友三在谈

氏宗祠开设改良私塾，此后考入上海竞存公学简易师范科，毕业后任厚校小学校长[32]。又如，俞霖从南菁书院肄业后，即在家开设改良私塾，教授乡里子弟，聘同案须兰阶、师范生过瑞吉为教员，"开地方风气先声"[33]。两县生员顺应时代变化，开设改良私塾，对当地的教育革新无疑具有积极意义。

这一时期，生员之所以热衷于兴学，笔者认为主要有三个原因：其一，出于对地方社会的责任感。荣德生30岁时在事业上已有所成就，他认为应该对地方社会"稍尽公益、义务之责"，"故时至家塾中观察，拟改良教育"[34]，当时无锡、金匮两县不少生员兴办学校即怀有此种心理。其二，生员参与兴办学校，有利于树立自身的良好形象，提高他们在当地的声望。其三，若办学取得成效，可以得到朝廷奖赏。清廷为鼓励民间办学，采取了不少积极措施，其中一条便是："凡地方绅富有能独力捐办及鸠资倡办学堂，遵照文部教法办理，著有成效者，由地方官禀知学政派员查验，分别奏奖虚衔、封典。"[35]清廷出台的这一政策对地方士绅显然具有一定吸引力。

三、生员与地方学术发展

生员平日致力于"举业之学"，无暇顾及其他，因此大多学问浅薄，陈宝良通过对明代"秀才学问"的分析，认为："平日不勤读书，腹中空空如也，这是明代生员学问的普遍特点。"[36]实际上，清代生员同样存在类似的问题，清代小说对此即多有反映。在《儒林外史》第7回中，学道范进看了生员梅玖的考卷后，对其作色道："做秀才的人，文章是本业，怎么荒谬到这样地步！平日不守本分，多事可知！本该考居极等，姑且从宽，取过戒饬来照例责罚！"[37]另外，在《二十年目睹之怪现状》第25回中，述农说："那回扶乩的两个人，一个

是做买卖出身，只懂得三一三十一的打算盘，那里会作诗；一个是秀才，却是八股朋友，作起八韵诗来，连平仄都闹不明白的。"[38]实际上，上述事例在清代并非个案，而是具有一定普遍性，清人蔡新即说："今诸生为文，不求之读书辨志，而于操觚呫墨之际，规规于优孟衣冠，譬犹无根之木，朝华夕萎，欲以希踪前哲，为传世行远之文，不亦难乎？"[39]这种现象的出现，与清代的科举制度密切相关。清代以八股取士，生员若要仕进，必须在举业上耗费大量的时间和精力，故"帖括之学"成了生员日常的主要功课。陆耀说："自帖括之学兴，而读书之士皆无所用其心焉。"[40]包世臣亦云："自八股取士之后，士人进身以此。此体文律至严，吾人用力于此，亦较他业为深。"[41]生员平日大多浸淫于"帖括之学"，无心实学，由此造成学问空疏。因此，在清代部分士人看来，学问和功名是不可兼得之事，在《儒林外史》第49回中，迟衡山对高翰林、武正字等人说："依小弟看来，讲学问的只讲学问，不必问功名；讲功名的只讲功名，不必问学问。若是两样都要讲，弄到后来，一样也做不成。"[42]这种看法固然具有一定道理，不过也带有片面性。实际上，学问和举业并非不可兼顾，即以清代而言，在学术上造诣深厚而又处尊居显的士人比比皆是。

无锡、金匮两县地处江南富庶之地，学术颇为昌盛，王元铸说："吾邑（实指无锡、金匮——引者注）自泰伯端委开基，人文之盛，甲于东南，贤士大夫或以理学传，或以文章显，或以词赋称。"[43]两县人文之盛，即此可见。在无锡、金匮两县的士人阶层中，以生员群体的数量最为庞大，他们是当地文人的主要构成部分，对当地学术的发展起到重要推动作用。

从《江苏艺文志·无锡卷》的著录情况来看，在清末无锡、金匮两县士人的著作中，生员群体的著述占了很大一部分。当时很多生员

在闲暇之余从事学术研究，并出现了部分代表性学者，如尤桐（即尤廷桢）、丁福保等人皆为当地饱学之士。尤桐涉猎广泛，其治学从经学入手，据其自述："余之为学自经学入手，癸未之秋，先君为购《学海堂经解》一部，辅之以《经义（考）》《小学（考）》二考及《汉学师承记》，授余俾读之，是为治朴学之始。"[44]中法战争后，尤氏开始究心于时务，此后又旁及史学和诸子百家，其在上海求志书院、宁波辨志文会时已文名鹊起。尤桐一生治学广博，著述颇多，著有《日新居经说》《日新居史学》《日新居古文辞》《政论》《筹洋管见》《日新居随笔》等，未定稿则有《梁溪文稿注》《梁溪诗稿注》《遂初堂书目考证》《全唐诗话笺》等。丁福保少时即被人视为"奇童子"，"十四五即通治汉魏六朝数十百家之文"[45]，他涉猎广泛，除经史之外，在算学、医学、佛学等领域皆有一定造诣，其治学历程经过几个阶段的演变，其本人自述："余自十四五岁喜为词章之学，后读《朱子小学》《近思录》等书，遂为宋儒之学。其后又为汉儒考据之学，博而寡要，择焉不精，泛鹜十年，一无所得。又因世变日亟，谋生大难，于是乃专攻算学，先后为算学教习者凡六年。又兼习医学，在上海为人治病者廿三年。"[46]丁福保一生勤于笔耕，著述宏富，刘桂秋将其著述归为五大类，分别是语言文字类、古代文学类、医学类、泉币类、佛学类，丁氏因此有"百科全书式学者"的美誉。[47]其中《说文解字诂林》和《说文解字诂林补遗》系丁氏积三十年之力完成的巨著，问世之初即产生了巨大影响，被时人誉为"许学之大成"，当时胡朴安、于右任、汪兖父、吴稚晖、孟森等人均对此书评价甚高。值得一提的是，丁福保一生还刊印了大量书籍，其中算学、医学著述即有数十种，所刊佛书亦有二十余种，此外还刊行了不少其他专业领域的书籍。

从清末无锡、金匮两县生员的著述类型来

看，大多为经史、诗词等方面的作品。除此之外，部分生员在一些专门领域亦有所成就，如算学领域的丁福保、蒋标（即蒋士栋）等人。丁福保、蒋标等人从事算学研究，均受金匮人华蘅芳影响。华蘅芳系清末著名数学家，所著《行素轩算稿》在中国数学史上具有重要地位。丁福保先后师从华蘅芳、华世芳兄弟学习算学，华蘅芳说："丁子仲祜，喜谭算，尝请业于余，后又肄业江阴南菁书院，从学于余弟若溪。"[48] 从南菁书院肄业后，丁福保在学堂任算学教习长达六年之久，著有《算学书目提要》，并编有算学讲义数种。生员蒋标在东林学堂时，已与华蘅芳有所来往，除华氏外，蒋标与当时算学家崔朝庆以及天文家姚济沧等人亦有往来，蒋标究心于历算之学，著有《思枣室算学余谈》《思枣室算学新编》《日历指南》《日历指南续刊》等，其中《思枣室算学新编》一书得到华蘅芳激赏[49]。蒋标从弟蒋士荣亦精研算学，著有《诵芬书屋算稿》《珠算详解》《加减乘除详解》《对数或问》《几何补编》等算学著作[50]。实际上，当时受华蘅芳影响的士人远不止丁福保、蒋标等人，丁福保《畴隐居士自订年谱》云："自吾师华若汀先生刻《行素轩算稿》以提倡后学，吾县人靡然向风。近数年来，习者益众，年长者无论已，即年未弱冠而能作代数二次方程者，已不下数百人。"[51] 在华蘅芳、华世芳、蒋标、蒋士荣等人的影响之下，当时两县士人习算学者甚多，辛干云："时华蘅芳、世芳、蒋士栋、士荣兄弟辈，相继以善算闻，又皆先后为导师，于是从学者无不忻然自得。"[52] 从丁福保、辛干二人的说法来看，清末无锡、金匮两县士人研习算学显然已成为当地的风气。

嘉庆、道光年间，由于社会危机加深，沉寂已久的经世思潮再度勃兴，在龚自珍、魏源、包世臣等人的大力提倡下，喜谈经世之务成为士林风尚，晚清学界弥漫着浓重的经世色彩。时风所趋，当时无锡、金匮两县亦有不少士人受经世思潮影响。杨楫说："犹忆成年后，每好谈时务，究心经世之学，凡中外交涉之得失、地理险要之沿革以及商贾之衰盛、新学之发明，偶有所得，随手摘录，不论纸幅大小，散置篚中。"[53] 杨氏后来编《光绪通商列表》时，即秉承了这种经世理念。光绪十年（1884），法国侵犯宁波，薛福成备兵海上，杨楫时在薛氏幕中，"慨念中国积弱基于患贫，因按查关册，详究十年以来关税之盈绌，进出口货之衰旺、增减"，著成《光绪通商列表》一书，并将其刊行于世，"由是世人趋重商务，群知结合争胜，不复拘守一隅矣"[54]。丁福保少年读书时即有经世意识，他认为贺长龄所编《皇朝经世文编》及林则徐、陶文毅、曾国藩、胡文忠、沈文肃、左宗棠等的文集、奏疏"皆切于时用"，应该熟读[55]。不过丁氏强调经世的同时，还认为要端正心术，才能有裨于世。此外，一些士人在课徒时，亦十分注重"经世之学"的讲授，尤桐云："自许静山先生授余以《经世文编》，谓儒者为学当求明体达用，遂得以进窥经世之学之门径。"[56] 事实证明，这对尤桐后来的学术生涯的确影响甚大，尤氏后来究心于时务、新学即与此有关。生员孙靖圻师从范鼎卿时，范氏也对学生言："为士之责，在因文以求质，神州晦塞已甚，勤机发则莫之能御，宜亟求经世之学。"范鼎卿的学术理念对孙靖圻以后的学术道路产生了重要影响，孙氏后来在自述中说："余与弟曜青研求科学，欲以诚意正心之学效用当世，遭时不偶，蹀躞尘俗，滔滔坐视。"[57] 凡此种种，均是当时两县生员喜谈经世之务的明证。

四、结语

生员群体是中国传统士绅阶层的重要组成部分，对地方社会的诸多方面具有不可忽视的影响。作为下层士绅，生员平日与地方民众接触较为频繁，当政府的政令难以"尽喻于民"时，生员往往充当了联系官、民的媒介，成为国家治理基层社会的辅助者。在地方社会，生员群体在种种公共事务中也具有一定的"话语权"，是影响地方社会的重要力量。日常生活中，生员群体往往会在自觉或不自觉中承担起维护地方秩序的任务，而他们维护地方秩序的常见方式是调解民众纠纷，即充当民事纠纷的"仲裁者"。清末兴学之际，无锡、金匮两县生员发扬士绅兴学的优良传统，纷纷参与新式学校的创办以及私塾的改良。不唯如此，他们还顺应时代潮流，由私塾走向学堂，改良授课内容，对当地的教育革新做出了积极贡献。至光绪三十年（1904），两县的教育面貌已发生了变化，学习"新学"的人越来越多，荣德生回忆说："邑中渐呈新气象……教育尤为先进，士人已无科举，皆入新学。于是，至日本、英、美留学者亦不少。"[58]从地方文人的构成人员来看，生员群体无疑是其中最重要的组成部分，但他们大多究心于"帖括之学"，少有闲暇研治其他学问，学问根基较浅。不过清末无锡、金匮两县的生员则不然，他们之中不少人都有著述流传，并非只知作八股的无学之士。此外，在两县生员中，既有像尤桐、丁福保之类的硕儒，也有像蒋标一样学有专精的人才，还有不少像蔡文森、杨鼎复、过文冕、孙观圻、嵇毅复等人一样具有留学背景的生员，至于接受过新学的生员则更多，如周藩、范熙、张时良、侯鸿鉴、陈作霖、黄豹光、沈寿桐等人均与新学有所接触，绝非一般的"帖括之士"可比。总而言之，清末无锡、金匮两县的生员固然存在部分无学的"八股之士"，但生员的总体素质相对较高，《江苏艺文志·无锡卷》著录的大量生员著述就是最好的证明，他们在当地学术的传承和发展过程中发挥了独特作用。

最后，有必要指出的是，辛亥革命以后，无锡、金匮两县生员大多从心理上接受了社会巨变的事实，并逐渐融入社会。但也有部分生员难以接受清廷覆亡的事实，沉浸于"国变"所带来的"沧桑之痛"[59]，他们在鼎革之后大多不问世事，选择消极避世，如王宗猛、薛聪彝、侯学愈等人均长期"息影田园，杜门不出"[60]。侯学愈甚至以明季乡贤华凤超激励自己，坚持不剪发辫，俨然以清遗民自居。辛亥鼎革之际，无锡、金匮两县生员这两种截然不同的处世态度实际上是当时士人阶层的缩影。

注　释

[1]　〔清〕王凤生：《绅士》，〔清〕徐栋辑：《牧令书辑要》卷六，清同治七年江苏书局刊本。

[2]　《钦定皇朝文献通考》卷六十九《学校考》，《景印文渊阁四库全书》第633册，台湾商务印书馆，1986年版，第645页。

[3]　〔清〕黄印：《锡金识小录》卷一《胥吏》，成文出版社，1983年版，第68页。

[4]　〔清〕佚名：《松属采芹录》，民国二十八年（1939）上海国光印书局铅印本。按：此书初印于宣统年间，张葆培所作的"叙"系上海国光印书局重印时所加。

[5]　〔清〕李宝嘉：《官场现形记》第1回《望成名学究训顽儿，讲制艺乡绅勖后进》，中华书局，2013年版，第1页。

[6]　光绪《无锡金匮县志》卷三十《风俗》，《无锡文库》第1辑，凤凰出版社，2011年版，第175页。

[7]　〔清〕汪辉祖：《学治续说》，中华书局，1985年版，第13页。

[8]　仝晰纲：《中国古代乡里制度研究》，山东人民出版社，1999年版，第325页。

[9]　《沈寿桐自述》，《锡金游庠同人自述汇刊》，凤凰出版社，2011年版，第291页。

[10]　《袁宗沂自述》，《锡金游庠同人自述汇刊》，凤凰出版社，2011年版，第230页。

[11]　《萧焕梁自述》，《锡金游庠同人自述汇刊》，凤凰出版社，2011年版，第202—203页。

[12]　〔清〕宪政编查馆编：《城镇乡地方自治章程》，清宣统三年商务印书馆铅印本。

[13]　《萧焕梁自述》，《锡金游庠同人自述汇刊》，凤凰出版社，2011年版，第203页。

[14] 《俞霖自述》，《锡金游庠同人自述汇刊》，凤凰出版社，2011年版，第268页。

[15] 《俞家振自述》，《锡金游庠同人自述汇刊》，凤凰出版社，2011年版，第286页。

[16] 《蒋士松自述》，《锡金游庠同人自述汇刊》，凤凰出版社，2011年版，第213页。

[17] 《周锡缙自述》，《锡金游庠同人自述汇刊》，凤凰出版社，2011年版，第280页。

[18] 光绪《无锡金匮县志》卷六《学校》，《无锡文库》第1辑，凤凰出版社，2011年版，第282—283页。

[19] 钱穆：《师友杂忆》，岳麓书社，1986年版，第233页。

[20] 《杨鼎复自述》，《锡金游庠同人自述汇刊》，凤凰出版社，2011年版，第229页。

[21] 侯鸿鉴：《锡金乡土历史》，《无锡文库》第2辑，凤凰出版社，2012年版，第431页。

[22] 钱基厚：《孙庵年谱》卷上，民国三十一年（1942）铅印本。

[23] 〔清〕端方等：《大清新法令》第七类，宣统二年（1910）商务印书馆铅印本。

[24] 《孙光斗自述》，《锡金游庠同人自述汇刊》，凤凰出版社，2011年版，第213页。按：生员王国治自述与此不同，王氏云："民国初年，与孙光斗、虞同书等创办胶南小学，为第一任校长，兼任怀仁市董，凡遇地方公益，无不首先倡办。"王氏将创办胶南小学之事系于民国初年，待考。

[25] 《袁宗沂自述》，《锡金游庠同人自述汇刊》，凤凰出版社，2011年版，第231页。

[26] 《侯鸿鉴自述》，《锡金游庠同人自述汇刊》，凤凰出版社，2011年版，第265页。

[27] 《顾猷鸿自述》，《锡金游庠同人自述汇刊》，凤凰出版社，2011年版，第291页。

[28] 《殷曰同自述》，《锡金游庠同人自述汇刊》，凤凰出版社，2011年版，第275页。

[29] 《陈然自述》，《锡金游庠同人自述汇刊》，凤凰出版社，2011年版，第297页。

[30] 《赵夔自述》，《锡金游庠同人自述汇刊》，凤凰出版社，2011年版，第241—242页。

[31] 荣德生：《乐农自订行年纪事》，上海古籍出版社，2001年版，第44页。

[32] 《陈纲自述》，《锡金游庠同人自述汇刊》，凤凰出版社，2011年版，第243页。

[33] 《俞霖自述》，《锡金游庠同人自述汇刊》，凤凰出版社，2011年版，第268页。

[34] 荣德生：《乐农自订行年纪事》，上海古籍出版社，2001年版，第44页。

[35] 刘锦藻辑：《皇朝续文献通考》卷102《学校考九》，《续修四库全书》第817册，上海古籍出版社，2002年版，第159页。

[36] 陈宝良：《明代儒学生员与地方社会》，中国社会科学出版社，2005年版，第451页。

[37] 〔清〕吴敬梓：《儒林外史》第7回《范学道视学报师恩，王员外立朝敦友谊》，中华书局，2011年版，第47页。

[38] 〔清〕吴趼人：《二十年目睹之怪现状》第25回《引书义破除迷信，较资财衅起家庭》，中华书局，2013年版，第118页。

[39] 〔清〕蔡新：《缉斋文集》卷四《中州试牍序》，《清代诗文集汇编》第309册，上海古籍出版社，2010年版，第325页。

[40] 〔清〕陆耀：《切问斋集》卷六《礼记厘编序》，《清代诗文集汇编》第352册，上海古籍出版社，2010年版，第425页。

[41] 〔清〕包世臣：《艺舟双楫》卷三《复李迈堂（祖陶）书》，中国书店，1983年版，第55页。

[42] 〔清〕吴敬梓：《儒林外史》第49回《翰林高谈龙虎榜，中书冒占凤凰池》，中华书局，2011年版，第332页。

[43] 〔清〕王元铸：《锡金书目考序》，侯学愈辑：《梁溪文续钞》卷六，凤凰出版社，2012年版，第111页。

[44] 《尤桐自述》，《锡金游庠同人自述汇刊》，凤凰出版社，2011年版，第207页。

[45] 丁福保：《畴隐居士自传》，诂林精舍出版社，1948年版，第2页。

[46] 《丁福保自述》，《锡金游庠同人自述汇刊》，凤凰出版社，2011年版，第253页。

[47] 刘桂秋：《无锡名人》，凤凰出版社，2009年版，第83页。

[48] 丁福保：《畴隐居士自传》，诂林精舍出版社，1948年版，第18页。

[49] 赵国璋主编：《江苏艺文志·无锡卷》上册，江苏人民出版社，1995年版，第879—880页。

[50] 赵国璋主编：《江苏艺文志·无锡卷》上册，江苏人民出版社，1995年版，第899页。

[51] 按：《北京图书馆藏珍本年谱丛刊》所收《畴隐

居士自订年谱》系民国二十四年(1935)铅印本,未见此条引文,此处据民国二十八年(1939)无锡丁氏铅印本。

[52] 辛干:《无锡艺文志长编》,上海古籍出版社,2015年版,第17页。

[53] 《杨楫自述》,《锡金游庠同人自述汇刊》,凤凰出版社,2011年版,第202页。

[54] 《杨楫自述》,《锡金游庠同人自述汇刊》,凤凰出版社,2011年版,第201页。

[55] 丁福保:《畴隐居士自订年谱》,诂林精舍出版社,1948年版,第74页。

[56] 《尤桐自述》,《锡金游庠同人自述汇刊》,凤凰出版社,2011年版,第207页。

[57] 《孙靖圻自述》,《锡金游庠同人自述汇刊》,凤凰出版社,2011年版,第237页。

[58] 荣德生:《乐农自订行年纪事》,上海古籍出版社,2001年版,第44—45页。

[59] 《侯学愈自述》,《锡金游庠同人自述汇刊》,凤凰出版社,2011年版,第226页。

[60] 《王宗猛自述》,《锡金游庠同人自述汇刊》,凤凰出版社,2011年版,第214页。

中国近代启蒙音乐教育家华振

刘桂秋[*]

【摘要】华振是中国近代最早的学堂乐歌词作者、启蒙音乐教育家之一,同时他又是现代文史大家钱穆先生早年就读果育学堂时的启蒙恩师。本文考述的内容有三:一是华振生平,二是他在近代学堂乐歌歌词创作方面的成就和地位,三是他任教果育学堂时对钱穆的教诲和影响。

【关键词】华振 学堂乐歌 钱穆恩师

无锡荡口华氏一族,自古及今,俊彦辈出。有位华振先生,并不算是其中之声名最著者,但在他的生平经历中,有两个值得留意的地方:第一,他是中国近代最早的学堂乐歌词作者、启蒙音乐教育家之一;第二,他是现代文史大家钱穆先生早年就读果育学堂时的启蒙恩师。迄今为止,尚未见有对华振先生进行专门介绍或专题研究的文字,故笔者勾稽爬梳,成此专文,以期对日后相关方面的研究,能有所助益。

一、华振生平述略

华振,字倩朔,又作倩叔,生于清光绪己卯年(1879)五月初一日。因为和汉代东方朔(字曼倩)是同一天生日,所以其父给他取字倩朔[1]。华振是无锡荡口镇黄石街人,他的高祖父华文桂,是清代音乐家华秋苹(名文彬,字伯雅,号秋苹)的七弟。华振兄弟三人,

华振为老大;老二华龙,字紫翔,是钱穆就读果育学堂时的另一位启蒙老师;老三华鸿,字裳吉,是现代著名漫画家华君武的父亲。

华振于清光绪九年(1883)5岁时入学,到14岁时读完九经。其间又从张伯朱、章式之治古文,从族兄华藜青学时文,从表伯张遜先学篆隶,从张仲甲学习篆刻、印章,又由祖母杨太夫人授以古近体诗。光绪二十三年(1897),华振应童子试。光绪二十六年(1900)春,华振完婚,娶妻秦若琴,秦若琴的曾祖父秦瀛,曾官至刑部右侍郎,著有《小岘山人诗文集》等;祖父秦湘业,是光绪《无锡金匮县志》的总纂。此后不久,华振之父华备諴挈全家移居杭州,其间华振又曾先后就读于苏州中西学堂和上海南洋公学。光绪二十八年(1902),华振应壬寅科江南乡试,荐卷备堂。

1902年秋,华振赴日本自费留学[2],在弘文学院师范科学习,后又在东京庆应大学攻读教育。到了1904年的7月,华振与另外两

* 刘桂秋:江南大学人文学院副教授

名江苏籍留日学生辛汉、沈翊发起组织演说练习会。演说练习会成立后，由秋瑾担任会长，宋教仁担任书记，定期举办演讲活动。演说练习会还创办了一个名叫《白话》的杂志，主要用以刊载会员演说的文字稿。该刊的第一期刊登了秋瑾的《演说的好处》，同时也刊登了华振的《男女不平等的原因》。在这篇白话体的演说稿中，作者认为"男子从小读书，又外出经历世事，学问知识，自然要比女子高的了。女子不求学问，不出闺门一步，眼中看的，耳中听的，都不能广他的见闻，眼孔自然狭小，知识自然卑下的了"，所以"要尊贵女子的权，必须先兴女子的学"[3]。演说练习会的成立及活动，提升了成员的内在素质和演说水准。陈去病在《鉴湖女侠秋瑾传》中记"每大会集，辄邀君（指秋瑾）与俱，君亦负奇磊落，往会，必抠衣登坛，多所陈说，其词淋漓悲壮，荡人心魄，与闻之者，鲜不感动愧报，而继之以泣也"[4]。另一方面，《白话》杂志既为刊登演说稿之用，又为后来的白话文运动起到了某种前驱的作用。在成立练习会和创办会刊的过程中，华振都起到了较为重要的作用。

大约是1904年下半年较靠后的某个时间[5]，华振从日本留学毕业回国，回到家乡无锡荡口，开始担任教职。他晚年曾两次以诗的形式，回忆其这段经历。一是《八十自述十首》之三："羽毛未满学飞鸣，越水吴山路几程。一自扶桑观日出，梓乡弦诵树风声。"后两句自注："……毕业归国，办理荡口果育高等小学、荡口初等小学、鹅湖女学，为无锡东乡有小学之始。"二是《回忆曲》之二《忆鹅湖》："忆鹅湖，水云乡，科举停，学校忙，大家齐看新花样。莘莘学子分科讲，男女分途不一堂。盈盈桃李春华放，溯当时遗留教泽，到如今源远流长。"自注："光绪三十年，我回乡创建果育学校、荡口女学、荡口小学。"

在这两首诗的自注中，华振都说自己回乡后"办理"（《回忆曲》中说"创建"）了果育学堂、荡口初等小学和鹅湖女学。根据现在所掌握的史料来看，这些说法或当有不尽准确之处，据黄振源《果育学堂和鸿模高等小学》一文记载，荡口耆绅华鸿模（字子随）于1905年（光绪三十一年）4月18日创办华氏私立果育两等学堂，华振并不是该校的"创建者"，而是被聘为教师："学校聘请日本东京大学毕业的顾建伯教授数理化，日本庆应大学毕业的华倩朔任唱歌、图画教师，南洋公学（即交通大学）毕业的钱伯圭任体操教师，顾子重、华山、冯光烈和一位瞿姓的先生教国文、历史、地理课程。"学校名为"两等学堂"，是因为它的"学制分初、高两等，各四年"[6]。除此校之外，据笔者现在掌握的文献资料，当时并没有另外一所"荡口初等小学"。但是，华振说自己曾创办鹅湖女学，则所言非虚。他曾写有一篇《鹅湖女学缘起》，详叙创建此校的经过：

一九〇四年（清光绪三十年、甲辰），华子随先生创办果育学校于荡口镇之华氏义庄内，于是锡东各乡来校求学者甚多。当时男女同学之风气未开，女子无书可读，未免有向隅之叹。乡人华子唯、华倩朔，以开风气为己任，爰迭次召集合镇士绅筹设女子学校。经一年之久，始有头绪，选择地址，以华倩朔住宅前五进为校舍。公举秦琳（子唯之母）为校董，杨秀芷（倩朔之母）为校长，定名为鹅湖第一女学。一九〇五年（清光绪三十一年、乙巳）之秋，招生开学，学生不取学费，教师全尽义务，校内各项杂用，由子唯、倩朔设法筹措。开学时，学生十余人，一年后，学生达一百五十人之多。校中刺绣专科，由华图珊、缪漱六任教师（缪为子唯夫人），出品曾得巴拿马赛会奖状及金质奖章，此为吾锡乡镇有女学之始也。[7]

1906年，华振转入锡金初级师范学堂任教。1908年，华振任江苏高等学堂教职，兼供职江苏提学使署，并兼苏州草桥中学教职[8]。江苏高等学堂、江苏提学使署和草桥中学都在苏州，而他的家在无锡荡口，所以他后来曾在诗中描叙几年中频频往来于苏锡两地的情形："最难忘，阊闾城，下学堂，上衙门，苏锡休沐频驰骋。"[9]

进入民国以后，华振来到上海，先后任教于务本女学、江苏第二师范学校和上海第三中学。1913年冬月，华振来到首都北京，任民国政府农商部矿政司主事，第二年派赴云南办理滇黔矿务，历任云南督军署秘书、联军总司令部秘书、云南阿陋场知事、元永井盐税局长、云南实业厅总务、云南教育厅文书、交涉署编译等职。

1922年，时任云南省省长的唐继尧创办了东陆大学（今云南大学前身），华振被聘为秘书兼国文教授[10]。当时学校将原云南贡院的至公堂改建为礼堂，华振撰《新修贡院至公堂为大学礼堂记》，文中阐述了学校修建礼堂以为学生修习礼仪之地的意义："大学为造就专才之地，陶熔学识固为重，而修习礼仪，顾可不为先事哉……今大学之校规校训，悬示礼堂，致知力行之说，修己治人之道，昭然若揭。"[11]"云南政变"后，华振随军赴粤，历任大元帅府秘书、建国第一军军法官、建国第二军秘书、建国第七军军法处长、江防司令部书记官、北伐军第三路总指挥部秘书、国民革命军第八师秘书等职，克复江西；又随军赴皖，奠定安庆，任华阳厘金总局局长及安徽省政府参议。他后来回顾这一时期的经历时说："频年戎马仓皇，历川滇黔桂粤闽湘鄂赣皖十省，险阻艰难，备尝之矣。"[12]

华振《八十自述十首》之七，咏述的是华振61岁至70岁的经历，约当抗日战争和抗战胜利后那一段时期。诗云："五载闲曹忝爽鸠，海人自笑带吴钩。何如文字因缘好，印雪泥鸿到处留。"其中第一句自注："滥竽秋曹，作人幕之宾。"第二句自注："宪兵学校任刑法教官。"第三、第四句自注："国立第三中学、南京市立第二女子中学任教之暇，卖文鬻画，意兴殊佳。"上引各句自注中叙其在"宪兵学校""国立第三中学"和"南京市立第二女子中学"等校任教，都没有标注明确的年份，所以对这一段时期华振的更详备精确的行年事迹，尚待进一步的考索[13]。新中国成立后，华振回到家乡荡口，在荡口中学任教9年[14]，后于1963年辞世。

二、华振与中国近代学堂音乐

华振在留学日本期间，曾从日本音乐家铃木米次郎学习音乐，从他那里得到了收录在《魏氏乐谱》中的《清平调》，并将其带回国内。

最初将《清平调》由中国传入日本的，是明末宫廷乐师魏双侯。魏双侯在明亡后定居日本，曾在日本皇宫里演奏音乐，并先后将二百多首明乐及拟古歌曲传入日本。后来，魏双侯曾孙魏皓从二百多曲中选出五十曲，编为《魏氏乐谱》，在日本出版。此书虽公开出版，但长期以来都为日本私家所藏。华振从铃木米次郎那里得到了收录在《魏氏乐谱》中的《清平调》后，在自己编的《小学唱歌第一集》收录了此曲，另一位无锡籍近代著名教育家侯鸿鉴在他编的《单音第二唱歌集》中也收录了此曲。侯鸿鉴在此曲后并特加"附识"云：

　　唐乐府《清平调》，中国古音，久为广陵散矣。乙己华君倩叔留学日本，得之于音乐教育家铃木米次郎家中。数千年古谱，流传于海外三岛间，还之于祖国，古调重弹，音界一变，抚斯乐者，当无不有感于斯声。[15]

侯鸿鉴还在按语中明确指出此曲为唐谱：

李白《清平调》三章，唐玄宗谱入乐府。今其诗虽存，而其曲不传久矣。日本铃木米次郎家藏其谱，有《清平调》曲，按琴而奏，声韵悠扬。铃木君云："此曲为唐人绝调，故音乐家相传弗失。"而中国反失传，惜哉！尝考日本教育史，隋唐之际，遣僧人来中国求文学者数十辈，有留十数年者，有留三四十年者，凡汉唐词赋及乐府诗歌，皆传入国中。以此观之，铃木所示之《清平调》曲谱，未必日人造作。因思唐乐遗音，沉沦不作，而反得之海外。当时之日本，以得游中国为荣；今则吾人之留学彼邦者，以不得入其学校为辱。国势隆替，学术变迁，曷胜今昔之感哉！[16]

铃木米次郎、侯鸿鉴等人都认为此曲为唐谱，而据无锡籍的现代音乐学家钱仁康的考辨研究，此曲不大可能是"唐人绝调"，但可能是明乐所奏的前朝旧曲，不一定是明人创作[17]，所以同样也弥足珍贵。

说起这位铃木米次郎，是一位对中国近代学堂音乐产生过重要影响的人物。铃木米次郎从明治34年（1901）4月起，创作中文歌曲并于清国留学生会馆教授留日学生，开清朝音乐教育之先河；明治36年（1903），受清国学生监督以及公使的委托，设立亚雅音乐会，教授唱歌以及乐理；明治37年（1904）9月，执教于私立弘文学院[18]。当时在日本的很多中国留学生，如曾志忞、沈心工、辛汉、赵铭传及华振等人，都曾从铃木米次郎学习音乐。在日本留学期间或留学回国以后，他们纷纷编有各种歌曲集，如曾志忞编有《教育唱歌集》等，沈心工编有《学校唱歌集》等，辛汉编有《唱歌教科书》等，赵铭传编有《东亚唱歌》等，华振则编有《小学唱歌》三集。这些歌曲作品一经刊布，就在当时全国范围内的中小学校广为传唱，成为近代中国早期的一批学堂乐歌，而上述这些人也成了中国近代最早的一批启蒙音乐教育家。

华振在果育学堂教过的学生、后来成为现代文史大家的钱穆，晚年在回忆录《师友杂忆》中，叙及华振"曾编唱歌教科书，由上海商务印书馆出版，其书畅销全国，历一二十年不衰。书中歌词，皆由师自撰"。[19]这里说的"唱歌教科书"指的就是华振编的《小学唱歌》，共三集。因为这段记载，笔者自然极想看到此书，可惜至今久觅而不得。但在音乐学家钱仁康的《学堂乐歌考源》一书中，以及近一二十年出版的《先行者之歌：辛亥革命时期歌曲200首》及《辛亥革命踏歌行（1900—1916中国歌曲选）》等书中，都载录了华振的多首作品，这也从另一个角度，说明华振的这些歌曲作品，确实在当时的启蒙音乐教育活动中有较大的作用和影响。

当时的学堂乐歌，除了少数词、曲皆为新创外，多数作品都采用日、德、法、英、美、意、西等国或中国以前的现成歌调，配以新创的歌词。而华振的作品也大都如此，如他的《远足》用的是日本歌曲《金刚石》的曲调，《西湖十景》是根据日本歌曲《四季的月亮》曲调填词而成，《春之花》用的是18世纪德国民歌《离别爱人》的曲调，《秋士吟》是德国民歌《离别》的填词歌曲，《游猎》《啼鸟》二曲用的都是瑞士音乐家内格利《活一天快乐一天》的曲调，《跳舞会》是英国国歌《天佑国王》的填词歌曲，《大国民》的曲调来自美国歌曲《欢呼美国》，《快哉快哉》用的是日本同名歌曲的曲调。另有《青蛙》《从军》《镜》三首歌曲，都是赞美词的填词歌曲，《青蛙》的原曲是《齐来崇拜歌》，《从军》的原曲是《信徒精兵歌》，《镜》的原曲是《求主不要把我抛弃》[20]。

从内容上说，上述华振所创作的歌词，或着眼于中国的国家社会、悠久历史，宣传抵御外侮、富国强兵，或与中小学生的日常学习生活紧密相关，或描述祖国山川景物的壮丽幽美，再配上娓娓动听的曲调，便很好地起到了寓教于乐的作用。

在《师友杂忆》中，钱穆除了说华振所编的"唱歌教科书""畅销全国，历一二十年不衰"外，还特别提到其所撰歌词中"尤有名者，为其西湖十景歌，全国传诵"。这里移录《西湖十景》歌词全文于下，以使读者领略华振歌词创作风貌之一斑：

风暖草如茵，岳王旧墓，苏小孤坟，英雄侠骨，儿女柔情。湖山古今，沧桑阅尽兴亡恨。苏公老去，剩有六桥春。（苏堤春晓）

十里水平湖，一天凉月，万顷鸥波，不堪对比，红蓼花疏。白公堤上，此月曾经几度秋？画桥徒倚，对酒自当歌。（平湖秋月）

雪霁断桥堤，逋仙祠下，太守坟西，隐逸贤良，凭吊嘘唏。寒色迷离，蹇驴一去二三里。梅花数点，晓日一声鸡。（断桥残雪）

曲院芰荷香，藕船萍浪，云彩波光，雨丝风片，越调吴艭。绿盖红裳，偏宜玉带桥头望。不堪秋老，冷露坠莲房。（曲苑风荷）

花鸟满江乡，绿杨城郭，春雨湖庄，柳烟如浪，莺语如簧。祠宇风光，英雄半壁河山壮。双柑斗酒，席地话兴亡。（柳浪闻莺）

好景最难留，昔年花港，今日萍洲，人事代谢，鱼鸟悠悠。隔岸红楼，谁家池阁非依旧。坐观垂钓，消尽古今愁。（花港观鱼）

万籁一声钟，南屏古刹，北宋禅宗，东连于墓，西接雷峰。古竹苍松，佛号梵音惊鸟梦。白云渡口，几度夕阳红。（南屏晚钟）

古塔建何从？南唐公主，缥缈仙踪，庄严七宝，佛界玲珑。宿鸟归鸿，万松岭下孤高耸。秋风斜照，色相古今同。（雷峰夕照）

极目尽烟岚，鸥波千顷，蟾影三潭，数残更漏，倚遍阑干。风送荷香，月光如水照人寒。空明处处，禅味可同参。（三潭印月）

湖山有岱宗，层云高插，南北双峰，会登绝顶，四大皆空。放眼荡胸，江潮海日天翻动。万山烟树，处处白云封。（双峰插云）

前已叙及，《西湖十景》用的是日本歌曲《四季的月亮》的曲调，而歌词纯为华振新创。华振的祖籍是无锡荡口，但他的祖母和父母曾在杭州生活了很长的时间，直到1904年"全家返里"。华振的少年时期就是在杭州度过的，所以他晚年写的《回忆曲》十二首的第一首就是《忆杭州》[21]。因为对杭州的山水胜景非常熟稔，加上华振深厚的国学、文学功底，所以《西湖十景》的歌词写得十分清俊秀丽；可以说如此优美的文字，真的是不负西湖本身的美景。中国现代著名电影导演孙瑜在回忆录中说自己读小学时，"喜欢国文和唱歌课，至今我还会唱《西湖十景》的头两景。第一景《苏堤春晓》（笔者按：歌词略，下同）……唱歌老师教我们简谱，我也颇能欣赏歌词的优美。第二景《平湖秋月》……"[22] 现代著名楚辞学家汤炳正也回忆小时候"我大哥、二哥在高年级唱的什么《西湖十景》中的'风暖草如茵，岳王故墓，苏小孤坟，英雄侠骨儿女柔情。湖山古今，沧桑阅尽兴亡恨……'我也唱得溜熟"[23]，这些都足证《师友杂忆》中说此歌"全国传诵"，洵非虚言。

华振所作的歌词，并非只有这首《西湖十景》广为传诵。钱仁康《学堂乐歌考源》一书中说华振的《小学唱歌》中"传唱最广的是《西湖十景》《远足》《大国民》《汉族历史》等歌"[24]，再举一首他写的《大国民》：

　　亚东帝国大国民，赫赫同胞轩辕孙。祖国之流泽长且深，祖宗之遗念远且存。保国保种保我家庭，尽我天职献我身。枪林炮雨仇莫忘，大敌在前我军壮。横刀向天人莫当，国民侠骨有余芳。国旗翻飞正当阳，黄龙灿烂风飘荡。祖国千秋万岁之金汤，增我国民之荣光。

此首歌词因作于光绪末年，所以歌词中有"亚东帝国大国民""黄龙灿烂风飘荡"等句。辛亥革命后，此歌常被采入各种学校唱歌集，如冯梁编《军国民教育唱歌初集》将此歌名改为《中华民国》，第一句歌词改为"中华民国大国民"；张秀山编《最新中等音乐教科书》，歌名改为《亚东民国》，第一句改为"亚东民国大国民"；另外杜庭修编的《仁声歌集》和《中学音乐教材》也都收有此歌[25]。一首歌被后起者屡屡收录改编，这也是华振创作歌词广有影响的另外一种表现。

三、钱穆的启蒙恩师

前文叙及，华振在日本留学毕业后归国，任教于果育两等学堂，其时钱穆也就读于该校。

在学生钱穆的眼中，他的倩朔师"美风姿，和易近人，喜诙谐"。当时有一学生名华瑞庆，这三个字的繁体字写法笔画很多，一日，华振召华瑞庆而告之曰："汝每日写自己名字，不觉麻烦吗？今为汝减省笔划，易名立心，立心端，始可得庆，汝当记取。"这事一时间在学生中群相传告，"倩朔师好于诙谐中寓训诲，率类此"。[26]

华振博学多才，善书法绘画，工吟诗填词，尤其是他的学堂乐歌创作当时在全国都有广泛影响，担任果育学堂的唱歌教师，自是本色

当行、驾轻就熟。钱穆在《师友杂忆》中说华振的《西湖十景》歌最是有名，全国传诵，而自己则"尤爱读其秋夜诸歌，歌题虽已忘，然确知其乃咏秋夜者。歌辞浅显，而描写真切，如在目前"。笔者至今未能看到华振编的《小学唱歌》，所以未能得见"秋夜诸歌"的全貌，但钱仁康《学堂乐歌考源》一书中，载华振作词的《秋士吟》一歌，其词曰："风雨正潇潇，落叶知多少。把酒问天块垒浇，万般事业由人造。一歌一起舞，壮志未全消。"[27]此歌或即是钱穆所说的"秋夜诸歌"中的一首。钱穆后来在《师友杂忆》中由"秋夜诸歌"而生发议论说："民初以来，争务为白话新诗，然多乏诗味。又其白话必慕效西化，亦非真白话。较之倩朔师推陈出新，自抒机轴，异于当时相传之旧诗，而纯不失其为诗之变。果能相互比观，则自见其高下之所在耳。"[28]指出当时的诗歌、歌词等，如一味强调它的白话的性质，也可能带来诗味缺乏的问题；而像华振创作的歌词，将文言和白话做了较好的融合，则文辞清丽优美，唱、读起来醰醰有味。

除了唱歌等课之外，华振还兼任一年级的国文课，钱穆当时也在其所教班中，后来师生又一起升入二年级。某次星期六下午，华振用《战国策·燕策二》中的故事，出了个《鹬蚌相争》的作文题，钱穆写成一篇四百字左右的作文。等星期一早晨初入校门，钱穆见自己的作文已贴在教室外墙上，同学们都在围观。华振在作文的评语中指出："此故事本在战国时，苏代以此讽喻东方诸国。惟教科书中未言明出处。今该生即能以战国事作比，可谓妙得题旨。"又钱穆在作文结尾处说："若鹬不啄蚌，蚌亦不钳鹬。故罪在鹬，而不在蚌。"华振又加评语说："结语尤如老吏断狱。"钱穆因此篇作文，得以升一级上课，华振并特意奖给钱穆"春冰室主人"所著的《太平天国野史》一部两册。一个好的教师，往往会通过一

两个看似不经意的举动，而对学生产生终身的影响。钱穆后来就说："余生平爱读史书，竟体自首至尾通读者，此书其首也。"[29]

在《师友杂忆》的"果育学校"这一章中，钱穆在详尽地回忆了当年在该校四年的读书生活后说："回忆在七十年前，离县城四十里外小市镇上之一小学校中，能网罗如许良师，皆于旧学有深厚基础，于新学能接受融会……今欲在一乡村再求如此一学校，恐渺茫不可复得矣。"[30]在这"如许良师"中，他的"倩朔师""尤为一校师生共仰之中心"。在这一章快要结束时，钱穆还特意记叙了这样一个镜头："倩朔师在最后一年，亦赴苏州城一中学兼课，每周往返。当其归舟在镇南端新桥进口，到黄石衖停泊，几驶过全镇。是日下午四五时，镇人沿岸观视，俨如神仙之自天而降。"[31]这个镜头在后来几十年中，一定是深深地刻印在了钱穆的脑海中；而钱穆自己后来长期从教，始终勤勉不懈，也一定有当年如华振这样的许多"良师"的影响在。

附记：在本文搜集资料和撰写过程中，得到华振的族中后辈华利伟先生及顾颖先生的帮助支持，谨此致谢！

注　释

[1] 华振《八十自述十首》之一："我与东方同日生，先公肇锡此嘉名。"自注："《广博物志》：'东方朔，五月一日生，故名朔。'余生于光绪己卯五月一日，先大夫名予以倩朔。"钱穆《师友杂忆》中说华振初字树田，因"喜诙谐，每以东方朔曼倩自拟，故改号倩朔"，说恐未确。又上引自注中明确说"余生于光绪己卯五月一日"，光绪己卯是1879年，而历来的许多公开出版物，如汪毓和编著《中国近现代音乐史》等，涉及华振生年者，都记为1883年，不知所从何据。

[2] 无锡地方志编纂委员会办公室、无锡县志编纂委员会办公室编：《无锡地方资料汇编》第8辑，

有《无锡的早期出国留学生》一文，文中附表《清末（1898—1911）无锡留学生情况一览表》载华振出国留学时间为1904年2月，但华振《八十自述十首》之三："一自扶桑观日出，梓乡弦诵树风声。"自注："壬寅科应江南乡试，荐卷备堂。是年秋即留学日本。"壬寅是1902年。此从后者。

[3] 倩朔：《男女不平等的原因》，《白话》（东京）1904年第1期。

[4] 陈去病：《鉴湖女侠秋瑾传》，《陈去病全集》第2册，上海古籍出版社，2009年版，第629页。

[5] 华振《回忆曲》之二《忆鹅湖》自注："光绪三十年，我回乡创建果育学校、荡口女学、荡口小学。"光绪三十年是1904年。但说"大约是1904年下半年较靠后的某个时间"，是因为上文中曾叙及，1904年7月，华振尚在日本，与人一起发起组织演说练习会。

[6] 黄振源：《果育学堂和鸿模高等小学》，《无锡县文史资料》，第6辑。

[7] 《荡口鹅湖女学》（无作者名），政协江苏省无锡市委员会文史资料研究：《无锡文史资料》，第1辑，1980年9月。

[8] 叶圣陶曾就读于草桥中学，他在1911年1月15日的日记中记该校开办五周年纪念会："至九句半钟，鸣钟开会……继为前任唱歌教员华倩叔演说。"见《叶圣陶集》第19卷，江苏教育出版社，2004年版，第15页。

[9] 华振：《回忆曲》之三《忆苏州》。

[10] 华振《八十自述十首》之五"远载桃李到天南"句自注："壬戌（1922）任东陆大学文学系修辞科教授。"而《民国十二年至十四年私立东陆大学教职员一览表》及《私立东陆大学及其附属中学教职员简历》均记其所任为"本校秘书兼国文讲师"，见刘兴育、王晓珠主编：《云南大学史料丛书·教职员卷（1922—1949）》，云南大学出版社，2013年版，第47、232页。

[11] 华振：《新修贡院至公堂为大学礼堂记》，张建新、董云川编：《云大文化史料选编》，云南大学出版社，2006年版，第9页。

[12] 华振《八十自述十首》之五作者自注。

[13] 钱穆《师友杂忆》中有一段对华振抗战时期事迹的记载："1937年，日寇入侵，时倩朔师尚在，犹不忘日语。日本军官中多有能欣赏中国字画诗词

者，皆于倩朔师特致敬礼。荡口镇赖获保全，不肆残杀，亦少破坏。镇人称颂倩朔师不置。"录以备参。

[14] 华振《八十自述十首》之八："频年为客负黄花，半亩芜园一望赊。学稼为成聊学圃，弦歌声里话桑麻。"后两句自注："己丑还乡，在荡口中学任教九年。"己丑为1949年。

[15] 转引自钱仁康：《学堂乐歌考源》，上海音乐出版社，2001年版，第44页。

[16] 转引自钱仁康：《学堂乐歌考源》，上海音乐出版社，2001年版，第44—45页。

[17] 钱仁康：《学堂乐歌考源》，上海音乐出版社，2001年版，第46页。

[18] 高婷：《留日知识分子对日本音乐理念的摄取——明治末期中日文化交流的一个侧面》，文化艺术出版社，2009年版，第58页。

[19] 钱穆：《八十忆双亲　师友杂忆》，九州出版社，2007年版，第36页。

[20] 本节介绍华振作词的歌曲所运用的曲调，都是依据钱仁康《学堂乐歌考源》一书的考辨成果。

[21] 华振《回忆曲》之一《忆杭州》："忆少年，住杭州，傍西湖，日日游，紫城山馆还依旧。萱堂随侍重闹庆，荆室同游画舫秋。金昆玉友相携手，等

到我东瀛返棹，正全家天际归舟。"自注："祖母、父母都在紫城巷寓所，有园林之胜。光绪三十年乙巳全家返里。"

[22] 孙瑜：《银海泛舟——回忆我的一生》，上海文艺出版社，1987年版，第9页。

[23] 汤炳正：《渊研楼杂记》，上海辞书出版社，2015年版，第26页。

[24] 钱仁康：《学堂乐歌考源》，上海音乐出版社，2001年版，第218页。

[25] 钱仁康：《学堂乐歌考源》，上海音乐出版社，2001年版，第218页。

[26] 钱穆：《八十忆双亲　师友杂忆》，九州出版社，2007年版，第36页。

[27] 钱仁康：《学堂乐歌考源》，上海音乐出版社，2001年版，第115页。

[28] 钱穆：《八十忆双亲　师友杂忆》，九州出版社，2007年版，第36页。

[29] 钱穆：《八十忆双亲　师友杂忆》，九州出版社，2007年版，第37页。

[30] 钱穆：《八十忆双亲　师友杂忆》，九州出版社，2007年版，第41页。

[31] 钱穆：《八十忆双亲　师友杂忆》，九州出版社，2007年版，第41页。

辛亥革命时期的社会断面

——《锡金军政分府函件》解读

汤可可　张振强 [*]

【摘要】锡金军政分府留存的一批函件，总体而言真实可信、内容丰富，作为军政分府文书档案的补充，同样具有存史、资政的重要意义。信函涉及多方面的主题内容，表达不同社群的呼声诉求，可以从中了解革命进行中人心的向背、民气的起落。信件写给军政分府及其首脑人物，从不同方面影响当政者的判断和决策，进而反映出政府与民众在地方公共治理中的双向互动。这批信件还展示历史事件的不同侧面，还原某些鲜为人知的细节和底幕背后的隐情，帮助人们认识中国社会现代转型的必然趋势和曲折进程。

【关键词】辛亥革命　无锡　军政分府　地方治理

建立于辛亥革命中的锡金军政分府，是一个富有朝气的地方革命政权。尽管存在时间不长，但它按照民主、共和的理想，努力实施一系列推陈出新的变革举措。这在同一时期的县级革命政权中并不多见。记录锡金军政分府建制和施政的文书档案，10年前由广西柳州市图书馆返回无锡保存。透过这宗存档的公文，可以看到军政分府的组织和运作情况，看到相关行动举措的实施经过[1]。不久前，锡金军政分府收存的部分函件在北京某拍卖现场露面，并由无锡人士成功购回。这批形成于一百多年前的信函原件，数量众多，且出自不同人之手，反映多方面的主题内容，同样具有重要的史料价值。这两者一起，可以切开千年变局历史大转折中中国社会的一个横断面。

一

锡金军政分府文书以颁发的示谕、告示、命令为主，作为发文，集中体现军政分府施政的决策、措施、办法；而军政分府收存的函件属于收文，则可以从民间的视角，反映决策形成的社会背景和民意条件，以及相关措置实施的情形、结果和各方反响。对这一宗函件的初步整理，是从军政分府的施政范围加以分类。这里就其中主要几类信函的内容略做说明。

（一）政治　本宗函件中，一些是就政治形势做出分析，相互交流，为军政分府领导人提

*　汤可可：无锡市档案局原局长，研究馆员

　张振强：无锡市建设信息中心、无锡市建设培训中心书记、主任，研究馆员

供参考。如王勃（克循）从南京寄秦毓鎏函，报告了推举孙中山为中华民国临时大总统的情况，包括南京各路义军的拥戴和湖北方面的异议；也报告了江苏都督程德全解职和庄蕴宽继任的消息，并认为庄蕴宽"任事勇往"，主持政务可使江苏为之一振，遏止"向来办事者萎靡之习"[2]。又如秦毓鎏从南京发给吴锦如等的函，通报了南京临时政府各部总长人选，并点出南京临时政府组织的基本特征：不设内阁和总理，由"总统负责任"。对临时政府财政短绌，总统府设施和仪仗简陋也有所描摹："旗营希（稀）糟，墙坍壁倒……真真可怜。"另有一些信件，是地方人士对民国共和制度建设和锡金军政分府施政提出建议，表达了人们对共和的关注和期待，如丁钰、邹家麟就报纸报道、评论提出批评，进而表达自己的主张。其中丁钰认为："财政不举无以理庶政，政见不明无以取民信。"地方财政应改革前清秕政，建立预算制度，在这之前可先对钱漕税捐"明定章本"，"将各项暂定新章暨出入收支大略明白宣示，俾众周知"，以取信于民。又如昌元勋、薛寿恺，分别就添兵筹饷、救灾恤民、改良法律等提出建议。其中华国铨关于地方政治设施建设共有五项计划，除设立共和政治研究会、选派宣讲员到四乡宣讲以普及民主共和知识外，特别就地方议会建设提出建议。他主张从速举行地方议会，首届议员可采用简便方法推举，从第二届起实行"以法选举"。议会的基本职能为三项：定人民法权，定租税规则，定地方费用开支。这表明，推翻专制制度，建立民主共和，在江南士绅和知识分子中有着广泛的认知基础。锡金军政分府期间，无锡县议事会、参事会等相继建立[3]。

（二）行政　这一类函件中多数为具体行政事务的办理。特别值得关注的，有荡口镇华振（倩朔）就民政公所章程致秦毓鎏函，他草拟了乡镇民政公所的章程，并与担任军政分府

首任民政部长的裘廷梁当面商议。在他看来，荡口镇作为先行，"所办各事苟能措置得宜，推而行之四乡，未始非治安之善策也"。这个具有创制意义的章程，体现了钱穆先生早年这位老师的远见卓识。还有杨寿枏就光复门易名事致孙审懿等函。辛亥光复后锡金军政分府市政建设的第一件要事，就是"开辟光复门及建筑马路"，即在城墙东北隅开辟一新城门，修通城中至火车站的道路[4]。为纪念辛亥起义，此城门名为"光复"。县参事杨寿枏与蒋哲卿商议后，提议易名"光汉"，准备以县议会议案的方式提请改正。杨寿枏在信中说，这一定名"理由毅然"，希望"即日饬匠改正，志光复大勋于无穷"。但此建议没有被军政分府所采纳。又有佚名者发函提出整理锡金两署积存契约文书办法的建议，建议将两县县署留存的文书分类加以整理，其中田赋租税文书为第一类，地方公益事业文书为第二类，诉讼结案文书为第三类，分类汇集，编号登簿，分别度储，"以期保存而备稽考"，并对库房设置、保存管理提出意见。估计建议人为旧县衙书吏，熟悉相关情况并具有一定的文书档案管理意识。

（三）军事　其中主要包括请求派兵保卫、报告驻防巡防情形、整顿军容军纪、征募兵士、采购枪械军装等方面的函件，另有若干报告南京战事的信函。曾任吴淞军政分府军事参谋官，后又跟随江浙联军总司令徐绍桢转战宁镇的王世英，就南京军事形势所做分析别有见地，不仅着眼于革命军与清军的攻守进退情形，而且留意南京、武昌革命军之间配合或抵牾对战局的影响，还记述攻打南京下关、雨花台时，革命军苏、浙两军因为协调不够致使"两相攻击"的失误，因而由衷期待各方革命力量"总宜破除意见，和衷共济，连合北伐"，以求"万众一心，力图恢复，同享共和"，表达了拥护革命者的共同愿望。当时新建的锡军，因为招募的人员混杂，基本素质参差不齐，侵害百姓和与商

团、民团相互冲突的事情时有发生，军纪管理问题尤为突出。致军政分府的信件中有多件涉及这方面的投诉和改进建议，例如商团反映有兵士在三里桥打毁饭店，在大市桥私买鸦片，在妓院"藉势招摇"[5]；黄龙骧、黄豹光兄弟反映马队纵马出营啃食菜农种植的蔬菜；普济堂反映驻兵强行收缴寺庙中的柴火；等等。对此，军政分府军政司特地印发告诫军士文，要求各营队官长专门进行讲解劝勉；军政分府总理处也多次发出命令加以训诫，并部署加强巡查纠察。南北议和之后，对于裁减军队的呼声日高。曾任广西柳州道、在任上力行改革的杨楷（道霖），专门致函秦毓鎏、孙审懿，提议裁兵减饷，"与其减饷不若减兵"，每十人裁去二至四人，"汰弱留强"，不仅节减财政开支，还有利于军队的管束。在革命进行的年代，军事和军队始终是革命政权的核心事项。

（四）司法和治安　这一类信函的主题内容，主要是报告盗匪抢劫、请求查办以及侦查、惩处等情况，也有军政分府司法、军事、民政各部门之间有关事务的往来函件。值得注意的是，一些信札就治安和司法所提出的批评和建议，对军政分府不无裨益。商会坐办华文川（艺三）在致秦毓鎏的信中指出，加强治安重在稳定人心，要教育民众认清大局走势，南方各省均已光复，无锡防守稳固。并发出通告，对于搬动家具、从城内举家迁出的行为严加禁止，并"派兵看守，违者押令搬回"。因为城中居民如果"误听浮言，纷纷迁徙，必致互相摇动"，引发社会恐慌，对于社会秩序的安定不利。以"民国小民"自称的邹家麟致函司法部，对于司法相沿旧习提出批评，诸如审案强令受讯者下跪，不跪者加以笞责（其他人的信件中也有"讯用非刑"的指责："临讯嫌疑之人，擅用篾条、老虎凳、天平架"）等。在他看来，狱卒对入监犯人索贿之类旧习若不能得到整肃，则司法"黑暗将更甚于昔日之满清"。该函虽然言辞激烈，

但所本乃改善司法之良衷，其有关设立罪犯习艺所等建议也相当中肯。为此，军政分府特地召开谈话会，分别对刑事、民事审讯、用刑加以规定[6]。治安安定和司法公正，关系到每一个人的生存机会和生存环境，作为一介平民，能从全局和本质看待相关问题，尤为难能可贵。

（五）财政　本宗函件涉及田赋、租佃、货物税、地方各捐及相关支出事项，内容较为分散。对于新生的革命政权来说，财政经费不足、税捐征收渠道不畅是最为严峻的问题。锡金军政分府同样面临一系列财政难题，例如禁烟和膏捐。鸦片烟祸是晚清一大痼疾，禁止鸦片是革命党人发动革命起义的旗号之一，但就地方而言，开业鸦片馆的膏捐一直是地方财政的一项大宗收入[7]。锡金军政分府为了加强治安管理，同意将部分膏捐作为乡镇编练民团及日常运作的经费，对外宣称是"寓禁于征"，这就构成施政方针与财政经费的矛盾。再加上一些烟膏店原先拖欠膏捐严重，鼎革之际期望能够豁免前清旧欠；而军政分府的一些征收人员借机上下其手，以免缴前欠换立新折，从中勒索，中饱私囊，对军政分府的声誉造成恶劣影响。现存信函中有两件反映了这方面的情形。又如征税和茧捐。锡金军政分府成立伊始即宣布裁撤厘卡，废除厘金，意在为商业贸易和货物流转创造宽松的条件。但在无锡，因为蚕茧业特别发达，茧捐一向为地方财政的重大收入来源，军政分府由此确定将茧捐用于定购枪支弹药。在裁撤属于国家和省级财政收入大项的厘卡后，无锡及时设立税务公所，这在江浙地区各县中为率先之举[8]。但废除厘金、减免百货流转税与照常征收茧捐形成新的矛盾，茧业公所和相关茧行对此百般抵制、拖延、推诿，给军政分府的财政收支带来很大压力。军政分府财政部长孙鸣圻（鹤卿）就茧捐和定购枪支致师曾函，谈及这方面的问题。信中说到，为催缴茧捐，他亲自赴沪，与茧业总董杨询之当面接

谈，"劝其助充本邑军饷"，如果其继续"破坏吾邑大局"，则"将以军政名义与之严重交涉"。信中关于税务公所所收税捐数额及分成抵用、解省及留作征收费用的比例，说明了当时地方财政不为人所了解的一些基本情况。

（六）社会　因为社会治理和地方公共事务涉及众多方面，这一类函件的头绪尤其纷繁复杂，其中禁赌、剪辫是各方关注的焦点。赌博为社会陋习，容易滋生矛盾纠纷，扰乱社会秩序；在社会急剧变动时期，赌博和烟毒场所一样，还容易成为盗匪和敌对分子混迹其中的地方。锡金军政分府收到的信函中，有多件为各处人士举报开场聚赌，请求禁止，其中扬名乡乡董、工商实业家周廷弼（舜卿）的函札尤其令人瞩目，他认为开场聚赌事关治安和乡风，"际此光复伊始，亟宜剪除净尽"。军政分府随后发出禁赌示谕，明确对赌博"尽法惩治"，决不"稍事宽容"，其中即引用了周舜卿信中的这句话[9]。剪辫易服是辛亥光复在仪表上与清皇朝划清界限的举措，军政分府成立之初即发出通告，要求军民人等一律剪辫。但是一部分民众心存疑虑，对剪辫踌躇观望，于是有张保三者致函军政分府，以无锡与邻近城市做比较，要求执事人员"不以利为先，毋以权为贵"，以果断措施"扫除旧污"。随后便有军士奉令上街，见有未剪辫者则强制剪去发辫，并殃及理发店摊。此事一度引起强烈反弹，上自军政府司法部长，下至南门、北里商民，纷纷联名写信，对强行剪辫提出批评，称"迫令剪发"致使"谣言四起"，相传"剪去辫子即要硬捉当兵"，"去做北伐头阵"。一些不明情况的乡民因此闭门不出，导致市面凋零的结果。如果进而强力压制，很可能形成冲突，"反而生出不法之举"。因而建议组织人员"赴各乡开会劝导，听其潜移默化"，"待其大半既剪，则少数不劝自剪矣"。据此，军政分府于1912年元旦发出第63号告示，一面重申"辫发为满族丑形"，"务即从速

剪除，以壮观瞻"；一面严令军士"服从军纪"，不得"擅行迫人剪辫"[10]。剪辫风波才渐次平息。此外，民众来信所反映的有人拐卖儿童、要求查禁滩簧等，也都可以看到军政分府做出的回应，以及相应的措施[11]。

二

因为这一宗函件出自不同人之手，反映多方面的主题内容，正好可以显示历史鼎革之际社会结构变动和社会成员思想观念转变的千姿百态。又因为写信人的立场、视角、认识层次各不相同，从信中记写的种种事情、表达的不同见解，可以揣见当时不同社群多方面的呼声诉求。还因为信件写给军政分府及其首脑人物，有可能从不同方面影响当政者的判断和决策，进而反映出政府与民众在地方公共治理中的双向互动，从而也体现这些函件的丰富内涵和多方面的认识意义。

（一）提供决策参考　革命是一个破旧立新的过程，变革地方治理并没有现成的理论和制度可以参照。锡金军政分府的施政决策，除了借鉴革命先行之地的已有做法，以及沿用旧有形式注入新的内容外，一定程度上是根据地方实情、顺应民众诉求。从禁烟、禁赌，到留用膏捐、房捐，举办民团，以及将城隍、灵官等祠庙改作地方公用设施等，都依据了基层的呈文和民众的来函。在军政分府时期，编练锡军一直是一件充满争议的事。光复之初，秦毓鎏依托顾忠琛招募的民团，加上旧县衙卫兵，编成锡军第一营。其间还收编浙江驻锡盐捕右营，组成锡军水师，一并用于维持地方治安。起义军攻占南京后，清军南下反扑，秦毓鎏又命顾乃铸招募丁壮，加紧训练，成锡军第二营。不久调赴临淮关，为革命军北伐援军。此后，秦毓鎏再次增募兵士，建锡军第三营。锡军为当时苏南地区实力最强的地方武装力量[12]。此

时南北已达成和议，南京临时政府陆军部也发布通令，通知各地"不得添募军队"。锡军增加建制引发各方批评，县议会和地方士绅认为秦毓鎏公然违反禁令，是"有意挟兵自重"，且大量耗费地方财力，要求部、省加以制止。而从现有信函来看，秦毓鎏的建军扩军从保卫地方着眼，还是与民众的期望相切合的。一方面，革命军南京攻城战和临淮关拒敌，均关系到起义胜败大局，又事关无锡的安宁，正如吕元勋等人的信函所言："大局务进取，勿停顿，筹饷添兵"；"有力者，出而为兵"，"有财者，出而作饷银、还国债"；望我"诸同胞勿以微利而内讼，勿以负军政府名义而苟安"。另一方面，非常时期盗匪出没，杀人劫财，各方告急，普遍要求加强军事管制，荡口、甘露、后宅、石塘湾等处接连致函军政分府，要求派兵或挽留驻军以加强防卫。周舜卿信中这样说："去冬蒙派驻防兵，安堵如常，合镇受赐……目下帮匪毫无忌惮，且逼近湖滨……望诸君子设法保卫，是为至幸。"军政分府正是从大局和民意出发，力排众议，编练军队，加强巡查防护。锡军的巡防、缉捕，还延伸至周边的江阴、常熟、吴县、宜兴等地，起到了保持一方安宁的作用[13]。这在钱基博编纂的《无锡光复志》军政篇中有相当详尽的记述和辨析。

（二）助推政务实施　锡金军政分府是一个积极作为的地方革命政权，光复之初即规划实施一系列地方公共设施项目，包括筑路修桥、开辟公园、建造公共图书馆、兴建菜市场、设立孤儿院等。军政分府的骨干人员，除少数几位晚清时从事地方自治的士绅外，并没有多少实际的施政经验。加上军政分府存续时间短促，前后不足半年，因而对于市政建设等事项很注意听取各方面的意见，并依靠县商会、市公所配合实施，民主色彩相对较为突出[14]。这在军政分府函件中可以看到相关实情。关于菜市场建设，商会和华文川按照秦毓

鎏的指示，"邀集各商家开会"，得到大家的赞同。又通过调查，根据购物和营业两为相宜的要求，提出新建菜场的选址方案，其城中在崇安寺，北门外在大河池、天妃宫，西门外在西吊桥官厕左右等。并提出原占街摆售的摊担相应归并到菜市场的办法，华文川在信中建议，"趁此急修路政，凡各处小担、鱼担一律不准停歇正街，违者以军律严惩"；同时"驱逐乞丐"，借助整顿市容以振兴市面。他认为，选择合适的地段加以疏导，"并不收其租金"，且"事为清道"，应当理直气壮地加以实施。而如果实行，则"商团诸友亦愿相助为理也"。此事的实施完成历经一段时间，但在军政分府时期有了一个良好开端[15]。关于塘路、塘岸修筑，是当时市政设施建设的重头之一，特别是无锡至苏州的塘路（沿运河的道路），全长"百四十余里，为南北通衢"，对于行军和商旅均十分重要。但夏季"每逢水涨，塘岸均遭淹没"，其漕湟泾桥、下甸桥等处，水深数尺，"行人受累不堪"，桥下也"不能行船"。为此，简铭、陆绍云等分别致信军政分府，要求在冬春季节"赶紧修筑塘路，加高桥梁"。军政分府由此成立市政厅及测量队，负责规划市场、道路等工程；又设立工程局，负责道路桥梁塘岸的整修。军政分府所发的《发修塘路及桥韵言告示》这样说："欲求一劳永逸，桥路均须增高。""亟宜就地筹款，克日修筑完好。"[16] 相关信函表明，这一类公益工程的实施，符合民众的期盼，也得到各方人士的支持。

（三）反映民意诉求　民心向背是治国理政的基石，民情民意也是地方治理的依傍。锡金军政分府能够体恤民情，顺应百姓诉求，体现了这个新生政权的明智和务实。1911年夏，江南一带遭遇重大洪涝灾害，薛寿恺致军政分府总理处的信中说："今年蛟水为灾，往所罕见"，"哀鸿遍野，嗷嗷待哺，强者铤而走险，

弱者将死沟壑。"建议军政分府"宜如何救灾恤民，以期固人心而图进取"。对此，军政分府专门讨论对受灾农户减免田赋的办法，保留在这宗函件中的唯一的《会议讨论议案》（缺前半部分），正好保留了这一内容。减免办法根据各乡、区的报灾册，其中大部分经查报核实，但也有一些图存在浮报滥报情形。考虑到当时水势已退，麦子已下种，无法——查勘，所以采用"从前受灾最巨年份（如光绪十五年）各乡减成之数，本年再加若干"，作为减免基数。为了便于农村基层事务的办理，会议还讨论决定保留图董、地保，革除甲主名目（此后不久又发出布告，革除扇董名目）[17]，"以免纷扰而专责成"，与此相类似的还有军队募捐之事。其时革命军苏军集结镇江，准备总攻南京，兵站要求无锡县商会面向商家组织募捐，提供军饷，"商界之中又专责米商"。商会坐办华文川在劝募进展不利的情况下，写长信给秦毓鎏说明苦衷，并提出改进军费募集办法的建议。信中说："吾邑商业连年困顿，无不虚本实利，久已不可收拾。"至于米市，因"江浙不通，迨经水灾以后，远道采购中多波折，及至本地市面又跌，近更不可收拾"。再加上各省相继宣告独立，金融窒塞，即使经营勉强维持，也"迄无现洋见面"。况且稍有实力之家"早已挟资远扬海上"，募捐一节实为万难。所以他的建议是："一面先向财政处酌拨数百元以应紧急，一面速将征税之事从速办理。""将来税则既兴，此区区不难弥补。"据此，军政分府很快设立货物税总公所，由财政部长兼任所长，于1911年12月20日起照新章征税，"以备解省而裕饷源"[18]。

（四）凸现民气上升　辛亥革命实现了清皇朝统治的终结和中华民国的肇始，对于广大民众特别是社会中上层人士无疑是一次民主共和思想的洗礼。这一时期的光复地区，呈现出一种积极向上的社会风貌，一些人思想活跃，行为主动，自觉致力于开启新的事业，这在锡金军政分府函件中也得到体现。例如华国铨的信中建议"调查户口"，即今天所说的人口普查；在便于选举、征税的同时，设定学区，推行"强迫教育"，即今天所说的义务教育；并认为在局势大定之后，在全部财政开支中军事开支应让位于教育开支，"教育费宜占多数"。此见解不能不说具有相当的超前性。为了兴办学校，蔡樾致函军政分府，要求淘汰淫祀，将市区各大王庙"改作学堂及各公益之用"；胡敦复致函孙审懿、吴锦如，要求租借李公祠，用作兴办学堂[19]。秦毓钧、张肇熊在上海发起组织共和女校，聘请蔡元培夫人黄仲玉为校长，受到上海青年女士的欢迎，但"经费竭蹶，支持非易"，于是致函堂兄秦毓鎏，希望能得到慷慨赞助，"并于诸同志前广为劝募"。值得一说的是，后来成为刺绣名家的荡口镇女子华璂（图册）等，响应江苏都督程德全夫人的倡议，发起组建女子劝募义勇团，以"同为大汉之国民，愿享共和之幸福"作号召，自本镇开始，组织募捐，所得全部用作革命军军饷。华璂等人关于成立义勇团的呈文报送给程德全后，江苏都督府有批文发交锡金军政分府，华山为此致函秦毓鎏询问公文流转情况。军政分府随后发出通告，要求各界人士积极应募，"体念时艰，共襄义举"[20]。差不多同时，还有张肇□（此字不可辨识——笔者注）发起成立共和编辑社，旨在编辑刊印相关书籍，广泛宣传民主共和；晏才骅发起组织中华舆地学社，编印地图和地理教科书，"以为改良教育之助"等，分别致函秦毓鎏等，希望得到赞助或列名发起。所有这些，都反映了那个时期人们主体意识的觉醒和社会风气的激扬。

三

相对于公文文书而言，出自不同人之手的函札，内容往往较为分散，不成系统。但是正因为信函的作者各不相同，各人对事物有着不同的观察、不同的认识，就有可能反映出历史事件的不同侧面，并可能还原某些鲜为人知的细节和底幕背后的隐情。辛亥革命时期的无锡，新旧之间、官绅商民之间、不同群体派别之间矛盾交织，由此引发了一些重要历史事件，事情的经过和结局都相当曲折复杂。目前披露的这一批函件，可以与锡金军政分府文书档案相印证，帮助人们重新认识这段历史中的某些重要节点，更进一步接近一百多年前的历史真相。

一是王庄抗租事件。无锡辛亥光复不久，地处无锡县东北的怀仁乡王庄发生农民抗租暴动，与常熟、江阴一带的抗租事件汇合，被称为"千人会起义"。因为1911年苏南一带遭遇严重水灾，水稻大幅减产，部分佃农要求减免租粮，与地主发生激烈冲突。12月28日，根据常熟民政部请求派兵弹压的来电，锡金军政分府派出兵队、枪船前往镇压，拘捕多名农民。此后又发生新安乡村民抗租事件，"聚众千余"，"焚烧百余家"，也由军政分府派兵"剿平"。镇压农民抗租，历来被认为是资产阶级勾结地主压制农民的典型案例，进而作为辛亥革命未能从根本上挖动中国社会基础的失败例证[21]。从其时乡间士绅致军政分府的信函看，社会舆论大致为两种。一种观点是："租者，赋之所自出，租米无着，漕赋从何而征？"如果容忍拒租抗租，"业租者势将大受损耗，而漕赋亦从此难收"，而且"所有地方公益如平粜、团练之类，莫不按田劝捐"，所以对于土地所有者"应得权利亦当保护"（张济时等函）。至于具体应对办法，除了严厉弹压外，也有人主张"剿抚兼施"（陆霭士函）。另一种观点则认为，"王庄乡民有闹租之举，始初不过因年岁歉薄，还租要求让折，而业主坚吝不允"，乡民"切肤之痛，至尔决裂暴动"。他们的意见是，"夫闹荒闹租本属常有之事"，解决办法应由乡土领袖出面，与佃农"和衷共商，晓以大义，衡其力

量，折中定断"，"不应以杀戮为能、剿洗为快"。在他们看来，乡间业主也即地主，"专制时代积威最著者也，平日视佃户如奴仆，不遂其欲，仆责锁禁立至"。军政府不应偏向于此类"不知人道、共和为何物"的土财主，而应"以保农为心，勿任此野蛮贪鄙之业主涂炭吾民命"（锡山乡愚社公启）。但是，军政分府还是从维护田赋漕粮、维护治安秩序出发，对抗租的村民加以弹压[22]。不仅无锡，邻近各县军政府和江苏都督府在这方面也都站在同一立场。历史的吊诡之处在于，在镇压新安农民聚众抗租中，锡军兵队大开杀戒，击毙乡民7人（其中1名妇女），并且放纵士兵抢掠财物、奸淫妇女、焚烧民屋，激起乡民更大反响。听到报告的秦毓鎏大为震怒，由执法科对一营管带秦铎（不在现场）、第一中队队官程品元、第三中队队官秦元钊予以记过处分[23]。又下令拘捕激起民变、事后又报复村民的地主张某，准备重罚他，后来有人说情才释放了事。据钱基博记述，对于锡军在镇压农民抗租中的丑恶行为，秦毓鎏"颇自引疚"[24]。这些行为无疑是军政分府和锡军的一大污点。

二是霞明和尚案。僧霞明，不明来历，驻城北增福寺，练武艺，有膂力。他在晚清时即聚徒习武，相传他们歃血为盟，阴谋叛乱。无锡光复后仅半月，即被锡金军政分府卫队捕获，同时和随后被捕的还有他的同伙张子昭等5人，以武力拒捕并乘车逃遁的有杨振海。搜查中搜出前膛来复枪两支，18斤重大铁刀一柄。据审讯人员报告，霞明僧袍中"着军衣，箱藏毒药"，他自己的辩解是准备去苏州投奔起义军，但未能供出实质性的情况。两天后（11月21日）霞明被正法，通告只说他"居心危险，行为奸诈""潜谋不轨，逆迹昭著"，并没有诸如打家劫舍、杀人越货或密谋推翻现政权的罪状证据[25]。增福寺因为容留妇女，被军政分府查封，僧侣及闲杂人员被驱逐，房屋充作公用。方丈圣溪

未参与霞明活动，很快被释放。北里铁匠为霞明打造巨刀被收押处罚，之后各铁冶作坊锻造枪刀遭到军政分府严禁。霞明为无锡受枪毙之刑第一人，此事很大程度上有惩一儆百的意义。从军政分府留存函件看，霞明被诛后，社会上"谣传纷起，云称僧匪之羽党势将复仇，有纠众千余人之说"（王一古函），故也有人建议军政分府"严密布置"，加强防范，"以保治安而遏乱萌"（佚名函）。不过，无锡终究没有发生霞明党徒报复作乱之事。相反，与霞明一同被捕的薛伯谦等人，以及后来捕获的杨振海，很快被保释、释放[26]。这宗函件中保留的军政分府职员蔡荫阶等人联名递呈的《薛伯谦一案意见书》，曾对此提出一系列疑问："薛伯谦等既未讯明确供，有罪无罪当未可知，如何听其保释？""杨振海既电禀苏督，称为匪徒一并兜拿，今则蓦然释放，对于都督其何以辞？"诸人保释后如何监督，其"以后行为之如何，有何把握？"此为军政分府成立后"第一要案"，今"轻听浮言而纵之，以后本分府之威信全失，如何办事？"从各方面的情况看，军政分府对此案的后续处理并非"轻听浮言"，而是有着种种隐情。根据后来披露的资料，杨振海为当时无锡地区武艺最为高强的武师，于泗堡桥一带开坛授徒。曾在辛亥革命中于无锡招募起义军勇士，后任苏军先锋营营长，参与攻打南京天堡城，并被擢拔为黄兴元帅府近卫团（二十六团）团长，以后又参加二次革命、任旅长的吴浩，即为杨振海之徒弟[27]。杨振海的释放是否与吴浩有关？释放后的去向和作为如何？其中种种谜团，都有待更多的资料发现以作求证。

三是张勋军米案。这是军政分府期间一桩大案，不仅牵涉众多人物，各层关系错综胶结，而且由于破获军米案，截断南京清军守军的粮源，使清军因严重缺粮而溃败，相传秦毓鎏日后的被捕下狱，即为张勋对此仇的报复[28]。1911年12月13日，军政分府接到上海沪军都督

陈其美来电，说无锡元大米行为驻守南京的张勋清军代办军米，事属"通敌"，应予严究。军政分府立即派员扣押元大行主顾子泉，调取账簿，查封在同仁等堆栈的米粮。同时发出告示宣布元大罪状，通报县商会，致电江苏都督府，请求协助调查审理此案。元大军米案涉案金额巨大，总计在现洋2万元以上，又牵出汇划资金的九余绸布庄。元大、九余均为业中大户，涉及无锡商界大佬邹颂丹、钱少平、唐锡晋唐宗愈父子等人，其中邹颂丹（季皋）、唐锡晋（桐卿）也被扣押。因为当事方辩称此宗米粮是以"办赈"的名义采购（唐锡晋为无锡著名慈善家），并不知对方真实背景，更非有意接济清军，有个别涉事人员以此拖延、抵制调查，而商会也积极斡旋保释邹、唐等人，加上案情复杂，军政府内部关于查案审案也产生分歧。南京江苏都督程德全先是电令"切实查办"，后又发电要求释放邹颂丹等人；而锡金军政分府先是发出告示称元大、九余"系受人蒙蔽"，后又回复程都督，声明该案"确有证据"，未便立即放人[29]。军政分府留存的函件中，有两件与米案有关，发信人均为佚名。一封信文字简短，近似于手札："顷得确信，唐慕潮已运动成熟，不日可以释放其父。吾辈当赶派人赴申，设法阻止，毋使巨奸漏网。"写信人很可能是当局中人，立足于彻查严究涉事商人。另一封信写信人也与秦毓鎏有着密切关系，此信似乎为打探消息，又隐含说项之意，谓："老唐事将来能否仍归本地了结？闻小唐愿了，不知是何尺寸？刻下有无介绍之人？此公之咎，实由自取。最好如陈平称肉，两得其平。"此人希望此案能由无锡地方做处理，最终有一个于双方都为有利的结局。就在由商会出面担保，扣下大清银行之九余存款，释放邹颂丹，事情将要归于结案时，上海《新闻报》又突然刊登相关报道，曝出一些不实情况。为此，军政分府一面致函新闻报馆，要求

对失实报道予以更正；一面发稿至《民立报》并转其他各报，通报军米案查处结案情形；同时致电沪、苏都督府，请求继续追究唐氏父子侵占公款案。此次军米案罚没银钱，原来决定用作锡军北伐队的军费，最后用于赈灾和开办新事业。因为有这一笔为数不小的罚没款，其时无锡地方各项新事业的运行"未动用国税及地方公款"[30]。

革命是社会矛盾激化的产物，革命又常常激化新的矛盾，这带来社会的分化和整合。革命的进行并不只是革命与反革命的对垒，两个阵营之间有着广阔的社会中间地带。与革命相伴随的，是双方力量的消长变化，革命的胜利必须争取尽可能多的社会力量站到革命一边。辛亥革命作为资产阶级领导的民主革命，需要妥善协调与农民、市民和中小商人等社会群体的关系，在营造革命强势的同时，通过不同方式争取各方支持，组织好自己的阵线。辛亥革命的无锡实践表明，革命政权、革命军队、革命党人必须超越个人威权和私利的狭隘眼界，从实际出发把握好革命指针和政治策略。

注　释

[1] 无锡市崇安区档案馆：《锡金军政分府文书》，中华书局，2008 年版。

[2] 《锡金军政分府函件》，古吴轩出版社，2019 年版。本文引录相关函件均出自该书，不一一注明。

[3] 朱邦华：《无锡民国史话》，江苏文史资料第129辑，1999 年版，第24页。

[4] 秦毓鎏：《天徒自述》，转引自苏国强主编：《辛亥革命在无锡》，古吴轩出版社，2011 年版，第272—273 页。

[5] 事后查实，自称第三十六标军人，手持刀械在南尖闹娼者，为外来奸人假冒使诈，由军政分府缉拿讯实，按军律治罪。见《锡金军政分府总理处告示》第十八号，转引自苏国强主编：《辛亥革命在无锡》，古吴轩出版社，2011 年版，第 37 页。

[6] 《锡金军政分府总理处日记》十月初十日，转引自苏国强主编：《辛亥革命在无锡》，古吴轩出版社，2011 年版，第 112 页。

[7] 《锡金军政分府民政部示谕》九月二十二日，转引自苏国强主编：《辛亥革命在无锡》，古吴轩出版社，2011 年版，第 7 页。

[8] 《锡金军政分府民政部示谕》第十二号，转引自苏国强主编：《辛亥革命在无锡》，古吴轩出版社，2011 年版，第 13 页。

[9] 《锡金军政分府民政部示谕》第十七号，转引自苏国强主编：《辛亥革命在无锡》，古吴轩出版社，2011 年版，第 16 页。

[10] 《锡金军政分府总理处告示》第六十三号，《锡金军政分府总理处命令》元旦，转引自苏国强主编：《辛亥革命在无锡》，古吴轩出版社，2011 年版，第 51、74 页。

[11] 《锡金军政分府总理处告示》第五十八号，《锡金军政分府总理处命令》四月二十五日，转引自苏国强主编：《辛亥革命在无锡》，古吴轩出版社，2011 年版，第 49、90 页。

[12] 朱邦华：《无锡民国史话》，江苏文史资料第129辑，1999 年版，第23、25页。

[13] 钱基博：《无锡光复志》军政篇第二，台北市无锡同乡会印行《无锡文献丛刊》第10辑，《无锡文献征存录》六编之四，第 5—6 页。

[14] 秦民权：《秦毓鎏与无锡光复》，秦民权编印《无锡光复志》白话文本，2011 年版，第 3—4 页。

[15] 钱江等主编：《无锡辛亥百年》前言，苏州大学出版社，2011 年版，第 5 页。

[16] 《锡金军政分府民政部示谕》第十三号，《锡金军政分府总理处告示》第三十一号，转引自苏国强主编：《辛亥革命在无锡》，古吴轩出版社，2011 年版，第 15、21、41 页。

[17] 《锡金军政分府民政部示谕》二月廿一日，转引自苏国强主编：《辛亥革命在无锡》，古吴轩出版社，2011 年版，第26页。

[18] 《锡金军政分府民政部示谕》第十二号，转引自苏国强主编：《辛亥革命在无锡》，古吴轩出版社，2011 年版，第 13 页。

[19] 《锡金军政分府总理处告示》第九十一号，转引自苏国强主编：《辛亥革命在无锡》，古吴轩出版社，2011 年版，第60页。

［20］《锡金军政分府总理处告示》第四十六号，转引自苏国强主编：《辛亥革命在无锡》，古吴轩出版社，2011年版，第45页。

［21］王赓唐：《关于无锡光复若干问题的辨正》，《知半斋文集》，学苑出版社，2001年版，第684—685页。

［22］王赓唐：《锡金军政分府与无锡农民》，《知半斋文集续集》，学苑出版社，2006年版，第278—279页。

［23］《锡金军政分府总理处命令》元月二十八日，转引自苏国强主编：《辛亥革命在无锡》，古吴轩出版社，2011年版，第78页。

［24］钱基博：《无锡光复志》军政篇第二，台北市无锡同乡会印行《无锡文献丛刊》第10辑，《无锡文献征存录》六编之四，第14—15页。

［25］《锡金军政分府总理处告示》第二十六至二十八号，转引自苏国强主编：《辛亥革命在无锡》，古吴轩出版社，2011年版，第39、48页。

［26］吴观蠡：《无锡光复野史》，钱江等主编：《无锡辛亥百年》，苏州大学出版社，2011年版，第285—286页。

［27］吴亚东：《忆先父吴浩二三事》，钱江等主编：《无锡辛亥百年》，苏州大学出版社，2011年版，第266页。

［28］石雨：《辛亥革命无锡风云录》，严克勤主编：《辛亥革命与无锡文集》，中国文史出版社，2011年版，第22—23页。

［29］《锡金军政分府总理处日记》十月二十三日至十一月初四日，《锡金军政分府总理处告示》第五十一至五十五号，转引自苏国强主编：《辛亥革命在无锡》，古吴轩出版社，2011年版，第120—129页，第47—48页。

［30］锡金光复同人：《秦效鲁先生革命事略》，台北市无锡同乡会印行《无锡文献丛刊》第10辑，《无锡文献征存录》六编之四，第75页。

试论民国时期无锡电影发展的历史地位

钱 江 *

【摘要】民国初年，无锡因地方工商和教育的发展而声誉日隆，在"小上海"的语境下，电影作为集教育、商业、娱乐价值于一体的全新事物，较早地与这座江南城市相融合。到 20 世纪 30 年代前期，无锡已成为电影放映市场、上海电影公司的外景拍摄基地，更是中国最早开展电影人才教育培养的基地，在中国近代城市电影发展史上据有重要而特殊的地位。

【关键词】民国时期 无锡 电影 历史地位

城市是由多种元素聚合起来的文化体。民国时期，作为传统县域的无锡正借助工商和教育的发达日益崛起，被誉为"小上海""模范县"。电影作为新鲜事物也较早被引入，成为城市重要的侧面。这既得益于绅商的商业眼光，又因有教育人的积极推动，加上地方湖光山色的自然禀赋，电影与无锡城市的联系越发密切，双向融合。本文不揣鄙陋，运用当时报刊资料，就民国初年到抗战全面爆发前 20 年间电影在无锡的演变历史做梳理探讨。

一、无锡电影的兴起：放映和拍摄

电影是根据"视觉暂留"原理，用强光把拍摄的形象连续放映在银幕上，使之看起来像真实活动的形象。就世界范围而言，电影诞生于 19 世纪末。中国的电影事业几乎同时起步

于稍后的 19、20 世纪之交。大约二十年后，到民国初年，在绅商与教育人的共同努力下，电影也融入无锡。

（一）中国电影的起步

学界一般认为，中国电影诞生于清末。1896年8月10日《申报》刊出广告，称上海徐园将于次日（七月初三）夜放映"西洋影戏"，[1]这是有史料记载的中国第一次电影放映的记录；之后上海又有从法国、美国、西班牙等国引进影片公开放映的启事见诸报端。1902年1月，北京也有外国人携带影片、放映机及发电机等全套设备，在前门打磨厂租借福寿堂放映电影。[2]

笔者最近在网上看到一段由原法国驻云南总领事、驻云南代表奥古斯特·费朗索瓦（中文名字叫方苏雅）在云南拍摄的无声电影，内容反映云南的市井与风貌，资料称该片摄制时

---

* 钱江：无锡市滨湖区教育局原党委书记、局长

间是 1902 年[3]，这段影像应该是已知的近代最早的外国人在中国摄制的影片。

1905 年秋天，北京丰泰照相馆的创办人任景泰，在北京琉璃厂的土地祠，拍摄由著名京剧演员谭鑫培主演的《定军山》片段。不久，这部黑白无声电影片子，被拿到前门大观楼放映，轰动一时。目前中国电影史研究者公认：它是中国人自己摄制的第一部影片。[4]但笔者查到的资料，时间虽也是 1905 年，事情却是另外一桩：时北洋督练处向某国洋行"购有电光活动机器一副，凡南北军每日战况，均用电光机器摄入"，将片子呈皇宫内放映。[5]这应该也是中国早期电影拍摄的重要资料，从报道的语境分析，后者可能比前者时间还要稍早些。

（二）无锡开启影像时代

电影的好处"就是启示人们日常生活的改善，休闲娱乐教育的增加，且画面的生动，增加人们深刻的实感和艺术的欣赏"[6]。进入民国时期以后，无锡工商、教育发展神速，无锡最晚在 1915 年已被誉为"小上海"了[7]，因此，模仿引进"海派文化"诸种元素也成为一种时髦。"无锡号称小上海，故举凡上海所有之游戏事项，莫不步武效法，如屋顶花园、电影院等皆是。"[8]

据《无锡市志》记载，1915 年 2 月 19 日，崇安寺一个叫第一台茶楼的地方，首先放映无声影片；同年 7 月 8 日，无锡人杨某集资在城中公园东边广场开设景新影戏院，也放映无声电影，"这是无锡第一家电影院"[9]。以后放映电影的事情就多了起来，如 1918 年 12 月，美国驻华商务参赞安立德在荣宗敬等陪同下来锡游览名胜，考察实业。荣德生在梅园设宴款待，并请安君即席演说"丝、纱、面粉三大工业之日进方法"，"足可借镜"。临走前，安氏"复允以平素搜集之实业活动影片，见假就锡试演，以资启发地方人士对于实业之观念"。后由商会会长孙鹤卿与之约定，克日派人赴申领取，

在锡开幕试演。[10]

由此可见，大约在民国初年，无锡作为江南县域，已跻身当时继北京、上海等不多的大城市之后较早引进放映西洋电影的城市，由此也开启了城市的"影像时代"。

（三）无锡电影摄制的起步

考察无锡电影发展的历史，其鲜明的特点是放映与摄制几乎同时启动。笔者目前所找到的资料表明，无锡地方组织拍摄电影的最早时间是 1917 年 6 月。该年《锡报》刊有一则报道：作为无锡新兴的娱乐场所——屋顶花园摄制了《无锡风光》影片，场景包括县立图书馆、公花园以及县城街市、河道、桥梁、工厂、惠山风景区等，6 月底起开演，"每人加收看资铜元六枚"[11]。这是已知的无锡这座城市最早的影像片子，向世人呈现了"小上海"的模样。

在最初无锡开展电影摄制的过程中，地方绅商发挥了重要的作用，最具代表的一次是 1926 年。这年美国费城举办世界博览会，以此向世界展示一个新兴工业国家的崛起，并向全世界征集展品。当时，地方绅商及各公团领袖们认为这是宣传无锡的好机会，议决运用新兴的电影形式，邀请扬子公司主任、著名摄影家欧阳慧锵来锡代为摄制题名"无锡"的纪录片送展，"凡无锡县纺织、面粉、缫丝等工厂之发达，市政之改良，男女学校之成绩，商团演习野战之勇猛，与夫交通之便利，风景之秀美，蚕桑之茂盛等均摄入片中，连说明计成七大卷"。其中为拍摄商团各支队及童子军的活动，4 月 27 日下午，组织了四百余人在锡山之麓"举行摄影，预备制成活动电影"，县农会会长顾彬生为现场总指导。童子军队伍由大德桥向惠山西行，"镜头安置于秦节妇坊对河锡山脚下。队伍徐行，机头徐摄，摇约十九秒钟强而罢，计照软片一百尺。据摄影师云，在无锡露摄各片中，要以此片最为清晰"[12]。

之后还在县立女子师范学校摄制了《葡萄仙子》音乐片段，在悬挂动植物图片的教室里拍摄了讲授植物豌豆一课八九秒，再到礼堂拍摄身穿艳丽服装学生的舞蹈表演二十余秒，后到校园莲花池边小石桥上拍摄各级选手的音乐表演[13]。另外，还拍摄了如华绎之创办的养蜂场、育蚕试验，无锡的市场、马路、汽车、马车出入等景象。[14]据《申报》报道，当时还到申新、茂新、振艺等厂摄取纺纱、磨面、缫丝等镜头，还有"公园、图书馆、梅园、鼋头渚等处之风景"等，并"至锡山上摄取第八小学及无锡城全景"。[15]该片到该年6月初摄制完成，6月11日，在上海三新总公司"举行一度试映"仪式，邀请与"展览会有关系之美人数人"也参加审阅。结果，大家"对于摄制之优美，表现之显明，字幕之工整，均一致赞许"，并认为"此片不独表扬无锡之文明，抑亦为我国进步之唯一宣传品"，于是将该片寄往美国费城放映[16]。6月29日下午，摄制方邀请无锡各界公团领袖及各绅董人士在省立第三师范学校观览，[17]"观者均拍掌欢呼，啧啧赞美"。据记载，该影片经审定后，在锡留下了一份副片，以供地方随时参考。[18]再如20世纪30年代初，无锡联通宜兴、江阴、上海的锡宜、锡澄、锡沪公路先后建筑通车，其中锡沪公路自1934年起由江苏省建设厅与上海市政府合建，全长140公里。次年8月15日举行通车盛典，当天活动的安排是，上午八点在上海南翔举行剪彩仪式，参加的嘉宾乘车一路观光、感受，晚间在无锡设宴庆贺。无锡地方荣宗敬、荣德生、杨翰西等会同上海方面，请来自明星影片公司、被誉为中国电影开拓者之一、中国第一代电影导演的张石川，著名摄影师董克毅等率队全程参与，"沿途摄制影片"，[19]记录下这一隆重的场面。

一些地方实业家也把自己的生活引入到电影之中，如荣宗敬举行六十寿庆，在庆典活动中就专门从上海请来摄制公司拍摄有声新闻片，以记录盛况，并请拍摄电影《春潮》的导演郑应时、依霞等主持，颇极一时之盛。[20]其中有声片由"本国亨生大有影片公司、美国派拉蒙影业公司上海摄影部"，"无声片由中国联华、云龙、长城、天一等四家公司"摄制。[21]

以绅商为主导的电影拍摄，表达了他们对新事业、新生活的期盼。时光流转，现在民国年间关于无锡的老照片倒有不少存世，让后人能感触历史的模样；而这些记录旧事的影片却不曾见过，不知流落到了何处？

二、商业价值的发现：影院的出现

近代电影能走进社会娱乐中心，依靠的是其商业价值的发现。到20世纪30年代，无锡已开办有无锡大戏院、中南大戏院、新光戏院、庆升园等多家以放映电影为主要业务的电影院。1931年《申报》称无锡"自本年春间以后，电影业既风起云涌"。[22]时有电影杂志评论："无锡于一年间产生四大戏院，足见无锡人士迷信电影之一斑呢！"[23]事实上，无锡新开张的电影院不止上述四家，还有如位于城中图书馆前的光明戏院等。有学者认为："得益于发达的工商业、与上海的毗邻、沪宁铁路的便利，无锡的电影事业在20世纪30年代一度呈现出勃兴的态势。电影在无锡的流行、多家电影院的兴建，也是无锡走向工业化的一种标志。"[24]影院的开设，把无锡电影事业推向了一个高潮。从影院发展的情况分析，其依托的是商业模式的运行。

（一）民间资本注入

1930年1月底，无锡大戏院创办，该院由吴观蠡等人合资二万五千元，场地是向无锡公园租用西北角地方建设的。次年春，由陈荣泉、杨祖钰、季载仰等合股创办中南大戏院，地点在映山河，资本三万五千元，拥两层一千余座位；新光和庆升园的资本分别仅有两千和一千元。由此可见，其资本均很是有限。以无锡三大行业的龙头纺织业为例，作为大型纺织厂的申新三厂创办原始资本达一百五十万元，地方一般把五万元以上的称为中型厂，一万元的为小型厂，相比之下，创办电影院的资金很是微小，电影院仅能归于小商业资本类。再从出资创办人的背景来看，吴观蠡曾于1912年10月创办《锡报》，任主笔，1913年8月，因《锡报》被袁世凯所封而东渡日本避难，1917年5月起独资经营《锡报》，故他的投资来源是办报所得的盈利；其他人物也并非地方著名实业家。因此，电影业在无锡的创办和发展，并没有吸引工商大资本集团的关照，仅是文人与小商人、小资本的结合。故它不可能成为城市的重要产业，但依然是市场行为，成为商业城市的花絮。

（二）商业手段运作

在创办电影院的过程中，各院均投观众所好，各施手段。如无锡大戏院是仿欧式建筑大戏院，"门首墙壁绘抒情女神，为美术家邢仲廉、唐玄道二君之手笔，全图女神凡七，无不奕奕如生，此宝为影戏院中仅见者"。它们成为公园里的"新点缀"[25]。影院不仅环境优美，设备完全，还有七百个座位，座位宽舒，无拥挤之虞，为当时无锡最豪华的电影院。而无锡大戏院在开幕当日，"延请海上电影明星胡蝶女士及周君剑云来锡参预，并请胡女士揭幕"，是日参观者不下数千人。当天，首映的电影是由胡蝶任主角的《一个红蛋》。有报道说明星公司胡蝶带了《一个红蛋》，竟把"一蓬风"的无锡，在寒冬冰雪的天气里吸引得如痴如狂[26]，形成了轰动效应。中南大戏院以放映上海联华公司出品的国产片为主，并通过关系，取得了与上海同步放映的权利。其设施颇有上海的气派，观众以商人居多，故有人称

其为无锡戏院之冠。

为了满足观众的胃口，各电影院均千方百计组织片源，一时间，武侠片、滑稽片、战争片、爱情和哀情片、教育片纷纷登场，如中南大戏院放的片子有《蛇蝎美人》《一夜风流》《国风》《渔光曲》《风云女儿》《无愁君子》《逃亡》《残梦》《人之初》等，其中《国风》《逃亡》两片很卖座。无锡大戏院放的有《野人王泰山》《热血忠魂》《世界大战》《战后之军人》《再生花》《新路》《王先生过年》《洪荒历险记》《空谷兰》等，其中看《王先生过年》的很踊跃[27]。题材众多的片子，满足了观众的不同兴趣，从而扩大了电影的受众面，逐渐培养了观众群体。

（三）价格竞争促销

电影的售价，在正常情况下，中价约在每票三角左右。但各影院为了生意，均采取减价促销的方式，争取观众。如中南大戏院实行有声片和无声片轮流放映，票价楼上六角，楼下四角，原价相对较高，但"中南破天荒大减价，发行有奖联欢券，每一元可观十张影片，这有头奖三百多元的希望，也许推销上用一番努力的手段，算是门庭若市的闹热了一暑天，不过说已赚得多少钱，恐怕还是有些乌托邦哩"[28]。而无锡大戏院每票一般售价三角，但为吸引观众，对学生实行半价优惠，所以得到无锡学生的青睐。1931年春在圆通路初创的新光戏院，因最初场所是用"芦菲"搭起的棚子，设施相对简陋，座位四百多，专门放映国产片，价格相比其他各院较平民化，每张票只售二角，"故中下社会人士趋之若鹜"。庆升园最初演出平剧，并非专门特建的电影院，后以营业不佳才"改映影戏"，故省却了建筑费用，价格也最低，"片子中西兼顾，每票仅售一角，虽只有一台映机，但开幕以后，生意颇佳"。光明戏院有座位六百余，也专门放映国产片，票价虽售二角，

但实行买一送一的优惠，故实际价格也是当时各电影院最低的。这样的价格，吸引了底层民众及穷学生的欢迎。由此可见，为了商业利益，各家均低价拉客，这样的同行残杀，一度导致无锡电影行业陷入困局，但同时扩大了受众面。

因此到20世纪30年代初，在商业竞争十分激烈的氛围中，观看电影已成为"小上海"无锡人生活的日常，由此，无锡也成为一个电影放映市场。

三、无锡成为电影拍摄基地

无锡南临太湖，北接长江，大运河贯穿全境，山明水秀，景色宜人。进入民国以后，地方工商企业家在致力于企业发展的同时，也关注地方经济社会环境的营造，在以荣德生《无锡之将来》等为代表的规划畅想的引领下，他们在沿湖山麓辟园造景，并修筑开原路、环湖路、宝界桥等，沟通县城与沿湖诸景点，大大推动了旅游业的发展，从而吸引了一大批上海电影公司的著名导演和演员来锡拍摄，到20世纪30年代前期，无锡已成为以湖光山色为特色的电影外景拍摄基地。

（一）无锡沿湖景点的建设

无锡拥有山水资源，惠山、天下第二泉、石门等景点早为各界人士所熟知。近代园林的建设，起步于荣宗敬、荣德生兄弟于1912年筹建的梅园，之后杨翰西、王禹卿等接踵而起。具体见下表（表一）：

表一　无锡沿湖景点建设情况一览（1912—1931）

创办者	创办时间	园林景点名称	地址
荣宗敬、荣德生	1912年	梅园	西郊东山水浒山
杨翰西	1915年	管社山万顷堂（杨园）	蠡湖边北犊山
杨翰西	1916年	鼋头渚（横云山庄）	太湖边
陈仲言	1924年	若圃（陈家花园）	太湖边充山之东、鹿顶山南麓
王心如	1927年	太湖别墅	太湖边充山西南
王禹卿	1927年	蠡园	蠡湖边
荣宗敬、荣德生	1929年	锦园	太湖边小箕山
陈梅芳	1930年	渔庄（赛蠡园）	蠡园边
郑明山	1931年	郑园	太湖边充山沿湖山坡

他们的联袂建设，使原来荒凉的山麓、湖滩，华丽转身为以湖光山色为特质的近代风景区；加上景点内部的亭台楼阁、一些配套的居住和餐饮等设施的完善，以及京（宁）沪铁路早已开通，从上海搭火车到锡，再转乘人力车或轮船等，直达湖滨，交通十分便利，故为电影的拍摄提供了有利条件，吸引了不少电影公司及导演的垂青，从而使无锡成为上海电影公司的外景拍摄基地。

（二）公司、导游、演员的云集

已知较早有公司来锡拍摄电影的时间是1925年9月，有《盲孤女》《守财奴》两部电影在无锡拍摄[29]；同年12月，新华公司也来锡拍摄,因"剧中有驱牛牧羊一幕",故在惠山还购买牛羊以做道具。[30]1928年,有长城公司摄影队赴锡拍摄滑稽侦探巨片《蜘蛛党》外景。[31]进入20世纪30年代,来锡拍摄电影的摄制组日益增多,导演、演员蜂拥而至。

1933年5月,轰动一时的电影《小玩意》在无锡拍摄。该影片为上海联华影业公司所摄,以儿童玩具为题材,时间自齐卢内战始,至一二八事件终,由孙瑜导演,著名女影星阮玲玉、黎莉莉出任主演[32]。按照导演的设计,"这剧的开幕时,被曙光冲破了太湖面上的一层轻薄的晓雾。渔人张网,船头上,渔妇梳理着长而秀的青丝。这一幅清幽绝俗的画面,活泼生动"[33],而无锡的太湖之滨正是理想中的拍摄地。故摄制组大队人马由沪来锡,孙瑜、阮玲玉等就住于荣氏别墅[34]。同年10月,艺华公司在锡开拍《烈焰》,主演为彭飞、胡萍、陈竞芳、浦曦等,导演为胡锐。[35]

1936年几乎成了无锡电影的摄制年:夏天,《百宝图》来无锡拍摄外景。[36]秋天,艺华公司拍摄新片《喜临门》也来无锡,"昨天(9月22日)开拔的职演员都五六十人,服装道具百余件,浩浩荡荡,轰动了无锡全城",[37]他们在惠山拍外景,"每天六时起身,练习运动;七时,便忙着拍戏工作。无锡城乡居民,好奇心动,大家赶来看热闹,围而观者常在千人以上,驻军第三十六师恐生事端,派队保护,形势雄壮。还有许多男女学生,每天来找周璇,包围着请她签字,有时她觉得手也酸了"。[38]几乎同时,高梨痕导演的《杨柳村》,也在"无锡东湖拍外景"[39],等等。

众多公司、导演、演员一波接一波云集无锡拍摄大片,强化了无锡作为上海电影拍摄基地的地位,无锡的自然风光与中国电影的拍摄结下了不解之缘。同时,这些影片中也保存了民国时期无锡的自然风光、风土人情、工艺制作以及工厂生产、学校教学、河道路桥风貌等

丰富的影像资料。

(三)电影《大路》的拍摄

这一时期在无锡拍摄的众多影片中,尤以1934年《大路》影响最为深远。

电影《大路》是著名剧作家、导演孙瑜以抗日为题材撰写的电影剧本,讲述了一群有正义感的年轻人,参与建筑内地军用公路,服务抗日的故事。当时,孙瑜到处寻找适当的外景地,正好无锡从宝界山下到鼋头渚一段的湖边在改筑山路,有上百名筑路工人在劳作,而路旁鹿顶山下还有由无锡民族工商业者陈仲言兴建的陈家花园别墅,可供摄制组成员及演员住宿,环境十分理想。于是,孙瑜就率领联华公司《大路》摄制组庞大的队伍,由沪抵锡,扎营陈家花园。前来的摄制组成员除导演孙瑜,剧作家于伶,演员金焰、王人美、黎莉莉等,还有曾创作《毕业歌》《义勇军进行曲》等名曲的著名作曲家聂耳。在这儿,聂耳创作热情高涨,为该电影创作了歌曲《开路先锋》和《大路歌》。孙瑜对此十分满意,把它们作为片中插曲,以《开路先锋》为序曲,《大路歌》为终曲,[40]"《大路》中的《开路先锋》首先就标出了这种悲壮伟大的热情"[41],两首歌曲为影片增色不少。

电影拍摄的时间是1934年10月下旬,地点是宝界桥西二里多路,有一棵杨树、几株荒草的环湖路边。剧组雇用了五百余名采石工人充作临时演员,表演"齐力开山,有峰塌地崩,天翻地动的几个紧张镜头。同时收音师聂耳,用收音机收取《大路歌》,由金炎、张翼、罗朋、韩兰根、郑君里等领导合唱。歌词慷慨激昂,尽量流露民族精神"。歌词为:"大家一齐流血汗,为了活命,哪管日晒筋骨酸,合力拉绳莫偷懒,团结一心,不怕铁滚重如山,大家努力,一齐向前,压平路上的崎岖,碾碎前面的艰难。我们好比上火线,没有退后只向

前。大家努力，一齐作战，背起重担朝前走，自由大路快筑完。"[42]

1935年元旦，电影公演获得空前的成功，聂耳创作的插曲也广为传唱。为了纪念这影片的拍摄和聂耳的作曲，缅怀这位人民音乐家，新中国建立后，无锡市人民政府把聂耳当年住过的小阁楼命名为"聂耳亭"。1961年，于伶旧地重游，作《减字木兰花》词一阕以作纪念："鼋头独立，旧地重来何悒悒。断续歌声，水天遥忆故人劫。行行何去，湖畔尽多留情处。《先锋》《大路》，灼灼陈园春长驻。"1981年，于伶又应《无锡日报》副刊部之请，为恢复的"聂耳亭"书额。1985年，地方新塑洁白的聂耳半身像，还配建厅屋三间作纪念室，名"聂耳遗踪"。这些不仅是聂耳在锡活动的纪念，更成为无锡近代电影历史的重要景观标识。

四、教育与电影人才培养

在近代无锡电影发展史上，比之商人对电影普及的推动作用，教育人则有过之而无不及。他们更多地着眼于电影的教育功能，与商人携手，成为共同推动电影发展的功臣。这也反映了无锡城市发展过程中教育与工商双轮驱动的特色。

（一）教育人对电影的推动

教育人基于自身所承担的教育责任，及对新事物认知的敏感，充分肯定鲜活生动、形象丰富的电影手法对教育的巨大作用，在实践中对其加以运用。

早在五四运动之前，无锡教育人已把电影引进了学堂。据邑报记载，1917年12月，应锡师附小的邀请，江苏省立通俗教育馆活动写真部主任徐祝秋，曾到校放映记录第二次省立学校联合运动会实况以及关于实业的影片[43]。次年圣诞节，无锡新创办的辅仁中学也"特向

沪上赁得初次自外洋运来之最新活动影片"，在举行的庆祝欧战胜利大会上放映助兴。[44]

1921年春，无锡县立通俗教育馆职员华君，在馆内曾发表演讲，题目为《电光影戏的来源》，对电影这一新事物的知识进行普及，演讲获得好评。7月，华君又以《电影和风化》为题演讲。他认为电影要达到"开通社会教育的美名，不能不注意选择较好的片子。希望营此业的人研究研究，讨论讨论"。[45]1921年夏，无锡发生在公园是否可以放映电影的争论，乙种实业学校校长邹同一等教育界人士认为电影是"开通知识"的好东西[46]，"电影均为感化社会最有能力之一端，若能斟酌纯善，则社会受益非浅"。[47]他们呼吁："现在无锡也有影戏院，我们民众应该知道电影与社会的重要，我们还要注意他影片好坏才是呀！"[48]

在具体操作过程中，教育人认为："吾邑夙有模范县之称，教育实业，无一不具突飞猛进之象。然以市政之不良，实与吾人以最大之缺憾！"省立第三师范学校为唤起地方对市政改革与建设的兴趣，特组织放映反映中外各地城市建设的片子。如有"澳大利京城街道图"："仿蜘蛛网式建筑"，"旧式街市改良图，中央为市政厅，四周为棋盘式之街道"，"干路、支路分布图"，"乡村布置图"，"街道交通图，凡遇十字路则架桥其上或辟地道于下"等。还有纽约、莫斯科，中国北京、南京、大连、成都、汉口等城市的交通情况。放映所用的机器是自德国新购回的，"在中国仅此一具。此械用途甚广，不仅供开电影之用，又可放大微生物，使反射于黑板或墙壁，以供众览等用云"[49]，影片引起较大反响。有记者评论："他日扩充市场，开辟商埠，仿其道而行之，裨益市政前途，实非浅鲜。"[50]不少教育人还希望电影能在推动乡村教育发展中发挥作用，1928年10月20日，中央大学区乡村实验小学联合会在无锡藕塘桥锡中乡立小学召开第一届会议，会上讨论

的第二十一个议案的内容即建议各乡实小"应联合购置农事电影,轮流开映,以资娱乐而谋改进农事案"[51],表达了在资金困难的情况下,希望通过众筹的方式来购置电影放映机服务教育。更有在上海就读的无锡人施锡,在课余服务于昆仑电影公司,对电影素有研究,经两个多月的筹备,于 1924 年暑假,在上海新闸路甄庆里 1080 号设立筹备处,组织发起锡山电影学会,"专以研究关于电影上之化装表情姿势动作,以及摄影学、欧美电影史之类",[52]该会还请上海《时事新报》馆电影特约撰述李怀麟于 7 月初来锡演讲[53]。这应该是无锡最早成立的电影社团组织。

此时,电影成为学校在教学中乐意运用的新方式,也成为教育人举办节庆、聚会的时髦标配。1929 年,江苏省立教育学院每周六晚在大礼堂举办民众同乐会,还放 35 毫米片型的无声电影,很受民众欢迎。影片为租自上海商务印书馆的国光制片厂的《盲童》《灭蚊绳》《水的循环》及卓别林主演的滑稽片[54]。1930 年5 月,学前街无锡县立初中举行二十周年纪念活动,除演讲、表演各项活动外,最后放映电影,以慰问师生,答谢来宾。[55]江苏省立第三师范校友会全体校友于 1933 年 7 月 17 日举行联谊活动,上午在学校礼堂召开全体会员大会,中午在校聚餐,下午继续开会,最后也组织观看电影,以示祝贺[56]。除了县城里的学校组织活动热衷于放映电影外,在乡村的学校也积极争取把电影运用到教育活动中间去,如开原乡河埒口小学在学期结束之时举行"普及教育同乐会",在学校日新堂开映教育电影,师生、家长五百余人"济济一堂,颇极一时之盛。电影映至晚上十时,方尽欢而散云"。[57]1936 年 5 月,在无锡很有影响的省锡师及竞志女校为实施电影教育,开映教育影片,计有《国光》《从铁苗到钢铁》《汽车制造顺序》《呆人做险事》等片;同时县立图书馆,为教育民众起见,也组织在

公园运动场放电影,"观者七八千人,颇极一时之盛云"。[58]

1927 年以后,在政府关注的背景下,电影也获得了地方教育行政机关的重视,他把加强管理放在首位,并将电影广泛应用于各种政务活动之中。1929 年,秉承中央政府的意思,无锡县教育局和公安局联合制订《检查电影片简则》,并提请县政府第十二次会议通过颁布,明确了无锡电影审查的适用范围、执行主体、检查对象、检查方式、处罚措施等内容。[59]该《简则》一共有十一条,是参照当时国民政府教育部、内政部颁布的《电影片规则》,并结合无锡情形制定的地方法规,规定由县教育局及公安局各派三人组织审查小组,必要时还可通知县党部派员参加。自此,凡是"映演之电影片",非经该机构检查核准,不得在无锡境内放映;各电影院在电影放映之前,也必须将片子送审批准,由该机构发给"准演说明书"。该机构审片的原则有三条:一不违反党义及国体者,二不妨碍风化及公安者,三不提倡迷信邪说及封建思想者。规定如电影院不接受检查,将由教育局及公安局勒令其停止营业,并可处以三十元以下的罚金。[60]8 月 31 日,该《简则》呈报中央大学审批获得批复:"尚无不合,应准备案",同意执行。[61]之后,教育局及公安局训令各电影院"慎择电影片,并于开映前呈送说明书"[62],以便检查,就这样在无锡建立了影片的送审制度。《简则》是无锡近代历史上地方制定的第一份电影管理法规,它的出台及实施,标志着地方教育人第一次参与了电影的管理。1937 年 2 月,县教育局为普及教育还制定《电化教育大纲》,实施电化教育,拟定的内容包括向教育部半价购置电影放映机,组织通俗有益片子播放。[63]

(二)中国教育电影协会在锡召开年会

在无锡近代电影发展历史上,中国教育电

影协会在锡召开第五届年会是一件大事。

中国教育电影协会于1932年7月8日成立于南京，是第一个具有官方背景的全国性电影社团，主席蔡元培，协会委员有朱家骅、蒋梦麟、陈立夫、徐悲鸿、厉麟似、郭有守、罗家伦、田汉、孙瑜、洪深、胡蝶等政界、教育界、学术界、影视界等知名人士。该会以辅助教育、宣扬文化为宗旨，提出"教育电影化，电影教育化"的口号，积极倡导通过教育电影化和电影教育化进行民众教育和学校教育。[64]该协会前四届年会分别在南京、上海、杭州等大都会举行，第五届则第一次到省城以外的县城无锡召开，这与江苏省立教育学院的争取是分不开的。

20世纪20年代末，原创办于苏州的江苏省立教育学院迁址来无锡社桥头，使无锡的大学，从原本只有国学专修馆和无锡美术专科学校二所增加到三所，且填补了无锡缺乏公立大学的空白。来锡后，该院在俞庆棠、高阳等人的推动下，致力于民众教育、社会教育，很快成为引领无锡教育发展和乡村社会改革的一面旗帜，在推动地方电影事业的发展上也发挥了专业的作用。初到无锡，它充分利用市民欢迎的电影形式开展民众教育。如组织农民参加"秋季农民班"，在始业式上，"请名人演讲，加映电影，以助听众之乐趣云"。[65]在春天，"鉴于春日天气渐暖，最容易发生疾病，一般民众，每疏于预防"，除印发防疫须知，演讲防治方法外，还于晚间开映电影，宣传种痘及蚊蝇防治知识。[66]时任该院体育系主任的王庚，编著有图文并茂的教材《民众体育实施法》一书，其中第六节为《开映体育卫生电影》，[67]成为编写电影教材的先例。

1936年4月底起，为迎接前来参加年会的代表，该院做了精心的筹备，专门组织招待组就整个活动做出安排，主会场设在学院大会场，中南大戏院和无锡大戏院为放映电影的场所。住宿安排在无锡饭店、新世界、铁路饭店、启泰栈、华盛顿饭店等，并在无锡饭店九号房间设立联络办事处。整个议程安排如下：5月2日上午，会员来锡报到，领取会员证，然后由招待组职员引导各会员分住各旅社。3—4日两天会议，上午均在学院开会，由锡澄汽车公司专程接送；午餐由学院招待；下午1时起，游览蠡园、宝界桥、鼋头渚、小箕山、梅园，特备汽船及拖船各两艘；晚餐，3日由无锡党政机关招待，4日由无锡教育界招待；晚上8时，开映电影，3日在无锡大戏院，4日在中南大戏院，会员凭证章入场，来宾凭优待券入场，所放映的电影是由联华公司出品的《小天使》、明星公司出品的《劫后桃花》、艺华公司出品的《逃亡》和天一公司出品的《母亲》等四部教育巨片，每日开映两部，充分体现电影协会开会的特点。同时，"该会已分请多人在锡担任电影界招待、会场招待、游览招待、旅馆招待、交通招待等事宜，至旅馆、至会场之交通，已由锡澄汽车行，承包接送会员。报到处设在无锡铁路饭店内"。[68]

3日上午10时，汽车从各旅社接了参加年会的代表前往学院大会场，到会的有褚民谊、方治、潘公展等政府官员多人，中央各部代表数人，电影界人员有周剑云、洪深、欧阳予倩、罗明佑、陶伯逊等人，出席会员合计有百余人。会议推举褚民谊为会议主席。褚在会上致辞说："文化事业之推广，虽有赖于学校及印刷品，但电影事业之功效亦大，故应充分利用电影，以谋文化之进步。"继由中央民训部代表沈沛霖、宣传部代表方治、教育部代表吴研因、内政部代表李松风相继致词，大意均是希望电影与教育结成一片，并推至一般社会。再由鲁觉吾报告协会会务，其中提到：当时该会"会员人数最近已增至八百〇四人，分布三十五区域，国内占三十一区，分会计有上海、杭州、青岛、昆山等四处"。最后由俞庆棠演说。[69]第二天，会议继续按计划执行，上午在教育学院开会，下午于游览中开会讨论，晚上观摩电影。[70]会议最后在选举新一届理监事后议决：下届年会在南京举行，随后闭会。

在这次会议上，参会者就中国电影事业的发展提出了二十六件提案（表二）：

从表二可见，提案的内容涉及面非常广

表二　中国教育电影协会第五届年会提案及办理情况（1936 年 5 月）

类别	提案内容	议决内容
甲：研究编制	一、电影测量表的研究案；二、国产电影与现代中国小说作家合作，从彼辈作品中选取故事编制剧本	交下次理事会呈请中央核示
乙：摄制问题	一、儿童年纪念片、儿童教育摄制办法案；二、请本会函请中央摄影场缩制十六公厘影片，以供各地社教机关巡回放映案；三、由本会摄制非常时期教育影片，以求普遍实施国难教育，并注重灌输军事学识及生产知识案；四、本会应根据中小学课程标准，摄制切合各级学生程度之影片，以辅助教育案；五、请求中央摄影场注意教育影片之摄制案	均交理事会办理
丙：映演推广	一、统制国内影片输出海外，俾免华侨映观武侠神怪片案；二、凡教育影片之检查，应免一切费用案	交中宣部酌核办理
	三、各县教育局应组织教育电影巡回放映队案；四、本会应提倡并举行乡村巡回放映教育电影，以推广民教案	交教育部核办
	五、本会应计划于各省市设立教育电影院，或露天教育电影台，定期映放教育电影案	通过
丁：推广宣传	一、创设中央教育影片荟藏馆案；二、请规定电影日每年热烈举行，以资倡导案；三、呈请政府规定每年五月四日为电影节案；四、刊行电影教育杂志案	每年应有电影宣传周，于本会年会开会前后举行之
戊：奖励办法	一、本会应设法奖励会员案；二、请奖励发明胶片案	均交理事会办理
己：电影行政	一、呈请教部特设电影教育科或专员名额，以便对全国电影教育责有专属案；二、请教部修正电影行政系统案；三、请教育部转饬江苏、广东、北平、汉口、天津、上海等省市行政机关，另设电影科及电影督学案	均交理事会办理

资料来源：《教育新闻·中国教电协会年会闭幕》，《申报》1936 年 5 月 5 日。

泛，除部分由该会交由理事会办理外，还有部分转交中央宣传部、教育部核办。这次会议引起了各方的关注，当时《世界画报》《北洋画报》《天津商报画刊》《前途》《礼拜六》《教育杂志》《实报半月刊》《江西地方教育》《青岛教育》等，包括无锡地方的《锡报》《新无锡》等报刊均做了跟踪报道，刊发

多张照片新闻，影响颇广。中国教育电影协会能第一次将年会安排在县城无锡举行，标志着电影从大城市向中小城市的扩散，在中国电影发展史上是一个创举。这既是对无锡城市电影发展的鼓励，也使无锡印记留在了中国电影历史发展的书页间。

（三）电影专修科设立的首倡

曾任江苏省立教育学院院长的俞庆棠对借电影推动教育发展有很高的认识，她曾说："吕密蔼（Lumiere）的发明电影，最初的目的本是在教育。不幸自从商人的势力侵入以后，就渐渐地变为商业品和娱乐品；可是它本身所具有的伟大力量，还是被人重视的。现在世界各国积极地利用电影来做教育的工具；灌输国民应用的知识，传播国家重要的政策，培养民众爱国的意识，以及介绍各地的社会实际生活与自然界的名山大川，都是很好的例证。"[71]在电影放映和拍摄、在教育电影协会年会召开的大背景下，无锡教育人深受鼓舞，发挥自身优势，在全国率先开展了电影人才的培养。

1936年夏，江苏省立教育学院招考新生，"招收电影电播教育专修科学生三十名"。电影电播教育专修科是全国第一个全新专业，"在国内系属创举"。[72]"电影电播教育专修科"的名称由俞庆棠选定。该科招收高中毕业生，学制两年，第一届实际共录取24人。学院聘请联华电影公司著名导演孙师毅任科主任，开展学院与社会企业的校企合作，"电影电播教育专修科以养成电影教育及无线电播音教育实施及行政人员为主旨"。[73]孙师毅高喊的培养目标是："学生个个都会拍制电影。"[74]

学校聘请了多位对电影广播素有研究的学者来校授课，计有王仙舟党义，方天游、涂开舆国文，喻任声、唐桐侯、杰克孙（美国人）英文，韩觉剑音乐，罗伯陶军训，甘导伯教育概论，俞庆棠社会学，喻任声社会教育，孙师毅电影教育、电影编导、国语及演讲、戏剧理论与舞台实际、电影欣赏，许幸之电影置景术，辛汉文电影化装术，杨霁明摄影术及冲洗，戴公亮电影放映术，丁致中电影音乐及音响，万古蟾卡通画法，郭伯霖世界电影史，时塘高等物理、电机工程学、无线电学等。课程均结合

实践，有些以实习为主，如第一学期就由教员率领学生到各地放映电影，其中教员戴公亮就派学生叶运升、傅培德两位学生到江阴南菁中学去放电影。

在校期间，学生们参与了史东山导演、吴蔚云摄影、魏鹤令和舒绣文主演的《保卫我们的家乡》，袁丛美导演、高占非和黎丽丽主演的《热血忠魂》，应云卫导演、陈波儿主演的《八百壮士》，金山导演、杨霁明摄影的《最后一滴血》等电影的拍摄，丰富和增加了实践知识。

抗战全面爆发后，学院内迁，学生一度转到桂林继续学习。抗战胜利后回无锡得以延续。新中国建立后，因教育学院迁回苏州改名苏南文教学院；1952年全国高校院系调整时，该系北迁并入北京电影学院。该院毕业的学生，人数虽不多，却成为中国第一代自己培养的电影人才。所以，这一开创性的工作，把无锡推上中国最早开展电影人才培养基地的位置。这印证了俞庆棠所预言的，"我国教育电影事业的前途，已有发扬光大的希望"，"教育电影圈内，已笼罩着曙光"。[75]

概括民国20余年间无锡电影发展的历史，呈现的是电影在城市中、城市在电影里的一种双向互动融合，特点非常鲜明：第一，无锡成为电影放映市场；第二，无锡成为上海等地电影公司外景拍摄基地；第三，无锡更成为近代中国最早的电影人才教育培养基地。可见电影不仅为无锡城市近代化的发展增添了亮色，更使无锡在中国近代城市电影发展史上占据重要而特殊的地位。

注　释

[1]　《广告·徐园》，《申报》1896年8月10日。
[2]　见晓：《北京电影事业之发达》，《电影周刊》1921年11月1日第1号。
[3]　搜狐网：1902年拍于昆明的中国第一部纪录片。

［4］　程季华主编：《中国电影发展史》，中国电影出版社，1969 年版，第 13、14 页。

［5］　《预备电影大操》，《北洋官报》1905 年第 847 期，第 3 页。

［6］　祖虞：《谈电化教育》，《江苏民报》1948 年 2 月 4 日。

［7］　江春：《关于无锡"小上海"的演变》（上），《无锡日报》2017 年 9 月 8 日。

［8］　KT：《记无锡弹子房》，《轰报》1923 年 9 月 29 日。

［9］　无锡市地方志编纂委员会编：《无锡市志》第 4 册，南京：江苏人民出版社，1995 年版，第 2668 页。

［10］　《借演实业影片》，《申报》1918 年 12 月 24 日。

［11］　《无锡名胜影片》，《锡报》1917 年 7 月 2 日。

［12］　《商团童子军慧麓摄影纪》（一），《新无锡》1926 年 4 月 28 日。

［13］　冰蝶：《女师观影记》，《民声日报》1926 年 5 月 1 日。

［14］　《赛会影片试映记》，《民声日报》1926 年 6 月 29 日。

［15］　《摄制费城赛会影片》，《申报》1926 年 4 月 29 日。

［16］　吉：《无锡影片运赴美国费城展览》，《申报》1926 年 6 月 13 日。

［17］　《费会影片运锡审查》，《新无锡》1926 年 6 月 28 日。

［18］　《赛会影片试映记》，《民声日报》1926 年 6 月 29 日。

［19］　《锡沪公路昨日举行通车盛典》，《申报》1935 年 8 月 16 日。

［20］　《影讯：以"鹤鸣通机械"赴无锡拍摄有声新闻片"荣宗敬六旬纪念"》，《女朋友》1932 年第 1 卷第 3 期，第 31 页。

［21］　《荣宗敬六旬称觞之盛况》，《新无锡》1932 年 9 月 3 日。

［22］　《无锡》，《申报》1931 年 8 月 8 日。

［23］　小可：《无锡电影之勃兴》，《影戏生活》1931 年第 1 卷第 25 期，第 6—7 页；《电影在各地：厦门、无锡》，《电影新闻》1935 年第 1 卷第 2 期，第 13 页。

［24］　袁灿兴：《民国时期无锡公共娱乐探析》，《唐山师范学院学报》2015 年第 3 期，第 85 页。

［25］　贺天健：《无锡公园之新点缀》，《申报》1931 年 3 月 1 日。

［26］　《无锡电影事业日败》，《影舞新闻》1936 年第 3 卷第 11 期，第 11 页。

［27］　《电影在各地：厦门、无锡》，《电影新闻》1935 年第 1 卷第 5 期，第 13 页。

［28］　《无锡电影事业日败》，《影舞新闻》1936 年第 3 卷第 11 期，第 11 页。

［29］　《电影界之消息》，《联益之友》1925 年 9 月 16 日第 4 期；《好友公司之〈守财奴〉》，《申报》1925 年 9 月 4 日。

［30］　《新华摄影记》，《锡报》1925 年 12 月 15 日。

［31］　《剧场消息》，《申报》1928 年 8 月 5 日。

［32］　《小玩意》，《电影月刊》1933 年第 24 期，第 14 页。

［33］　蒋涵扬：《孙瑜的伟大贡献："小玩意"内容之斑斑点点》，《联华画报》1933 年第 2 卷第 12 期，第 2 页。

［34］　《照片》说明，《联华画报》1933 年第 2 卷第 5 期。

［35］　《"烈熖"中的"金屋""香草"》，《申报》1933 年 10 月 16 日。

［36］　《"百宝图"将于日内往无锡等处拍摄外景》，《申报》1936 年 7 月 1 日。

［37］　《电影消息·艺华杂写》，《申报》1936 年 9 月 23 日。

［38］　《电影消息·周璇被男女学生包围》，《申报》1936 年 9 月 30 日。

［39］　《高梨痕的"杨柳村"将往无锡东湖拍外景》，《申报》1936 年 10 月 14 日。

［40］　薛镇歧：《月光下的聂耳亭》，《无锡史志》2009 年第 7 期，第 51—60 页。

［41］　B 上：《评"大路"》，《电声》1935 年第 4 卷第 4 期。

［42］　《宝界山畔孙瑜摄取大路》，《锡报》1934 年 10 月 22—24 日。

［43］　《试演教育影片》，《新无锡》1917 年 12 月 17 日。

［44］　《辅仁中学筹开庆祝会》，《申报》1918 年 12 月 24 日。

［45］　《电影和风化之研究》，《新无锡》1921 年 7 月 31 日。

［46］　《公园影戏之复活》，《新无锡》1921 年 7 月 30 日。

［47］　《函请市董注意电影映片》，《无锡县立通俗教育馆汇刊》1922 年 9 月，第 51—52 页。

［48］　华尊：《电影与社会》，《无锡县立通俗教育馆汇刊》1928 年第 3 期，第 79 页。

［49］　《三师市政讲演会纪事》（续），《无锡新报》1922 年 10 月 8 日。

［50］　逸民：《市政讲演会》,《无锡新报》1922 年 10
　　　　月 7 日。

［51］　《中大区乡村实小联会开会纪》,《申报》1928 年
　　　　10 月 23 日。

［52］　《创办锡山电影学会消息》,《无锡新报》1924 年
　　　　5 月 25 日。

［53］　《电影学会之近讯》,《新无锡》1924 年 6 月 20 日。

［54］　戴公亮：《母院电化数育工作的回顾》,无锡文史
　　　　资料委员会编：《无锡文史资料》(江苏省立教
　　　　育学院专辑) 1991 年 12 月第 25 辑, 第 94 页。

［55］　《县初中二十周纪念志盛》,《锡报》1930 年 5 月
　　　　3 日。

［56］　《江苏第三师范校友会全体校友公鉴》,《申报》
　　　　1933 年 7 月 5 日。

［57］　《河埒口小学同乐会》,《锡报》1935 年 1 月 19 日。

［58］　《县图开映教育电影》,《锡报》1936 年 5 月 4 日。

［59］　《无锡县教育局、公安局检查电影片简则》,《无
　　　　锡县政公报》1929 年第 9 期, 第 3—4 页。

［60］　《无锡县教育局、公安局检查电影片简则》,《无
　　　　锡教育周刊》1929 年 9 月 4 日第 81 期, 第 24—
　　　　25 页。

［61］　《本局大事记》,《无锡教育周刊》1929 年 9 月 9
　　　　日第 82 期, 第 19 页。

［62］　《无锡县教育局、公安局检查电影片会议纪录》,
　　　　《无锡县政公报》1930 年第 28 期, 第 3 页。

［63］　《教局开始电化教育》,《锡报》1937 年 2 月 8 日。

［64］　毛毅静著：《影像记忆：百年变迁的教育叙述》,
　　　　教育科学出版社, 2015 年版, 第 56 页。

［65］　《教育消息一束》,《锡报》1929 年 11 月 1 日。

［66］　《省教学院、民众教育馆举行卫生运动》,《锡报》
　　　　1931 年 3 月 26 日。

［67］　《王庚新编民众体育实施法出版》,《申报》1933
　　　　年 10 月 2 日。

［68］　《中国教电协会年会论文和提案》,《申报》1936
　　　　年 4 月 29 日。

［69］　《教育电影协会在无锡举行年会》,《青岛教育》
　　　　1936 年第 4 卷第 1 期, 第 5—9 页。

［70］　《中国教育电影协会》,《锡报》1936 年 5 月 3 日。

［71］　俞庆棠：《欢迎中国电影协会第五届年会》,《教
　　　　育与民众》1936 年第 7 卷第 8 期。

［72］　《添设劳作师资电影电播科》,《申报》1936 年 7
　　　　月 1 日。

［73］　《江苏省立教育学院续招广告》,《申报》1936 年
　　　　8 月 15 日。

［74］　苏州大学原江苏省立教育学院校友会：《艰苦的
　　　　探索——江苏省立教育学院校友回忆录》, 1989
　　　　年版, 第 382 页。

［75］　熊贤君著：《俞庆棠教育思想研究》, 辽宁教育出
　　　　版社, 1997 年版, 第 208 页。

庆丰公司增资扩股引起股东大户结构变化的分析

顾纪瑞　顾乃熙[*]

【摘要】本文根据从上海市档案馆找到的庆丰公司历届股东名册，将持股较多的前10名股东大户排序后，分析因公司不断增资扩股引起他们进入和退出前10名的变动状况，计算各届10名股东大户合计共有股份占总数的比重，指出不同时期10名股东大户构成的特点，揭示股东大户的变动对董监事会人选的影响，记述董事会内部的几次重大纷争。指出唐氏股东虽然在董事会中占有极大优势，庆丰公司并未成为家族企业，他们确实加强了对企业的控制权和管理权，然而股份制企业的特征、规则、作用都得到体现，它最终反映在庆丰公司年年盈余并给股东分红、生产规模迅速扩大、设备和技术不断更新、管理制度得到改革、产品质量及经济效益的提高上。董事会的活动，在不同时期各有特点。

【关键词】庆丰公司　股东大户　构成　董事会

我们在上海市档案馆历时三年，陆续搜集到庆丰纺织印染股份有限公司（本文简称庆丰公司）自1921年至1955年的九届股东名册（经批准复印到三届，手抄一届，抄录主要内容五届），抄录到1955年公司填报的"庆丰纺织印染股份有限公司董监事及资方代表股份情况表"。根据这些档案资料，整理了九届股东名册和1955年报表内容，将持股数位居前10名的股东大户整理成"庆丰公司历届股东增资扩股前十名股东相关信息"表共10张，在每张表格的结尾，都写了一些"信息分析"，详见附件。

一、历届增资扩股引起股东
大户人员变动的状况

（一）将持股数较多的前10名列为股东大户的原因

庆丰公司1921年创设时，股东人数为256人。在按持股的多少分组统计时，第一组为200股以上（即投资2万元以上），股东正巧是10人（其他四组是100—199股，50—99股，11—49股，1—10股），这完全是一种巧合。随后陆续发现新的股东名册，试着都按持股数的

---

* 顾纪瑞：江苏省社会科学院经济研究所原所长，研究员

　顾乃熙：江苏华隆兴进出口有限公司财务部原经理

多少排出前10名，比对结果，前10名股东大户的持股总数占资本总额的比重虽有起伏，总体上是接近的，就这样沿用下来了。

历届10户股东大户的持股合计数占总股数额的比重为：1921年38.91%，1931年43.59%，1933年32.72%，1937年31.3%，1942年30.92%，1944年32.38%，1946年5月34.19%，1946年7月36.44%，1947年39.89%。经历了从最高的1931年43.6%，到最低的1942年30.9%，再恢复到1947年的39.9%的起伏过程。这个低谷正是1942年无锡沦陷时期，是经济衰败的必然反映。

我们也曾设想过，是否要按照全公司资本总额的递增，适当扩大股东大户的人数，比如增加为12名或15名，但遇到怎样合理设置阶梯的问题，加之人数增加之后，不同年份之间就不可比了。所以在这一个案中，就一直以前10名作为股东大户了。

（二）处于不同阶段股东大户的构成各有特点

从1921至1947年26年间，共有九届股东大户资料，经比较分析，发现随着时间的推移，在不同阶段其构成各有特点。

第一个特点是二届、三届退出前10名和进入前10名的人数较多。第二届（1931）前10名股东大户，上届退出4人（唐晋斋、秦采南、孙鹤卿、唐子培），本届新进入4人（孙国英、陈湛如、薛寿萱、敖士洲）。到第三届（1933），上届退出4人（唐慕潮即唐敬安、华叔琴、薛寿萱、敖士洲），本届新进入4人（华凝之、唐纪云、薛汇东、蒋雨辰），另由孙钟海接续孙国英。

第二个特点是第四届（1937）成为一个转折点。上届共退出6人，其中5人非唐姓，即蔡缄三、华凝之、陈湛如、薛汇东、蒋雨辰，唐姓仅唐纪云1人。新进入前10名的是唐义、唐

瑞千、唐祥千、唐敬安、唐淞源5人，是唐氏大户一次进入最多的一届，其人员构成相当稳定。从此，唐姓稳占前10名中的1至7、9名，8和10名主要是顾士朴和孙钟海。

第三个特点是五届至九届（1942、1944、1946.5、1946.7、1947）即沦陷时期和胜利之后的五届，前10名股东大户十分稳定，有两届既无人退出也无新人进入，其余两届都是退出1人新进入1人。最后第九届（1947）自第1至9名全姓唐，只有第10名是顾士朴。

第四个特点是以1937年的第四届为转折点，形成了相对稳定的唐氏股东大户群体，其人员包括唐星海、唐晔如、唐鸿基、唐义、唐瑞千、唐祥千、唐敬安（即唐慕潮）、唐安定、唐淞源等9人。多数人随大家一起增资扩股，同比例一起增资，有的甚至连排序都很少变动。进出最突然的是唐义，他1937年突然进入成第3名，1944年突然降到第15名，1947年以"多得"的56580股（565万元），再次成为第3名，弄不清他有什么背景。

（三）一个股东可用几个户名以及大股东可以全家合计所具有的优势

庆丰公司从创设时起，就允许一个股东可以使用几个户名，分别记在股票上；同时又要登记代表名，如唐保谦用了唐保记、唐谦记和谦记三个户名，代表名即持股者的实名是唐保谦。华叔琴一家有7个户名（华于记、华豹记、华荫绪、华维清各50股、莲记10股、华补过、华同善各18股）前5户似家长和子女，后2户是为族人做善事而设立，代表名都是华叔琴。

后来股东名册上每个股东填写的最后一项是详细住址。一家人连着排在一起，同姓，名字都能分辨出男女。我们整理时很方便地以家长为首，将一家人统计在一起，又同时详记各人名字和持股数于后，以便必要时做调整。庆

丰公司的股东大户，过半数以上包括了以夫人子女名义入股的股份数。这也是当时资产拥有状况的真实反映。

股东大户家长去世，大户会发生变化。蔡缄三抗日战争前夕去世，三兄弟开始仍按一家人统计，后来了解到确已分为三户，便分户统计，结果三人全退出了前10名，都在11—13名上下浮动。其中蔡漱岑1937年就担任公司董事，最后他还是进了前10名，1949年之后成为庆丰公司领衔的副总经理，是庆丰公司的实际负责人。

（四）1955年公私合营之前股东大户前10名持股信息（名单详见附表）

1. 与1947年股东大户前10名相比较，1947届退出的有唐晔如（1955年虽持有50万股，仅及唐星海持股数的3%）、唐义、唐鸿基、唐祥千、唐定安、唐敬安6人；1955年新增6人是唐斌宴、蔡漱岑、孙钟海、唐蔚文、唐慕汾、唐纪云。感觉到"老股东们又回来了"，比如蔡漱岑是蔡缄三的儿子，1949年后蔡漱岑是庆丰公司领衔的副总经理，并主持厂务。唐慕汾是老监察人。孙钟海1947年当选为董事。唐纪云是唐保谦的六弟，为庆丰公司做了许多事，任常务董事。

还出现两个"新角色"，唐斌宴和唐文蔚，他们是在公司里担任实职的资方人员中的股东大户，而且唐斌宴排在第2位。

2. 1947年与1921年首届做比较，35年间有的指标变化不大，如10位股东大户共计持股数占总股数的比重，1921年为38.91%，1955年为37.06%，相差不多。有的指标则发生巨大变化，如唐保谦1921年持股数占总数的11.88%，其子唐星海1955年则占18.22%，高出6.34个百分点。又如自第3位起到第10位的这种"占比"，1921年时是从3.81%降到2.50%只相差1.31个百分点（见表一）；而1955年则

从3.44%降到0.81%（见表十）相差2.63个百分点，"落差"很大，通俗点讲即10大股东大户之间的持股比重也拉开了差距。

3. 从老股东向后代人过渡，自1921年起到1955年，经过35年，在10名股东大户中，前辈与后代的继承者关系不变的，只有3户：唐保谦——唐星海，蔡缄三——蔡漱岑，顾叶舟——顾士朴。1949年后唐星海虽然人不在国内，去香港发展棉纺织工业了，但仍任庆丰公司常务董事。当时常务董事共五名，依次是钱孙卿、蔡漱岑、唐瑞千、唐星海、唐纪云。顾士朴任无锡庆丰公司资方代理人。

二、股东大户变动对董事监察人人选的影响

股东大户之间的博弈，谁持股多，谁进董事会的概率就高，发言权就大。而董事会是权力机构，对公司的发展方向、资金投向、设备引进、利润分配等重大问题有权做出决定，并由此影响机构设置、人事调动、运行机制和管理制度。

缺少1921年和1931年两届董事会成员的名单（上海市档案馆在对一部分档案进行审查后，宣布相关部分不再对外开放），故早期董事会的构成和特点只得空缺。只知道薛南溟是特地请来担任董事长的，后来他又担任过常务董事。

从1933年1月到1934年6月庆丰公司的文书档案中看到，当时发给立信会计事务所的函件，所开列的15位董事名单，股东大户前10名中有7人（唐保谦、薛汇东、孙国英、唐纪云、蔡缄三、陈湛如、唐鸿基）担任了董事。1937年4月25日送出增资110万元报告，署名的全体15位董事名单中，股东大户前10名中有8人（唐星海、唐晔如、唐鸿基、唐淞源、唐瑞千、孙国英、蔡缄三［报告原注，已故］、唐保谦［报告原注，已故］）担任董事。

庆丰公司的董事会进入中期，在人事安排上，重视庆丰公司创办人及第二代人同时共事，着力培养第二代的色彩比较浓重，或创办人去世后很快安排下一代人接班。例如1933年至1934年间的董事共15人，唐保谦、唐星海、唐晔如一家3人都是董事，还有英语流利、懂技术的六弟唐纪云，内侄陈湛如，共5人。蔡缄三和蔡君植，一家2人。薛南溟去世后，其子薛汇东1933年任董事。15人中唐、蔡、薛三家人和近亲占8人，已超过半数，讨论和决定大事，易达成共识。所以能进入董事会的人选，又并非只要是股东大户就够条件的。

三、董事会内部几次重大纷争

庆丰公司1935年发展成无锡地区的大型股份有限公司。1936年唐保谦去世，唐星海接受分得的遗产，之后接任厂长、经理，与其弟唐晔如对怎样办厂意见不协调。1937年抗日战争全面爆发，唐星海在无锡沦陷之前，组织人力抢运出一批机器设备、物资、档案、账册，以及黄金、银圆、外汇、现钞，主要运往上海租界。唐晔如认为唐星海私吞经手的资产，公开责问，要求查账，撤销唐星海总经理职务。由此，在董事会内部发生了几场风波（都以有文字档案记载的为根据）。

（一）首先各自公开在报上制造舆论

民国二十九年（1940）四月五日之前多次召开董事会，因对审核年度账略和酌发股息等发生争执，以致会议都未开完。以董事唐晔如和监察唐凤岱等为代表，组成股东联合会，在报纸上公开发表"股东联合会宣言"（尚未查到原文），指责唐星海。唐星海在民国二十九年（1940）十二月十四、十五两日，在《申报》和《新闻报》同时发表《敬告庆丰纺织漂染整理股份有限公司各股东启事》。在

这之前，他还写过《庆丰公司事变以来经过状况》，详述庆丰因战事造成的巨大损失，运出物资变卖后偿付欠款的情形及筹建保丰公司的经过等。之后，又写了《无锡庆丰股份有限公司全体股东公鉴》，内容为"阅报载唐监察凤岱纠正启事，有应行声明各点如下"，从七个方面逐一进行了驳斥。

总体印象，唐星海写了很多，公布了很多，虽是一面之词，但还是在摆事实讲道理。以唐晔如和唐凤岱为代表提出的许多疑问，归根到底都关系到股东们的切身利益问题：庆丰的资产损失多少、能发股息吗？保丰赚钱了何时能分红？

唐星海让得力助手用毛笔字写了一份不到400字的《本公司资产负债状况简要说明》，再打印成一页纸的文件（两件均存档，文档号Q199—20—7），全文如下：

《本公司资产负债状况简要说明》

沦陷时本公司负债总额约五百万元（股本在外），除去运出货物及购结外汇两项三百万元相抵外，计尚轧亏二百万元。

上项轧亏系属下列二项所致，（一）廿六、七、八年盈余虽有一百七十万元，以抵战事货物等项损失一百九十万元尚嫌不足。（二）全部资产五百七十七万元尚在沦陷之中，损失难计，除将资本、公积、折旧等项三百八十万元扣抵外，尚短一百九十余万元。

截至现在已还去债务二百余万元，而负债总额尚近三百万元，除以保丰资本二百万元相抵外，尚轧亏近一百万元，大约今年可以弭平。

会计师查账报告书所列盈余，即系廿六、七、八年盈余一百七十万元与汇票结余一百十四万元之和，除去战事损失一百九十万元后，所得之数为九十四万元。

故照实际而论，（一）现在股东股本

尚全部搁在无锡厂产之中,(二)保丰资本金全由债务移充而来。

此打印的"简要说明",无发送对象,无署名,无日期,但肯定大量散发了,否则不必打印。文告是针对无锡庆丰在沪的董事和股东们吵着要股息,看到保丰投产后情况良好,也想沾点好处的情况。"简要说明"用最后两句"故照实际而论"做了清楚回答。

(二)其次要求开董事会审查账略

1941 年 3 月,唐晔如、唐纪云、唐淞源、华俊明(华艺珊之子)四董事联名(特地加盖了私章)致函唐星海,要求在民国三十年(1941)三月二日召开临时董事会,听取监察唐凤岱兵灾后历年账略彻查办法,希唐星海出席,并将二十九年度账略送会。唐星海于三月二日(即要求开会的日期)送出复信给四位董事:

> 兵灾后廿六、廿七年度账略,早经董事会通过在案,唐监察均列席会议并无异议。廿八年度账略造具后,已由潘序伦会计师将三年来账目合并查核出具报告,唐监察并未来公司查核。至于廿九年度账略,一部份清总于去年被唐监察委托会计师唐在章取去,屡催迄未归还,以致不能誊清全部账目无法结束……各项常年应办事宜悉被阻挠,以致无法出席报告。

从来往信函交锋的内容看,这一次是以唐星海摆出事实经过,拒绝出席会议而告终。

(三)兄弟相争收回无锡庆丰公司

1941 年太平洋战争爆发,从 1942 年起开始讨论发还庆丰公司给原主之事,唐星海和唐晔如都想由自己出面接收。

这里引述顾纪德对这件大事的详细记述:

> 1943 年 5 月,南京汪伪政府实业部发出通知,要原庆丰纺织漂染公司派代表前

去接收,恢复生产。晔如先生抢先组织了以唐纪云、蔡漱岑、华俊民、唐淞源为主体的股东管理委员会,正式出面接收了庆丰纺织漂染公司,并通过活动由实业部出面,指定唐晔如为经理,兼任厂长,宣布解散原管理委员会。

对此,唐星海先生当然不甘心,待到1943 年 9 月汪伪政府"改组"后,通过关系正式呈上申诉状,俩兄弟的官司从无锡法院一直打到南京法院。

正当兄弟俩相争得不可开交时,日本大康纱厂经理大和藤六抛出了他们蓄谋炮制的备忘录,要庆丰"偿还"日方在庆丰的"修复费",累计 112 万余元日币,合当时的中储券 623 万余元。面对偌大的数目,晔如先生以及唐纪云、唐淞源等其他董事们不知如何应对。星海先生乘机直接回到庆丰,要求召开董事会。在会上,他理直气壮地提出:多年来,庆丰都是事无大小由董事会议决,像接回"庆丰"这样的大事竟然不经董事会研究,几个人就擅自成立"庆丰厂管理委员会"去接回工厂。强调只有董事会才有权推举经理,再委托经理任命厂长,由政府实业部指定经理和厂长是无效的。被日商扰得六神无主的晔如先生,只得知难而退,交出了大权。[1]

无锡庆丰收回后,因当年亏损严重,为维持生产,迫不得已在 1944 年推出了增资扩股计划。起初唐晔如、唐淞源、华俊民三董事和唐凤岱监察拒不同意,后来态度转变。这事在民国三十三年(1944)四月一日增资报告中曾提到(由陈湛如、唐星海、蔡漱岑、唐纪云等九位董事署名):"且董监事中唐晔如、唐淞源、华俊民和唐凤岱均已签名同意,并附四人填具之认股增资申请书和领股收据的照片。"这场余波总算平息。

四、抗日战争胜利后两届董事会机构 稳定、唐氏股东占很大优势

抗日战争胜利之后，在1946年5月27日，由出席股东大会的股东402人，计代表668966股（合602472权），选举产生了新一届董事会的十五名董事和两名监察。到1947年9月1日，原董事会在完成增资后，紧接举行董事会改选，由代表股份61278200股的股东投票选举新董事会的十五名董事和两名监察。这两届董事会的改选有以下特点。一是召开改选会之后，用"股东会议录"这种文件形式（共1页），公布了选举结果，并附有每个当选人得到的权数。二是第二次选举的结果，上届原班人马全部当选。

1946年5月27日当选董事名单（按所得权数的多少排序）：1.唐星海，2.唐纪云，3.薛汇东，4.蔡松如，5.陈景武，6.钱基厚，7.蔡漱岑，8.唐晔如，9.唐瑞千，10.唐骥千，11.华俊明，12.孙钟海，13.唐凤岱，14.唐淞源，15.唐鸿基。监察2人：蔡稚岑，唐慕汾。

1947年9月1日当选董事名单（也按所得权数的多少排序）：1.唐星海，2.唐纪云，3.蔡漱岑，4.唐瑞千，5.唐晔如，6.钱基厚，7.薛汇东，8.蔡松如，9.唐淞源，10.唐鸿基，11.唐凤岱，12.华俊民，13.陈景武，14.唐骥千，15.钱钟海。监察2人：蔡稚岑，唐慕汾。

三是如将两届人选的排序做比较：维持原序号的3人，唐星海（两次均第1位），唐纪云（两次均第2位），钱基厚（两次均第6位）。排序号上升的6人，蔡漱岑（7升3），唐晔如（8升5），唐瑞千（9升4），唐淞源（14升9），唐鸿基（15升10），唐凤岱（13升11）。排序号下降的6人，薛汇东（3降7），蔡松如（4降8），陈景武（5降13），唐骥千（10降14），华俊民（11降12），孙钟海（12降15）。两位监察人蔡稚岑和唐慕汾都再次当选。

可以说这两届董事会机构很稳定，不仅稳定，15位董事中，唐氏占8位，已超过半数；而且1947届改选的结果，排序上升的共6位，其中5位都是唐氏。唐氏董事在董事会内占有很大优势。唐氏股东虽然在董事会中占有很大优势，庆丰公司并未成为家族企业，他们确实加强了对企业的控制权和管理权，对自己拥有的资产和发展前景更加放心了。而且股份制企业的特征、规则、作用都得到体现，这集中体现庆丰公司早期运行模式的优势。

在资本运营上，实现年年分红，获得的利润少分多留，用留下的利润不断投入扩大再生产；同时边增加实收资本，边大量吸储社会闲散资金，公司流动资金充足，在1936年之前不需要向银行抵押贷款。在设备更新和技术改造上，不断引进新设备，改造老设备，形成纺纱、织布、漂染生产链，成为完整的大型纺织印染股份公司。在企业管理制度上，改总管为厂长，废除公头制实行工程师制。划出试验车间，采用国外引进的管理办法，提高看车（台）能力和产品质量，再推广至全厂。在产品开发上，推出"双鱼吉庆"名牌，成为无锡棉纱市场代表品牌。多生产高附加值产品，大幅度提高销售收入。在原料供应上，在常阴沙等地设棉花收购基地，依靠一支专业队伍，运用社会运输力量，保证了原料供应的数量和质量。在解决专业人才问题上，高薪聘请高级专家，自主培养中级专业人才、技工、艺徒，依靠他们推广新技术，提高产品的质量和产量，降低了成本。

与此同时，在发挥董事会的作用上，不同时期各有不同。在1921—1936年唐保谦主持厂务时期，鉴于庆丰的创设人主要是唐保谦和蔡缄三，两人合办九丰面粉厂积累了办纱厂的资本，又结成儿女亲家，为了提高庆丰公司的信誉，特地请薛南溟担任董事会的董事长，遇有重大事项均经董事会讨论后做决定。抗日战争时期，在战事平静后，唐星海与唐晔如兄弟

之间矛盾公开化，发生重大纷争三起，董事会成为解决矛盾的主要阵地。抗战胜利后董事会的选举制度化、公开化，人员构成稳定，内部相对平静。

五、必须重视中小股东在大型股份公司中的作用

庆丰公司从 1921 至 1935 年，用 15 年时间发展成大型股份制公司，其股东持股数居前 10 位的股东大户，每届名单会有老的退出新的进入之变化，以及排序前后之变动，博弈结果对公司董事会成员构成有直接影响。而董事会是公司的权力机构，它决定增资扩股的目标和办法、经营方向、扩建计划、重要人事变动、管理制度等重大问题。他们所持股本占资本总额的30%—40%（个别年份略超 40% 达到 43.6%），已是很大的份额，而公司其余 60%—70% 的资本，全靠中小股东的投资。庆丰公司股东总人数 1921 年时为 256 人，到 1947 年增至 855 人。正是由于实行股份制，才能面向全社会筹集资金，正是大量中小股东的踊跃投资，才能积少成多，办成大事。

庆丰公司初创设时，对认购 1 股（100 元）的小股东也来者不拒。之后，由于公司不断扩大生产规模，年年分红，后来更固定股息每年10%，这很有吸引力。在实行持有旧股可以分到新股的办法后，新股东们也看到了下一次就能分到新股的希望，因此自有大量中小股东源源不断而来。

公司董事会和股东大户们，知道每年会有一批中小股东，由于诸如婚丧嫁娶等各种原因，不得不转让、出售股票，因此必须不断补进新股东。又自 1942 年起，每届增资扩股都是移用"固定资产增值"部分，抵充旧股所添新股的资金来源，只有吸收新股东，才会给公司带来新的资金，所以适度吸收新的中小股东，是董事会的明智之举。

不过对照 1946 年 12 月 28 日南京政府国防最高委员会第 212 次常务会议通过的《工矿运输事业重估固定资产价值调整资本办法》（上海档案馆 Q199—20—1）第七条的规定，"估价增资时，至少应按所估之价值总额的五分之一，另行招募现金新股。"庆丰公司在吸收"现金新股"方面做得还不够，如 1946 年 5 月增资扩股，以固定资产增值移作资本数为 8656.6 万元，吸收新股 1432.40 万元，占 16.55%，这是较好的一次，尚未达到 20%。1947 年增资中有多少新股缺资料。

庆丰公司的发展史告诉人们，既要肯定股东大户对大型股份制的重大贡献和看到他们管理中存在的问题，也要重视大公司内中小股东的地位，给以公平待遇，更好地发挥他们的作用。

附表：

庆丰公司历届股东增资扩股前十名股东相关信息

表一　庆丰公司1921年4月股东名册相关信息

总数：8000股，股银数80万银元，每股100元。

文档号：Q—90—1—86，《辛酉股东名单》。

序号	页码	姓名	股数（股）	共计股数（股）	占总股数	股银数（万元）
1	26	唐保谦	950	950	11.88%	9.50
2	32	唐晋斋	350	350	4.37%	3.50
3	30 42	唐慕潮（唐敬安） 金唐节孝	300 5	305	3.81%	3.05
4	42	秦采南	240	240	3.00%	2.40
5	37 42	蔡缄三 永记	200 30	230	2.87%	2.30
6	27 31	华叔琴 华补过、华同善	210 18	228	2.85%	2.28
7	30 34	顾叶舟 顾时望	200 10	210	2.63%	2.10
8	41	孙鹤卿	200	200	2.50 %	2.00
9	32	唐鸿基	200	200	2.50%	2.00
10	32	唐子培	200	200	2.50%	2.00
		合计		3113股	38.91%	31.13万元 占股银总数 80万元的38.91%

表二　庆丰公司1931年增资扩股股东名册相关信息

总数：旧股8000股，新股6000股，共1.4万股，股金额140万元，每股100元。

文档号：Q90—1—864，《现有股东名册》。

序号	页码	姓名	股份数（股）	股银数（万元）
1	48	唐保谦 （含唐谦记152，唐保记849，谦记398， 唐知乐739，保记130，霞记85，保记43股）	2396	23.96
2	63	唐慕潮 （含唐敬安105，唐侯峰350，唐侯峰200， 唐敬记85，唐慕记10，金唐节孝7股）	757	7.57
3	69	唐鸿基 唐锟如	585 86	6.71
4	47	蔡缄三 （含缄记110，君植150，守存150，治存150股）	560	5.60
5	54	华淑琴 （含华于记171，华荫绪171，华瓶记62，华福记17股）	421	4.21
6	57	顾士朴 （含顾叶记154，顾时望10，顾士记79， 顾芙记30，顾朴记43，顾士朴62股）	378	3.78
7	47	孙国英 （含国英146，国记20，英记20，钟记28，海记28股）	242	2.42

（续表）

序号	页码	姓名	股份数（股）	股银数（万元）
8	53	陈湛如 （含湛记157，盈记40，盈记17，贞记18股）	232	2.32
9	68	薛寿萱 （含寿萱68，汇东68，毓津70，涤记17股）	206	2.23
	71	薛寿萱	17	
10	45	敖士洲 （含士洲159，宇洲64股）	223	2.23
		合计	6103股	61.03万元 占股银总数 140万元的43.59%

信息分析：

1. 退出和进入前10名：上届唐晋斋、秦采南、孙鹤卿、唐子培4人退出前10名。本届孙国英、陈湛如、薛寿萱、敖士洲进入前10名。

2. 排序上下变动：唐慕潮3升2，唐鸿基9升3，蔡缄三5升4，华叔琴6升5，顾士朴7升6。

3. 开始出现将股份分给亲属的现象，如蔡缄三家、薛南溟家，暂时仍归一家合计，到他们事实上分家后再分户计数。

表三　庆丰公司1933年3月增资扩股股东名册相关信息

总数：1931年旧股1.4万股，股金140万元。1933年增资1.1万股，股金110万元。

1933年共计2.5万股，股金250万元。每股100元。

文档号：Q90—1—621。

序号	页码	姓名	共计股份数（股）	股银数（万元）
1	64	唐保谦 （含保谦900，保安845，滋镇600， 益源500，知乐800，保滋300股）	3945	39.45
2	84	蔡缄三 （含缄三322，稚存191，守存180， 君植180股）	873	8.73
3	65	唐鸿基 （含唐鸿基735，唐韫如108股）	843	8.43
4	91	顾士朴	573	5.73
5	65	唐纪云	341	3.41
6	78	华凝之	338	3.38
7	69	孙钟海 （含孙国英）	331	3.31
8	75	陈湛如	320	3.20
9	87	薛汇东 （含汇东88，学谦112，育津88股， 庄、景侨、中、钦各5股）	308	3.08
10	87	蒋雨辰	307	3.07
		合计	8179股	81.79万元 占股金总数 250万元的32.72%

信息分析：

1. 退出和进入前10名：上届唐慕潮、华叔琴、薛寿萱、敖士洲退出前10名。本届华凝之、唐纪云、薛汇东、蒋雨辰进入前10名。孙钟海接孙国英。

2. 排序上下变动：蔡缄三4升2，顾士朴6升4，薛汇东进入9名。

表四　庆丰公司 1937 年 5 月增资扩股股东名册相关信息

总数：旧股 2.5 万股，新股 5000 股，共计 3 万股。股金总额国币 300 万元，每股 100 元。

文档号：Q90—1—1075，民国二十六年（1937）五月《增资股东名册》。

序号	页码	编号	姓名	旧股数（股）	新股数（股）	共计股份数（股）	股金数（万元）
1	31	189	唐晔如	1427	293	1756	17.56
	33	210	唐文慧	27	9		
2	33	214	唐鸿基	735	149	1013	10.13
		215	唐锟如	108	21		
3	31	183	唐义	1000		1000	10.00
4	33	207	唐瑞千	112	171	983	9.83
		206	唐仁	700			
5	33	208	唐祥千	8	160	968	9.68
		209	唐逸	800			
6	31	184	唐星海	380	263	877	8.77
		185—188	（含骥千、骏千、骅千各旧 55 新 11 股，唐温金美旧 30 股、新 6 股）	195	39		
7	32	199	唐敬安	567	133	812	8.12
		198	唐慕汾	109	3		
8	67	621	顾士朴	573	114	687	6.87
9	31	190	唐淞源	148	112	650	6.50
		191—195	（含乘千、晋千、运千、齐千各旧 90 股柞千旧 30 股）	390			
10	30	170	孙钟海	291	62	645	6.45
		169	孙国英	240	52		
			合计			9391 股	93.91 万元 占股金总数 300 万元的 31.30%
11	48	389	华凝之	44	8	462	4.62
		388—392		343	67		
12	31	182	唐纪云	341	76	417	4.17
13	55	468	蔡漱岑	294	62	356	3.56

信息分析：

1. 唐保谦先生 1936 年 12 月病逝，他拥有的资产分别由唐星海、唐晔如等亲属继承。

2. 退出进入前 10 名：上届蔡缄三、唐纪云、华凝之、陈湛如、薛汇东、蒋雨辰 6 人退出前 10 名，是退出人数最多的一届。本届唐义、唐瑞千、唐祥千、唐敬安、唐淞源 5 人进入前 10 名，是唐氏股东一次进入最多的一届。庆丰公司 1937 年增资后，前 10 位股东大户中唐氏占 8 位，唐晔如居首位。蔡氏、薛氏和华氏都退出了前 10 位。

3. 排序上下变动：顾士朴 4 降 8，孙钟海 7 降 10。

4. 庆丰 1937 年的增资各股东应缴之股银，系由公司按照股额，将本届应发红利 50 万元，完全分配发给，如数转入股本项下。这是以当年待分配的 50 万元红利，按旧股数额平均分配到户，作为应交的股银。新股数相当于旧股数的 1/5，按 1/5 分配新股，每股股银 100 元。庆丰以应分发的红利，直接按旧股数平均分配做股金，是仅有的一次。

表五　庆丰公司 1942 年 7 月增资扩股股东名册相关信息

总数：旧股 3 万，新股 6 万，合计 9 万股，股金额中储券 900 万元，每股 100 元。

文档号：Q199—20—5。

序号	页码	姓名	旧股数（股）	新股数（股）	小计（股）	共计股份数（股）	股金（万元）
1	25	唐晔如	1720	3440	5160	5268	52.68
		唐文慧	36	72	108		
2	26	唐鸿基	884	1768	2652	3039	30.39
		唐韫如	129	258	387		
3	25	唐义	1000	2000	3000	3000	30.00
4	26	唐瑞千	298	596	894	2994	29.94
		唐仁	700	1400	2100		
5	65	唐祥千	168	336	894	2904	29.04
		唐逸	800	1600	2400		
6	25	唐星海（含骥千、骏千、骅千各旧 66 新 132 股）	748	1496	2244	2838	28.38
			198	396	594		
7	26	唐敬安	700	1400	2100	2436	24.36
	25	唐慕芬	112	224	336		
8	25	唐淞源（含乘千、晋千、运千、齐千各旧 90 新 180 股，柞千旧 30 新 60 股）	260	520	780	1950	19.50
			390	780	1170		
9	33	孙钟海	353	706	1059	1935	19.35
		孙国英	292	584	876		
10	48	顾士朴	487	974	1461	1461	14.61
		合计				27825 股	278.25 万元
							占股金总数 900 万元的 30.92%
11	37	华文雍	288	576	864	1386	13.68
			174	348	522		
12	24	唐纪云	208	416	624	1251	12.51
			209	418	627		

信息分析：

1. 本次股东增资以 1937 年股东持股数为基础增加了 2 倍，如原有旧股 1000 股，可增 2000 股，共有 3000 股。新股资金以锡沪两厂固定资产增值项下 600 万元抵充，即备注中所记："民国三十一年十一月二十五日，以资产增值计股，故缴款年月日栏从略。"老股东没有再缴款。

2. 由于按相同比例增资，故前 10 位股东大户总名单无增减。序号除顾士朴因减少旧股 200 股，从第八位降到第十位，唐淞源和孙钟海上升为第八、九位之外，其余 7 人均无变化。

表六　庆丰公司 1944 年 4 月增资扩股股东名册相关信息

总数：旧股 9 万，新股 81 万股，共计 90 万股，股金中储券 9000 万元，每股 100 元。

文档号：R13—1—301—1。

序号	页码	姓名	旧股数（股）	新股数（股）	小计（股）	共计股份数（股）	股金（万元）
1	107	唐星海	1269	11421	12690	58410	584.10
		夫人子女	4572	41148	45720		
2	107	唐晔如	5160	46440	51600	52680	526.80
		唐文慧	108	972	1080		
3	109	唐鸿基	2652	23868	26520	30390	303.90
		唐韫如	387	3483	3870		
4	108	唐瑞千	1418	12762	14180	30180	301.80
		唐仁	1600	14400	16000		
5	108	唐祥千	1104	9936	11040	29040	290.40
		唐逸	1800	16200	18000		
6	108	唐敬安	2151	19359	21510	24870	248.70
		唐慕汾	336	3024	3360		
7	107	唐淞源	640	5760	6400	19500	195.00
		子女	1310	11790	13100		
8	106	孙钟海	1059	9531	10590	19350	193.50
		孙国英	876	7884	8760		
9	126	顾士朴	1161	10449	11610	14610	146.10
		夫人儿子	300	2700	3000		
10	118	蔡稚岑	1238	11142	12380	12380	123.80
		合计				291410 股	2914.10 万元 占股金总数 9000 万元的 32.38%
11	117	华文雍	1208	10872	12080	12080	120.80
12	114	陈湛如	1116	10044	11160	11160	111.60
13	106	唐纪云	608	5472	6080	10510	105.10
		子女	443	3987	4430		
14	107	唐义	1000	9000	10000	10000	100.00

信息分析：

1. 旧股数核实情况：各股东 1942 年的合计股数，应是 1944 年的旧股数。经过比对，唐晔如、唐鸿基、唐祥千、唐淞源、孙钟海、顾士朴共 6 位两数相一致。蔡稚岑是新增大户，无上届资料比对。还有 3 位超出上届基数，唐星海超 3003 股，唐敬安超 51 股，唐瑞千超 24 股。其中唐星海一人超 3003 股，本届每 1 旧股可增加 10 倍新股，即增加 30030 新股、股金 300.3 万元。

2. 本届前 10 名股东大户中，退出的是唐义，新进的是蔡稚岑。

3. 10 位股东大户的排序，最大变化是唐星海跃居首位，并从此稳居首位，唐晔如降为第二位。本届在前 10 位中 1 至 7 位都是唐氏，最后 3 位是孙氏、顾氏和蔡氏。

表七　庆丰公司 1946 年 5 月调整资本股东名册相关信息

总数：旧股 90 万股，中储券 9000 万元，调整为 90 万股，法币 9000 万元，每股均 100 元。

文档号：Q90—1—249，本届为调整资本，即将中储券按兑换比例换为法币并补足缺额。

序号	页码	编号	姓名	旧股数（股）	新股数（股）	小计（股）	共计股份数（股）	股金（万元）
1	37	260	唐星海	769	9861	10630	62630	626.30
		262—269	夫人子女		52000	52000		
2	37	270	唐晔如	1720	50150	51870	52950	529.50
		271	唐文慧	36	1044	1080		
3	38	278	唐瑞千	298	14102	14400	30400	304.00
		283	子女	700	15300	16000		
4	38	297	唐鸿基	884	25636	26520	30390	303.90
		298	唐韫如	129	3741	3870		
5	38	284	唐祥千	168	9872	10040	29040	290.40
		285—288	夫人子女	800	18200	19000		
6	38	295	唐敬安	700	20810	21510	24870	248.70
		296	唐慕汾	112	3248	3360		
7	37	260	唐定安	105	23625	23730	23730	237.30
8	37	272	唐淞源	260	6240	6500	19600	196.00
		273—277	子女	390	12710	13100		
9	36	240	孙钟海	353	10237	10590	19350	193.50
		239	孙国英	292	8468	8760		
10	62	796	顾士朴	487	12723	13210	14710	147.10
	63	797—798	夫人儿子	1500	1500			
			合计				30767 股	3076.70 万元
								占股金总数 9000 万元的 34.19%
11	53	605	蔡稚岑	366	12014	12380	12380	123.80
12	53	603	蔡君植	354	10266	10620	10620	106.20
13	36	253	唐纪云	208	5872	6080	10510	105.10
	37	254—259	子女	209	4221	4430		
14	37	261	唐义	1000	9000	10000	10000	100.00

信息分析：

1. 核实旧股数：各股东 1946 年 5 月的旧股数，应是 1937 年 5 月的共计股份数，是承接上届的基数，理应完全一致。经逐户复核，在上表 14 户中，完全一致的 6 户，即唐晔如、唐鸿基、唐义、唐祥千、唐敬安、唐淞源；基本上相符的 1 户，唐瑞千（1937 年 983 股，1946 年 998 股，多出 15 股，经查找发现 390 号张令明 6 股，391 号张令仪 6 股，住址也是祁门路 660 号 11 号，与唐瑞千相同，可能是亲戚，但只有 12 股仍少 3 股）。1946 年的旧股数比 1937 年共计股份数少的共 2 户，唐星海少 108 股（原因不明），顾士朴少 200 股（估计沦陷时期治病修

住宅等巨额开支转让了股票）。因序号变动不可比较的 1 户，序号 10，1937 年是孙钟海，1946 年是顾士朴。

2. 上届蔡稚岑退出前 10 名，本届唐定安进入前 10 名。

3. 序号上升最突出的是唐星海，1937 年居第 6 位，1944 年已跃居首位，1946 年再居首位。其余上升的仅唐瑞千 4 升 3。不升不降的唐晔如 2，唐祥千 5，唐敬安 6。下降的唐鸿基 3 降 4，唐淞源 7 降 8，孙钟海 8 降 9，顾士朴 9 降 10。

4. 若以姓氏划分，1937 年时，前 1—7 位和第 9 均为唐氏，第 8 和第 10 位为顾氏、孙氏，到 1946 年 5 月 1—8 位均唐氏，9—10 位为孙氏、顾氏。

表八　庆丰公司1946年7月增资扩股股东名册相关信息

总数：旧股90万股，新股180万股，共计270万股，股金额27000万元，每股100元。

文档号：Q90—1—249。

序号	页码	编号	姓名	旧股数（股）	新股数（股）	小计（股）	共计股份数（股）	股金（万元）
1	98	260	唐星海	15630	31260	46890	253890	2538.90
		262—269	夫人子女	69000	138000	207000		
2	98	270	唐晔如	51870	103740	155610	158850	1588.50
		271	唐文慧	1080	2160	3240		
3	99	278	唐瑞千	14400	28800	43200	91200	912.00
		279—283	子女	16000	32000	48000		
4	99	297	唐鸿基	26520	53040	79560	91170	911.70
		298	唐韫如	3870	7740	11610		
5	99	284	唐祥千	10040	20080	30120	87120	871.20
		285—288	夫人子女	19000	38000	57000		
6	99	295	唐敬安	21510	43020	64530	75510	755.10
		296/2	唐慕汾/2	3360	6720	10080		
		3243	唐敬记	300	600	900		
7	98	269	唐定安	23730	47460	71190	71190	711.90
8	97	240	孙钟海	10590	21180	31770	58050	580.50
		239	孙国英	8760	17520	26280		
9	98	270	唐淞源	4050	8100	12150	52650	526.50
		273—277	子女	13500	27000	40500		
10	23	796	顾士朴	13260	26520	39780	44280	442.80
		797—798	夫人儿子	1500	3000	4500		
		合计					983910股	9839.10万元
								占股金总数27000万元的36.44%
11	98	261	唐义	12160	24320	36480	36480	364.80
12	15	604	蔡漱岑	12090	24180	36270	36270	362.70
13	11	530	华文雍	7500	15000	22500	36180	361.80
		529	华凝之	4560	9120	13680		
14	15	605	蔡稚岑	11680	23360	35040	35040	350.40
15	97	253	唐纪云	6080	12160	18240	31530	315.30
		254—259	子女	4430	8860	13290		
16	15	603	蔡君植	10420	20840	31260	31260	312.60

信息分析：

1. 核实旧股基数：各股东1946年7月旧股数应与1946年5月共计股份数一致。现经核对，7户相同：唐晔如、唐瑞千、唐祥千、唐鸿基、唐敬安、唐定安、孙钟海。2户增加：唐星海超出22000股，顾士朴超50股。1户减少：唐淞源少2050股。其中唐星海旧股超出22000股，再加添新股2倍，可达到66000股，得股金660万元。

2. 上届无人退出前10名，本届也无人新进入前10名。

3. 排序号的变动：本来旧股数×2=新股数，同比例增加，各户的序号不会变动，因唐淞源旧股减少2050股，由8降为9，故孙钟海由9升为8。

表九　庆丰公司 1947 年 7 月增资扩股股东名册相关信息

总数：270 万股，新股 8730 万股，共 9000 万股，股金额法币 90 亿元，每股 100 元。

文档号：Q90—1—249。

序号	页码	姓名	旧股数（股）	新股数（股）	小计（万股）	共计数（万股）	股金数（万元）
	95	唐星海	46 890	1 516 110	156.30		
1	96	夫人子女	207 000	6 693 000	690	996.30	99 630
	96	唐星海	45 000	1 455 000	150		
2	96	唐晔如	155 610	5 031 390	518.70	558.56	55 856
		夫人子女	11 958	386 642	39.86		
3	96	唐义	93 060	3 008 940	310.20	310.20	31 020
4	97	唐瑞千	43 290	1 399 710	144.30	304.30	30 430
		子女	48 000	1 552 000	160.00		
5	97	唐鸿基	79 560	2 572 440	265.20	303.90	30 390
	98	唐锟如	11 610	375 390	38.70		
6	97	唐祥千	30 120	973 880	100.40	290.40	29 040
		夫人子女	57 000	1 843 000	190.00		
7	96	唐定安	76 320	2 467 680	254.40	254.40	25 440
		唐敬安	64 530	2 086 470	215.10		
8	97	唐慕汾	9 180	296 820	30.60	248.70	24 870
		唐敬记	900	29 100	3.00		
9	96	唐淞源	12 150	392 850	40.50	175.50	17 550
	97	子女	40 500	1 309 500	135.00		
10	20	顾士朴	39 780	1 286 220	132.60	147.60	14 760
		夫人儿子	4 500	145 500	15.00		
		合计				3 589.86 万股	358 986 万元
							占股金总数
							90 亿元的 39.89%
11	12	蔡漱岑	36 270	1 172 730	120.9	120.9	12 090
12	12	蔡稚岑	35 040	1 132 960	116.8	116.8	11 680
13	12	蔡君植	31 260	1 010 740	104.2	104.2	10 420

信息分析：

1. 如前所述，各股东 1947 年的旧股数，应与 1946 年的共计股份数相一致。现经核对，前 10 位股东大户中一致的 5 户，唐祥千、唐淞源、顾士朴、唐鸿基、唐敬安。超出的 5 户，其中数额大的 2 户，一是唐星海（超 45000 股），一是唐义（超 56580 股）。配上 32.33 倍新股，再加旧股基数，唐星海可得到 1.4999 亿元，唐义可得到 1.8859 亿元。

2. 上届孙钟海退出前 10 名，本届唐义进入前 10 名。

3. 序号变动：前 10 名股东大户的排序，无变化的 5 户，唐星海 1、唐晔如 2、唐定安 7、唐淞源 9、顾士朴 10。下降的 4 户，唐瑞千 3 降 4，唐鸿基 4 降 5，唐祥千 5 降 6，唐敬安 6 降 8。

4. 1947 年 7 月名单中，旧股与新股的比例关系。总数的比例关系是 270 股：8730 股 =1：32.33（32.3333……循环小数）。对 10 家股东大户旧股与新股的比例进行验算，结果是完全符合的 8 户（名单略），其余 2 户略低，基本符合。

表一〇　庆丰公司1955年公私合营之前股东大户前10名持股数信息

总数：无锡、上海两厂共9000万股，资本总额核定为1800万元人民币（新币），每股0.20元。

文档号：S 30—4—115—14。

序号	姓名	本人持股数（万股）	家族持股数（万股）	合计股数（万股）	占总股数的比重（万股）	备注
1	唐星海	404.5	1235.1	1639.6	18.22%	不在国内
2	唐斌宴			514.8	5.72%	资方实职人员
3	唐瑞千	210	100	310	3.44%	
4	孙钟海	75	118.5	193.5	2.15%	
5	唐淞源	94.5	85.2	179.7	1.99%	
6	蔡漱岑	104.5	30	134.5	1.49%	
7	顾士朴	124		124	1.38%	
8	唐蔚文	89.1		89.1	0.99%	资方实职人员
9	唐慕汾	55.5	21.45	76.95	0.86%	
10	唐纪云	10	63.1	73.1	0.81%	
	合计			3335.25	37.06%	

信息分析：

1. 与1947年股东大户前10名相比较，上届退出唐晔如、唐义、唐鸿基、唐祥千、唐定安、唐敬安6人；本届新增6人：唐斌宴、蔡漱岑、孙钟海、唐蔚文、唐慕汾、唐纪云。感觉到"老股东们又回到前10名了"，比如蔡漱岑是蔡缄三的儿子，因兄弟三人分家各持股三分之一左右而退出前10名，后来经过努力进入了前10名，1949年后蔡漱岑是庆丰公司领衔的副总经理，并主持厂务。唐慕汾是老监事人。孙钟海1947年当选为董事。唐纪云是唐保谦的六弟，为庆丰公司做了许多事，任常务董事，贡献很大，也进入前10名。还出现两个新角色，唐斌宴和唐文蔚，他们是在公司里担任实职的资方人员中的股东大户。

2. 与1921年首届做比较，35年间有的指标变化不大，如10位股东大户共计持股数占总股数的比重，1921年为36.86%，1955年为37.06%，相差不多。有的则发生巨大变化，如唐保谦持股数占总数的11.88%（见表一），唐星海占18.22%（见表一〇），高出6.34个百分点。又如自第三位起到第十位"占比"的"落差"，1921年时是从3.81%降到2.50%，只相差1.31个百分点（见表一）；而1955年则从3.44%降到0.81%，相差2.63个百分点（见表一〇）。简单讲十大股东之间的持股比重也拉开了差距，其原因是第1第2两位大股东共占23.94%，将近1/4。

注　释

［1］　顾纪瑞主编：《无锡堰桥顾氏家族与庆丰纱厂》，广陵书社，2015年版，第153—154页。

工资制度、收入差异与性别歧视

——近代长三角地区打工妹劳动报酬的几个侧面

池子华*

【摘要】近代民族工业和城市化进程发展推进的过程中，打工妹队伍在不断发展壮大。但是，与男性从业者相比，打工妹群体的工资收入却有着明显的性别差异，各行各业的工资制度普遍存在性别歧视，直接制约着打工妹的收入水平。长三角地区打工妹的工资状况并非只是个例，在一定程度上反映了近代打工妹群体的生存现状。

【关键词】长三角　打工妹　工资制度　性别歧视

打工妹为谋生，远离家乡，进城打工，而"做厂"千辛万苦，为了"适应"制度，也饱尝辛酸，付出了常人难以想象的艰辛。但她们的收入如何，势必直接影响她们的物质生活、精神生活诸多方面。本文以长三角地区为例，对打工妹劳动报酬涉及的几个问题进行考察。

一

打工妹虽然从事的职业不同，但无不以"挣工资"为获取劳动报酬的方式。而工资制度，某种程度上说，决定其收入水平。

工资制度是指与工资决定和工资分配相关的一系列原则、标准和方法。它包括工资原则、工资水平、工资形式、工资等级、工资标准、工资发放等内容[1]。

在近代长三角地区，工资制度也是多种多样。著名企业家薛明剑曾综合无锡各工厂、企业工资状况，把无锡工资制度归纳为论工制度、论货制度、折增制度、补助制度、差别制度、赏与制度、分红制度、产物分与制度，共计 8 大类，可谓详细系统。而每项工资制度，都与打工妹相关，不妨摘要缕析如下[2]：

所谓"论工制度"，即通常所说的"计日工资"，它是指"劳工于一日内，遵行规定时间之工作，而给以规定之工资是也。其数大都准乎同业现状，视劳工工作之良否，与雇用岁月之多少等项，酌量定之"。这种工资制度的优点是简便易行，做一天工，拿一天工资，但缺点也是显而易见的："对于工人不能激励鼓舞，使之肆力工作也，使管理者纵能严于监督，而制度之根本精神，不能导人于勤，是以虽尽鞭策能力，终属无补于事，盖好逸为人情之常，苟无激励，决不愿勉事操作，今使勤勉诚笃之

* 池子华：苏州大学社会学院教授，博士生导师

人，与懒惰狡猾之辈同一报酬，遂使养成偷逸劣性，况此种制度下之成品出数，决不优良，虽曰成绩常劣之劳工，可以除去不用，然劳工本身责任观念，终不若在他种制度下之切，是故生产劳工采用此种制度者，工作时间每多浪费虚掷，工资也必因此增高，间接并增加利息物料动力开支等费用负担，故实不适于生产劳工之用也。"无锡有的缫丝企业"因环境关系大都时用此制，幸能时加训导，并觉察劳工之勤惰能率，随时记录，以凭赏罚进退，藉补此制之缺"。

所谓"论货制度"，即计件工资，"论货者，计物品产数而给工资也。劳工之熟练而努力者产数多，其得工资亦多，故论货之优点，在能激励劳工，增加制（生——笔者注）产，绝无偷闲之弊"。但论货制度并非完美无缺，其中如"制品不良，与共同舞弊，势所难免。盖工资既以出数为定，则工人惟以出数之多寡为衡，于制品之良劣有所勿顾，均匀调整及扫除整理等事，多不遵行，影响于制品品质，殊非浅鲜，此论货制流弊，其彰明较著者也"。因此之故，无锡除申新、庆丰、振新等纱厂一部分采用外，只有一些布厂、袜厂等采用。

所谓"折增制度"，是计日为主、计件为辅的一种工资形式。"此制计资之基在于论工，而论工之中又含论货之性质。其法先定标准时间，标准出数，在此标准时间内，所产之标准出数，而定一时间之佣率，如在实际标准出数，所费之时间较标准时间少，则除标准佣率给其劳动时间工资外，仅须与所节省之工资若干折，以为能率增进之奖励，此折增制度之名所由起也。"比如规定工作时间为10小时，佣率为每小时5分，工人在10小时内完成定额产量，则按佣率付给工资5角。如工人完成定额只用9小时，厂方除付给9小时的工资4角5分外，还把节省一小时的工资按若干折付给工人，以示"奖励"。如节省的1小时继续工

作，则另加5分。"如此劳工既有增加工资之机会，自能努力向上，其结果，劳工如能于标准时间内完成标准出数，则于单位制品所费工资以减（雇主收此项利益之大小，须视所定折增如何），在雇主方面除分得所节省之工资外，由时间缩短或出数增加之结果，单位制品所费之间接费同时减少，是故采用此制雇主所得之利益，较劳工为多。"无锡化学工业、袜业一度采用这种工资制度，后因"劳工不明此旨而废除"。

所谓"补助制度"，是计件为主、计日为辅的一种工资形式。"此制计资之基，在于论货，而论货之中又稍含论工之性质，实一变相之折增制度也。"无锡申新三厂就曾采用这种工资制度。其办法是确定最少工资限度和较高工资限度，按照无锡当地生活水平，假如4角工资方能维持生活，则遇有天时气候剧变或其他原因影响出数，工资收入不足4角不能满足基本生活时，"须由厂方补足此数，以安其心"。相反，工作特别好做时，如预定较高工资为5角，论货工资可以做到6角，则除5角为应得之外，多出的1角须分若干折为厂所有，如规定7折者，工人实际得5.7角，对折者工人得5.5角，"其至六角外以至七角八角时，以此类推。此虽不合学理，故在东西各国无此制度，惟我国处于论工论货过度期中，颇有补助前两者缺点之效用，对于温湿设备不完全，以及时有其他影响之工场中颇合用"。其优点在于"工作难做时，使劳工不致因少得工资为他图，惟偶一不慎，即易于养成论工之惯习"。据称，"无锡各纱厂每于黄霉时节，常采用此制"。

所谓"差别制度"，也是计件为主、计时为辅的一种工资形式。工人在一日内完成定额产量，厂主按标准佣率计件付给工资。如果同一工作，其单位产品的时间比规定时间少，而且产品又能符合质量，厂主则按标准佣率以

上的佣率计算工资，作为提高劳动效率的奖励，反之，则减至标准佣率以下，以示处罚。"故此制度，一方能激励劳工，努力生产，同时他方又能取缔劳工滥造次品，因制品不良，一经察觉，其产额全部之佣率，而均须降下，故出数虽增加，而终不能收增加工资之效，因此制以劳工之优劣，而定工资之差别，故名差别制度。"无锡各纱厂，"曾于改用双根粗纱精纺时，感觉粗纱之缺乏而一度采用此制"。

所谓"赏与制度"，是综合论工制度、论货制度、折增制度、差别制度所形成的一种工资制度，较为复杂，大致来说，它规定一日工作的定额出数和标准佣率，工人如能超定额生产则其工资佣率随之增高，反之减低。"迩来无锡允利化学等工厂采用此制，其优点对于过渡时期之工厂，取缔低能工人，非若差别制度之严，且在旧式制度下之劳工，惯于缓慢操作，欲使其能率大增，训练自须时日。差别制度者，一经施行，劳工出品不达标准数量，则有罚，而不与劳工以训练工作之余裕。反之，赏与制度则不如是，其在求达标准出数之期间，亦由标准之率以计工资，是与劳工以训练工作之机会也，以故此制度不特适用于过渡时期之工厂，即工作时有变更之工厂，不适用差别制度者，均得适用之。"不过，采用这种制度，要求"管理上除对于能产标准出数以上之劳工须注意其制品品质外，尤于不达标准出数之劳工，须有督责之举，否则不能收美满效果"。

所谓"分红制度"，顾名思义，每年从资方的红利中提取一部分，作为奖励，分配给工人。"此乃公司酬报职工之一种特别规定，本非纯粹之工资制度可比，但多数论者，均以此列于工资制度之中，故亦作为工资之一种。"据称，这种分红制度，"无锡各厂对职员素所采用，对工人于党军到达时，曾与工会订有一约，凡净盈余中，每百元提六元五角，赏给工人"。但缺点也有不少："（甲）此制于分配

利益之点，职工不分优劣，一律均沾，似欠公平;（乙）营业利益之决算，大抵须待一年之久，是职工等待此项红利，须待一载，为时太远，于每日工作能率增进上，未必充分有效；（丙）事业之利益，大部分由于经营筹划而成功，其由职工之所获者，仅小部分，故在理论上职工不能得营业利益之分配；（丁）假令职工有分得营业利益之权利，则就反对方面言之，营业亏损时，职工应有分担损失之义务，但在事实上，此乃不可能之事也。"

所谓"产物分与制度"，据载"此制工厂之采用者，较之分红制度，更为有限，盖非厂主与职工十分亲密之小工厂，不能实行"。比如，无锡纺织厂有以所谓"下脚"，即将蒲包、绳索、废铁等出售之款发给员工。"奖给下脚废料之道，亦为产物分与制度之变态，然非正当办法也。"

上述 8 种工资制度，当然不限于无锡一地，长三角其他地区也都有类似工资制度存在。不过，最普遍者，当属月工、日工、件工几种形式[3]，而不同的工资形式，反映出打工妹的工作属性及身份差异，如《中国南洋兄弟烟草公司上海公务室办事细则》中就注明工厂职工分为长工、散工、件工 3 种："凡以月计薪者为长工，以日计者为散工，按件给值者为件工。3 种职工，于初到厂服务时，须照本细则第 23 条办理（即记入职工名册）。"而且特别强调"散工、件工系临时性质，双方均可随时解雇，不受任何损失赔偿。但在服务期间，如一连 3 天不到厂工作，亦未声明事故，本厂作为自行辞职，另招别人补充。以后须再经本厂允许，始能入厂工作"。[4]

在打工妹集中的棉纺织工业，普遍采用"计时制"和"计件制"。少数纱厂采用着一种比较复杂的"混合制"："因为工人既分成了许多部分，而各部分的工作方法、工作标准和使用的机器又都不同，所以，为求增进工人

的效能起见，不得不按各种不同的情况来规定给资方法。而且，每个工厂的设备不一定同于别厂，而管理人员所采择的主张也难尽合，因此，即使同一工作也会有各别的给资方法施行于各工厂间。但这种复杂的给资制度是就工厂中的主体工人——各种值机工人而言，其他工人，如杂务工人或杂役小工之类，则又当别论。"[5]

二

工资制度不同，工资标准自然存在差异，故打工妹群体工资收入有高有低，也在情理之中。

一般而言，决定工资的标准有四，即技术、工作的难易、年资的久暂、性别。陈达先生根据他的调查，对此给出如下阐述：

技术："技术的优劣，为决定工资多寡的标准之一。这个事实便很明显地表现在各工业的职务上。工厂中，大凡技术高者，工资高，反之低。"

工作的难易：工厂中有些工作难，有些工作易。难的工作，工资高；易的工作，工资低。如纺织厂，"准备部工作较之保全部为易，因之前者的工资亦较后者为低；前者最高工资为1.70元，后者最高为2.10元，此种差异也是由于工作难易表示出来的"。

年资的久暂：工厂中有些工人在厂的年资久，故工资多；年资少者工资少，这也是决定工资的一个标准。"诚然，这标准中包括了工人的技术与地位在内，因为在厂工作年资长者，其技术较为优良，其地位亦较一般工人为高。这当然是长时间换来的，所以年资的久暂，无形之中，也分划出了工资的高低。"

性别："性别对于工资的多少，似乎亦有影响。大体而论，一般工厂男工的工资较女工为高。"[6]

这其中，工资收入的性别差异，最为打工妹所难以容忍，也遭到社会各界的抨击。而这种差异究竟意味着什么，值得探究。

从理论上讲，企业不论选择何种工资制度，都应该遵循"同工同酬"的基本原则。但在近代中国，打工妹群体"在工厂工作，其所得之工资，事实上总较男子所得之工资为低"[7]。根据1930年工商部对9省29城市的调查，各业男女工人每月平均工资收入，如下表[8]（表一）：

表一　29城市各业男女工人每月平均
工资收入统计（单位：元）

城市	男工			女工		
	最高	最低	普通	最高	最低	普通
上海	50.00	8.00	15.28	24.00	7.00	12.50
苏州	35.00	7.00	16.00	25.00	9.00	15.00
无锡	30.00	7.77	20.00	21.00	15.00	17.10
武进	34.00	5.50	14.00	13.97	7.50	11.50
镇江	42.30	6.00	15.00	15.00	7.20	15.00
江都	23.00	4.00	8.10	—	—	8.10
南通	35.00	6.00	23.11	13.47	5.00	13.47
宜兴	43.00	7.00	13.50	—	—	12.00
南京	30.00	6.50	10.80	—	—	—
杭州	38.00	7.20	13.50	20.40	8.00	12.33
嘉兴	40.00	4.00	22.00	22.00	9.00	19.87
宁波	24.00	7.50	24.00	18.00	8.00	9.00
安庆	25.00	3.00	8.40	—	—	6.00
芜湖	35.60	4.00	16.00	—	—	12.60
蚌埠	30.00	8.00	10.85	24.00	8.90	8.90
九江	29.60	6.00	15.00	—	—	15.00
南昌	22.88	5.50	13.00	—	—	—
汉口	41.00	8.00	19.50	19.20	6.00	19.20
武昌	30.25	9.00	18.00	17.00	—	12.93
大冶	—	—	16.00	—	—	—
青岛	24.00	8.00	15.00	—	—	15.00
广州	30.00	7.50	10.62	—	—	7.50
顺德	18.83	5.00	18.83	—	—	18.75
佛山	48.12	6.67	12.50	—	—	6.00
潮安	—	—	27.50	—	—	—
汕头	35.00	7.66	15.54	22.00	—	8.00
梧州	29.16	4.56	22.50	—	—	10.50
福州	33.00	12.00	18.00	21.00	10.00	12.00
厦门	40.00	18.00	24.00	20.00	10.30	20.00

应该说，上表的统计并不全面，尤其是女工工资，有不少城市存在疏漏。但仅从上表的统计中，也可以看出，女工工资普遍低于男工，而且，地区差别也比较大。全国如此，长三角地区也不例外。更有甚者，有些城市女工的最高工资还赶不上男工的普通工资，如武进（常州）、宁波、汉口、武昌、厦门等城市。以上还是就各业男女平均工资而言。实际上，工资的行业差别甚大，各地皆然。就拿无锡来说，抽样统计如下表[9]（表二）：

表二　1930年无锡若干工厂最高最低日工资比较（单位：分）

工资\厂别	男工		女工	
	最高	最低	最高	最低
纺纱厂	204	30	102	27
缫丝厂	161	16	67	21
染织厂	252	23	115	21
织袜厂	50	40	64	33
制镁厂	81	45	36	21
造纸厂	76	21	34	21

从上表不难看出，（1）不同行业的男女工人，工资悬殊，如织袜厂，与染织厂、纺纱厂、缫丝厂相较，落差巨大；（2）最高工资与最低工资，同样存在巨大落差，甚者可达10倍以上；（3）即便同一行业，男女工人工资差别大，女工普遍较男工收入为低。这从1930年长三角纺织业男女工人每月平均工资收入的调查中，也可以得到证实，如下表[10]（表三）：

表三　长三角纺织业男女工人月工资统计（单位：元）

城市	男工			女工		
	最高	最低	普通	最高	最低	普通
上海	30.37	11.83	15.28	24.00	9.43	12.25
苏州	33.00	12.00	33.00	18.00	10.50	16.00
无锡	24.00	20.00	20.00	21.00	15.00	17.10
武进	30.80	7.50	15.09	13.97	8.00	11.50
南通	23.11	23.11	23.11	13.47	13.47	13.47
杭州	26.87	9.00	22.50	20.40	8.00	12.23
嘉兴	32.00	4.00	22.20	22.00	9.00	19.87
宁波	24.00	9.00	24.00	18.00	9.00	18.00

上表可见，同样是纺织业，男工、女工工资收入的差别也是显而易见的。原因何在？有人认为："男女工之工资，相差实大，推其原因，自不外下列数端：（1）女子因天性缄默，不喜有政治活动，且工厂中之女子，类多未婚，在其结婚之后，或将不赴工厂作工，是其聚散无常，故类皆无团体之组织，可与雇主相抗持，利用团体议价，与之订立协约，规定工资，因是其所作之工，即与男子相同，其工资亦不能与男子相等，是其一。（2）女工入厂工作者，类皆为该厂附近之人，因女子多半有家室之累，不能外出，故此处之工资即较低，亦难于移动，去他方以求较高之工资。（3）已婚女子，入厂工作，设其夫亦在外作工，可以维持彼等之生活，则女子本身所得之工资，仍似为额外之收入，多少可以不计，故即有极低之工资，亦可忍受；设其夫已死去，则该女子之入厂工作，纯为受经济之压迫，是其对于生活之维持，需要甚为急切，急欲入厂工作，以求一饱，资本家即利用其弱点，降低其工资，而该女工因感生活之困难，故即有极低之工资，亦可忍受。厥是数因，女工所得之工资，自较男子所得之工资为低。"[11]这些因素，固然不能漠视，但，更为重要的是，这种差别，实际上是性别歧视在工资制度上的反映。

三

性别歧视（sex discrimination，或 sexism）指一种性别成员对另一种性别成员的不平等对待——差别待遇："在升学、就业、晋升、参与政治社会活动等方面发生的男女不平等，以某一性别划界而不允许异性进入的不公平现象或状态。一种不公平地对待性别差异的文化心态和制度安排。在现实生活中，性别歧视常常表现为对女性的歧视。对女性的不公平对待在权利关系、人际关系、家庭关系、两性关系中均有不同程度的表现。性别歧视是对人格和人的尊严的否定，在家庭和社会中制造各种障碍。西方女权主义运动中，给性别歧视的定义是：在社会、认识和经济等一切领域中，妇女因她们的性别而遭受的各种形式的压迫。"[12]工资制度上的"差别待遇"，正是几千年男权社会所承袭下来的对女性歧视的观念、意识和行为之体现。

在打工妹集中的企业中，工资的支付，通常有"底薪"，也即基本工资的划定。透过"底薪"，可以看出"差别待遇"的实态，如下表[13]（表四）：

表四　上海市男工与女工的每日底薪（单位：元）

工厂 \ 底薪	男工			女工		
	最高	中等	最低	最高	中等	最低
民营合丰厂	2.03	1.52	1.37	1.67	1.32	1.26
申新九厂	2.1	1.6	1.4	1.6	1.3	0.85
中纺第一毛纺厂	2.1	1.6	1.1	1.75	1.4	0.85
中纺第六厂	2.1	1.5	1.25	1.8	1.35	0.95

上表所示，纺织业有些厂家的男工与女工，其每日底薪各分为最高、中等与最低三种，比较而言，男工的底薪均高出女工的底薪。"底薪"上的"差别待遇"，无疑是性别歧视所导致的必然结果。

"差别待遇"表现的形式也是多种多样，比如在无锡缫丝行业，工资的给付形式，具有明显的重男轻女、男尊女卑倾向，据相关资料记载："解放前不合理的丝厂工资制度，还特别表现在重男轻女方面。丝厂里男女工人工资待遇完全不同，只有男工能成为职工，待遇与一般职员差不多。男工工资为月给制，厂方免费供膳宿；而女工工资却一律是日给制，且膳宿自理。据1930年《无锡年鉴》统计：男工最高工资每天1元6角1分，而女工最高工资仅6角7分。1932年丝业危机，丝厂女工每天实得工资仅3角左右。"[14]工资制度上

的男尊女卑，在一定程度上成为打工妹职场升迁的障碍因素。

男女平等，是近代女权运动的核心内容，是"天赋人权"，正所谓"人者天所生也，有是身体即有其权利……男与女虽异形，其为天民而共授天权一也"。[15]资产阶级革命家邹容在《革命军》中，也曾发出"凡为国人，男女一律平等，无上下贵贱之分"的呼吁。[16]孙中山一再强调"天赋人权，男女本非悬殊，平等大公，心同此理"。[17]在经历了五四新文化运动的涤荡之后，男女平等的观念更加深入人心。而工资制度上的性别歧视，与时代潮流背道而驰，不仅遭到社会各界的抨击，也引起打工妹群体的愤懑。上海一位女工说，在厂里，她是细纱间的细工，工价是1.14元，每天工作11小时。而男工的工资比女工高，做同样的工作，男工的工资是1.31元，这是非常的不公平。[18]抱怨归抱怨，但重男轻女的性别歧视，在中国社会根深蒂固，要从根本上铲除，绝非一朝一夕之事。

不过，在同一行业中，由于实行不同的工资制度，女工工资高于男工的情况也不少见，也由此引发了男女工人之间的冲突。这是性别歧视前提下的工资制度的激励效应。

在打工者中，对计件工资、计时工资制度，流行着"活工钱""死工钱"的形象比喻，而其效应截然不同。

以棉纺织业为例，所谓"活工钱"（即按件计资制，或称"件工"），就是依所做的纱或布的多少来计算工钱，纺织工人把这种做法又叫作"做自家生活"。因为做得越多工钱越高，所以做"活工钱"的工人都是一进厂"就拼命的做。有些特别穷苦的工人，为了要多做几分钱，往往五点钟就去上工，一直做到放工还舍不得走，这样劳动的强度是特别的大了"。纱厂里的粗纱间、钢丝车、筒子间、摇纱间女工，做的都是"活工钱"。线厂里的并线间、

布厂的布机间、杼子间女工,也是"活工钱"。这种工资制度本身"就督促着工人拼命的做下去,所以资本家的剥削程度是最高的"。[19]

计件工资被马克思称为"最适合资本主义生产方式的工资形式",因为"实行了计件工资,很自然,工人的个人利益就会使他尽可能紧张地发挥自己的劳动力,而这使资本家容易提高劳动强度的正常程度。同样,延长工作日也是工人的个人利益之所在,因为这样可以提高他的日工资或周工资"。[20]可以产生劳资两利的效应。

而"死工钱"却不同,它被称作"呆工钱"(即按日计资制,或称"日工"),就是每天的工资是一定的,做一天算一天。工人又把它叫作"做厂家生活"。因此,做"死工钱"的工人,"总是马马虎虎把自己应做的生活做完了,就想法子休息休息,或者是站在车子旁边,慢慢的做,只要挨过十二个小时,就可以得到一天的工钱了。在这一点上,'死工钱'的工人比起'活工钱'的工人劳动的强度要小一点——但这只是相对的而不是绝对的。而且主要的是因为某种工作性质所限制,资方不得已而采用的"。[21]

正是因为有了"做自家生活"与"做厂家生活"的区别,所以在同等性质的工厂中,男女的工资有差别,这在女工看来,是不平等的,因此她们发自内心地强烈要求"同工同酬","工资不应该因性别而有不同",但"这个不平等的事实,在近来女工的紧张工作中,有了一个相反的情形",例如,根据陈达先生的调查,中纺第六纺织厂实行计件工资,女工的实在所得比计时的修理男工要多,男工的底薪是2.1元,女工为1.6元,可是因为计时每月的收入固定,而女工的计件弹性较大。在工作过程中,"女工不断地努力,不断地工作,其所出的成品多,则所入亦多,因此女工的实在收入反比计时

的技术男工多了"。由此引起男工的不满,要求厂方提高底薪,理由是他们为修理机器的技术工人,如果没有他们修理机器,机器坏了,马上就要影响工作。厂方不同意,理由是"女工计件,因为她们拼命努力工作,才得到较多的收入。这不能说女工的工资比男工高,而是她们过分努力的结果"。技术工人说:"正因为女工过度不停地工作,机器因此损坏的可能性愈大,那我们修理的机会越多,为什么我们不应该提高收入,高过于女工?"厂方没有答应男工的请求,因此男工们就有怠工的情形,例如机车坏了,迟迟修理,可是这又引起女工的不满。女工说:"损坏的机器,如不即刻修好,影响工作,减少收入。"[22]冲突表明,在计件工资制度面前,女工的收入完全可以超过男工,而且这种情况还是比较常见的,因而引起男工的不满,并采取消极怠工的方式,试图压低女工的实际收入。总之,不能容忍女工反超,尽管这种反超并没有触动对打工妹性别歧视的客观存在。如上所述,差距的缩小甚或反超,是因为她们付出了远过男工的"拼命"劳动。

尽管打工妹在计件工资制度流行的长三角地区,工资收入有时较男工为高,但尚不足以改变工资水平上男高女低的整体面貌[23]。虽然"男女作同等之工作,而其效力相同者,应给同等之工资"的条文也赫然揭橥于《工厂法》中[24],但如果不能清除性别歧视的沉渣,"差别待遇"不可能得到根本扭转。

注　　释

[1]　《中国百科大辞典》编委会编:《中国百科大辞典》,华夏出版社,1990年版,第285页。

[2]　薛明剑:《无锡劳工概况调查》,政协无锡市文史资料研究委员会编:《无锡文史资料》第15

辑，第 29—34 页。

[3]　据统计，1933 年上海 16 个行业中，采用计件工资的占全部工厂工人的 56.4%，采用计时工资的占 43.6%。(参见张铁军《中国工资政策问题》，载《劳工月刊》第 1 卷第 4 期，1932 年 7 月)

[4]　中国科学院上海经济研究所、上海社会科学院经济研究所编 :《南洋兄弟烟草公司史料》，上海人民出版社，1960 年版，第 290 页。

[5]　王子建、王镇中 :《七省华商纱厂调查报告》，见李文海主编《民国时期社会调查丛编》二编《近代工业卷》中册，海峡出版发行集团、福建教育出版社，2010 年版，第 92 页。

[6]　陈达 :《我国抗日战争时期市镇工人生活》，中国劳动出版社，1993 年版，第 531—532 页。

[7]　高光鄂 :《童工女工保护问题之研究》(续)，《劳工月刊》第 2 卷第 9 期 (1933 年 9 月)，第 44 页。

[8]　资料来源 : 邢必信等 :《第二次中国劳动年鉴》上册第 1 编，北平社会调查所，1932 年版，第 29 页。

[9]　资料来源 : 钱耀兴主编 :《无锡市丝绸工业志》，上海人民出版社，1990 年版，第 228 页。

[10]　资料来源 : 邢必信等 :《第二次中国劳动年鉴》上册第 1 编，北平社会调查所，1932 年版，第 30—31 页。

[11]　高光鄂 :《童工女工保护问题之研究》(续)，《劳工月刊》第 2 卷第 9 期 (1933 年 9 月)，第 45 页。

[12]　邓伟志主编 :《社会学辞典》，上海辞书出版社，2009 年版，第 298 页。

[13]　资料来源 : 陈达《我国抗日战争时期市镇工人生活》，中国劳动出版社，1993 年版，第 532 页。

[14]　钱耀兴主编 :《无锡市丝绸工业志》，上海人民出版社，1990 年版，第 225—226 页。

[15]　康有为 :《大同书》，北京古籍出版社，1956 年版，第 130 页。

[16]　张枬、王忍之编 :《辛亥革命前十年间时论选集》第 1 卷下册，三联书店，1957 年版，第 675 页。

[17]　中国社会科学院近代史研究所中华民国史研究室、中山大学历史系孙中山研究室、广东省社会科学院历史研究所合编 :《孙中山全集》第 1 卷，中华书局，1981 年版，第 298 页。

[18]　陈达 :《我国抗日战争时期市镇工人生活》，中国劳动出版社，1993 年版，第 530 页。

[19]　朱邦兴、胡林阁、徐声编 :《上海产业与上海职工》，上海人民出版社，1984 年版，第 52 页。

[20]　马克思 :《资本论》第 1 卷，人民出版社，2004 年版，第 640 页，第 637—638 页。

[21]　朱邦兴、胡林阁、徐声编 :《上海产业与上海职工》，上海人民出版社，1984 年版，第 52—53 页。

[22]　陈达 :《我国抗日战争时期市镇工人生活》，中国劳动出版社，1993 年版，第 532—533 页。

[23]　王子建、王镇中 :《七省华商纱厂调查报告》，见李文海主编《民国时期社会调查丛编》二编《近代工业卷》中册，海峡出版发行集团、福建教育出版社，2010 年版，第 103 页。

[24]　邢必信等 :《第二次中国劳动年鉴》第 3 编《劳动法令与设施》，北平社会调查所，1932 年版，第 3 页。

孙祖基、梁鸿志和《入狱集》《待死集》

苏　迅*

【摘要】汉奸梁鸿志在民国时期广有诗名，抗日战争胜利以后被国民政府判处死刑，他在拘押期间所作《入狱集》《待死集》两卷诗稿，历来是文学界和知识界比较关注的热点。同时代人孙曜东、金雄白等人在回忆文章中多次提及，著名文人郑逸梅、周退密等也在著作中有过著录，但是这两卷诗稿的真身一直"神龙见首不见尾"，很多人辗转引述也只是沿袭前人陈说，并未读过诗稿，以致错讹愈多。本文以未见著录的孙祖基抄本为基础，初步探讨了《入狱集》《待死集》的有关基础问题。

【关键词】梁鸿志　《入狱集》　《待死集》　孙祖基

一、倒霉的孙祖基

民国书法大家赵古泥（1874—1933）写过一副对联，联语是民国初年曾任江苏省政务厅厅长、常熟县长、昆山县长等职的庞树森（1886—1971）所撰"才追党国无双士，德比乡山第二泉"，上款是"祖基先生大雅教正"。这个"第二泉"就是被茶圣陆羽品评、被乾隆御封为"天下第二泉"的无锡惠山泉；这位被推崇为德比家乡惠泉水、民国世界无双国士的人物，就是曾任无锡县长的孙祖基。

孙祖基（1903—1957），字道始，号岱庐。他这一门与无锡本地的望族石塘湾孙氏并非同族，他家祖籍山东章丘，在清朝末年，其父佐幕南来，先赁居于无锡城外黄泥桥，后定居城中大河上，遂落籍为无锡人。到孙祖基弟兄三人出世，家道也甚兴隆。其兄孙祖烈为三兄弟中排行最长（《无锡名人辞典》[1]等地方资料均误以为孙祖烈最幼。且无锡另有同名同姓者，彼孙祖烈〈1854—1899〉字寅清，光绪进士，为无锡石塘湾孙氏名人），性情最为慈和。幼年即师从著名佛学家、医学家丁福保（1874—1952），曾协助丁氏编著《佛学大辞典》。他自学日文，翻译及编著了不少医学著作，单在《丁氏医学丛书》中收录的就有《人体解剖学实习法》《生理学中外名词对照表》《生理学讲义》《饮食卫生学》等，独立编著的《佛学小辞典》在民国时期畅销一时。其弟孙祖宏，18岁考入厦门大学文科预科，后转入东吴大学法学院，1926年毕业，获法学硕士学位。先后任上海、无锡、吴县等地执业律师，兼任江苏省立教育学院法学讲师、锡钟中学校长，是中国著名的集邮家，长期担任《中国集邮》英文期刊顾问

和江苏省集邮协会顾问。他参加集邮活动和撰写著作时均署名"孙君毅"，此后本名孙祖宏反而渐渐被人们淡忘了。

孙祖基则更是三兄弟中的佼佼者，他聪慧的品质自学生时代就已经显露出来。1919 年，五四运动爆发，在江苏第二师范学校就读的孙祖基，以该校代表身份参加了上海学生联合会。在当时的知名刊物《时事新报》副刊《学灯》《民国日报》附刊《觉悟》上可以见到孙祖基的文章与讲演稿。1924 年，主要来自南洋大学、东吴大学和圣约翰大学的无锡籍学子成立进步社团——锡社，最早的 14 名成员中就有孙祖基、孙祖宏兄弟，孙祖基是骨干之一，当选为驻沪书记。这个社团的成员还有陆定一、秦邦宪（博古）、王启周、杨荫浏、薛明剑等人。锡社编辑出版杂志《无锡评论》，对当时无锡的社会发展产生了影响。孙祖基东吴大学法科毕业以后，出任南京特别地方法庭推事、江苏省民政厅第二科科长。20 世纪 20 年代中期，中国基督教青年会推动公民教育运动，孙祖基参与编纂了许多公民教育书籍，讨论地方自治、不平等条约等课题，他的《不平等条约讨论大纲》成为当时对中外条约进行综合研究的主要专著。

1929 年 4 月，孙祖基出任无锡县长，26 岁任一等县的县长，可谓少年得志，意气风发。因为强劲的工商业基础，无锡经济发达、社会昌明，自清晚期开始在很多领域本就远远领先于全国其他城市。而孙祖基思维活跃，视野开阔，另辟蹊径，上任后立即着手设立县志局、兴办历史博物馆、编印《无锡年鉴》、整理湖山风景、将李公祠开辟为惠山公园，数月之间无锡的县政焕然一新、更上层楼。值得一说的是，孙祖基到任后就开始推进无锡的改县为市计划。长期为县级行政单位的无锡县，紧随苏州，也谋划建市了。当年 7 月经江苏省政府委员会决议，委任无锡县长孙祖基兼任市政筹备处主任，8 月 1 日无锡市政筹备处成立。1929

年 10 月至 1930 年 3 月期间，无锡市政筹备处编辑出版了六期《无锡市政》刊物，详细报道了市政筹备工作的情况，包括无锡市政筹备处每周工作纪要、每次的会议记录、相关调查统计、工作报告与建设计划、规划等，无锡建市计划实施得有条不紊。可惜的是无锡市政筹备处只存在了 8 个月。1930 年 3 月国民政府将设市的标准提高到了人口 30 万以上，或者营业税、牌照税、土地税每年合计需占该市总收入的一半，这两项条件无锡短期内无法达到，加上地方势力的干扰，孙祖基本人也于 8 月离任，无锡筹划升市最终泡汤。短短 16 个月的县长经历，正在施展宏图大业的档口，政治生涯忽然莫名其妙地被中断。这里面的缘由已经很难推究，但有两点是基本可以确定的，一是地方保守势力的阻挠，一是政界内部的倾轧，它们最终令孙祖基这颗冉冉上升的政治新星顷刻之间坠地无声！孙祖基出任无锡县长时间虽短，但是大有作为，为自己的人生添上了光彩的一页。

孙祖基离开政坛之后，曾应无锡荣氏之邀赴沪任职申新九厂经理。1932 年 10 月入上海律师公会，旋即离开申九，在南京路大陆商场开设律师事务所。1934 年，他编撰的《中国历代法家著述考》由上海开明书店出版，这是中国第一部法律图书目录，收入了先秦至清末各类法律著作 572 种，并依照法理、立法、司法三个部分来分类，学界认为"这种分类方法对近现代中国法律古籍目录的编撰产生了深远的影响"。1935 年底，上海发起《上海文化界救国运动宣言》签名活动，孙祖基也参与了签名。1936 年 11 月，上海发生沈钧儒、章乃器等救国"七君子"案，孙祖基自愿担任邹韬奋义务辩护人，在各方共同努力下，终于迫使国民党当局于次年 7 月将七人无罪释放。平津陷落之后，他还编撰过一部《平津首次被陷史料》，这部稿本后来丢失了。据他本人 1941 年的《岱庐日记》[2] 7 月 26 日条下记载：

上午偕宏弟（孙祖宏，作者注）赴苏料理屋事，在存古斋见余之《平津首次被陷史料》稿本一册。前数日烈哥（孙祖烈，作者注）首见之于邑中书林，今不图又入吴中书估手矣。

依照日记中意思推断，他似乎并没有出手买回这部稿本。可以说直到这时为止，孙祖基都是一位积极参与反帝爱国运动，又勤于写作读书的进步律师。

抗日战争之初，孙祖基的律师事业已经形成气候，兴趣转向收集整理无锡乡贤遗书，这也是当时荣德生、丁福保等无锡名流们都引为文化责任的事业。孙祖基分头委托北平、洛阳、南京、苏州、杭州、九江、安庆诸地亲友广为访求，丁福保为了成全他，甚至将历年搜罗的200余种一并廉价让了出来，孙祖基的玉鉴堂所藏无锡乡贤遗著一时达到700余种。1941年夏，他终于完成编印《无锡先哲遗书总目》四卷行世，该书收录的590多种藏本中，与当时无锡图书馆藏本重复者220种，图书馆所未有者370多种，内有稿本、孤本、罕见珍本百余种。

可奇怪的是，孙祖基做完了这桩"名山事业"，似乎忽然就耐不住寂寞起来，居然在1942年被日伪政权拉下水，当起了汉奸。孙祖基的"落水"原因，至今是个谜，种种迹象表明，应该跟周佛海的拉拢有关。1941年年底，他在《岱庐日记》中记录下当年最后一条日记"录新作两首"：

《寿侯丈葆三七十，即和其〈反省草〉中辛巳辛未两年自述原韵》

　　暮年烈士心犹壮，天付侯嬴七尺躯。
　　未遍十洲留蜀望，早游五岳听嵩呼。
　　狮峰辨认方知梦，凤石摩挲不出图。
　　冊载搜罗周海内，谁防秦火到殷瑚。

　　墨不磨人苦自研，独持神妙到毫巅。
　　眠随绿绮宁忘曲，踏破青毡莫计年。

　　歇浦避兵今七十，夷门迎客昔三年。
　　乡贤遗著勤搜采，椽笔增光玉鉴编。

这里的侯丈葆三即民国著名的教育家、旅行家无锡人侯鸿鉴（1872—1961），其当时也是流寓上海，经常去孙祖基的玉鉴堂看书，《无锡先哲遗书总目》书成之际请他写了序，因此有"椽笔增光"之说。诗中所谓的"踏破青毡莫计年""墨不磨人苦自研"等句，虽是赠侯鸿鉴的话，但是否也泄露出了他自身内心的某些躁动不甘呢？这里的"殷瑚"，原意是商代宗庙盛放谷物的礼器，代指社稷。《礼记》："夏之四琏，殷之六瑚。"《礼记·明堂位》："有虞氏之两敦，夏后氏之四琏，殷之六瑚，周之八簋。"郑玄注："皆黍稷器，制之异同未闻。"此诗中"谁防秦火到殷瑚"指的是日寇入侵的烈焰已经焚烧到中华的宗庙社稷了。

次年，孙祖基就出任汪伪政府实业部保险业管理局长、淮海省财政厅长。在抗战其实已经接近尾声的时候，1945年1月，孙祖基似乎官运更加亨通起来，出任了杭州市长，又调任浙江省财政厅长。可是好景不长，当年8月，日本就宣布了无条件投降，9月26日，国民参政会通过《请政府严惩汉奸，本忠奸不两立之训，贯彻到底，以伸正义，而维民政气节案》和《请政府迅将惩治汉奸法规切实执行案》，递交国民政府。10月份，在浙江省财政厅长宝座上屁股还没来得及焐热，倒霉的孙祖基就在上海束手被捕了。

孙祖基被关在上海监狱3年多，直到1948年12月国民政府对罪行较小的汉奸实行保释，他才走出牢房。1949年4月上海解放前夕，孙祖基渡海去了台湾，开始人生的最后一段——对台湾历史民俗的写作。台湾风物杂志社将他这一时期所写文章葳集，出版了一册《祖基文存》。孙祖基晚年在文章中还提到了在大陆时期的藏书活动，以及"仓皇渡海，一本书都没有带出来"的景况。《祖基文存》书末记载，孙祖基于1957年10月11日去世。

孙祖基当汉奸的时间前后不过3年多。抗日战争之前，他为学从政是有口皆碑的，获得了"才追党国无双士，德比乡山第二泉"的好评，抗日战争全面爆发，再苦再难的5年他也都能够明辨是非，超身事外。可是，最后没能忍住，一脚不慎"落水"，将半生事业毁得精光。同情他的人，也只能叹息他"倒霉"了。

二、才高德亏的梁鸿志

梁鸿志（1882—1946），字众异，福建人。早年中举，曾任登莱青胶道公署科长、奉天优级师范学堂教员，后改任学部。1912年中华民国成立后，任职北京国务院秘书，兼《亚细亚日报》编辑。袁世凯死后投靠段祺瑞，先后任法制局参事、京畿卫戍司令部秘书处长、肃政使、安福国会参议院秘书长，成为安福系骨干分子。1920年皖系段祺瑞战败后，梁鸿志被列为十大祸首之一，遭通缉。当皖系溃败时，卫戍总司令部尚有饷款300万元未发放，此款遂被瓜分，梁鸿志得50万元。梁鸿志在通缉令发出之前得到消息，躲进东交民巷日本兵营，后又逃出北京，避居天津租界，过起了富足翁的日子。1925年段祺瑞东山再起时，他又出任执政府秘书长，执政府倒台，他的官场念想再次落空，只得先后闲居天津、大连、上海、杭州。当时军阀混战，梁鸿志抱定铁腕人物段祺瑞，有机会做官一定做官，有机会捞钱一定捞钱。不过，这一点在当时的北洋政府官僚中，倒也见怪不怪。

梁鸿志此时期还发过一回横财，起因是他在自己外祖父林氏后人手上，廉价骗购了一件名画——阎立本《历代帝王图》。他深藏至1929年，为庆祝日本昭和天皇加冕，日本东京美术馆举办名画大展，展出600余件历代名作，

展品由中日两国藏家分别提供。据记载，《历代帝王图》提供者为大连梁鸿志，大连正是梁鸿志当时寓居之地。《历代帝王图》展出后名噪一时，被认为是该展览最重要的展品，收入图录《唐宋元明名画大观》之首。当时梁鸿志曾通过日本古董商原田做中介，要将《历代帝王图》在日本售卖，原田很卖力地介绍了几个买家，但终因价格不合未能成交。两年之后的1931年，美国人登曼·沃尔多·罗斯（Denman Waldo Ross）直接从梁鸿志手中购得，捐赠给了波士顿博物馆。从梁鸿志向外祖父家骗买名画，最后又企图倒卖给日本人的行径来看，这个人做事是不择手段的。

抗日战争全面爆发后，1937年12月，日本侵略军侵占南京，推行以华制华的政策，在南京成立傀儡政权。梁鸿志欣然应命，甘当汉奸，在上海新亚酒店成立筹备处。1938年3月，在南京成立伪中华民国维新政府，梁鸿志任行政院院长，兼交通部长。9月22日，伪维新政府和以王克敏为首的华北伪临时政府在北平成立"中华民国政府联合委员会"，王克敏任主席，梁鸿志任委员，筹备成立中央政权。宣布实行反共、不承认国民政府、与日本紧密合作的政策。1939年5月，梁鸿志向日本借贷基金，设立华兴银行，大量发行华兴券，搜括民财，使沦陷区内人民生活痛苦不堪。1940年3月30日，伪国民政府在南京成立，梁鸿志任监察院长，从此他成为傀儡的傀儡。1944年11月，汪精卫在日本病死，梁鸿志继陈公博为伪立法院长。

1945年日本宣布无条件投降后，梁鸿志携两位姨太太、幼女逃往苏州隐匿。10月2日在苏州被捕，押往上海。梁鸿志被捕后，最初关押于上海福履里路楚园。这里原是上海市警察局副局长卢英（1951年7月被上海市军管会以汉奸罪执行枪决）的家，卢英号楚僧，其住宅就雅称为楚园。楚园是戴笠为了关押在沦

陷期间与军统有联系的汉奸而特意设立的"优待所"，缪斌、温宗尧、梁鸿志、唐寿民、金雄白、孙曜东等都关在这里，"房客"差不多有七十二位之多。梁鸿志被关进来的时候，引起了汉奸们巨大的不安，因为汉奸们都一致认为，此人是必死无疑之人，为什么和他们关在一起。梁鸿志在楚园享受最高待遇，独居一间，但没什么人理他，只有周佛海的机要秘书孙曜东和伪中央委员金雄白跟他接触多些。

楚园的汉奸们是受到优待的，在楼内他们可以随意走动、串门，只是不允许走到楼外。楼里有个大房间是餐厅，定的标准是八人一桌，每顿六菜一汤，三荤三素，汉奸们还嫌口味不佳，后来把厨子换成梁鸿志家的闽菜名厨，他们方才满意。这帮人是享受惯了的，他们买通看守人员当跑腿，不久汉奸们早饭就可以吃到外面买进来的牛奶、面包、豆浆、油条了，连面包烘炉也带进来了。后来一些小特务还跟着唐寿民学书法，跟孙曜东学京剧，跟朱博泉聊股票，忙得不亦乐乎。看守梁鸿志的小特务见他学问好，学诗学得挺勤快，日久竟然同情他。后来换了一个，亦同情他，梁鸿志这样一个人缘极坏的人，居然有这样的魅力，让其他人都觉得不可思议。

1946年3月戴笠飞机失事摔死，造成军统失势，也带走了汉奸们"政治解决"的希望。全国惩办汉奸的呼声日高，蒋汪勾结的内幕一天天被揭露出来，迫于舆论压力，这一行人才结束了"优待"生活，与另一处车站路军统拘留所的汉奸一起，被投入提篮桥监狱。接下来，判刑的判刑，枪毙的枪毙，走人的走人，各有归途。11月9日，梁鸿志被处决，走完了他不光彩的一生。

梁鸿志是清代署理两江总督、大学者梁章钜（1775—1849，字茝林，号退庵）的曾孙，梁家从明朝开始十六七代人，代代出名士，因此梁鸿志青年时期就被称为"旧家佳士"，

少年得志，21岁中了举人，依例截取知县，但他没有赴任。第二年进京参加会试，却落第而归。到了1905年，清廷实行新政，废科举，兴学校，梁鸿志再度北上，进入京师大学堂。在京师大学堂期间，梁鸿志跟陈衍（1856—1937，号石遗）等老辈学诗，同门悠游联唱，从此有诗人之名。梁鸿志的诗名鹊起，除了陈石遗的推重，也获益于陈宝琛、龚心钊等人的延誉。而梁鸿志自视甚高，自诩为东坡再世，往往对同侪诗人不屑一顾，也因此得罪了不少的人。梁鸿志没心没肺地摆他的名士派头，目空一切、十分狂妄；口无遮拦、贬低别人，所以他做官的时候人缘就很差。以汉奸罪被拘押起来后，他向外写了无数的求援信，几乎都是石沉大海，没有人愿意来搭理他。

梁鸿志著有《爱居阁诗》，这是广为人知的一部诗集。此集有排印和刻印两种版本，排印本为中华书局用聚珍仿宋字排印，未予发行，反而更为稀见。据中华书局总经理徐俊先生的文章透露，中华书局图书馆存有一册，版权页记印刷时间为1937年11月，一函三册，九卷；刻印本一函四册，十卷。刻印本是1938年3月北平文楷斋开雕，分蓝印本和墨印本行世。

梁鸿志的诗集另有《爱居阁诗续》[3]收录1938至1940年之间诗作，分别有线装本和1941年铅印本；《爱居阁诗注》十一卷，闽侯陈世镕注，1945年铅印本。这两种版本不为人所重，往往被忽略。

1946年，他入狱以后，初成《入狱集》，被判处死刑后又成《待死集》，这两集大多数人只知其名，无缘一窥真容。

三、提篮桥绝唱：《入狱集》《待死集》

1946年4月3日，分别关押在上海和南京的汉奸们被停止了优待生活，正式解往提篮桥和老虎桥监狱，成为待审候决之囚。上海楚园

汉奸们移解提篮桥是乘十轮大卡车去的，梁鸿志年纪大了，由狱友孙曜东和金雄白帮着拎行李，大家都很沉闷，心里都明白这下要坐大牢了，唯有梁鸿志不知。到了提篮桥监狱大门口停车，梁鸿志这才问：这是什么地方？金雄白告诉他，是提篮桥，想不到梁鸿志一下就大呼小叫起来，一车子人都扭头看他。他似乎觉得，依他的"水平"，好像还不够进提篮桥。

随着外面国民党接收大员们胡作非为的升级，监狱的风气也越来越不像话。只要犯人肯出钱，除了不能出去，什么信都能送出去，什么东西也都能带进来，外面有人接济的，里面照样可以花天酒地。如生了病可以叫犯人中的医生给治，开了药方可以叫家属在市场上买了送进来，牢饭不想吃就可以叫家里送。更有甚者，犯人家属常去永安公司采办副食品送进来，若是再花一点钱，跟永安公司商量好，每周即可派出一辆大货车，集中往牢里送货。家属只要写好条子，买什么东西送给几号监某人即可，回头再用支票结算，根本不需要家属亲自往里送了。所以，每周一次的永安公司货车的光临，也是提篮桥监狱一道滑稽的风景线。

现在，梁鸿志真的落难了，因为他没有钱了。汾阳路的豪宅不知被军统抄过多少回了，大多数文物古董都不知所踪了，几十万存款也冻结归了公，他原配夫人已经过世，两个姨太太手里都没什么钱，靠变卖首饰度日。原来的部下也没什么人愿意搭理他，有的还恨不得落井下石，他的景况就凄凉了。他写给女儿梁文若的《遗书》说："暑尽凉来，尚羁缧绁，在沪儿女，无以一看一饼相饷者。"同样坐监房，人家可以好酒好菜，他只能望眼欲穿，一旦有人分他一点鱼或几只月饼，他就感动得赶紧写诗致谢。幸好他的两个姨太太赵氏慧真、丁氏意真对他还是不错，尽可能弄些吃的送进来。人家家里送菜，他家用大口瓶送汤。

梁鸿志在监狱里照样摆他的名士派头，继续做他的诗。据同狱的金雄白（1904—1985）后来追忆：

> 目击他在长廊中徘徊吟哦之状，也看到他趺坐在狱室的水泥地上，凭一小本箱为几，以洋铁桶盖为砚，俯首悬腕，以其所成诗，工楷誊录于白纸上，一一编其次第。每有惬意之作，则辗然微笑，若顿忘其身在何处，命在何时矣。

梁鸿志自4月3日移押提篮桥，经几次庭审后，于6月22日被判处死刑，于11月9日被处决。从解送提篮桥开始到被判处死刑之前，他将诗稿汇集为《入狱集》，从被判死刑到处决期间的诗稿编为《待死集》。梁鸿志在狱中是对金雄白"托孤"的，因为他料定日后金雄白一定会获得自由，因此他将《入狱集》《待死集》全部诗稿，交给金雄白保藏。而金雄白1948年获释，翌年移居香港，此后卜居香港与日本，最后将全部文稿遗失了事。幸亏梁鸿志向金雄白"托孤"之前，另外还将一份诗稿《遗书》送达了家人手中。同时，喜好他诗作的狱友也各自抄写转录，他的这部分诗作从而辗转流传出来。

如今读书界有猎奇争异之势，盛行艳谈汉奸诗文。由于号称"墨凤"的初刻蓝印本《爱居阁诗》进入大众视野，引发对梁鸿志的热谈，因此很多人都提及《入狱集》《待死集》。近年，有的学者由于无缘亲眼见到这部诗集，甚至误以为《入狱集》《待死集》就是《爱居阁诗续》。仔细分析一下可以发现，真正读到过这部诗集的人，怕是很少。

"补白大王"郑逸梅（1895—1992）是读到过这部诗集的，他的《文苑花絮》中有题为《诗囚梁鸿志》短文，记述非常清晰：

> 入狱是丙子三月（丙子当为丙戌之误，月份当为旧历，作者注），是年初冬即执行死刑。在狱中无可排遣，便叉手吟哦，积诗一百多首，分为上下二卷，上卷为《入

狱集》，下卷为《待死集》，经好事者把诗抄录出来，我辗转借来一阅，他的狱中生活，借此可见一斑……他很镇静，常为人写扇题图，临死前一夕，犹为薛大可《昔游诗》作跋。[4]

郑逸梅所看到的是一个抄本。不过在这篇文字中，他没有点明是哪位"好事者"把诗抄录出来的。著名学者周退密（1914—?）也读过这部诗集，他的《呆堂书跋》中收录有对这部《爱居阁狱中诗》的题跋：[5]

> 众异曾自刊其《爱居阁诗》及《续集》，此《狱中诗》上下二卷：曰《入狱集》，录己酉三月初三日（己酉当为丙戌之误，月份日期当为旧历，作者注）入狱之日起之作；曰《待死集》，为丙戌五月廿二定谳之日起，终于秋尽之后之作，都一百三十余首。集前有一九五〇年十二月署名雪蕉者所为之弁言，兹录之："众异生前已先后自梓其诗稿若干卷，为时传诵。自入狱迄于死，又得剩稿一卷，其家人讳之，弃置孟氏家。行僻而伪，言辩而坚，众异诚有咎焉。顾辗转录副者，非第不忍以人废言，抑窃比于诗可以观之义云。"余闻众异生前，有谓其人鸢肩豺声不得善终者，岂其然乎?

据此可以知道，周退密所见的这个本子也是一个抄本，来源是梁鸿志家人将诗稿"弃置"孟氏家以后，好事者访求到底稿，进行了抄录。至于周退密所说的这个本子是否就是郑逸梅所见到的那个，目前无法确定。

至此，这部诗稿目前可知的本子为：

（一）梁鸿志家人手上的稿本。即孙曜东《十里洋场的民国旧事》中所谓"陆续交其姨太太带出来"者。陈巨来在《安持人物琐忆》[6]中说：

> 梁至狱中，百无聊赖中仍以作诗自遣。未死时，曾写之密托人交其妾善为保

藏，其妾以示诸龚怀西（即龚心钊）者，余在龚处曾读一过……后闻梁之次媳云，全稿悉为赵妾及其死后付诸火炉，一炬成灰矣。

（二）梁鸿志在提篮桥监狱亲自"托孤"给狱友金雄白的稿本。金雄白《汪政权亲历记：梁鸿志狱中遗书与遗诗》：

> 全部诗稿及留给其幼女公子的遗书、暨身与其事而又饶于历史价值，"直皖战争始末记"一文，在他临命之前，一并交我保藏。而我则以两经世变，生命之苟全且无计，仓皇避地，远走天涯，竟不克携以与俱。古人云"言为心声"，又云"诗以言志"，以众异在诗学上之戛戛独造，狱中诗两集，凄怆愤慨之情，跃然纸上，实为传世之作。当拙著在《春秋》杂志连载时，不少读者，曾纷纷来函要求发表，而我既不克为其妥为保存，自更不能为其刊行，深觉愧对故人于地下。

（三）郑逸梅所见的抄本。据可靠消息，目前庋藏北京某藏家处，书后有郑逸梅题跋一通，据说题跋中交代了这一抄本的源流：为严家炽（曾任汪伪财政部次长，与梁鸿志同时关押提篮桥）在狱中录存，出狱后以示高吹万，郑逸梅从高吹万处借阅录副。此本至今未睹。

（四）周退密所见的抄本。据说多年之前有心人根据此本重新排印，私下印了一些。此本至今未睹。

（五）另有一种梁鸿志的提篮桥狱友谭仲将（谭泽闿之子，赵叔雍之婿。曾任汪精卫私人秘书）手抄本，现存北方藏家之手。抄存诗篇129首。

以上五个本子是确凿可证，历史上存在的和存在过的。

其他如狱友赵叔雍、柳雨生和其婿朱朴等，均热衷文墨，且后来都离开大陆成为学者，他们也是很有可能和具备条件抄存诗稿的。且当

时提篮桥监狱中关押上百号汉奸，对梁鸿志诗名仰慕者不在少数，《入狱集》和《待死集》中也多见他们互相酬唱，传抄其诗也属正常。将来能否获新的发现，有待来者。

四、孙祖基狱中抄录的《爱居阁集外诗》

梁鸿志在狱中喜欢谈诗，跟赵叔雍、金雄白、陶亢德、柳雨生、蔡培、谭仲将等均有唱和，提篮桥"忠"字监里的汉奸很多是文化水准和旧学修养很高的知识分子，自然也少不了传抄他的诗作。

尽管"同朝"为官，孙祖基跟梁鸿志之间似乎并没有什么交集，他们一起被关押在提篮桥期间，也没有发现有直接交往的痕迹。但是，毕竟同在一个屋檐下，提篮桥监狱让这两条原本不相干的人生轨迹，居然在某个点上相交了：

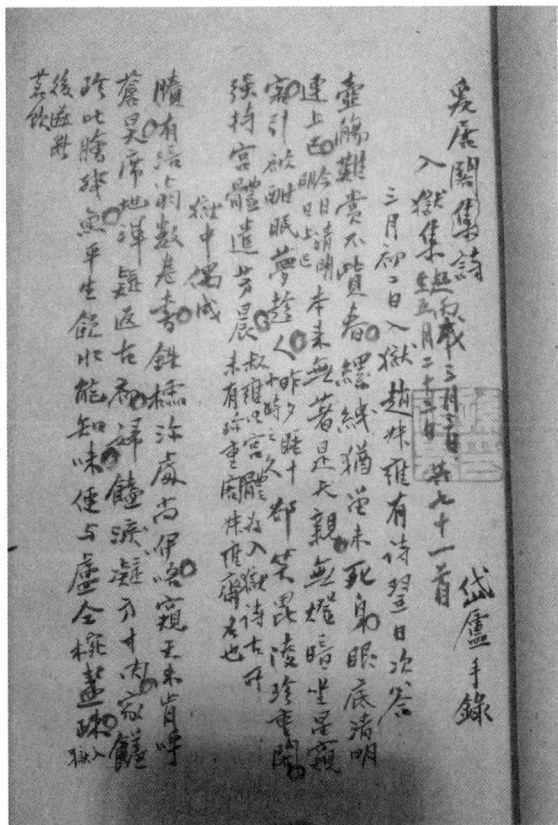

图一 孙祖基抄本《入狱集》起首页

所有人都不曾知道，当时孙祖基抄录了《入狱集》和《待死集》，他给这两集加的总题为《爱居阁集外诗》[7]。后来孙祖基1948年被保释，1949年仓皇渡海的时候，这些手迹都遗留在了大陆，而其中的某一部分，居然保存了下来。

孙祖基亲笔抄录的《爱居阁集外诗》为线装一册，毛边纸，行书小楷抄录。抄本中的日期均以旧历为准。封面题签"爱居阁集外诗"。

目录部分：起首题"爱居阁诗"，分《入狱集》和《待死集》两部分，诗题分系于两集之下。

正文部分：《入狱集》标题下夹注"起丙戌三月三日至五月二十二日，共七十一首"。标题前起首处题"爱居阁诗"，下署款为"岱庐手录"，加盖"孙祖基印"满白文大印章一枚（图一）。本集末页装订骑缝处有题记"丙戌十月既望钞于上海监狱病院"。根据该抄本实际检核，此卷实收梁鸿志诗作70首，合计附录沈剑知原作1首，则共为71首。按集中篇什，《入狱集》起始日期为民国丙戌三月三日，即公历1946年4月4日，为梁鸿志被移解提篮桥监狱的第二天；截止日期当为该年五月二十一日，即公历1946年6月20日，为法院判决梁鸿志案的前一天。而孙祖基抄录此本的时间"丙戌十月既望"，即公历1946年11月9日，乃梁鸿志行刑的当天。

《待死集》标题下夹注"起丙戌五月廿二日"。标题前起首处题"爱居阁诗"，下署款为"岱庐手录"，加盖"孙祖基印"白文小印章一枚（图二）。本集末页加盖满白文"孙祖基印"和朱文"道始翰墨"大对章两枚。根据抄本实际检核，该卷实收梁鸿志诗作59首，《待死集》起始日期为五月二十二日，即公历1946年6月21日，当天法院宣判梁鸿志死刑；截止日期为十月十六日执行枪决前夕，即公历1946年11月9日。

按孙祖基抄本，《入狱集》实得梁鸿志诗作70首，《待死集》为59首，两集合计129

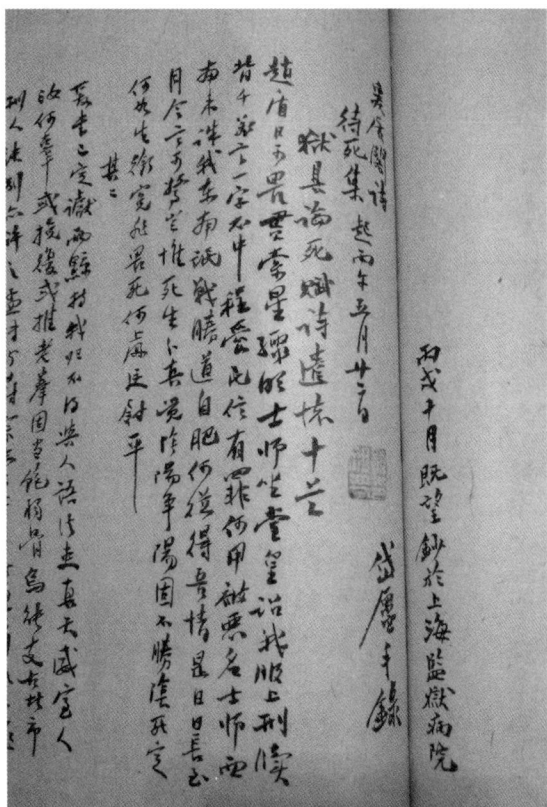

图二　孙祖基抄本《待死集》起首页

首。这个数字是跟郑逸梅"积诗一百多首"和周退密"都一百三十余首"的记述基本吻合的。但是跟孙曜东和金雄白的回忆不合。据金雄白晚年在《汪政权亲历记：梁鸿志狱中遗书与遗诗》中说，当时梁鸿志"托孤"给他的《入狱集》《待死集》全部诗稿，有300余首之多。金雄白在《汪政权的开场与收场：上海首被判处死刑的人》中又说："梁虽在缧绁之中，而吟咏不废，在楚园时代，成诗一百余首，名曰'入狱集'。自解牢狱起，以迄其死，又成诗百馀首，名曰'待死集'。"则金雄白明显记忆错误了，因为《入狱集》即是从移解提篮桥监狱开始，《待死集》至行刑之日为止，在楚园时期是并不算"入狱"的。而据孙曜东晚年的回忆，梁鸿志在提篮桥这个时期，共得诗两百余首。这两个数字都得自他们晚年的追忆，而且现今他们业已去世多年，更

加无从确考。这可能是梁鸿志自入楚园以来的所有诗篇数额，也可能是这部诗集的未删稿原始规模。当然，也可能是孙曜东和金雄白由于年深日久而误记了。郑逸梅和周退密当日都是有抄本在手，因此他们的陈述应该是可信的。

提篮桥监狱是个有钱能使鬼推磨的地方，汉奸们只要使钱，想躲清静就可以住进监狱医院里。银行家吴蕴斋自打进了提篮桥，基本上没住过监房，一直住在监狱医院里，而孙曜东嫌医院寂寞，倒宁可住监房。金雄白《汪政权的开场与收场：梁鸿志生前的两大遗恨》：

> 病房虽然防范严密，一样插翅难飞，但一间大房间中，排列着二十几张病床，有着钢丝的床垫，经年没有床睡了，一旦得此，说不出有一种舒适的感觉。房里除了病床，还有宽敞的地位，可以容得我们绕室而行，已不像普通囚房那样局促得令人窒息。而且狱医真是"仁心仁术"，得人钱财，与人消灾，让我们与鸡鸣狗盗之辈，分层而处。还指派了若干人为我们服役，房里有电灯，医生用的煤气灶让我们煮食物。在失去自由中，用了那一条金条的代价，其所得实益，比了送给法官数十倍的贿赂，要有用得多了。唐寿民、傅式说、赵叔雍、严家炽、汪曼云、孙曜东、郑洪年、周毓英、谢葆生、张松涛等总有几十人，都成为无病的病人，享受着特别的待遇。

《待死集》中就有《雨中寄叔雍病院》的唱和诗，看来赵叔雍是躺在监狱病院房间里给梁鸿志推敲酬唱的。孙祖基在抄录《入狱集》，写到最后时，在本集装订骑缝处写下"丙戌十月既望钞于上海监狱病院"的题记，也恰好说明他是借了病房的条件来抄写诗稿的。这个"丙戌十月既望"，正是梁鸿志行刑的当天。那么孙祖基接着抄录《待死集》也就是在这几天之间的事。

五、孙曜东记忆中的梁鸿志狱中诗

金雄白1948年被保释出狱以后，把梁鸿志托付给他的《入狱集》《待死集》全部诗稿和《遗书》等文稿丢失殆尽，他晚年在梁鸿志女儿梁文若女士手上，才又读到当日梁鸿志转交出来给女儿的两封《遗书》及遗诗16首和辗转抄录到的“七无诗”7首，这些诗转录于著作《汪政权亲历记》暨《汪政权的开场与收场》[8]中。而读过全部《入狱集》和《待死集》的人，如郑逸梅和周退密两位，他们并没有记录原作的内容。

孙曜东（1912—2006），是楚园和提篮桥“忠”字监众人里面最晚去世的一个。孙曜东出身书香巨族，圣约翰大学毕业后留美，汪伪政府时出任复兴银行行长、中国银行监察人、周佛海机要秘书等职，在楚园和提篮桥都跟梁鸿志走得很近，因此对梁鸿志被抓以后的情形所知较详。他晚年与上海著名传记作家宋路霞合作，整理了好几部回忆著作，对梁鸿志及《入狱集》《待死集》的追忆，主要集中在《梁鸿志最后的几首诗》《1945 年的楚园与楚囚》两篇文章中，这两文收录于他晚年的口述著作、上海教育出版社《浮世万象》[9]和安徽文艺出版社《十里洋场的民国旧事》[10]这两部书中。

孙曜东旧学根底扎实，时隔半个多世纪，居然还能够回忆出好几首梁鸿志的狱中诗。与孙祖基抄本一一核对，尽管每每有字句出入，但还是不得不对老先生的记忆力表示佩服。

孙曜东出自安徽寿州孙家，是著名的“淮西旧族”，曾叔祖孙家鼐是光绪帝师、京师大学堂的创办人，父亲孙多褆曾在北洋当官。梁鸿志毕业于京师大学堂，也曾是北洋旧僚，因此在汪伪时期就对孙曜东另眼相待。有一个时期经常把孙曜东叫去他家打牌，打完牌还留饭，在一起狂赌豪饮。转眼之间，却一起成为了楚园的楚囚，又成为提篮桥的狱友。孙曜东回忆梁鸿志曾写给他一首诗：

门第淮西过百年，裼裘侧帽最翩翩。
彦瑜三好音书酒，摩诘双修诗画禅。
同坐狱囚吾老矣，会看脱颖子歙然。
勿忘在莒须才杰，勤为缁衣赋好贤。

这里有些字句孙曜东记忆稍误，有五个字的出入，对照孙祖基抄本，这首诗题名《赠曜东》，全文为：

门第淮西过百年，裼裘侧帽最翩翩。
彦瑜三好音书酒，摩诘双修诗画禅。
同作羁囚吾老矣，会看脱颖子翛然。
不忘在莒须才杰，勤为缁衣赋好贤。

所谓“裼裘”，泛指袒露里衣，形容不拘礼仪、行为潇洒。如前蜀杜光庭《虬髯客传》：“不衫不履，裼裘而来，神气扬扬，貌与常异。”“彦瑜”即《梁书》中的萧琛，“摩诘”即唐朝诗人王维。前两句夸耀孙曜东出身华贵，风度超群，艺术文化修养深湛。后两句勉励他需要好好忍耐，等待时机像春秋时期的齐桓公小白一样，待有出头之日，自当另有一番作为。

梁鸿志有一首《端午日得公博凶问哭之以诗》，据说是传诵一时的名作。端午节那天早晨狱警带进来报纸，当天头版头条刊出“陈公博伏法”，《新闻报》的副标题居然是：“一代骄人瞻马首，万人空巷吊公博。”最大的汉奸陈公博被枪毙于苏州，狱中一下子全无声息了，各自在琢磨自己的命运。梁鸿志因为次日法院就要首次开庭审理他的投敌卖国案，心绪自然更加复杂。他一声不吭，在监房里跑了几圈，一小时后却拿出一首诗给孙曜东看。孙曜东因佩服他的才思敏捷，很快记住了：

欢呼歌哭总成尘，才第当年辟万人。
逝者已矣行自念，路人犹惜况相亲。
古来大狱皆冤狱，似子求仁竟得人。
功罪无凭恩怨在，故应长夜伴灵均。

在这首诗里梁鸿志混淆是非，真是逞如簧之舌，将他们这帮群丑汉奸的卖国罪行企图轻轻以"党争"来掩饰，居然认为陈公博被枪毙是派系"恩怨""功罪无凭"，甚至叫嚣这是"冤狱"，竟然还说陈公博一死是够得上去陪伴屈原的忠魂，真正厚颜无耻到了极点，令人发指。此处孙曜东的追忆与孙祖基抄本相校，有八个字相异，首句出入尤大：

> 歌呼饮博遂成尘，才地当年辟万人。
> 逝者可伤行自念，路人犹惜况相亲。
> 古来大狱皆冤狱，似子求仁竟得仁。
> 功罪无凭恩怨在，故应长夜伴灵均。

所谓"歌呼"，即歌吟呼号，形容聚会欢畅放诞。《史记·曹相国世家》："相舍后园近吏舍，吏舍日饮歌呼。"宋苏轼《再和黄鲁直》："且复歌呼相和，隔墙知是曹参。"所谓"饮博"，即畅饮豪赌，宋欧阳修《归田录》："杨大年每欲作文，则与门人宾客饮博、投壶、弈棋，语笑喧哗，而不妨构思。"陈公博是梁鸿志难得趣味相投的朋友，梁鸿志在青岛会议之后不得志，沉湎诗酒，而陈公博也感到前途无望，消极应付，所以他们很接近，在南京时常在一起喝酒、打牌、吟诗，所以这里的"歌呼饮博"完全是写实。

孙曜东还追记过一首诗，写的是梁鸿志两个姨太太给送进来荔枝，让梁鸿志好生感慨了一番：

> 猩红翡翠杂然陈，食罢临风一欠伸。
> 万事饱经惟欠死，何须明岁更尝新。

这首在孙祖基抄本中，题名却是《家人馈荔枝枇杷为赋绝句》，诗句也有五个字的不同。抄本内容为：

> 轻红晚翠杂然陈，食罢临风一欠伸。
> 万事饱经惟待死，未须明岁定尝新。

所谓"轻红"，即荔枝色淡红，因以借指荔枝。唐杜甫《宴戎州杨使君东楼》诗："重碧拈春酒，轻红擘荔枝。"宋黄庭坚《为戎州第一》诗："试倾一杯重碧色，快剥千颗轻红肌。"所谓"晚翠"，原意是指植物经冬而苍翠

不凋，这里是对枇杷枝叶的写实。谁料想第三句"万事饱经惟待死"，居然一语成谶，他很快成了待死之囚。此刻他虽然故作豁达，嘴上说"未须明岁定尝新"，可一旦被判处了极刑，还是吓得丧胆失魄，大喊其冤。

据孙曜东回忆，梁鸿志在狱中曾经写了很多求援信，但没有人理睬他，有一次外面有人带信进来，居然是一个久不联系的外甥写的。这个外甥在他得势时没有来投靠他，平时也没沾过他的光，到了他"倒霉"的时候却主动来信慰问，并送钱送物接济他那两个姨太太，令他十分地感动。他联想到自己亲生子女都没有来管他的，亲侄女和侄女婿还出卖他，于是成诗一首：

> 东坡得罪走湖州，官舍从之散不收。
> 犹有平生王子立，周旋家室与忘忧。

说是当年苏东坡获罪时，很多亲友都不来往了，只有学生王子立还来看他。梁鸿志又以东坡自况了。这首在孙祖基抄本中题名为《寄李删尘》，有五个字不同：

> 东坡得罪去湖州，官舍亲知散不收。
> 独有平生王子立，周旋家室与分忧。

这个李删尘应该是梁鸿志的内侄，本名李珊尘。后来梁鸿志的诗稿、《遗书》等得以转送出来并交到家属手上，他都奔走帮忙。因此后来梁鸿志在写给女儿梁文若的《遗书》中郑重交待过："珊为去年乱后亲友中最有肝胆之人，不可轻视，将来将以遗嘱托之。"

孙曜东追忆的诗作全篇另有梁鸿志发牢骚的《七无》诗3首，与孙祖基抄本校核，多有字句不同。

金雄白晚年在梁文若手上抄录出来的16首诗，跟孙曜东追忆的篇目无重复。除一首《无题》七律以外，其余15首均收录于孙祖基抄本《入狱集》《待死集》，按抄本校核，也是字句略有差异。这首未收录进孙祖基抄本的《无题》为：

早是元龙豪气尽，云表空谈百尺楼。

砌阴初长三年放，新词忍谱扫花游。

旧梦渐散随水逝，底事行吟集百忧。

不关春恨不悲秋，漫劳恩怨在心头。

六、梁鸿志讽刺唐寿民和讨好章士钊诗

梁鸿志自大狂妄、口无遮拦的性格，在狱中也没能改变，正所谓本性难移。人家向他索诗，他高兴时写得挺正常，不高兴了就要在诗里骂人。有一回，关押在一起的唐寿民索诗，就被他挖苦了，其中有"市儿但识金银气，计相哪知《平准书》"句，讽刺挖苦唐寿民是只知摆弄金银的市侩，而对国家的财政大计则一窍不通。唐寿民曾任伪"商统会"会长、交通银行行长，地位相当于"计相"。最后还讽刺他"知君自有安心法，白法苍颜近更腴"。好在唐寿民文化程度不高，一时也看不出其中的弦外之音，就稀里糊涂地收下了。

这首诗孙曜东只回忆起了这四句，未见全篇。在孙祖基抄本中，此诗题为《唐寿民索诗赋赠》：

人海过从廿载余，祇今狱户接巢居。

市儿但识金银气，计相哪知《平准书》。

拼与世踈全性分，捉将官里笑头颅。

知君自有安心法，白法苍颜近更腴。

唐寿民（1892—1974）是学徒出身的银行家，在民国的金融界，是一个传奇式人物。他是镇江人，不仅没留过洋，连普通的新式学校也没进过，仅仅上过几年私塾。从钱庄学徒干起，20来岁时候就已经是银行界能呼风唤雨的角色。抗日战争之前，他就担任过中央造币厂厂长、交通银行上海分行总经理、大通煤矿董事长等高职。由于周佛海的一再拉拢，落水成了汉奸。1948年唐寿民出狱以后留在了大陆，1974年临终前他还是那句话："我是一把阳伞撑出来学生意的，没什么好遗憾的！"

梁鸿志跟章士钊（1881—1973，字行严、笔名孤桐）是北洋同僚，在段祺瑞执政府时期，一个是秘书长，一个是司法部长，两人还是诗友。有次梁鸿志跟孙曜东谈论到章士钊的诗文，竟以"狗屁"斥之。国民政府开始审判汉奸以后，汉奸们都忙着找新的后台，各显神通地通路子。但是所有的运动都得花钱，而梁鸿志拿不出钱来，就格外显得处境尴尬了。后来章士钊倒是主动去联系他，并答应做他的辩护律师，以章士钊当时的身份，自然让梁鸿志感到这是增加胜算的巨大砝码。此时梁鸿志收到章士钊的诗，就不再斥之为"狗屁"了，而是花足了功夫去酬答。孙祖基抄本中存有这两首题为《章行严寄诗次答》的诗作（图三）：

记同论政坐中书，媚学群推尔与吾。

一老慭遗天意酷，廿年流转自谋踈。

子余卜肆堪充隐，我以囚居当遂初。

付汝头颅听雄辩，莫教薏苡误明珠。

自笑迂踈不噉名，偶然揽辔狱旋成。

救焚拯溺心无怍，蒙垢含冤世可轻。

知有斫轮讥小白，岂缘击剑误荆卿。

汉家大业忩钩党，独许屠蟠尚乐生。

第一首诗前四句回忆了跟章士钊同在段祺瑞执政府内阁共事的情景，套套词，说是当日同僚们都佩服咱俩的学问最好了。这里的"一老慭遗"指的是段祺瑞。

这两首诗，绕来绕去其实落脚点都在最后两句上："付汝头颅听雄辩，莫教薏苡误明珠。"——我可把脑袋交给您了，千万不要把我混同于群奸，错杀了我呀；"汉家大业忩钩党，独许屠蟠尚乐生。"——现在政府惩办汉奸，里头可有派系斗争的因果呢，严惩之下可要让我像当年东汉申屠蟠一样能够逃条活路呀！总之，他的意思是，可把求生的希望都托付给章士钊了。

在诗中，梁鸿志还是一如既往为自己开脱：

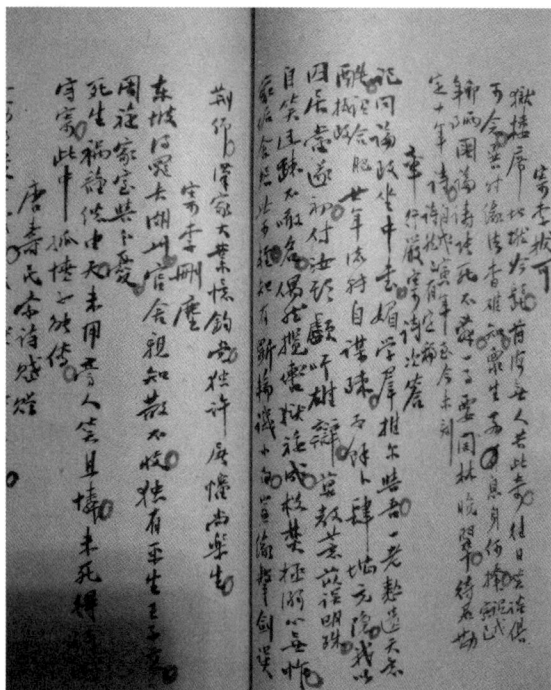

图三　孙祖基抄本梁鸿志诗作节选

"自笑迂踈不噉名，偶然揽辔狱旋成。"——由于自己生性"迂踈"不会盘算，"偶然"要去出风头做官才让自己跌了大跟斗，这一切似乎都是自己不通世故所致。要不，自己倒霉就是由于"钩党"的结果。

可笑的是，都到了这个节骨眼上，梁鸿志刻薄的本性还是无法尽泯。他说："子余卜肆堪充隐，我以囚居当遂初。"——你老章开开律师行，如同高人隐居；我老梁做了阶下囚，倒遂了安贫乐道的初心了。说章士钊开律师行是"卜肆"，如同卖卜算卦的路边店，用词也是很轻薄了。

七、要审慎对待汉奸诗文

对于梁鸿志的诗作，周退密《呆堂书跋》援引1950年雪蕉的弁言，评价道："才特长于诗，风雨鸣哀，烟花记趣，都擅胜场，固有不能磨灭者在……非第不忍以人废言，抑窃比于诗可以观之义云。"而钱锺书曾经批注《爰居阁诗》

道："于西江宗派稍能以苏、陆两家广之，故尚不狰狞枯窘，然终落海藏楼蹊迳。数篇以上，语意泛同，亦见才之不大焉。"虽然持论较苛，但也不过仅仅着眼于其诗作的艺术性，指出了梁鸿志的诗学路径与格调而已。

世人历来对于少见、稀有的事物会表现出特别浓厚的兴趣，因此"奇珍异宝"就成为某种价值取向。就知识界而言，"禁书"就是一种"奇"与"异"的宝货，由市场角度观察，那也必定是价值颇高的。近年社会上倡导"国学"，又有"整理国故"的潮流慢慢滋生，对于一度被列入毁禁行列的汉奸诗文，关注度居然有蓬勃之势。当然，对于汉奸诗文及著作的毁禁、整理、出版这个不是我辈能够关注的重点，但是当下的人是以何种心态、何种眼光、何种态度去阅读和对待这些东西？这是一个值得重视的问题。

近年有王怀志先生发表《钱锺书批阅〈爰居阁诗〉》[11]署名文章中道：

近现代著名诗家中，郑孝胥、梁鸿志、黄秋岳、陈曾寿、龙榆生诸人的身份显得颇为特殊。这些人多从前清走来，活跃在民国期间，身兼文士、政客两重身份。他们一方面凭籍深厚的国学基础，横溢的诗赋才华，为当世所瞩目；另一方面则因其与时世共浮沉的人生选择为千夫所指，留下了"文人无行"的又一口实。由于以上诸人晚年的变节行为，终至声名狼藉、报应不爽。郑孝胥暴毙于1938年，有传言是被毒杀；梁、黄都是以"汉奸"罪伏法；龙榆生虽无恶行，但也为那段经历付出了代价。这样的收场固然令人唏嘘，而身后寂寞、著作飘零，亦其宜也。

阅读《入狱集》《待死集》，很多诗作如果仅仅从字面上赏析，是读不出真正的含义的。文字的背后，有混淆是非，有口是心非，有指鹿为马，有种种烟幕……更有他们各异的价值观、世界观，状况往往要比想象中复杂得多。

因此，阅读汉奸诗文，得提高警惕。

注　释

［1］　赵永良等主编：《无锡名人辞典·三编》，上海科学技术文献出版社，1994年版。

［2］　孙祖基：《岱庐日记》，1941年稿本（未著录，未发表）。

［3］　梁鸿志：《爱居阁诗》，1938年北平文楷斋刻本。

［4］　郑逸梅：《郑逸梅选集》第2卷《文苑花絮》，黑龙江人民出版社，1991年版，第421页。

［5］　周退密：《周退密诗文集》之《呆堂书跋》，黄山书社，2011年版，第1637—1638页。

［6］　陈巨来：《安持人物琐忆》，上海书画出版社，2011年版。

［7］　梁鸿志：《爱居阁集外诗》，孙祖基1946年抄本，包括《入狱集》《待死集》两种（未著录，未发表）。

［8］　金雄白：《汪政权的开场与收场》，共4册，春秋杂志社，1959年起至1964年出版。

［9］　孙曜东口述，宋路霞整理：《浮事万象》，上海教育出版社，2004年版

［10］　孙曜东口述，宋路霞整理：《十里洋场的民国旧事》，安徽文艺出版社，2014年版。

［11］　王怀志：《钱锺书批阅〈爱居阁诗〉》，《羊城晚报》2010年12月19日。

浅谈政治因素主导下的江抗东进

张　啸[*]

【摘要】2019 年是江抗东进 80 周年。江抗东进作为新四军东进战略的重要组成部分,是政治因素主导下的一次战略行动。新四军总部在军事条件不利但政治上有利的情况下筹划了东进行动;江抗在对日伪军进行军事打击的同时,发挥政治优势,在苏南东路造成了广泛的影响;新四军身处日、伪、顽三方夹缝中,面临国民党顽固派的不断挑衅,从国共合作抗日的大局出发,通过谈判化解危机,避免了大规模的冲突,体现了共产党的政治智慧和斗争策略。

【关键词】江抗　东进　新四军　国共合作　政治

江抗东进,是 1939 年 5 月至 10 月,新四军领导下的江南抗日义勇军(简称江抗)进入苏南东路地区[1]开展抗日斗争的过程。这次行动,时间不长,作战规模不大,但对于江南乃至华中抗日战争的大局产生了十分重要的推动作用。究其原因,江抗东进是政治因素主导下的战略行动,其结果和评价不能以单纯军事胜利来衡量。本文试对江抗东进决策和实施过程进行探讨,分析政治因素在这次行动中的体现和影响,以此感怀老一辈革命家在艰苦的斗争中的政治智慧和突出贡献。

一、江抗东进是立足政治上有利的慎重决策

1939 年 2 月,周恩来受党中央委托,到达皖南新四军军部,传达党的六届六中全会精神,同时与新四军领导层商讨发展华中抗日的战略方针问题,并制定了"向北发展,向东作战,巩固现有阵地"[2]的方针。此时,向江南出击的新四军第 1 支队已经在镇江茅山地区建立了根据地,正筹划下一步的行动。然而,新四军部分领导人对继续向东,进入京沪铁路东段的苏南东路地区发展的可行性存在疑虑。

挺进苏南东路,在军事上有其不利的一面。首先,敌我军事力量对比悬殊。苏南东路紧靠淞沪,是日伪政治统治的心脏地带,同时又是日军占领区内经济最为发达、交通最为便利的地区,是日军以战养战的基地。为此,1938 年 10 月起,日军就将这里列为"重点治安区",并要求"尤须首先迅速设法恢复上海、南京、杭州附近地区治安,并恢复主要交通线"[3]交通要道附近碉堡、据点林立,苏南地区日军常驻兵力达三万多人。相比之下,新四军全军

* 张啸:无锡博物院馆员

仅一万多人，江南地区的第 1 支队仅有两个团兵力，且武器装备简陋，补给困难。其次，新四军极缺水网平原地区作战的经验。南方八省红军游击队改编而来的新四军，善于打山地游击战，却基本没有开展过平原水网地区的军事行动。苏南地区不仅地形平坦，且交通便利，控制水路交通线的日军可以迅速地进行兵力机动。在这样的地方开展游击战，困难很大。所以，在制定东进方针之初，部分新四军领导人对东进存在顾虑，认为部队到苏南东路去会被消灭掉[4]。可见苏南东路的军事环境对于新四军生存与发展来说的确存在许多障碍。

但从当时华中抗日大局的政治角度来看，挺进苏南东路又有其必要性和有利因素，最终促使新四军做出江抗东进的决策。

第一，可以创建新的根据地，并为发展苏中开辟前进基地。从地理位置看，苏南东路是抗日根据地从江南向江北发展的前哨和跳板，连接苏中两大要地的枢纽。党中央十分清楚这一地区对于华中抗战的重要性。毛泽东在新四军初入江南的 1938 年 5 月 4 日，致电新四军领导人，指出"在茅山根据地大体建立起来之后，还应该分兵一部进入苏州、镇江、吴淞三角地区，再分一部渡江进入江北地区[5]。"此"苏州、镇江、吴淞三角地区"，即包括苏南东路地区。党中央为新四军制定了三步走的战略，一是东进南京、镇江一带，建立茅山根据地；二是东进无锡、苏州、江阴、常熟、太仓之间的苏南东路，开展游击战，创建新的根据地；三是北上渡江建立苏北根据地。在第一步基本完成的情况下，周恩来与新四军领导人定下了"向北发展，向东作战，巩固现有阵地"的行动方针，后来概括为"向南巩固，向东作战，向北发展"。只有向东作战开辟新根据地，才能实现向北发展。从这点上看，挺进苏南东路，是新四军 1938 年东进战略的延续，对于华中抗日的战略形势是必要且有利的。

第二，可以突破国民党对新四军的限制。新四军自成立之初，就受到国民党的极大限制。尤其是国民党五届五中全会将政策重点转移至对内"防共""限共"后，对共产党领导的抗日武装的防范和限制日益加剧。1939 年 4 月国民党制定的《防制异党活动办法》规定："无论在战区与非战区，凡未经事先呈准有案，而假借共产党或八路军与新四军等名义，擅自组织武装队伍者，当地驻军得随时派兵解散，不得有误。"[6]第三战区则制定具体措施，要求"新四军之后方办事机关，除经准予设立之上饶通讯处，专事军事运输及联络外，其他……概在取缔之列"[7]。同时，为"防止新四军裹挟做大，以期消患无形起见"，战区司令长官顾祝同经蒋介石批准制定了防制新四军活动的六项办法[8]，又对江南新四军"画地为牢"，明确京沪铁路丹阳以东为国民党忠义救国军（简称忠救军）的游击区，丹阳以西为新四军的游击区，严格限制其向外发展。茅山地区的江南新四军，在战略上已经处在敌伪和国民党顽固派的夹缝中，到了非向外突破不可的境地了。只有突破了国民党给新四军划定的狭小区域，新四军才能得到更广阔的生存和发展空间；越过京沪铁路向东朝日军重兵集结的地区出击，也避免了给国民党顽固派留下"游而不击"的口实，政治上有理。这是关乎新四军生死存亡的现实考虑。

第三，可以造成广泛政治影响。包括苏南东路在内的江南地区对于日伪而言，在政治、经济上的重要性不言而喻。更重要的是，这一地区与当时中国最大和最国际化的城市上海相临。上海各种政治势力并存和中外媒体齐聚的现实决定了苏南东路稍有风吹草动，就有可能造成国内和国际的双重政治影响。因此，"江南的持久抗战是与全世界反日援华运动的开展和深入息息相关"，新四军进入苏南东路地区，开展和坚持对日伪军的作战，开辟根据地，其产生的影响力"将大大地提高全国抗战的信心，扩大国际援助中国的运动，使最后胜利的降临，更迅速地出现"[9]。

第四，可以整合利用丰富的抗战资源。自日军侵占苏南以后，国民党军队仓皇西撤，国民党的各级地方政权也土崩瓦解。日军及其扶植的伪政权和维持会等开始了对城市和交通沿线的统治。但在权力真空的广大农村地区，地方自发组织的抗日团体和武装纷纷发展起来。早在1937年底，就有共产党员吴建功、顾复生在上海南汇、青浦地区组织抗日武装。至1939年春，常熟地区的陈震寰、任天石等，江阴地区的梅光迪、朱松寿、张志强，无锡地区的陈凤威、朱若愚、强学曾等，都组织了少则几十人，多则千余人的抗日武装，开展袭击日军、镇压汉奸等活动。他们虽然与共产党组织有联系，但分散行动，彼此之间缺乏联络协同，还面临着被忠救军等顽固派武装兼并、控制的危险，处境十分困难。新四军进入苏南东路，可以有效地吸收、整合这些力量，"组织和团结无数的游击队在自己的周围"[10]，把他们从一盘散沙变为一个强有力的拳头。1938年，中共澄锡虞工委已经争取到了梅光迪、朱松寿两部，并在新四军帮助下实施了整训，授予"江南抗日义勇军第3路"的番号，成为江抗东进时的两路主力部队之一。在特科党组织的活动下，苏州、无锡、武进一带的许多抗日武装都与中共取得了联系，秘密建立党领导下的抗日团体，建立了游击基点，给新四军在苏南东路的活动带来极大的便利。

周恩来皖南之行确立向东作战的方针后，新四军军部就挺进苏南东路问题，让第1支队司令员陈毅做慎重考虑。陈毅认为，无论从苏南东路的现实状况和战略地位，还是从新四军战略方针、发展方向看，向东发展刻不容缓。虽然在军事上有一定风险，但并不是无法克服，只要新四军能团结人民，即使地形不利，同样能开展游击战争。他决心实施东路作战的计划。

二、发扬政治优势，取得军政双胜的东进行动

1939年春，陈毅决定抓住有利时机，执行"向东作战"的行动方针，他立即派出新四军主力部队挺进苏南东路地区，开展游击战争，创建根据地。虽然新四军第1支队只有两个主力团，但陈毅仍抽出了叶飞率领的6团执行东进任务。为了应付国民党第三战区，东进部队用"江南抗日义勇军"（江抗）番号，新四军6团为江抗2路，加上经过整训被授予江抗3路番号的梅光迪领导的江南抗日游击队和朱松寿领导的苏浙人民抗日自卫军，共下辖5个支队。5月初，两路江抗部队在戴溪桥地区会合，成立江抗总指挥部，梅光迪任总指挥，叶飞（化名叶琛）、何克希、吴焜（化名吴克刚）任副总指挥，部队实际工作由叶飞、何克希主持。5月8日，江抗越过京沪铁路，到达无锡梅村地区，在此设立了总指挥部，开始了苏南东路地区的抗日斗争，历时5个月，使"抗战的炮火响遍东路的每个角落，东路的广大民众普遍地涌入抗战巨流中来"[11]，建立了抗日游击根据地，初步地打开了苏南东路抗战的新局面。

（一）组织对敌作战，扩大政治影响

江抗出征前，陈毅致信6团，指出"战斗胜利是解决一切问题的枢纽"[12]，首先要取得对敌作战的胜利，才能造成极大的国际国内影响，打击敌伪士气，鼓舞民众抗战热情。为此，明显敌强我弱的情况下，进入苏南东路的江抗部队连续组织了几次团级规模的较大作战。其目的不仅是歼灭日伪有生力量，使敌人胆寒，更要利用临近上海大都市的条件，在国

内外舆论上造成比较大的声势，扩大新四军的影响。如5月31日，江抗2路在无锡东北黄土塘地区与日军的遭遇战，毙伤敌方数十人，是江抗进入苏南东路后对日军的首战胜利；6月24日，江抗2路又夜袭日军在京沪线上的主要据点浒墅关车站，全歼日军警备队长以下20余人，破坏了车站和铁轨；7月，何克希、吴焜率一个团兵力向上海郊区挺进，在当地游击队配合下，一直打到上海虹桥机场[13]。进入上海郊区后，江抗还歼灭了勾结日伪的"淞沪民众抗敌自卫团"，开展了青浦、嘉定地区的反"扫荡"。这些战斗，每次歼敌十几人至数十人不等，对日军造成的实质性损失并不巨大，但其政治影响力是惊人的。夜袭浒墅关车站使京沪铁路中断三天，上海《申报》《新闻报》、美国《大美晚报》等中英文报纸纷纷报道，"'江抗'……像神龙般的活跃在京沪路沿线""沦陷在京沪沿线的人民，对于'江抗'两字，相当崇敬"。江抗向上海近郊挺进并袭击虹桥机场的行动更使沪上舆论一片震动，上海的各大报纸都做了相关报道，引起了国际的反响。《申报》报道江抗向上海郊区挺进的消息时说"该项华军军容甚整……所到各处秋毫无犯，各地民众莫不欢腾万状"[14]。可以看出，这些战斗不仅是军事仗，更是政治仗，对于苏南东路乃至整个华东地区的抗战而言，每一战都具有牵动全局的战略性意义。江抗组织的这些作战使共产党军队不畏强敌、坚决抗战的形象在苏南东路人民心中扎下了根，为之后在这一地区动员民众开展全面抗战提供了思想基础。

（二）政治手段为主，军事手段为辅，改造抗日武装

为充分整合现有地方抗日武装，扩大抗日力量，到达无锡梅村后，江抗就开始了收编、改造地方武装的工作。采用的方法，是根据这些武装的不同情况，以政治手段为主，军事手段为辅。其中，由失去党组织关系的党员和爱国人士组织的武装，被直接编入江抗，随主力部队行动，如陈凤威部；由地主乡绅甚至地痞流氓控制的、成员比较复杂的武装，采取对领导骨干和一般成员区别对待的办法灵活处理，如对梅村地方实力派强学曾组织的无锡国民抗敌自卫大队，就是由江抗做强学曾的工作，使他交出部队进行整编，强学曾本人则不随部队行动；对于受国民党顽固派影响较深，或改造过程中出现反复的地方武装，江抗采取武装缴械等强制手段，迅速彻底地实行改编，如无锡鸿声里邓本殷组织的武装；对于阻碍抗日的游杂武装，则在"有理、有利、有节"的政治原则下，进行军事打击。如对盘踞在锡北的忠救军第10支队周振刚部的行动，缴获大批武器，并争取了一个中队反正。通过这些方法，仅在5、6两个月，江抗就在无锡地区成功收编了7支地方武装，又在苏州、常熟地区收编了胡肇汉部、殷玉如部、周嘉汉部等武装。由此，江抗的部队规模迅速扩大，武器装备得到改善。到10月江抗西撤时，总兵力已达6000多人，新组建了第4、第5两路部队，武器则"都换上一色新的三八式，捷克式。每个班都装备了轻机枪，每个连都有重机枪……甚至枪还比人多"[15]。同时，使国民党顽固派控制、吞并这些地方武装的企图破产，大大坚定了民众的抗日决心。

（三）发挥宣传队、工作队作用，开展群众动员

东进的江抗部队，不仅是战斗队，更是政治上的宣传队和工作队。由于江抗坚持抗日的立场，江抗部队东进途中，受到了苏南东路民众的热烈拥护，出现了"箪食壶浆"迎江抗的动人场面。东路地区的党组织向江苏省委汇报时也说："当江南抗日义勇军到达无锡

县梅村时，极受群众的热烈欢迎和拥护……因好久没有看到中国军队，在敌人的严密的封锁线内，能够有中国军队来，兴奋了所有的群众，增强了群众的抗战热情。"[16]利用这一有利形势，江抗与地方党组织合作，广泛开展宣传工作和组织工作，充分发动民众，为抗日贡献力量。江抗指挥部与中共江苏省委外县工委联合成立以叶飞为书记的中共东路工作委员会，确定了以《抗日救国十大纲领》宣传群众，以部队遵纪爱民的实际行动影响群众，积极打击日伪军，教育争取地方游击队的工作方针。此后，东路地区党组织活动范围不断扩大。江抗还派出一批政工干部，帮助地方党发展党员，扩大组织。如在江抗活动的中心无锡梅村，新建1个区委和4个党支部，党员人数从36名增加到93名。到10月，据江苏省委向中央的报告，江苏省委外线工委系统党员已增加至760人[17]。在宣传工作方面，江抗帮助江南特委创办党刊——《江南》半月刊，以苏锡各界抗日联合会名义出版，发行到根据地各乡镇和各抗日群众团体。

　　江抗还通过设在无锡梅村和常熟东塘的办事处，联系抗联会、农抗会、妇抗会等群众抗日团体，开展筹款、支前活动，动员青年参军。江抗和江南特委为抗联会等团体培养了一批骨干力量，这些团体则积极响应江抗办事处号召，发动群众将药品、衣物、现款等源源不断地送到江抗手中，解决了江抗的筹款和给养问题。作战时，他们配合部队行动，传递情报、筹集粮食、救护伤病员，使苏南东路原有的游击基点初步连接成了澄（江阴）锡（无锡）虞（虞山）、苏（苏州）常（常熟）太（太仓）、青（青浦）嘉（嘉定）昆（昆山）三块抗日游击根据地。

（四）团结争取各阶层，促进全面抗战

　　江抗进入苏南东路后，在与各阶层交往中，正确执行了党的抗日民族统一战线政策，尤其注意做国民党地方政权和本地爱国人士的工作，以实现东路地区各阶层全面抗日。每到一地，江抗就派出民运干部到地方人士中开展统战工作。抗战进入相持阶段后，国民党重点恢复了江南沦陷区的政权，重新委派了县、镇长，控制了一些农村地区。江抗到达常熟、太仓等地时，利用各种关系，同国民党政权联系，甚至登门拜访，就避免摩擦、合作抗日等问题进行商讨。他们与国民党太仓县、昆山县政府都建立了良好的统战关系，还派员到国民党保安4团任政训员协助工作。此外江抗力争取得爱国人士和开明士绅的支持，争取他们投身抗战事业。叶飞等江抗领导人亲自参加了常熟各界人民抗日联合会的成立大会，就统一战线问题发表了讲话，会后邀请开明人士座谈，鼓励他们的爱国行动，解释共产党的抗日主张，取得了他们的拥护与支持。通过细致的工作，江抗获得了许多东路地区爱国人士的支持，征税、筹款等工作得以顺利开展；大量爱国人士如周鼎、归星海、陈友梅等人，集合到了抗日民族统一战线的大旗下，为抗战事业而奔走努力，甚至跟随共产党走上了革命的道路。

三、国共合作政治格局与江抗西撤

　　经过5个月的艰苦工作，江抗在苏南东路已经站稳了脚跟，崭新的抗日局面已经形成。共产党领导下蓬勃兴起的抗日活动不但震惊了京沪地区的日军和伪政权，也使国民党第三战区如坐针毡。国民党顽固派对江抗活动的阻挠使江南国共合作抗日的前景蒙上了阴影。为顾全政治大局，江抗西撤，脱离苏南东路地区。

　　虽然新四军6团东进时借用了江抗的番号，主要领导用了化名，但第三战区并非对这支能征善战的部队一无所知。江抗东进之初，

通过忠救军等渠道，第三战区已察觉江抗并非一般地方武装，苦于没有证据，只得以新四军违反军令政令、越界活动为由，不断向新四军军部施压和威胁。到 8 月中旬，邓本殷在手下武装被江抗收编后自行脱队，到上海向国民党方面"投诚"告密，称"匪首叶琛系新四军陈毅部之团长，派至苏常一带活动，名为抗日义勇军，实为新四军之干部……现在该部之异党分子宣传赤化，诋毁中央，煽惑民众抗租，扰乱地方秩序，请予剿除，以弥后患"。第三战区大做文章，一面继续施压新四军军部，要求新四军撤出，一面命令国民党第 32 集团军、忠救军"剿办"江抗，并下达禁令，"新四军各支队非有本部命令不得擅自进入金（坛）、丹（阳）、无（锡）、镇（江）以东地区活动"，企图先孤立江抗，再一举消灭江抗于东路地区[18]。此时的江抗为了对付日军在常熟一带的扫荡，已经跳出了包围圈到达江阴一带开展工作。9 月初，江抗首先在顾山一带打退忠救军第 5 支队袭击，政治部主任刘飞负伤，随后与忠救军主力在无锡、江阴地区对峙。为避免摩擦，江抗主动命令部队后撤一步，并派出代表和忠救军谈判。在忠救军执意执行第三战区"剿办"方针、坚称新四军"越界""违反军令"的顽固态度下，谈判无果。为避免大规模冲突，江抗再次主动北撤，但途中又遭忠救军袭击，副总指挥吴焜牺牲。这一重大损失使江抗下决心集中江抗和王必成率领的新四军第 2 团的优势兵力，与忠救军决战。第三战区则电令新四军军部，除重申新四军作战区域外，指明要求撤回新四军第 6 团和第 2 团。大战一触即发之际，新四军军部两次急电江抗，要求停止行动，"撤兵集结待命"。9 月 29 日，陈毅受军部委派，到国民党江南行署谈判，双方最终达成了协定，同时撤出战斗。10 月 10 日，陈毅亲自赶到江抗西石桥驻地，传达部队西撤的命令。江抗随后撤往扬中休整，准备执行向江北发展的任务。

从江抗西撤的过程可以看出，无论是新四军军部，还是江抗指挥部，都保持了清醒的头脑，没有突破"军事服从政治"的原则。1939 年时，虽然国民党反共的倾向已十分明显，但共产党仍然把巩固国共合作，继续抗日作为党的基本任务，强调"党不应给民族统一战线的破裂造成借口，这种统一战线无论如何是需要巩固和扩大的"[19]。党领导下的新四军明确地认识到，国共合作抗日依然是大局，双方冲突的加剧只会导致抗日力量的巨大消耗，给日本侵略者乘虚而入的机会，对于抗战十分不利，因此着眼于用谈判解决争端。对江抗而言，忠救军搞摩擦的行为已经到了忍无可忍的地步，干部战士义愤填膺，而且叶飞等领导人分析，"当时我们占着优势，完全有把握消灭'忠救军'"[20]，但他们还是执行了军部撤军的命令，服从了政治大局。正如叶飞后来所说："因为反摩擦有个原则，就是有理、有利、有节。现在回过头来考虑，一是当时顾祝同那里的压力大，需要缓和一下；二是我们有新的任务，要西撤，也就是要北进。北进关系到华中全局，不能只看到苏南。"[21]江抗撤到西石桥整编时，陈毅还就江抗西撤的必要性向部队说明，强调一切要以抗日大局为重，切勿造成"螳螂捕蝉，黄雀在后"的危局，并再三讲明军事服从于政治，战役服从于战略的道理，统一了部队思想。虽然没有实现在敌人心脏建立稳固根据地的目标，没有歼灭顽固反共的忠救军，但江抗西撤既维护了大局，又保存了自身力量，便于完成向北发展的任务，是明智的选择。

四、结语

从古至今，战争始终是政治的继续，任何军队的一切军事行动都无法脱离政治目的而单独实施。江抗东进，从决策到实施，直至部队西撤，都不能单纯地就军事方面做出评价。前文已述，苏南东路的军事环境对于共产党抗日活动的开展是十分不利的，斗争形势一直在曲折和困难中前进。在艰困的环境中和极大的限制下，正是凭借共产党和新四军政治优势的发挥和对华中抗战大局的准确把握，江抗以不到半年时间，就完成了扩大政治军事影响、独立自主发展抗日力量的任务，在敌伪的心脏地带打开了新局面。之后，江抗部队顺利完成了向江北发展的任务；而江抗西撤后，他们在苏南东路播下的抗日种子生根发芽。1939年11月，以江抗西撤时留下的36名伤病员为骨干和基础，苏南东路地区重建了江抗东路司令部。1940年谭震林主持东路工作后，东路司令部改番号为江南人民抗日救国军，一般称"新江抗"，后又相继改编为新四军第3支队和6师第18旅。这支部队不但在原地坚持下来，还在一年左右的时间里扩大了苏常太和澄锡虞抗日根据地，保护了苏南东路这条贯通大江南北根据地的战略通道，迎来了反攻和胜利，新四军在华中地区的战略布局基本实现。政治因素主导下的江抗东进，是华中地区复杂抗战形势的缩影，也是党和人民军队以高超的政治智慧和灵活而不失原则的斗争策略开展工作的光辉范例。

注　释

［1］苏南东路地区，指位于长江以南、锡澄公路以东和京（南京）沪铁路东段沿线的地区，主要包括现苏州、常熟、太仓、无锡、江阴直至上海西郊等地。

［2］《周恩来文集》（上卷），人民出版社，1980年版，第105—106页。

［3］《日本陆军省部关于作战指导纲要》，中国人民解放军历史资料丛书编委会编：《中国人民解放军历史资料丛书·新四军·参考资料（3）》，解放军出版社，1992年版，第51页。

［4］《叶飞回忆录》，解放军出版社，1988年版，第122页。

［5］《毛泽东关于新四军应进行敌后游击战争电》，中国人民解放军历史资料丛书编委会编：《中国人民解放军历史资料丛书·新四军·文献（1）》，解放军出版社，1994年版，第111页。

［6］《防制异党活动办法》，中国人民解放军历史资料丛书编委会编：《中国人民解放军历史资料丛书·新四军·参考资料（2）》，解放军出版社，1994年版，第229页。

［7］《顾祝同关于下达取缔中共违法活动办法致戴戟电》，中国人民解放军历史资料丛书编委会编：《中国人民解放军历史资料丛书·新四军·参考资料（2）》，解放军出版社，1994年版，第231页。

［8］《第三战区制定的防制新四军活动办法》，中国人民解放军历史资料丛书编委会编：《中国人民解放军历史资料丛书·新四军·参考资料（2）》，解放军出版社，1994年版，第236页。

［9］陈毅：《坚持江南抗战的诸问题》，新四军和华中抗日根据地研究会编：《新四军和华中抗日根据地史料选（一）》，上海人民出版社，1982年版，第67页。

［10］《中央关于新四军行动方针的指示》，新四军和华中抗日根据地研究会编：《新四军和华中抗日根据地史料选（一）》，上海人民出版社，1982年版，第24页。

［11］林俊（谭震林）：《东路一年》，新四军和华中抗日根据地研究会编：《新四军和华中抗日根据地史料选（一）》，上海人民出版社，1982年版，第334页。

［12］刘树发主编：《陈毅年谱》，人民出版社，1995年版，第247—248页

［13］新四军战史编辑室：《新四军战史》，解放军出版社，2000年版，第53页。

［14］中共江苏省委党史工作办公室江抗战史编写组：《江抗战史》，国家行政学院出版社，2007年版，第62页。

［15］《叶飞回忆录》，解放军出版社，1988年版，第129页。

［16］《中共苏常特委关于江抗在苏常地区概况的报告》，中国人民解放军历史资料丛书编委会编：

《中国人民解放军历史资料丛书·新四军·文献（1）》，解放军出版社，1994年版，第301页。

[17]　中共江苏省委党史工作办公室江抗战史编写组：《江抗战史》，国家行政学院出版社，2007年版，第67页。

[18]　中共江苏省委党史工作办公室江抗战史编写组：《江抗战史》，国家行政学院出版社，2007年版，第77页。

[19]　《中央关于反对投降危险的指示》，新四军和华中抗日根据地研究会编：《新四军和华中抗日根据地史料选（一）》，上海人民出版社，1982年版，第36—37页。

[20]　《叶飞回忆录》，解放军出版社，1988年版，第132页。

[21]　中共江苏省委党史工作办公室江抗战史编写组：《江抗战史》，国家行政学院出版社，2007年版，第193页。

公益、火政还是生意

——1945—1949 年的无锡城市救火会

杨正光[*]

【摘要】无锡的城市救火会脱胎于龙宫组织，是市肆繁盛后自发形成的消防组织。救火会也以上海为样板建立救火联合会，但联合会并不强势，救火会间的冲突时有发生。抗战结束后，无锡的消防组织整理复员，也面临新的情况——装备更新与官进民退。在此情况下，无锡城市救火会与上海经验渐行渐远，呈现出小规模惨淡经营的状态。本文基于无锡市档案馆馆藏民国档案，以1946年、1947年两次救火会之间的械斗为中心，从两个方面展开叙述：其一，无锡城市救火会作为生意的另面；其二，救火会的社会关系与处境。

【关键词】救火会 无锡械斗 城市消防

一、导言：救火会只是公益组织吗

救火会自称公益组织，展现维护公共利益的形象。维护公益一说常见救火会致政府、其他机构信函、公文末尾，如："敬祈钧长鉴核……以全公益而维火政，地方甚幸。"[1] 又如："况于未办火政之地，提倡兴办，自是实心公益……还乞……共维公益。地方幸甚，火政幸甚……"[2] 淞沪会战爆发后，救火会参与防空和夜间灯火管制。10月，日军轰炸无锡火车站及周边仓库堆栈，全城救火会全部出动，北区七段救火会甚至在敌机出现时救火，会员杨春勇表现英勇，受县政府嘉奖[3]。仅就此看，救火会的自我定位可谓恰当。

然而，救火会的负面消息也不少。20世纪20年代初，与北区第五段救火会有关的冲突延续数月，波及多段救火会[4]。恰是在1937年表现英勇的北区第七段救火会，连续卷入救火会之间的械斗[5]。救火会间不时发生的互相倾轧，不免让人怀疑其公益属性。

在过去的十多年间，民国时期城市消防组织的研究有了不少成果。东南沿海的上海、苏州、福州、广州，长江流域的南昌、汉口及湖南省，北方如天津、吉林，曾作为首都的南京均在研究对象之列。受益于地方文献的出版，档案的开放以及研究者的努力，关于近代无锡社会的研究已有不少，但有关救火会的专门研究付之阙如。笔者曾就此问题作《无锡救火会初探》，拙稿以存世报纸为中心，以现代化和"根本性议程"[6] 为框架分析无锡救火会的缘起、属性和能力局限，根据存世报纸资料着重分析了北区第五段救火会内部分裂的问题。笔者发现救火会的内外冲突并非偶然。

自认为"公益"组织的救火会之间为何会

* 杨正光：江阴初级中学历史教师

发生冲突甚至械斗？公益或是火政，救火会自身和外界对此似有不同的理解，救火会的社会关系是怎样的？本文试围绕存世档案，以事件为中心，探究 1945—1949 年无锡救火会的属性和处境。

二、两次械斗事件及所涉各方的观点

1946 年 1 月 8 日，农历十二月初六。当晚，救火会报警员手持铜锣，步履匆匆。惠农桥有火警，报警锣声所到之处，救火会纷纷出动。很快，这次火警被证实是一次误会，报熄的锣声又沿着报警的路线传递出去。[7]惠农桥畔重归平静，一河之隔的亮坝桥却上演全武行。北区第七段救火会（以下简称北七）和北区第十四段救火会（以下简称北十四）在此械斗，警察第五分局第一中队到场后鸣枪镇压，当即抓获 13 人。随后，伤重者送医救治，轻者由救火会领回。[8]当晚，通汉镇一处冬防办事处遭遇来自北十四的不速之客，办事处被捣毁，执勤人员被打。[9]通汉镇与北七、北十四近在咫尺，不免疑窦丛生。

据警察局的报告和县政府档案，北七和北十四的械斗，经救火联合会调解和平解决，北十四改组为广勤区第三段救火会（以下简称广三）[10]；北十四和冬防办事处的问题被认定为普通刑事案件，由县法院处理[11]。

第二年（1947 年）7 月 9 日早晨 6 时，亮坝桥南侧运河河道上的通汇桥发生火警，一只机帆船失火。广勤区第二段救火会（以下简称广二）、广三以及北七前往扑救。返回途中，广二救火员遭人持利斧攻击，为首者自称蒋仲庚（子良，北七救火会队长），此事导致广二蔡炳芳、谢富林身受重伤，生命垂危，事后，蒋仲庚人间蒸发[12]。1947 年 7 月 10 日的《锡报》做了相关报道（图一），一周之后，蔡、谢二氏伤情平稳，双方也经救火联合会调解议和。救火

联合会态度完全转变，由呈请缉凶一变为请免议处[13]。

图一　1947 年 7 月 10 日《锡报》

（一）械斗的缘起

械斗源于救火会间的积怨——月捐（又称常捐）的收取和势力范围。1946 年的冲突后，北七段和北十四段向县政府的呈文均以此为核心诉求："凭借敌伪势力组织成立之伪北十四段……侵越本段原有管辖地区……"[14]"本段与北七段救熄会前曾因地段纠纷……由该联合会知照本段在调解未成立前仅负施救本地段火警之责……"[15]1947 年械斗后，督察处奉命编制的报告也明言原因为"划界及征收经费"[16]。

救火会的经费分为经常经费和临时经费。经常经费目前已知有两个来源：一是向辖区内商户收取的常捐，或称月捐；二是由税费附加税而来的补缺经费。有关补充经费起源的一则材料，与救火会章程表述的自发属性一致："北三（接官亭段）救火会……援引坛头弄及东北三等救火会之例，所有本段房屋进出及租赁中费项下抽取七份之一以助会中经费……"[17]这一约定俗成的附加税成为救火会经费的补充。经联合会运作，该行为被"洗白"，体现出官绅合作的属性，"各段救火会除由各该段商号、居户筹募常捐外，并经本会于民国十一年呈请无

锡县公署批准,于各该段内房屋地产典卖买中费下抽取七股之一充作经费"。[18]无锡城市救火会由商民自办、经费自筹,管辖范围与经费收取关联成为冲突乃至械斗的缘起。

(二)救火会的组织和凝聚力

两次械斗,参与者均有数十人。据章程,救火会中除常驻会的少数几人,从理事长到队员都是义务性质。那救火会成员参与械斗、维护本会利益的动机又何在呢?救火会成员及其薪金情况如下表(表一):

表一　救火会成员类别

类别	名称	有无薪金
管理者	理事、监事	车马费
职员	消防主任等	专职者有薪金
中层	正副队长、督察员	理论上没有
基层	队员	理论上没有

符合要求者可申请成为会员,会员准入中没有职业和财产限制[19]。理监事包括正副队长、督察员,一般是工商业者,也有中医师等小业主[20]。消防与他们的利益关系甚大,是"地方人办地方事"[21]。但是,队员多是底层劳动者,他们为什么加入消防组织呢?参加消防组织需要时间精力,甚至有危险。救火会声称他们热心公益,共同体中的利益关切都不足以解释队员加入救火会的动机。1948年的一封信函和几份文件可以让我们对这个问题管中窥豹:

敬启者:

本会会员张金根在本会服务有年,并已加入本县救火联合会训练班毕业,业已编入消防队工作。

为特证明,敬希台鉴为荷。

此致!

惠河镇镇公所林镇长台鉴

中华民国三十七年八月廿五日[22]

该件后是惠山镇林镇长就强征居民为京沪铁路守夜事呈报城区区长沈济之,他说,"此乃扰民……交警以保护主体不司保护……请解除"[23]。北六段消防队名册中,张金根并不特殊[24]。当年初(4月10日),联合会开会时接受南区第七段救火会代表刘秉南的提议,23日向县政府申请,正式登记在册的消防队员可以免除铁路守夜之劳役。5月初,县政府向省请示[25]。此事是否成功暂不知晓,但能体现:(1)至少在北区第六段救火会,20世纪40年代时,会员身份不是救火会上层的特权;(2)救火会凭借其力量,为其成员争取减免劳役的实惠。

身处战乱频仍、缺乏社会保障的时代,加入某一组织可以免除劳役、兵役,自然受到底层民众的欢迎。1947年无锡永泰缲丝厂男工为躲避"抓壮丁",集体参加"三青团"的事情可为旁证[26]。救火会为其成员,尤其是会员提供一定程度的庇护,这是底层劳动者加入的原因。

(三)救火联合会在事件中的表现

1946年1月,救火联合会尚在"复员整理"中,事后初期,未能左右其发展。次年7月,救火联合会业已重新成立,重新站到了台前,并在县政府下达进一步指令之前,完成了事情的调解。同时,联合会召集各救火会队长开会,意在惩前毖后。

无锡县救火联合会发起于1916年,有学习上海经验,改良地方火政的志向[27]。方秋梅指出上海救火联合会具有示范效应[28]。1918年,救火联合会获得无锡县政府和市董会的支持,以房捐附加税的形式获得联合会的日常经费,税率为房捐额度的15%[29]。1933年,救火联合会形成了如图的组织架构(图二)。调解救火会之间的矛盾冲突,发挥作用的是评议部和公断部。临时召集各段救火会队长开会,则由执行委员会担负[30]。

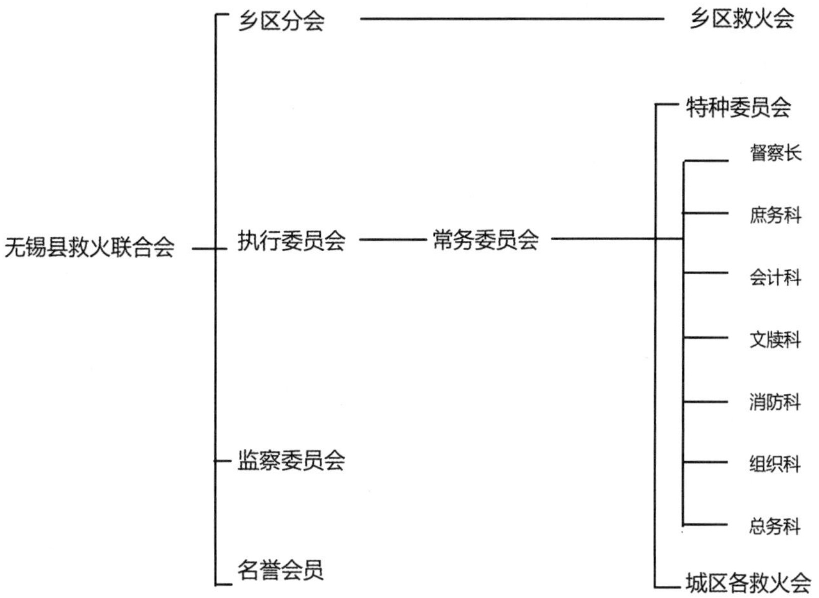

图二　无锡县救火联合会组织系统

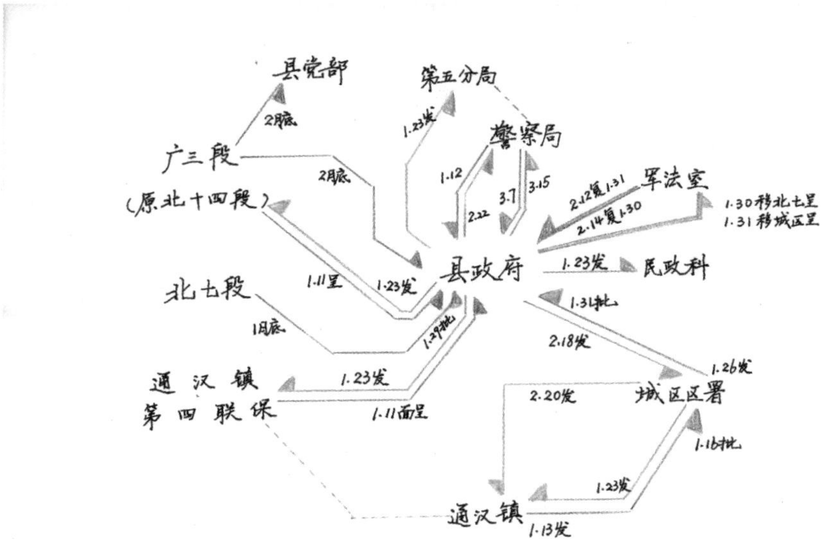

图三　1946 年 1 月械斗发生后公文往来图

（四）县政府和警察局的态度

两次械斗，最后均由救火联合会调解成功，县政府乐见其成（图三）。1946 年 1 月，政府的关注点恐怕是肃清敌伪势力，保障地方治安。[31] 即使北七段声称北十四段是敌伪组织，县政府关注的仍是有无"地痞流氓混杂期间"[32]。

1947 年 7 月的械斗，政府一反常态限期查办，或因伤者生命垂危。但当伤者情况平稳，调解已成，政府对联合会免予追究的请求不置可否，仅批示"本件存"[33]。对越级上报的行为政府不予鼓励。即使是广二段得以面见县长，处理结果也只是令镇长缉拿凶手。同一时期，中华

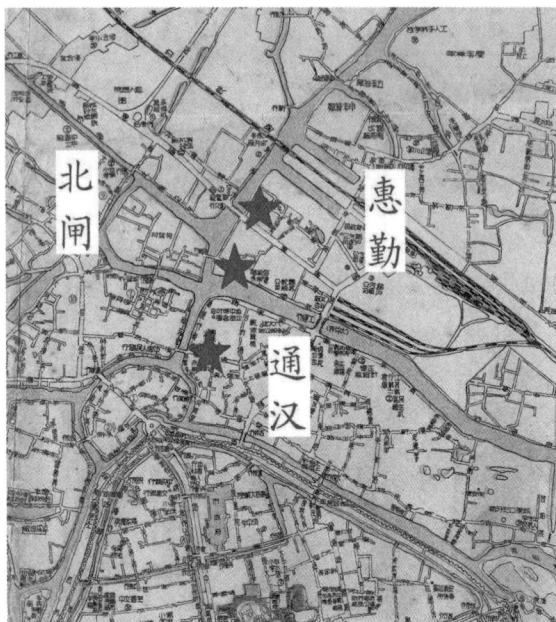

图四　通汉、惠勤、北闸三镇位置示意图

理教因无锡地区领导权问题内讧不断，分支机构绕开无锡县政府向位于南京的总会呈报，不堪其扰的县政府下令今后越级呈报的文件一律不予受理[34]。

有火警时，到现场维持秩序是警察的责任。1946年1月械斗平息后，被抓的13人没有一人滞留警局。1947年7月，警察局甚至没能传讯到主要人物——北七段的蒋仲庚。警察局与县政府的信息也不同步，1946年3月1日，警察局前往北十四段调查时，县政府的一名科员正在现场监督选举。警察局看似消极的状态有两方面的原因。其一，司法独立，警察局隶属于县政府，均不能干涉司法；其二，警察局经费并不充足。1947年的冬天，县警察局潘玉峋局长甚至要为冬季棉制服的套数和县参议会讨价还价[35]。

三、械斗事件的发生地

两次械斗发生地相去不远。档案显示，北闸镇和惠勤镇的镇长参与了1947年7月的调解工作。1946年的械斗波及通汉镇。参考临近的中仓镇地图[36]，及北闸街的位置，笔者作了示意图（图四），图上打星的桥梁，从上至下分别为：惠农桥、亮坝桥、通汇桥。事发地在三镇交界之处。

根据已有资料，简要介绍。通汉镇，位于火车站和城区之间，境内的通运路（今工运路）、汉昌路是从火车站进城的必经之路。旅栈、小规模五金行密集[37]，商会会所也在此地[38]。1920年，此处天三图一地保职位引发竞争，因此地"商务异常发达，基地房屋买卖出入极为繁忙"[39]。天三图还涉足20世纪30年代初与北区第五段救火会的冲突。从北五段分裂出的北十二段就在此地。除此之外，通汉镇一带还有位于吉祥桥的北区第十一段救火会和东面一些的北区第十三段救火会[40]。

早在20世纪30年代，运河南岸狭小而繁荣的地段已经有三段救火会，介入此地绝非明智。我们不妨把目光投向运河北岸。沿通运路向北，经过工运桥，便可到达火车站站前地区。道路左侧，客货运码头沿着运河一字排开，道路右侧是铁路货场。往前走，便是公路和铁路客运站。获得这一带的控制权，将取得来自码头的利益。

四、群雄逐鹿：械斗的原因

（一）经费紧张

尽管冲突发生地市廛繁盛，但救火会的经费未必宽裕。械斗所涉及的三段救火会的收支状况付之阙如，暂以他段为旁证。北区第六段救火会1947年11月提交的收支情况显示[41]，在有房租收入的情况下，当年由于添办新设备，经费入不敷出。北六段地处米市却入不敷出，其他救火会未必宽裕。中区七段恒记救火会，1946年由正副会长赞助一台美式机龙，然既有皮带不配套，为购买皮带只好致函县商会化缘[42]。

各段救火会是执行救火任务的主体，也是征收经费的主体。有更多的商户向其交纳"常捐"，救火会便有更多的经费加强设备，提高救火能力。在此基础上，提升自身声誉和影响力，有能力为成员，尤其是下层成员提供保护，吸引更多的人员加入其中。如果实现，则此救火会作为一个系统，进入正反馈状态。反之，则可能使会务停滞甚至凋敝。救火会控制区的交界处，则成为矛盾的焦点。

（二）北七段的具体情况

北区第七段救火会离广勤区最近，广勤区火警需要北区救火会帮助时，北七段是传递的中继站。"广勤区火警：一路传报北七，经工运桥接传北十一，由北十一分别接传北十二、北十三，由北十二接传北一挨段传报北区各段；一路由北七，经惠农桥挨段接传北九、北十。"[43]如果在地图上标示这一路线，可以发现，北七的会所虽然在泗堡桥，但其势力范围在20世纪30年代已经靠近火车站（图五[44]）。这也可以解释1937年面对日军的轰炸，北七段表

现出的英勇行为。

1933年通过的救火联合会各种章程规则中，上文述及的运河北岸有如下规定："北东交界地方，运河北岸由北七、广二、东区联合施救。"[45]与其说是规定，不如说是对既有利益的确认。其中东区救火会仅有一段，位于东门外亭子桥，距离火车站较远，且被铁路货场阻隔，不妨忽略其影响。此时，火车站附近由北七和广二分享地盘。由于广二在铁路北侧，北七段似乎更有交通上的优势。有日军背景的北区第十四段救火会的成立，打破了这一格局。北十四段位于亮坝桥，是泗堡桥通向火车站的最近道路。如此，北七段只得退守泗堡桥一线，失去了对码头的影响力（图六）。北七段当然不甘心这样的挫折，但也无力挑战北十四身后的日本占领军[46]。一旦日本战败，北七段便积极行动。通过1946年1月的械斗及后续处理，北七段虽然没有达到预期目的，但至少让北十四段改名为广三段。后来北七段和广二段两次发生冲突，新的广三段或不再是北七段的主要对手。

五、救火会的社会关系

（一）火政上有限的"国进民退"

档案中体现出救火会与县政府、警察局和县

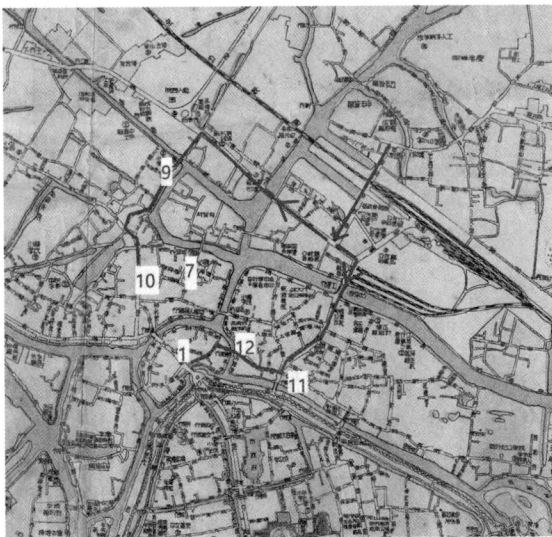

图五　广勤区火警传报北区路线示意图

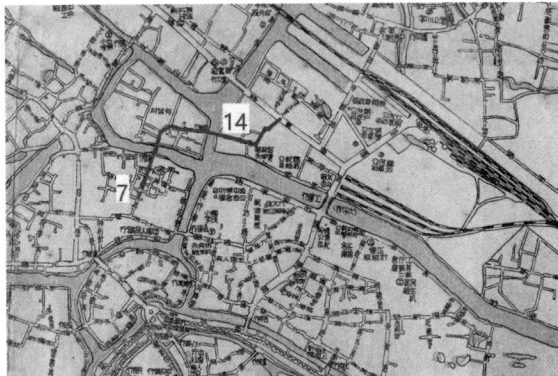

图六　北七段与原北十四段位置示意图

党部的联系。于县政府和警察局而言，消防是"火政"。然而，消防工作由民办组织把持，却也是既成事实。抗战胜利之后，县政府奉上级政府命令从经费和组织两个方面限制民办消防组织。经费方面，救火会申请在房捐的基础上继续征收附加税作为联合会的经费，但被省政府否决。一份越级报告也使省政府增加了对此事的注意，救火联合会最终放弃了这项收入。[47]组织方面，根据《非常时期人民团体组织法》，人民团体的理事和监事不得超过9人和3人。1948年，救火联合会增加名额的申请被驳回，只能遵守新规。值得注意的是，县政府向省政府的汇报草稿经修改，由据情呈报变为原则呈报[48]。

救火联合会与县政府之间关系似是融洽，但联合会下属组织和政府之间有不太友好的事例。1946年，北区第六段新建会所违章，管理部门联合警方取缔时一度遭该会聚众围堵，该建筑最后也未被取缔。1948年7月，联合会训练班的两名成员因乘坐人力车违章与警察争执，其中一人被带走调查。事后训练班人员聚众请愿，最终致县长出面解决[49]。

20世纪40年代末，县政府有收编救火会的志向，却无收编能力。同时，救火会也在切身利益上与政府博弈。然而，这种博弈是利己的，甚至是违法的。在两次械斗的处理中，仅有广区第三段救火会成立时报县党部备案，党部派"施同志"出席监选[50]。汪春劼从人员和组织两方面分析了当时抗日战争国民党无锡县党部党力软弱的原因[51]。王奇生对国民党组织的研究指出，国民党是一个弱势独裁党。国民党中央于1947年起停发县级党务经费，基层干部需自寻出路[52]。抗战之后的无锡县党部，对"火政"无力干涉。

与20世纪20—30年代相比，抗日战争后县政府与民办消防组织间呈现出"国进民退"的态势。但这是有限的，也是不均衡的。从政府一面看，县政府较为积极，但有心无力，警

察局例行公事，县党部无所作为。从救火会一面看，强者敢聚众与政府抗衡，弱者则要依靠政府。

（二）联合会与救火会

不同类型的救火会和联合会的关系并不一致，根据现有材料列表如下（表二）：

表二　联合会与救火会关系类型

类型	与救火联合会的关系	有无经济往来
城区商办	经救火联合会确认辖区后可备案[53]	经费彼此独立，但联合会曾为救火会争取经费
厂办	备案	材料缺乏
乡区1类	备案	无
乡区2类	备案	无
社会组织办	备案，受到限制[54]	材料缺乏

救火联合会有两项基本职能：中介和权威。救火联合会是它名下各分会同政府、其他团体进行正式交往的中介[55]。1948年9月11日，西区六段救火会成员在收取森泰木行月捐时同木行店员发生冲突。次日，救火联合会理事长陈进立致函木业公会，希望双方协商处理此事[56]。联合会的权威体现在两个方面。其一，仲裁救火会之间的矛盾；其二，新设民办消防组织需经联合会确认其辖区和已有组织不冲突后得备案。

但是，联合会对名下救火会的约束能力是有限甚至软弱的。城区救火会有向救火联合会呈交火警报告册的义务，但却存在不被执行的状况。[57]救火会和联合会的经费彼此独立。1928年12月，救火联合会召开消防常会，要求救火会员施救时必须佩戴袖章，经费由联合会承担，但是"揩油刻字费，每个计洋三分"由各救火会自行承担[58]。

1947年，救火联合会呈请增加理监事名额。联合会对县政府说："查本会与寻常人民团体组织不同，缘所属各段救火会有四十六段之

多，共分东南西北中广勤六区以资联络。则本会理监事非各区有三数人参加不足以收指擘之效……"[59] 即便奉命减少，除理事长外，理监事中救火会代表 12 人，会外代表 6 人。救火会代表中中区 2 人，南区 2 人，北区 6 人，广勤区 1 人。会外代表中商界 3 人，政界 2 人，其中 1 人的产业在西区[60]。联系东区仅有一段救火会，可以说实力决定了名额。

救火会在救火联合会成立之前即以龙宫的形式存在，是独立的实体。即便是联合会成立后新设机构，也是自行成立后申请加入。无锡县救火联合会是由各段代表组成的委员会，它首先要平衡各方利益，在此基础上才能有所作为。

（三）救火会与其服务对象

救火会作为商号、住户自发组建的消防组织，其与服务对象之间的关系有两面性。某一工厂或商号发生火灾之次日，涉事方会在报纸广告栏刊登"谢火"启示，有的甚至不止一次。同一火灾中的邻近住户也会对救火会登报致谢[61]。当然，能登报致谢的，当是有一定财力的人物。升斗小民登报，或为不幸事件。如 1947 年 11 月末，惠河镇棚户大火，次日受灾者因怀疑有人纵火大闹普济善堂的行为见诸报端[62]。

救火会自然要不断提高服务质量。如上所述，米业聚集地的北六救火会尚因置办器材入不敷出，中七恒记救火会更因缺少皮带向商会化缘。抗日战争之前，无锡县救火会没有一辆消防汽车，至 1948 年，向县政府申报配售的救火汽车便有 23 辆[63]。救火会为此制定消防车出动鸣笛条例。同年，发生"外来"消防车扰民事件。为此，县政府致函武进、江阴、宜兴、常熟、上海等地。当年初秋，县政府又通过民政科下达命令，消防车非警勿动[64]。此时，我们回过头去看中区七段向商会化缘的信，便会觉得意味深长。中七救火会说，胜利以来，周边救火会都在置办机龙，"前因经济缺乏以致一拖再拖"，现在周围都置办了机龙，为"适应环境与处理关系"，只能设法置办，于是，正副会长出资捐助了一台[65]。虽然救火联合会的章程中说，如果经费不足，邻近救火会可以集资购买设备[66]，但现有材料无一可证明这一条被执行过。从中笔者隐隐感到，救火会之间存在着类似"军备竞赛"的氛围。

救火会内部也未必平静。类似 1932 年北区第五段救火会分裂的事情继续上演。1948 年 7 月，南区第五段乌浩宫救火会，因其辖区大同镇五至七保有自建救火会的倾向而有争端[67]。同一时期，大同镇传出平售舞弊丑闻[68]。当然，正面的消息并未绝迹，当年底，南九救熄会挽留杨耀宗先生。然而，内战失败的迹象已明显起来[69]。

内外均有矛盾的救火会还与服务对象产生龃龉。1946 年 1 月，就在北七与北十四械斗前几日，中六救火会会员出发收捐，行经中一镇第三十二保十四甲第五和第七户时，因家中无人，没有收到捐款，故挖去门牌。此事遭甲长举报，镇长批示传收捐员查讯核办[70]。1948 年 9 月，西六救火会前往森泰木号收捐，根据警察局报告，此次月捐为上一次的 10 倍，由五、六两月的八百万元上涨至七、八两月的八千万元。此时金圆券已经发行，法币尚在流通，前一轮物价上涨的余威尚在，且米价很快涨破冻结价格[71]。森泰木号以不属于西六辖区为由拒绝交纳，双方发生冲突并惊动县政府[72]。在官方文件中，目前只发现了这两个事例，但真实情况，恐怕不会总是救火而后谢火般彬彬有礼吧。

六、结论：当救火成为生意

1937 年抗日全面战争爆发之前，无锡县形成了大大小小 30 余段救火会，这些救火会均无官方背景。1917 年成立的救火联合会是这些组织之上弱势的仲裁者。经过多年战争，部分救火会被毁，其他得以幸存。联合会在复员整理的过程中，试图恢复救火会昔日的样貌。和战前相比，救火会的运作模式、组织架构、彼此间的冲突、内部分裂的隐忧均得以延续。救火会仍然是一项收费服务的提供者，救火仍然是一桩生意，行业内竞争不断。

不过和战前相比，一些新的情况出现了。首先，消防车作为新生事物进入无锡县并在救火会中流行开来，这给救火会的经费带来挑战。其次，政府停止对救火会的赞助，企图组建官方的消防组织，加入救火行业的竞争中来。在这"上下交征利"的氛围中，面对通货膨胀的压力，救火会数量竟不减反增（表三）[73]。

表三　无锡县城区救火联合会名下救火会数量变化情况

时间	总数	东区	西区	南区	北区	中区	广勤区
1930 年	31	1	2	5	12	10	1
1933 年	31	1	2	5	12	10	1
1935 年	37	1	3	7	13	11	2
1946 年	35	1	4	7	10	11	2
1947 年 5 月	45	1	6	10	13	12	3
1947 年 6 月	46	1	7	10	13	12	3
1949 年 4 月	54	5	8	11	14	12	4

1917 年，救火联合会成立时便有学习上海经验，改良火政的意图。救火会和联合会也始终以公益慈善事业自称。但当救火成为生意，行业内竞争激烈，无锡非但没有形成上海一般成规模的消防组织、沿用至今的建筑设施，反而普遍走向了增加数量，各自为政的局面。1945 年之后，国民政府试图建立官方消防队和义勇消防队两级管理体系，而在无锡县，这一体系没能实现，甚至没能在名义上把救火会改为"义勇消防队"。

苏州城市消防在抗战前也面临类似问题。20 世纪 20 年代，苏州城内有民办救火会 51 段，设有区会，各区均有管理机构，这与无锡相似。1947 年 6 月，苏州政府试图取消救火联合会，收编民办消防组织[74]。这一行动虽遭反弹而失败，但反观无锡县，1947 年 6 月无锡县风平浪静，9 月内政部下达新的消防组织办法，县政府也只是将消防队的筹办权移交警察局[75]。在罗威廉对清代汉口的研究中，城市消防由国家主导[76]。胡启扬的研究显示，民国汉口的消防也仰仗政府的支持。上海作为先行者，消防虽由绅商主持但整合能力更强[77]。在徐文彬的研究中，福州的救火会 20 世纪 30 年代即在官办消防组织的竞争中趋于萎缩，但 1949 年之后因临近前线，政府对救火会加以改造而非骤然取缔[78]。

以 1945—1949 年的无锡救火会为例，笔者揭示了救火会非公益的一面。作为地方自治的一部分，我们似乎看到了地方自治的负面形象。在无锡县这个场域中，消防这一领域，政府长期缺位，救火会这一组织自下而上生长出来，并事实上垄断了各自区域内的救火服务。放眼全县城区范围，各自为政的救火会星星点点，在其上是一个委员会性质的联合会。当民办组织在这一领域形成事实上的垄断以后，救火会的公益形象渐渐淡薄，械斗、收费不合理等负面形象渐渐增加。

当然，笔者并非试图否认救火会作为绅商参与市政与地方自治的合理性，更无意做出此类组织必然消亡的武断结论。本文呈现救火会在当时社会中的真实处境和鲜活事件，分析救火会的能力限度，基于档案材料尽可能接近历史现场。在这样的基础上，我们才能对无锡的城市救火会有理解之同情。

1949 年后，原有的消防组织得以保留。但是 1952 年原有的消防组织被全部取消，一个政府包办、自上而下，同时大型企业作为独立社会单元自建消防的新体系被建立起来。城市中商办救火会的时代戛然而止，但在偏远乡镇，民间自发的消防力量仍然存在。不论是国家还是民间组织，均有其力量边界。当上下交征利，救火会之间展开"军备竞赛"，零和博弈的结果不免是一地鸡毛。笔者认为，如何形成一种制度，让各方力量良性互动，仍是 20 世纪 40 年代末无锡城市救火会留给今人的一个有待思考和实践的课题。

注　释

[1]　《呈为属会经费向在房捐项下附征一成，呈请鉴核查照成案继续附征事》（1945年12月3日），无锡市档案馆藏，民国档案，ML7-5-2/4-6。本文征引档案均为无锡市档案馆藏民国档案，后文同一出处做省略处理。

[2]　《维持火政续讯》，《中国近代各地小报汇刊（第二辑）·锡报》，1923年1月22日，第95册，学苑出版社，2012年版，第134页。

[3]　地方志编纂委员会编：《无锡市志》第3册，江苏人民出版社，1995年版，第2395—2404页。

[4]　《借龙救火又起交涉》，《中国近代各地小报汇刊（第二辑）·锡报》，1923年1月12日，第95册，学苑出版社，2012年版，第110页；《维持火政续讯》，《中国近代各地小报汇刊（第二辑）·锡报》，1923年1月22日，第95册，学苑出版社，2012年版，第134页。

[5]　《北十四段救火会与北七救火会纠纷卷》（1946—1947年），ML1-4-1521。

[6]　〔美〕孔飞力著，陈兼、陈之宏译：《中国现代国家的起源》，生活·读书·新知三联书店，2013年版。

[7]　《传报警锣办法》（1933年），ML7-5-2/180-181。该办法由救火联合会编写。该文件所属的《无锡县救火联合会各种章程规则》作为《呈为属会经费向就房捐带征，拟请查照成案办理俾维开支而重火政由》的附件，于1946年5月进呈县政府。

[8]　《（无锡县警察局）呈报北七段就熄会会员与北十四段就熄会会员互殴伤人情形，仰祈鉴核备查

[9]　由》（1946年1月12日），ML1-4-1521/11-12。

[9]　《（通汉镇第四联保蒋听生等）为呈报事附照片一件》（1946年1月11日），ML1-4-1521/1-10；《（城区区长沈济之）为职区通汉镇副镇长所呈该镇冬防办事处执勤队员被北十四段救火会会员殴伤侮辱等情，仰祈鉴核指令示遵由》（1946年1月25日），ML1-2-737/23-25。

[10]　《（无锡县广三段救火会整理委员过省三等）呈报定于三月一日下午三时召开选举理监事正式成立大会，届时务祈钧长派员出席指导由》（1946年2月），ML1-4-2000/60-61（呈县党部）；ML1-4-1521/22-23（呈县政府）。

[11]　《为据情转呈北十四段救火会会员殴伤通汉镇冬防办事处执勤队员祈核示等情，批饬被害人向地方法院检察处状请法办由》（1946年2月18日），ML1-2-737/23-25（稿本）；ML1-5-440/64-68（正本）。

[12]　《（无锡县救火联合会理事长陈进立）为据情转报本会广二救火队员蔡炳芳等因救火被械击重伤，祈鉴赐缉凶究办由》（1947年7月11日），ML1-4-1521/24-29；《（督察处戴文达）报告》（1947年7月15日），ML1-4-1521/24-29。

[13]　《（无锡县救火联合会理事长陈进立）为据情转报本会广二救火队员蔡炳芳等被殴受伤一案业经调解和息，祈鉴赐免究销案由》（1947年7月16日），ML1-4-1521/24-29。

[14]　《呈为呈报凭借敌伪势力成立之伪北十四段救火会恃强行凶请求严予取缔恢复北七段原有辖区仰祈鉴核（附：伪北十四段救火会谢启照片一纸；伪北十四段救火会会员名册；伪北十四段报载火警利中纱厂否认呈联合会呈文）》（1946年1月），ML1-4-1521/13-18。

[15]　《呈为有计寻衅摧毁救熄请求主持正义由》（1946年1月11日），ML1-4-1521/1-10。

[16]　《报告》（1947年7月15日），ML1-4-1521/24-29。

[17]　《接官亭救火会近闻》，《锡报》1920年4月1日。

[18]　《无锡县救火联合会城区各段组织规程》第11条（1933年），ML7-5-2/169-170。

[19]　《会员登记规则》（1933年），ML7-5-2/175-177。

[20]　《无锡市北区第十段救火会理监事名册》（1948年），ML1-4-2574/41-44；《无锡市救火联合会北十四段救火会理监事职员名册》（1946年），

ML1-4-1952/37-38；《无锡市救火联合会广二段救火会理监事职员名册》《无锡市救火联合会广三段救火会理监事职员名册》（1946年），ML1-4-1952/51-54；《无锡市广区四段段救火会职员履历表》（1946年），ML1-4-1951/9-16。

[21]　《维持火政续讯》，《中国近代各地小报汇刊（第二辑）·锡报》，1923年1月22日，第95册，学苑出版社，2012年版，第134页。

[22]　《无锡北区第六段救火会致惠河镇镇公所函》（1948年8月25日），ML1-5-534/66。

[23]　《惠山镇镇长林呈城区区长沈》（1948年8月25日），ML1-5-534/67。

[24]　《北六消防队名册》（年份不明），ML1-4-1951/32。

[25]　《无锡县政府呈省政府、省保安司令部》（1948年5月），ML1-4-193/155。

[26]　吴文勉：《风雨人生》，中国文史出版社，2003年版，第102页，转引自高华：《革命年代》，广东人民出版社，2010年版，第306页。

[27]　《无锡县救火联合会会务概况·成立文牍》（年份不明），ML7-5-2/142-146。

[28]　《无锡·救火联合会备案已准》，《申报》1917年4月22日，转引自方秋梅：《清末民初上海商界的市政参与及其示范效应——以上海救火联合会为中心》，朱英主编：《近代史学刊》（第14辑），第29页。

[29]　《无锡县救火联合会会务概况·附征房捐文牍》（1917年8月至1918年1月），ML7-5-2/147-151。原件不存，救火联合会整理刊印。

[30]　《无锡县救火联合会各种章程规则》（1933年）。

[31]　《锡报》1946年5月。1946年1月，《锡报》尚未复刊，即使到5月，县政府仍下令戒严以整顿治安。

[32]　《县政府〈对呈为有计寻衅摧毁救熄请求主持正义由〉的批示》（1946年1月15日），ML1-4-1521/1-10。

[33]　《为据情转报本会广二段队员蔡炳芳等被殴受伤一案业经调解和息，祈鉴赐免究销案由》（1947年7月16日），ML1-4-1521/24-29。

[34]　《县政府对〈（无锡理教分会）为各支会违反规程越级行文应予取缔〉的批示》："今后如有越级呈递情形不予受理"（1948年1月31日），ML1-5-651/42-43。

[35]　《潘玉峋局长昨函参议会，请准维持原定数目，警察棉制服至少九百套》，《中国近代各地小报汇刊（第二辑）·锡报》，1947年11月20日，第109册，学苑出版社，2012年版，第38页。

[36]　《无锡县城区中仓镇镇界图》（1946年），ML1-1-196/6。

[37]　《无锡县公安局年鉴》（1933年），《无锡市政筹备实录》（1929—1930年），《无锡文库》第2辑，凤凰出版社，2011年版。

[38]　《无锡概览》（1935年），《无锡文库》第2辑，凤凰出版社，2011年版，第195—196页。

[39]　《运动谋充地保》，《锡报》1920年4月6日；《天三图地保之逐鹿》及当日邑评《利与罪恶》，《锡报》1920年4月24日。

[40]　《无锡年鉴》（1930年），《无锡文库》第44册，凤凰出版社，2011年版，第268页。

[41]　《北六救火会全体会员大会记录》（1947年11月5日），ML1-4-1951/36-39。

[42]　《中七段致县商会诸执事函》（1946年10月14日），ML1-6-1036/83。

[43]　《传报警锣办法》（1933年），ML7-5-2/180-181。

[44]　根据《传报警锣办法》在《无锡详图》上绘制，数字代表北区某段救火会会所。

[45]　《分区救火办法》（1933年），ML7-5-2/178-179。

[46]　《（北七段张云瑞等）呈为呈报凭借敌伪势力成立之伪北十四段救火会恃强行凶请求严予取缔恢复北七段原有辖区仰祈鉴核（附：伪北十四段救火会谢启照片一纸；伪北十四段救火会会员名册；伪北十四段报载火警利中纱厂否认呈联合会呈文）》（1946年1月），ML1-4-1521/13-18。

[47]　《（江苏省政府、财政厅）为据报该县于铺户房捐项下带征救火会附捐百分之廿，令饬查禁具报由》（1946年9月18日），ML6-4-38/9。

[48]　《呈据本县救火联合会呈请增设理监事，转请核示由》（1946年7月23日），ML7-5-2/78。

[49]　《救火员、警察冲突事件今晨可望和平解决》，《中国近代各地小报汇刊（第二辑）·锡报》，1948年7月11日，第110册，学苑出版社，2012年版，第22页；《警察救火员纠纷昨已圆满解决》，同上，1948年7月12日，第110册，第30页；《周县长一道手谕，双方要精诚团结，警局救火会永弥成见》，同上，1948年7月13日，第110册，第38—

39页。《(葛步声)举报》及后续(1946年11—12月)，ML1-4-459/14。该会称："日后街道如照功令收让自当随同邻屋收进。"

[50] 《呈报定于三月一日下午三时召开选举理监事正式成立大会届时务祈钧部派员出席指导由》(1946年2月)，ML1-4-2000/60-61。

[51] 汪春劼：《从战前无锡看国民党地方"党力"的软弱》，《贵州社会科学》2011年第11期，第132—136页。

[52] 王奇生：《党员、党权与党争：1924—1949年中国国民党的组织形态》，华文出版社，2010年版，第408—409页。

[53] 《城区各段救火会组织规程》(1933年)第十三条各段救火会应将各该段四周界址绘具图说送由本会核准备案。

[54] 《为补送本会义勇消防救护队组织简章并成立日期，仰祈赐准组织派员指导由》(1947年5月20日)，ML1-5-650/86-87。文末县政府指令草稿中这样写道："该队既系附设机构，自不能单独对外行文□□图记着即截角缴销……"

[55] 《赵知事定期赠送救火联合会匾额》，《中国近代各地小报汇刊(第二辑)·锡报》，1922年11月18日，第95册，学苑出版社，2012年版，第30页；《函请开开漕淤河》，同上，1923年1月13日，第95册，第118页；《救火会组织消防队》，同上，1925年1月14日，第95册，第175页。

[56] 《(理事长陈进立)为据西六救火会报称因收取月捐与森泰木行纠纷事件，函请调解见复由》(1948年9月12日)，ML1-6-843/36-38。

[57] 《救火联合会函催火警报告册》，《中国近代各地小报汇刊(第二辑)·锡报》，1928年2月29日，第95册，学苑出版社，2012年版，第359页。

[58] 《救火联合会消防常会》，《中国近代各地小报汇刊(第二辑)·锡报》，1928年12月24日，第95册，学苑出版社，2012年版，第391页。

[59] 《为遵令修正本会章程重刊图记祈鉴核备案由》(1947年7月12日)，ML7-5-2/78-82。

[60] 《无锡县救火联合会理监事简历表》(1947年11月18日)，ML7-5-2/99。

[61] 如1947年11月10日，协丰丝厂谢火，针对7日深夜火警。又如1947年10月1日，两则谢火启示均针对9月30日晚的火警，其中一则次日再次刊登。当月15

日、24日、25日均有类似启示。

[62] 《惠河镇昨午大火》，《中国近代各地小报汇刊·锡报》第2辑，1947年11月27日，第109册，学苑出版社，2012年版，第94—95页；《惠河镇被灾蓬户大闹普济善堂》，同上，1947年11月28日，第109册，第101页。

[63] 《无锡县救火联合会各段救火会每月需用汽油一览表》(1948年11月)，ML7-5-2/130-133。

[64] 《(无锡县政府)为救火车出动非执行任务时一律不准揿按警笛鸣警钟，仰遵照由》(1948年4月26日)，ML7-5-2/113；《(无锡县救火联合会)为呈复救火车非执行任务时不准揿警笛鸣警钟一案，关于外来救火车请转函外埠依照办理，祈鉴准由(附：救火车出动施放警号办法及有关回复)》(1948年5月8日)，ML7-5-2/115-116；《为函送无锡县救火联合会救火车出动施放警号办法希查照由》(1948年5月13日)，ML7-5-2/117。县长手令(1948年9月7日)，ML7-5-2/121；民政科手稿(1948年9月2日)，ML7-5-2/122。另外，当年6月报纸有救火车私自出动的报道。《救火车载女人烧香，掉头撞伤老妇》，《锡报》1948年6月22日，第109册，第286页。

[65] 《中七段致县商会诸执事函》(1946年10月14日)，ML1-6-1036/83。

[66] 《无锡县救火联合会各种章程规则》(1933年)。

[67] 《无锡县救火联合会南区第五段乌浩宫救火会驳复大同镇第五六七保居户之启事并警告邱明涛启事》，《中国近代各地小报汇刊(第二辑)·锡报》，1948年7月20日，第110册，学苑出版社，2012年版，第94页。

[68] 《南门外大同镇办理平售舞弊，周县长已下令彻查》，《中国近代各地小报汇刊(第二辑)·锡报》，1948年7月21日，第110册，学苑出版社，2012年版，第100—101页。

[69] 《官吏逃亡，组训民众，钱孙卿慷慨陈词》，《中国近代各地小报汇刊·人报》第2辑，1948年12月15日，第99册，学苑出版社，2012年版，第110页。《南九救熄会挽留杨耀宗先生》，《中国近代各地小报汇刊·人报》第2辑，1948年12月31日，第99册，学苑出版社，2012年版，第229页。次日(1949年1月1日)再次登载。

[70] 《呈为救火会会员非法挖取门牌请予严究事》

（1946年1月3日），ML1-4-2549/52。

［71］《物价故态重萌》，《中国近代各地小报汇刊·锡报》第2辑，1948年8月28日，学苑出版社，2012年版。

［72］《（无锡县钱桥镇公所）为据情转呈，仰祈鉴核由》（1948年9月11日），ML7-5-2/123。

［73］其中1946年的档案资料不全，比对封面标注与实际，缺少一页。如果封面标注无误，则当年数量为36。另外，至迟在1948年11月，救火联合会自建救护（消防）队。此外，已有档案材料显示，城区除这些消防组织外还有其他组织附设消防机构，如丽新厂消防会、中华理教第一支会救护队。

［74］彭志军：《民国以来士绅权力探析（1913—1954）——以苏州救火联合会为个案的考察》，《地方文化研究》2014年第4期，第60—64页。

［75］《为消防队原由该会负责筹组现改属县警察局，仰遵照由》（1947年9月23日），ML7-5-2/92。

［76］〔美〕罗威廉著，鲁西奇等译：《汉口：一个中国城市的冲突和社区（1796—1895）》，第110页。

［77］胡启扬：《民国时期的汉口火灾与城市消防1927—1937》（博士学位论文），华中师范大学，2012年，第160页。

［78］徐文彬：《明清以来自然灾害与民间应对——以福州救火会为论述中心》（博士学位论文），复旦大学，2013年，第57—66页。

金陵大学建筑溯踪及其政治意蕴探析[*]

赵飞飞　　陈思敏[*]

【摘要】金陵大学是较早采用中国式建筑形式的教会大学之一，金陵大学校园建筑从早期的科学馆、学生宿舍到后期的图书馆，整体上建筑风格一致，都是尽力捕捉中国北方官式建筑的外部特征，而且布局对称、协调，可谓开创了西式建筑与中国北方官式建筑相融合的先例。金陵大学建筑也承载了丰富的文化内涵，这种中西合璧的混合式样建筑，实际上也反映了建筑者们希望能实现"龙袍"与"基督"的合体，进而达到中西文化融合、金陵大学"本土化"的目的。

【关键词】金陵大学　建筑　政治意蕴

走进今日南京大学鼓楼校区的校园，人们都会为颇有历史感的校园建筑所吸引，而这组很有历史厚重感的校园建筑，正是当年金陵大学老校园建筑群，现被称为"金陵苑"。2006 年，该建筑群以"金陵大学旧址"名义被列入全国重点文物保护单位，可谓南京大学校内一处重要的建筑文化遗产。

金陵大学的前身是 1888 年由美国美以美会在干河沿创办的汇文书院。1891 年美国基督会在鼓楼、1894 年长老会在户部街又分别成立了基督书院和益智书院。在义和团运动的打击和清末新政的双重刺激下，为在中国教育领域占有领先地位，各教会学校加速了联合办学的步伐。1907 年，基督书院和益智书院合并为宏育书院；1910 年，宏育书院则与汇文书院合并成立金陵大学。大学部仍以干河沿原汇文书院为校址。个中缘由在于汇文书院是三书院中校园规模最大的，其第一任院长福开森在任内极重校园建设，"福氏草创之后，改良功课，添置仪器，增聘教习，扩充校址，广建校舍，创筑青年会堂，惨淡经营"^[1]。1888 年汇文书院钟楼落成，是当时南京建造的第一幢三层楼的洋房。1898 年，汇文书院的教室、考吟寝室、小教堂、西教学楼相继落成。也就是说，在汇文书院时期，校园就建立了象征基督精神的小教堂，其建筑风格，"陡峭的屋顶，急剧收分的外墙扶

---

* 本文为 2018 年度教育部人文社会科学研究青年基金项目"金陵大学本土化的路径及影响研究（1888—1952）（项目批准号：18YJC770044）"的阶段性成果

* 赵飞飞：鲁东大学马克思主义学院讲师，南京大学历史学博士

　陈思敏：中央财经大学硕士研究生

壁,山墙圆窗等表现了美国哥特复兴的建筑特征"[2]。汇文书院是金陵大学的前身,从建筑形式上看,二者相似之处虽然较小,但反映出的美国本土殖民期的折中主义设计思想则是连贯的。

一

金陵大学成立后不久,为扩大学校规模,在鼓楼西南坡购地2340亩作为新校址。金大选择此处建筑校园,颇有远见,因该地地处城郊,一方面既可避免市区商业和娱乐气息让学生分心,保留大学的一分清静;另一方面此地又不是偏居山林、与世隔绝,它处在紫金山—北极阁—鼓楼这条极富特色的城市空间走廊上,能充分利用这一得天独厚的优势,以周边景色作为校园内的借景,将自然环境纳入其中,达到校园与环境的有机融合。在这样风景优美、依山傍水的校园学习,当然有助于学生的修身养性。

金陵大学聘请美国芝加哥帕金斯建筑师事务所(Perkins, Fellows & Hamilton Architects)来规划、设计校舍建筑,由陈明记营造厂负责全部的建造工作。帕金斯建筑师事务所是美国当时最为知名的以设计文教类建筑为专长的设计公司。陈明记营造厂的厂主是陈烈明,他也是金陵大学首任华人校长陈裕光的父亲。陈老先生是位虔诚的基督徒,在主持营造厂的同时,也兼任教会长老一职,他的营造厂不仅包揽了南京几乎所有的教会建设项目,也成为当时南京本土规模最大的新式营造厂。据陈裕光校长的妹妹,也是杭立武的夫人陈越梅的回忆:"父亲造了很多礼拜堂,他是个虔诚的基督徒,所以这是他最高兴的一件事。因为当时会盖西式建筑的人很少,大家相信陈老板,要他到各地去建造礼拜堂,而且是照成本计算。金陵大学校园内的礼拜堂也是他造的。"[3]除金陵大学

项目外,金陵女子大学、金陵协和神学院、明德女子中学、太平路圣保罗堂、基督教莫愁路堂等建筑也为陈明记营造厂营造。

金陵大学基地是一块南北向的长方形地,面积约为2340亩,大学部位于轴线北侧,由北大楼(文学院)、东大楼(理学院)和西大楼(农学院)组成,每个学院为一幢楼房,呈三合院布局。金陵大学的主要建筑由一条南北轴线统领,轴线起始于东西向细长的湖泊,以数条狭长绿化带来强调其纵深感,逐渐过渡到开阔的方形草坪,最后进入以钟楼式建筑(北大楼)为主景、由东西两侧大楼围合的一个完整三合院空间。这种轴线加三合院式的空间布局是当时教会大学规划中常用的手法,也反映出美国的大学概念,不同于英国的大学概念。英国的大学概念中,各学院是相对独立的,各学院形成了较为封闭的方院,所谓学院属于规划概念。"美国的大学概念中各学院是指楼房,楼房之外的所有用地都是公共领域,所谓学院属于建筑概念。"[4]这种三合院式的空间布局的主要目的是想利用半封闭的空间,提供一个可以交谊的露天场所,以增进学生之间和师生之间的交流,保持教会大学的持久影响力。

金陵大学的主要建筑大都是在建校初期完成的,大多是青砖墙面,歇山式屋面,上覆灰筒瓦,建筑造型严谨对称,进深较大而窗户较小,显得封闭稳重,带有中国北方官式建筑的部分特征。金陵大学的主要建筑包括:北大楼、东大楼、西大楼、礼拜堂、小礼拜堂、图书馆、学生宿舍等。但根据目前涉及南京大学老建筑研究的有代表性的著作和论文,各个建筑落成年份,甚至名称都有很大的出入,笔者试结合金陵大学原始中英文档案,对其予以还原。

北大楼,原称行政楼(Administration Building),又称塞万伦斯楼(Severance Hall),是美国克利夫兰的塞万伦斯·约翰(John L.Severance)先生和他的妹妹普兰蒂斯(F.F.Prentiss)女士为了

纪念他们的父亲捐建的[5]。《金陵大学校刊》第14号记载："北大楼建于民国六年，形如凸字，高与鼓楼齐，雄壮古雅坚碻俱具，信足为吾校校风之象征。"[6]但根据董黎[7]和冷天[8]的研究，北大楼都是1919年建成的。尤其是冷天，更是根据北大楼西南下部墙角处的年代勒石显示的"1919"字样，直接证明了北大楼的建成时间就是1919年。为此笔者查找了当年亚洲基督教高等教育联合董事会（简称亚联董）关于金陵大学的英文档案，里面关于北大楼的建筑情况说得很清楚，"1919年3月行政楼开始建造，到9月1日秋季学期开学时部分建成，用作教室"[9]，"到1920年完全竣工，即第一年投入使用，其中用作办公室十四间，图书馆占四间房，期刊室两间，博物馆，还有十间教室，很大的地下室被分成十二间屋，用于其他用途，其中几间适合作教室"[10]。由此证明，冷天等人的说法是正确的，北大楼西南墙角处的年代勒石确实证明了北大楼的建成年份，确切说是部分建筑建成年份。那《金陵大学校刊》中记载的1917年是怎么回事？其实这里有两个建筑上的概念，很多人容易搞错，就是建造时间与建成时间，《金陵大学校刊》所记载的1917年其实是北大楼开始建造的时间，到1919年才部分建筑建成年份。

东大楼，原称科学馆（Science Building），又称斯沃士楼（Swasey Hall），是Ambrose Swasey先生捐建的，他也是美国克利夫兰人。关于东大楼建成时间，《金陵光》记载，"增建科学馆，爰于1911年筹集巨资，另筑新舍，五阅月而大厦落成，曰'科学馆'，系三层楼的西屋，建筑费用合墨银3万余元"[11]，据此董黎认为科学馆落成时间是1912年[12]。与其不同的是，冷天认为科学馆是1917年落成的[13]，他的依据是美国耶鲁大学神学院图书馆的玛莎·斯莫利（Martha Smalley）女士通过整理亚联董关于中国教会大学的档案，于1998年出版了《神

圣殿堂——旧中国的基督教大学》（Hallowed Halls—Protestant College in Old China），此书中明确注明东大楼落成时间是1917年。笔者在金陵大学亚联董的英文档案中发现如下记录：在1915年托事部会议上，Speer先生报告了"Swasey先生已提供25000美元的捐款，用于建科学馆（Science Building）"，托事部表决同意"理事会马上继续建设科学馆"。[14]之后，包文校长在《1915—1916年度报告》中又称"今年Swasey Science Building将要封顶，它始建于1915年6月25日，它也是大学（注：指鼓楼新校区）最早的两幢建筑之一"[15]。这样看来，科学馆正式落成时间为1917年是可信的。也正由于科学馆是落成最早的建筑，因而承担了很多的功能，"布道以新科学室之演讲室为本大学礼堂，及其他集会之所。阅报室及参考书室设于新科学室内，但图书室仍在干河沿，凡理化仪器均移置新科学室内。校长、副校长及教务主任办公室亦在内"[16]。可见在金大礼拜堂建成之前，科学馆的演讲大厅扮演了礼拜堂的角色。

西大楼，原称农学院（West Science Building），又称裴义理楼（Bailie Hall），是为了纪念裴义理先生创建大学农科而建的，资金来自洛克菲勒基金、对华赈款委员会和部分美国友人捐赠，1925年落成，系四层教学实验楼。对农学院落成年代，学者们都没有异议，冷天还举证西大楼东南下部墙角处的年代勒石"1925"字样为证。《金陵光》杂志里也有明确记载，"新建筑之农学院（Bailie Hall）刻已竣工，与北大楼、科学馆鼎足而立"[17]。

学生宿舍，又称天干楼宿舍，包括甲乙、丙丁、戊己庚、辛壬楼，这是鼓楼新校区新建的宿舍群，相对于旧宿舍，被称作"西山新宿舍"，旧宿舍位于科学馆东面、鼓楼对面，是原基督书院的建筑，被称作"东西楼旧宿舍"，青年会也位于此处[18]。天干楼宿舍群是逐渐建

成的，最早的两幢宿舍楼为甲乙、丙丁楼，因是麦考密克（McCormick）夫人捐建，又被称为"McCormick Dormitory"。"McCormick Dormitory"与科学馆是大学较早的建筑，第一幢甲乙楼始建于1915年9月15日，第二幢丙丁楼始建于1915年10月5日[19]，都是1917年建成。故1917年秋，大学部搬到鼓楼新校区。以后随学生数增多，又陆续添建戊己庚、辛壬楼，到1936年夏全部建成，适本校校董福开森先生友人吴调卿先生于1936年8月在北平逝世，遗嘱以遗产三万元捐助金大建筑学生宿舍，金大以吴先生仁义可风，故由行政委员会决议以建筑完成之辛壬宿舍改称"调卿宿舍"，以资纪念[20]。

以上建筑再加上1920年建成的礼拜堂，这样到1920年代初，金陵大学鼓楼新校区的主体建筑基本完成。当时，金陵大学是基督教大学，传播基督精神是不变的宗旨，故金大礼拜堂在学校建筑中占有非常重要的地位，也是学校基督精神的象征。

二

金大礼拜堂，又称赛奇纪念堂（Sage Memorial Chapel），因建筑资金来自赛奇先生的遗产而得名。关于礼拜堂的落成时间，董黎认为是1921年竣工[21]，冷天认为是1918年建成[22]。笔者查阅的英文原始档案显示，"礼拜堂始建于1919年9月，1920年建好投入使用，大学每日礼拜和主日崇拜都在此进行，礼拜堂的建成对整个大学社区和很多拜访者都是令人高兴的事情"[23]。可见礼拜堂正式落成时间是1920年。

礼拜堂在金大校园处于中心位置，基本位于南北轴线的中点。"由于北大楼和东、西大楼共同组成的三合院空间，在礼拜堂的位置需要有所界定，因此，东西方向长于南北方向的礼拜堂建筑正好在空间上围合出这一最具中心感的校园建筑群。礼拜堂屋顶的歇山顶之山花如此而成了在校园中心群体中重要的建筑形象。"[24]

作为学校建筑，其中一个很重要的特性就是教育性，在完成一般建筑所具有的良好空间运用时，更需尽量适应教育上的需要，学校建筑的内涵方面，"就是要具备这种'使人为善'之潜移默化的力量，儿童或青年置身其间，除能满足其物理性环境的需要外，并能获得其理想上与精神上的满足，而达到日新、苟日新、又日新的进步与完美的境界"[25]。金陵大学礼拜堂的外形是中国传统的宫殿样式，青砖墙面，四角翘起的大屋顶覆以灰色筒瓦，建筑点缀上带有少量中国式的砖雕和装饰，再配以楼顶大大的十字架，这种视觉上的冲击不能不使身处其间之人感受到中西两种文化的融合。有学者研究指出，金大礼拜堂建筑的形体基本关系完全是西方的，从礼拜堂的平面关系和结构逻辑来分析判断，能清楚地看出基本是"巴西利卡"式的基督教教堂的模型[26]。梁思成先生曾对基督教大学这种建筑现象做过批判："……他们的通病在于对中国建筑权衡结构缺乏基本的认识这一点上，他们均注重外型的摹仿，而不顾中外结构之异同处，所采用的四角翘起中国式屋顶，勉强生硬的加在一座洋楼上，其上下结构划然不同旨趣，除却琉璃瓦本身显然代表中国艺术的特征外，其他可以说仍为西洋建筑。"[27]梁思成从建筑的专业角度批评显然是正确的，他们模仿的中国式外观，仅仅只是一层"皮"而已。金大礼拜堂建筑中体现出来的美国建筑师对中国建筑的误解，是对中、西方建筑法则之冲突的一种妥协，实质上也是体现了中国文化和西方基督教文化的一种冲突之妥协。

当年金大还有一座小礼拜堂，又称戴籍三

纪念堂（Twinem Memorial Chapel），是戴籁三夫人为了纪念逝世的丈夫戴籁三先生捐建的，戴籁三先生是金大的圣经课教师，不幸于1923年9月去世，戴籁三夫人为了纪念其丈夫，在裴义理楼建好后曾在里面专门划出一个房间，建立了戴籁三冥想室（Twinem Meditation Room），专门用作学生和教师的祈祷和冥想。但戴籁三纪念堂并不是此时建立的，冷天认为小礼拜堂的建立时间是1923年[28]，显然是根据戴籁三先生去世的年份臆测的。戴籁三夫人最早提出捐建祈祷室是在1931年金陵大学第十二次校董会上，陈校长报告，"祈祷室系戴师母经手建筑，为纪念伊夫戴籁三先生而设，地处本校养蜂园之南端，约需洋五千余元，此祈祷室定名为'戴氏祈祷室'"[29]。那祈祷室何时建成呢？《金陵大学校刊》对此有专门报道："本校女生宿舍（南宫）*在校门对面，其地野花杂树，芳草如茵，风景幽丽，令人多留恋不舍去。近将于宫之南，建一祈祷室，此屋为Mrs.Twinem所捐建，由齐兆昌工程师设计图样，建筑费用约四千五百余元左右，该屋即将动工，预计圣诞节前落成，该屋有礼堂一，堪容百人左右集会，另有静默室二，专为私人默祷而设。"[30]可见1932年圣诞节只是预定建成时间，并不是最终落成时间。后来《金陵大学校刊》对戴氏祈祷室进行了跟踪报道："（1933年4月）15日为耶稣受难复活节，本校宗教委员会特于是日上午11时在大礼堂虔诚祈祷，再9日至16日为基督教圣周节，又适值Mrs.Twinem捐建祈祷室落成，故该会遂日均举行宗教仪式。"[31]此外英文档案中校长对创建人会的报告中，也证实了这一点，"戴籁三纪念祈祷室（Twinem Memorial Prayer Hall）已成为非常令人感动的礼物，也解决了很多方面的需要。在大学历史上第一次，在1933年复活节接下来的一个周，

举行了一系列的礼拜服务，都是在祈祷室进行的，而且那年的复活节主日那天，这个祈祷室被奉献出来。"[32]可见戴籁三祈祷室是1933年复活节落成并使用，是金陵基督教信徒灵修的圣地。

戴氏祈祷室建成后，金陵大学就对朝会地点做了重新安排，周一上午10时45分进行总理纪念周和学术讲演，周二、三、四上午11时40分进行宗教讲演，周五上午11时40分进行普通讲演[33]。周一和周五的朝会在大礼拜堂进行，周二、三、四的朝会一般在戴氏祈祷室进行，大礼拜堂主要用于大型的宗教集会、主日礼拜、总理纪念周、毕业典礼等大型宗教、学术活动，小礼拜堂主要用于灵修、祈祷和小规模宗教集会。

三

金陵大学还有一重要建筑物就是图书馆，金大图书馆的重要性在于它不仅开设了中国图书馆史上最早的图书馆学课程，而且也是在民族主义背景下建立的图书馆。金陵大学成立之时，汇文、基督两书院都有图书，这也是后来金陵大学图书馆的雏形。三校合并后，由恒谟主管图书馆，1913年克乃文来金大担任图书馆主任，克乃文曾担任美国普林斯顿大学图书馆参考部主任，是经验丰富的图书馆学专家，当时在金大文科开设图书馆学课程，这也是中国图书馆史上最早的图书馆学课程。

金大图书馆馆址最初设在干河沿校区青年会Cooper Hall二楼上，1917年夏，鼓楼新校舍落成，图书馆也随大学部迁至新科学馆三楼，占房两间，一为阅览室，一为藏书室和办公场所，干河沿原址为中学分馆。1920年夏，北大楼落成，图书馆又迁至北大楼三楼，占房四间。

* "南宫"是金大男生对女生宿舍的雅称

金大于 1927 年秋于大学文理科添设图书馆学系。克乃文 1927 年春归国后，由刘国钧代理馆长；1928 年刘国钧调任文理科科长，遂由李小缘继任；李小缘后转任沈阳东北大学图书馆馆长，由陈长伟代理；1931 年秋刘国钧再任图书馆馆长。

金大图书馆图书历年来不断增多，北大楼也不敷使用，而且图书馆与行政楼共处一楼也影响办公，建立专门的图书馆已是迫切之事。

金大图书馆建筑经费来源与 1927 年的"南京事件"有关，金陵大学在"南京事件"中损失很大，五处住宅被烧毁，多处教学楼和住宅遭抢劫，金大副校长文怀恩也被乱兵开枪打死，"南京事件"中金大财产损失共计 307259.81 元，但并没有向国民政府提出财产赔偿。[34] 但此事毕竟涉及外交问题，经外交部和财政部商量，"以美国宁案款项三十万元捐助美国著名大学一案，经行政院通过，并由外王与施肇基详加讨论，认为以该款捐助金陵大学为较妥适，已呈院请转呈政府备案"[35]。又因金陵大学宣称放弃所有 1927 年受到的损失补偿，国民政府赞赏金大，答应给予 30 万元的补助金，用于特定的用途。最后决定用于解决大学最为紧迫的需要，即建立图书馆及其设备[36]。

但到 1934 年，此 30 万补助金分两批各 10 万元给予，都是以政府债券的方式。第一批于 1934 年 4 月 14 日收到，系 22 年关税库券，面额（1946 年为止）以现在库券交易市价约值六万五千元，若到截止时兑期当值十三万六千元。第二批 10 万元于 1934 年 11 月初收到，系 20 年盐税库券，面额（1941 年止）以现值计，约五万七千元，届时可值十万一十元。最后之十万元，金大希望能领到现金。[37] 到 1935 年金大得财政部通知，国民政府所捐助之图书馆费 30 万元，最后一批之十万元可于短期中交付。陈裕光校长前向财政部交涉，此最后一批，政府能以现金交付。[38] 这样图书馆即可刻日兴工建筑，办公室及课室不敷应用之困难，亦可借资解决。

到 1936 年 9 月，图书馆建筑委员会认为不能再事滞延，故于暑假中积极进行，并将开标事宜办理完竣，由建业公司以十万元得标，并约定尽快开工，只不过因各种原因，图书馆"形式或较原定形式为小"[39]。图书馆地点选在理学院大厦与斗鸡闸温室之交点，成一长方形，与北大楼对峙，大门北向（即面对北大楼），园艺场内之水塘正在建筑范围内，亦将予以填平。全部分作二层，设想将来所有校内一切行政办公部分，均移在第一层，第二层则全归图书馆应用。[40] 在图书馆命名方面，当时有人为了纪念在动乱中被流弹打死的金大副校长、美国人文怀恩，主张命名为"文怀恩图书馆"，并主张在馆前树立文怀恩的铜像，但后来"考虑到金大师生的反帝爱国情绪"，所以图书馆落成后，"既没有写文怀恩的名字，也没有树立他的铜像"[41]。

1937 年夏天，新的图书馆将要落成，所差的就是内部桌椅书架。但由于抗日战争全面爆发，新图书馆还没来得及使用，金大就被迫西迁，"随校西迁的同学没有一个不对这尚未享用过的新图书馆投向最后的一瞥，祝祷他日返京时依然无恙"[42]。

金陵大学校园建筑从早期的科学馆、学生宿舍到后期的图书馆，整体上建筑风格一致，都是尽力捕捉中国北方官式建筑的外部特征，而且布局对称、协调。金陵大学是较早采用中国式建筑形式的基督教大学之一，开创了西式建筑与中国北方官式建筑相融合的先例，金大建筑也承载了丰富的文化内涵，它采用此中西合璧的混合式样建筑，很大程度上是希望能实现"龙袍"与"基督"的合体，进而达到中西文化融合、金陵大学"本土化"的目的。

注　释

[1]　《师图尔传略》，南京大学高教研究所编：《金陵
　　　大学史料集》，南京大学出版社，1989年版，第9页。

[2]　董黎：《中国教会大学建筑研究——中西建筑
　　　文化的交汇与建筑形态的构成》，珠海出版社，
　　　1998年版，第96页。

[3]　《杭立武先生访问记录》，《中央研究院近代史
　　　研究所口述历史丛书》（23），中央研究院近代史
　　　研究所，1990年版，第108页。

[4]　董黎：《中国教会大学建筑研究——中西建筑
　　　文化的交汇与建筑形态的构成》，珠海出版社，
　　　1998年版，第100页。

[5]　University of Nanking Bulletin: Catalog(December
　　　1931), UBCHEA, College Files, RG 11, Box 197,
　　　Folder 3389.

[6]　《金陵大学校刊》第14号（1931年1月30日）。

[7]　董黎：《中国教会大学建筑研究——中西建筑
　　　文化的交汇与建筑形态的构成》，珠海出版社，
　　　1998年版，第104页。

[8]　冷天:《金陵大学校园空间形态及历史建筑解析》，
　　　《建筑学报》2010年第2期。

[9]　Report of the President for the year 1918—1919,
　　　UBCHEA, College Files, RG 11, Box 195, Folder
　　　3369.

[10]　Report of the President and the Treasure for the year
　　　1920—1921, UBCHEA, College Files, RG 11, Box
　　　195, Folder 3370.

[11]　《增建科学馆》，南京大学高教研究所编：《金陵
　　　大学史料集》，南京大学出版社，1989年版，第
　　　17页。

[12]　董黎：《中国教会大学建筑研究——中西建筑
　　　文化的交汇与建筑形态的构成》，珠海出版社，
　　　1998年版，第104页。

[13]　冷天、赵辰：《原金陵大学老校园建筑考》，《东
　　　南文化》2003年第3期。

[14]　The Semi—Annual Meeting of the Board of
　　　Trustees of the University of Nanking, March 30,
　　　1915, UBCHEA College Files, RG 11, Box 188,
　　　Folder3316.

[15]　Report of the President for the year 1915—1916 to

[16]　the Board of Trustees, UBCHEA, College Files, RG
　　　11, Box 195, Folder 3368.

[16]　田稻丰：《金陵大学改组记》，《兴华》1917年第
　　　14期，第13—14页。

[17]　《本校新闻》，《金陵光》1926年第15期。

[18]　《金陵大学校刊》第20号（1931年3月27日）。

[19]　Report of the President for the year 1915—1916 to
　　　the Board of Trustees, UBCHEA, College Files, RG
　　　11, Box 195, Folder 3368.

[20]　《金陵大学校刊》第198号（1936年9月7日）。

[21]　董黎：《中国教会大学建筑研究——中西建筑
　　　文化的交汇与建筑形态的构成》，珠海出版社，
　　　1998年版，第104页。

[22]　冷天:《金陵大学校园空间形态及历史建筑解析》，
　　　《建筑学报》2010年第2期。

[23]　Report of the President and the Treasure for the year
　　　1920—1921, UBCHEA, College Files, RG 11, Box
　　　195, Folder 3370.

[24]　赵辰、冷天：《冲突与妥协——从原金陵大学礼
　　　拜堂见近代建筑文化遗产之修复保护策略》，张
　　　复合主编：《中国近代建筑研究与保护》（三），
　　　清华大学出版社，2003年版，第492页。

[25]　蔡保田主编：《学校建筑研究》，台湾商务印书馆
　　　发行，1984年版，第3—4页。

[26]　赵辰、冷天：《冲突与妥协——从原金陵大学礼
　　　拜堂见近代建筑文化遗产之修复保护策略》，张
　　　复合主编：《中国近代建筑研究与保护》（三），
　　　清华大学出版社，2003年版，第492页。

[27]　梁思成：《建筑设计参考图集·序》，中国营造学
　　　社，1943年版。

[28]　冷天:《金陵大学校园空间形态及历史建筑解析》，
　　　《建筑学报》2010年第2期。

[29]　《金陵大学第十二次校董会记录（1931年11月
　　　18日）》，中国第二历史档案馆藏金陵大学档案，
　　　全宗号649，案卷号223。

[30]　《南宫之南将有新点缀，Mrs. Twinem捐建祈祷
　　　室》，《金陵大学校刊》第64号（1932年9月19
　　　日）。

[31]　《受难节与戴氏祈祷室》，《金陵大学校刊》第
　　　89号（1933年4月17日）。

[32]　Report of the President to the Board of founders and
　　　the Board of Directors, August 3, 1935, UBCHEA,

College Files, RG11, Box 195, Folder 3373.

[33] 《1934 年春季第一次校务会议记录》，中国第二历史档案馆藏金陵大学档案，全宗号 649，案卷号 223。

[34] Report of the President to the Board of founders and the Board of Directors, August 3, 1935, UBCHEA, College Files, RG11, Box 195, Folder 3373.

[35] 《宁款捐助金陵大学》，《兴华》第 26/38 号（1929 年），第 32 页。

[36] Report of the President to the Board of founders and the Board of Directors, August 3, 1935, UBCHEA, College Files, RG11, Box 195, Folder 3373.

[37] 《金陵大学第十六届校董会会议记录（1934 年 11 月 23 日）》，中国第二历史档案馆藏金陵大学

档案，全宗号 649，案卷号 223。

[38] 《金陵大学第十八届校董会会议记录（1935 年 11 月 22 日）》，中国第二历史档案馆藏金陵大学档案，全宗号 649，案卷号 223。

[39] 《本年度校舍新建筑》，《金陵大学校刊》第 198 号（1936 年 9 月 7 日）。

[40] 《图书馆建筑兴工矣》，《金陵大学校刊》第 200 号（1936 年 9 月 21 日）。

[41] 陈裕光：《回忆金陵大学》，金陵大学南京校友会编：《金陵大学建校一百周年纪念册》，南京大学出版社，1988 年版，第 19 页。

[42] 《最堪回忆的南京金陵大学》，《金陵大学校刊》第 265 号（1936 年 10 月 25 日）。

博物馆
museum

新时期博物馆公共文化服务发展初探

——以无锡博物院为例

陈梦娇*

【摘要】随着经济的发展，人们的生活水平不断提高，对文化的需求越来越大，公共文化服务成为全世界都非常关注的新兴课题。博物馆作为公共文化体系中不可或缺的部分，是社会公众享受基本文化权益的重要阵地，担负着弘扬历史文化知识、传播先进文化的重要职责。近年来，博物馆的公共文化服务水平有了显著提升，但是仍然存在一些不足和缺憾，本文以无锡博物院为例，对其公共文化服务的现状、存在问题分析总结，提出改善建议。

【关键词】博物馆 无锡博物院 公共文化服务

党的十八大以来，以习近平同志为总书记的党中央站在时代高度，对现代公共文化服务体系建设做出了一系列重要部署。党的十八大将公共文化服务体系建设作为全面建成小康社会的重要内容，明确提出了到2020年"公共文化服务体系基本建成"的战略目标。党的十八届三中全会将构建现代公共文化服务体系、促进基本公共文化服务标准化均等化作为全面深化改革的重点任务之一[1]。博物馆作为构建公共文化服务体系的中坚力量，公益性的社会价值与公共文化服务体系建设相辅相成，承担着公共文化服务的使命和责任，应当运用藏品、设施、技术等公共资源，为社会公众提供形式多样、主题丰富的文化体验活动，推动中国特色社会主义文化大发展大繁荣。

一、无锡博物院公共文化服务的现状

无锡博物院坐落在无锡城市客厅太湖广场，建筑面积7万余平方米，拥有各类文物藏品3万余件，建馆以来通过自办、合作、引进、输出，累计举办400多场展览，是一所地方综合性博物馆。作为无锡地区的一张文化名片，无锡博物院一直在为提升城市文化气质和品位发挥积极作用，秉持着"为城市立传，为市民服务"的理念，不断吸纳区域资源，履行和完善公共文化服务职能。

（一）陈列展示水平提升

陈列展示是博物馆的中心工作，是实现博物馆文化价值的基本方式，也是对外提供公共文化服务的重要手段。博物馆通过常设展览和临时展览，实现馆藏资源的对外共享。陈列展示水平的提高，有利于推动博物馆公共文化服务建设。

1. 常设展览

无锡博物院的常设展览主要分为三大块：文史展览、书画展览、科技展览。其展陈设计

* 陈梦娇：供职于无锡博物院

都融合了无锡地域文化,形象地反映出无锡这座城市人类历史、文化艺术、科学技术等领域的风貌和变迁。如无锡博物院"吴风锡韵——无锡城市的故事"常设展览,展览以实物展览和仿真造景相结合,配以声、光、电等多媒体形式,生动形象地展现了无锡新石器晚期到近代民族工商业发展繁荣的历史轨迹;"太湖与无锡"主题展厅,有五个主题展区,皆采用自由灵活的布局方式,通过触摸、人机互动、环境模拟等体验方式,诠释无锡太湖流域的演变和发展,展现无锡经济与社会的发展。

2.临时展览

临时展览有灵活多变、制作周期短、流动性强等特点,是对常设展览的重要补充。临时展览在地域文化的全方位展现方面有着独特地优势,可以涵盖各个领域,临时展览本身具有机动灵活性,方便在馆际间交流巡展,以便使更多的人了解本地区的地域文化,最大限度地为社会公众服务,满足其精神文化需求,使博

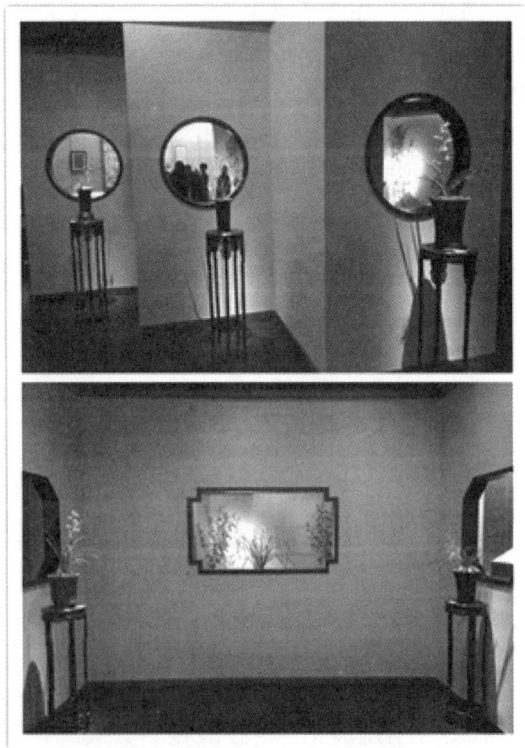

图一　"得天之清——无锡艺兰文化展"展厅

物馆真正成为普通民众文化活动的中心。[2]

2019年4月,无锡博物院举办的江南文脉系列首展"得天之清——无锡艺兰文化展"受到了社会公众的广泛关注。此次临展的陈列展示方式有别于以往传统的形式(图一)。在本次展览中,有许多珍贵兰品供观众欣赏,为尽可能凸显出兰花婷婷袅袅的风姿,展览设计人员对空旷的展厅进行改造和加工,在展厅里巧妙地安放了江南园林式院墙。院墙上还有空窗,空窗将几个不同的空间穿插渗透,使内外景致融为一体,扩大了视觉空间,兰品与展厅布置融为一体,让参观者仿佛置身于江南园林之中。精致的布局、独特的灯光手法、别出心裁的观展路线,三者结合,让本次展览的展示水平得到了极大的提升。

(二)文博活动种类丰富

形式多样的文博活动是博物馆为社会提供公共文化服务的重要窗口之一。作为公益性文化机构,无锡博物院有责任也有义务向社会公众传播历史文化知识,提供丰富多彩的文博活动,引导社会文化品位。

无锡博物院推出的文博活动有"锡博讲坛""文博课堂""艺术课堂""科学课堂""公益国学堂""科普互动剧""锡博进校园进基层"等,涉及历史、文化、艺术、科学等多个方面。每次活动推出,活动名额都供不应求,无论观众处于何种年龄段,有何种爱好,在这里都能找到适合自己的活动。除了普通公民外,无锡博物院也对特殊人群提供社会教育服务。如2019年4月,"锡博进基层"流动课堂来到无锡监狱,为服刑人员带来《追忆革命先辈》红色讲座,借此激励他们努力改造,争取早日回归社会、服务社会。

"无锡博物院VIP之夜"是无锡博物院文博活动的巨大创新,博物院打破以往只在日间开放的常规,改为在夜间举行开幕式等特色活

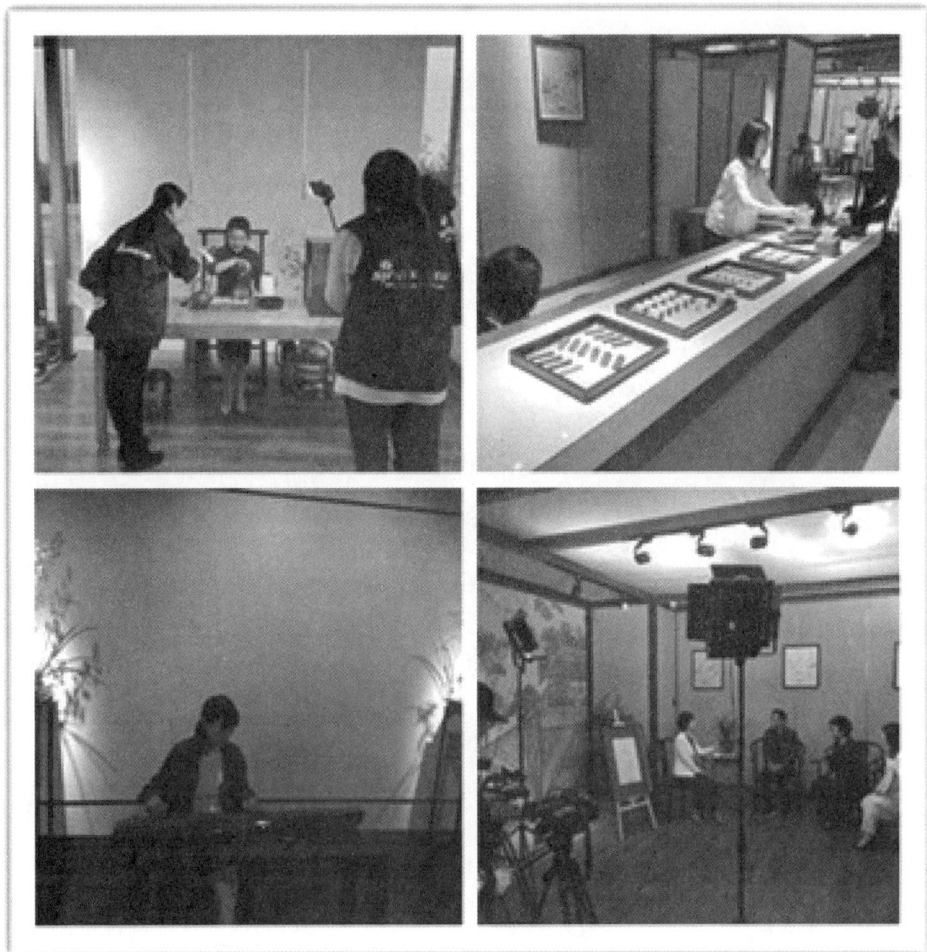

图二   "无锡博物院 VIP 之夜"

动（图二）。此活动是为配合"得天之清——无锡艺兰文化展"而举行的，观众凭邀请函进入无锡博物院，一起品茶赏兰、听琴观展。此举措方便观众利用业余时间放松身心，享受文化和艺术的熏陶，是无锡博物院自身文化传播方式的创新。

（三）信息化服务不断发展

博物馆信息化是指利用网络、计算机、通信等现代信息技术，通过对博物馆信息资源的深度开发和广泛利用，不断提高收藏、研究、陈列、宣传、管理和服务的效率和水平的过程[3]。

博物馆信息化服务既包括如官网、微信、微博等平台信息宣传服务，也包括馆藏资源数字化服务。

1. 信息宣传服务

博物馆的信息宣传服务，目的是为了让观众走近博物馆，了解博物馆的历史、动态和基本概况，这是发挥博物馆公共文化服务职能的重要途径。在"互联网+"时期，无锡博物院及时开通了官方网站、微信公众号、微博等网络平台，并在网络平台上详细介绍了博物院的基本概况、最新动态、展览资讯、社教活动等（表一、图三）。

表一　无锡博物院官方网站栏目设置（部分）

官方网站	一级栏目	二级栏目
无锡博物院	咨讯	锡博概况
		最新动态
		历史沿革
	服务	导览服务
		预约服务
		住宿服务
		餐饮服务
	展览	常设展览
		临时展览
		交流展览
		虚拟展览
	典藏	书画百科
		紫砂艺术
		惠山泥人
		杂项鉴赏
		近现代文物
	研究	锡博书刊
		在线投稿
		科学新知
	互动	锡博讲坛
		教育活动
		志愿者之家
		问卷调查
		特效影院

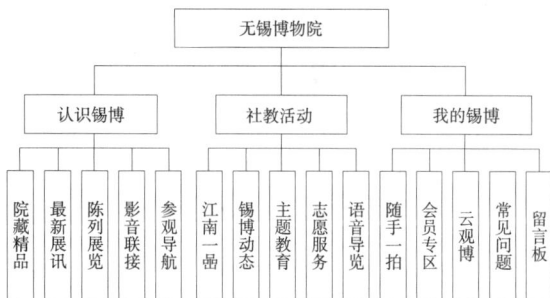

图三　无锡博物院微信公众号平台栏目设置图
（2019 年 10 月）

当然，仅仅依靠自身网络平台进行宣传，传播力度是远远不够的，还必须与报纸、电视节目等媒体合作，不断扩大公共文化服务受众范围。以"梁溪折桂——无锡博物院开放十周年特展"为例，为提升此次展览宣传效果，无锡博物院利用报纸、广播、电视节目等打造一系列专题报道，辅以官网、微信公众号、微博等网络平台进行辐射式宣传，形成了良好的传播效应。除此之外，无锡博物院开放十周年院庆宣传还与无锡地铁集团合作，打造无锡博物

院品牌专列，列车里充满无锡宝藏元素，十周年院庆特展的主表占据列车车厢门口醒目位置，吸引众多乘客走进无锡博物院，极大地提升了无锡博物的院影响力。

2. 馆藏资源数字化

博物馆藏品资源数字化，是指博物馆利用各种数字手段，对以藏品为核心的相关资源进行信息采集、存储、加工，形成完整的数字内容体系，提升文物保护、管理和利用水平，更好地发挥博物馆资源的社会服务作用的综合过程[4]。无锡博物院这些年来一直在不断完善馆藏资源数字化建设。

以往，社会公众可以通过无锡博物院官网、微信公众号欣赏馆藏精品的3D立体展示，以及360°全景虚拟展厅。现在，为让社会公众能更为便利地享受公共文化服务，无锡博物院智能导览App全新上线，不仅有官网、微信公众号上已有的藏品3D立体展示、虚拟展厅等功能，还新增了语音导览、AR扫一扫这两个功能。在导览过程中，这款App可以为用户推荐参观路线，而且在打开蓝牙、连接Wi-Fi的基础上可以定位，附近展品的语音介绍、文字、图片信息会被自动推送给用户，并有中、英、日、韩四种语言，满足用户多语种介绍的需求（图四）。

（四）文创产品不断开发

文创产品是根据馆藏资源和文化理念，发挥创造力设计出来的、与公众生活息息相关的产品，它是博物馆公共文化服务内容的延伸，为博物馆和观众的沟通提供了辅助作用。无锡博物院早已认识到了文创产品的高附加值，推出了一大波具有无锡地方历史、展示锡博馆藏资源特色的文创产品，如创意来源于无锡籍画家方召麟的《事事顺利图轴》的"顺利系列"，主打背包、零钱包、布袋等的"包罗万象系列"，取材于元代倪瓒的《苔痕树影图》、元代钱裕墓白玉鹿形饰片等的"文人系列"……

图四 无锡博物院智能导览 App 界面

二、无锡博物院公共文化 服务存在的主要问题

近年来，无锡博物院公共文化服务总体发展有所提升，在陈列展示、文博活动、信息化服务等方面都取得了一定的进步。但是从博物馆发挥公共文化服务功能的情况来看，仍然存在着展览展示水平有待提高、社会教育范围仍需拓展、信息化服务仍需完善、文创产品有待创新等问题。

（一）展览展示水平有待提高

随着经济社会的发展，公众的受教育程度越来越高，文化水平、欣赏能力都在不断发展，无锡博物院的展览水平与观众的需求仍然有差距。首先，常设展览因为展览时间比较长久，展厅里有些设施比较陈旧，虽然有日常维护，却仍然出现了一定的损坏。如"科技与生活"主题展厅，存在着触摸屏显示不灵敏、指示灯不亮等情况，影响观展体验。其次，部分展厅光线设计需要调整。光线的明暗对展览效果有一定影响，较亮的光线让展厅看起来比较明朗，较暗的光线使展厅看上去比较幽暗。"古墓奇珍——元代钱裕墓出土文物展"展厅入口处的灯光调得太过昏暗，也许是为了打造出古墓的视觉效果，但给观众一种阴森的感觉，使其在展厅门口望而却步。最后，展览内容与形式缺乏创新与多样化，吸引力不强。虽然艺兰展的展陈模式有了改变，但是大部分展览的展陈模式仍然较为传统，形式陈旧，多媒体互动展示较少，展览讲解词只有一版，不能满足不同年龄、知识层次、兴趣爱好的观众的需求。

（二）社会教育范围仍需拓展

无锡博物院的社会教育活动种类非常丰富，但是服务场地大多局限在院内，去学校、社区的次数相对较少，而且社区的活动形式以爱国主义讲座和展板为主，略显单调。社会教育的对象分布也不均衡：主要针对青少年学生和一些普通成人群体，对于一些残障人士和受年龄限制的特殊群体，社会教育活动这块相对而言比较薄弱。总体来说，与周边学校、社区的合作缺乏持续性、长效性，贴近群众，尤其是社会困难群体的程度比较低，教育辐射范围不大，没能完全有效发挥博物馆"第二课堂"之功效。

（三）信息化服务仍需完善

信息宣传除了报纸、电视节目、广播、官

网、微信公众号、微博等手段之外，近来还兴起了抖音短视频等其他方式。2018年"5·18国际博物馆日"，抖音联合国内七家著名博物馆一起发布了一条"文物戏精大会"的短视频，视频一发布就被疯狂转发，在此激励下，许多博物馆都在抖音平台上注册了账号，无锡博物院也在其中。截至2019年5月，无锡博物院发布短视频4条，其中2条与艺兰展相关，2条介绍博物院的基本概况，然而粉丝量和点赞次数不容乐观。

馆藏资源数字化建设也在如火如荼地进行，但是目前还是有局限性。例如藏品3D立体展示，只包含了50件馆藏精品，这对于馆藏文物3万余件的无锡博物院来说，覆盖率过低。锡博智能导览App新增的语音导览和AR扫一扫，存在反应不灵敏的情况。尤其是智能导览，在打开蓝牙和连接Wi-Fi的情况下，有时推送给用户的相关文物信息会与用户所在位置的文物有所偏差，而且这两项功能也仅仅是局限在常设展厅内，临时展览不能提供这两种服务。这些都影响了博物馆向公众提供公共文化服务的品质，要想更好地服务于民，还需不断优化馆藏资源数字化建设。

（四）文创产品有待创新

文创开发是无锡博物院的重要工作之一，在一定程度上提高了博物院的公共文化服务深度和广度，但是仍然有很大的改进空间。目前文创产品的开发主要是实物开发，互动小游戏、微信表情包等无形文创的开发几乎没有。目前为止，大家比较熟知的无形文创就是"大脸如意的日常"微信表情包，且表情包后来也没有进行更新和维护。文创实物的开发也存在创意不足的现象，大部分以杯子、茶具、丝巾、靠枕、书签、包为主，同质化现象比较严重，自身特色不太明显，文化内涵没有得到完全有效地延伸。

三、完善无锡博物院公共文化服务的对策建议

（一）立足公众需求，提高展览质量

从博物馆的发展趋势来看，"以人为本""为社会及其发展服务"成为博物馆的新办馆理念，所以展览也要立足于公众需求，在展览内容和形式上要激起公众的兴趣，被公众欣赏。在展览策划和实施过程中，充分调动公众的积极性，吸纳他们参与，如无锡博物院"我家的相册"老照片征集活动，征集到的照片将入围老照片展，这一举动毫无疑问地激起了公众参与的兴趣，这个模式可以多多推广并继续深入探索，让公众也参与策展。在展览的内容上要选择有代表性、震撼力的展品，紧扣展览主题，突出展品组合的系列性和特色，辅助展览的图片和文字要兼顾学术性与通俗性，做到雅俗共赏。展览形式设计是一门综合性艺术，包含了美术设计、建筑、音乐、多媒体等多种艺术形式，博物馆应在展览形式上施加创意，增强公众体验，形成特色。首都博物馆的"凤舞九天——楚文化特展"值得借鉴和学习，特展运用了数字成像技术，将光影、色彩等艺术手法与视频播放、互动体验等多媒体技术紧密结合，选取提炼最能代表楚国地域文化氛围的纹饰，通过数字投影方式照射在地面，渲染了展厅的地域氛围，让观众沉浸其中[5]。

展览陈列能否取得好的效果，讲解也起到了重要作用。讲解可以帮助观众深入了解展品，感知展览，所以讲解词既要科学严谨，又要生动有趣、富有感染力，针对不同年龄阶段、不同教育背景的观众要有不同的解说内容。讲解形式可以摆脱"我说你听"的单调模式，可以加入提问等形式，让讲解员与观众产生互动，让观众有更多的体验感和参与感。

（二）加强馆校合作，吸引社区参与

为更好地发挥博物馆"第二课堂"的功效，博物馆可以与学校签约合作，在配合学校进馆参观的同时，积极主动地走进学校，提供讲座、手工制作、舞台剧表演等丰富多彩的文博活动，建立起完备的博物馆与学校长效合作机制，双方取长补短，深入开发和利用文博资源。苏州博物馆的"知·苏——苏州博物馆优秀传统文化课程"就是馆校合作的良好典范。此课程有35门，共制订了35份教学文案和配套的学生指导手册，每门课程既可以独立成课，又可以串联递进，还制作了文博展板和通用型教学包，方便课程走出博物馆，为更多学校提供公共文化服务[6]。除了中小学，无锡博物院也可跟江南大学、太湖学院等大学、文化机构、科研机构进行合作，双方共享数据、技术、实验设备等科研资源。

社区也是博物馆提供文化教育活动的主阵地之一，博物馆与社区结合是新型博物馆的发展趋势。无锡博物院附近居民区众多，可以在社区做调查研究，畅通社会群众的沟通渠道，让更多公众参与到博物院的运营之中。还可以通过发放院藏资源音像制品、举办流动展览、社区讲座、播放宣传纪录片等形式丰富居民的业余生活，主题除了爱国主义，还可以有老年人钟爱的中医养生系列、青少年热爱的科技系列等。对于行动不便的残障人群和受年龄限制的困难群体，博物院可以请志愿者采取"一对一"上门服务的方式，丰富他们的精神文化生活。这些举措既可以让社区了解无锡博物院的文化资源，促进社区参与，又可以让博物院贴近社区，进一步扩大公共文化服务范围。

（三）引进专业人才，优化信息服务

博物馆应该加强人才队伍建设，注重人才队伍的合理配置。博物馆以往注重文物的收藏、展示和研究，学术研究人才、文物管理人才、陈列展览人才等占了人才队伍的绝大部分，新媒体传播和信息化建设人才则比较稀缺，所以应通过馆外招聘、内部培养等方式，大力引进、培养此类人才，以适应新时期博物馆的建设和发展，尽可能满足社会公众的公共文化需求。抖音是新兴的互联网传播平台，拥有强大的内容生产和推广能力，但是目前"博物馆＋抖音"并没有走入真正的大繁荣时代，追根究底就是因为很多博物馆缺少相关人才，没有生产出值得称赞的优质内容。无锡博物院应该引进和培养生产新媒体技术的人才，让文物"活起来"，吸引公众走进博物馆。

馆藏资源数字化建设要继续推进。无锡博物院需不断增加可以进行3D立体展示和AR扫一扫的藏品数量，让公众跳出馆设展陈空间设计的局限，近距离、多角度欣赏院藏各类精品。锡博智能导览App的导览功能仍需继续优化，提高推送文物信息的准确性，使信息与展陈文物相符。同时，还可以开发微信语音导览功能，以观众自身携带的智能手机为载体，不需下载任何App，只需关注博物院微信公众号，用微信"扫一扫"功能扫描二维码，或者输入展品说明牌上的字母数字编码，就能收到展品相关的语音介绍。微信语音导览具有开发周期短、成本低等优势，可以与锡博智能导览App相互配合使用，这样，无论是常设展览还是临时展览，都能让观众享受到导览服务，轻轻松松玩转锡博。

（四）与时俱进，深度开发文创产品

针对无锡博物院在互动小游戏、微信表情包等无形文创开发上比较薄弱的问题，应调查研究公众需求，积极组织专业人才设计、开发相关产品。例如对"大脸如意的日常"微信表情包进行更新升级，可以丰富表情包里的表情种类，也可以将表情包从静态图升级成动态图，增加趣味性。同时，还可以立足于馆藏资源，设计互动体验小游戏。故宫博物院推出的《皇帝的一天》《奇迹暖暖》等趣味游戏，值得学习借鉴。

文创实物产品的开发，不仅仅是简单地复制，而是要将文物中的文化元素、文化内涵提取出来，富有创意地将这些元素符号注入产品中，设计出反映博物馆独特文化的创意产品，树立博物馆特色品牌。如台北故宫博物院的翠玉白菜伞就是一件杰出的创意产品，它的设计灵感来源于《翠玉白菜摆件》，伞打开，边缘像菜叶，伞收起来就是"翠玉白菜"的造型，颇受游客喜爱。开发文创产品，无锡博物院不能闭门造车，要与其他文化产业合作，集思广益，也可以参考其他博物馆开发文创产品的成功经验，设计出制作精良，特色突出的文化创意产品，满足社会公众"想把博物馆带回家"的愿望，提升博物院公共文化服务水平。

四、结语

博物馆是社会公共文化服务机构，保护社会公众的基本文化权益是其建设发展的使命。因此，博物馆更应该与时俱进，不断完善自身建设，不断更新巩固公共文化服务理念，始终强调"以人为中心"，增强社会责任感，继续延伸服务功能，充分发挥博物馆公共性资源优势，共同推动公共服务事业持续、健康、稳定地发展，以自身进步带动整个社会文明的进步。

注　释

[1]　雒树刚:《加快构建现代公共文化服务体系》,《人民日报》2015年7月8日。

[2]　张峰:《对博物馆临时展览的几点思考——以三门峡市博物馆为例》,《青年时代》2017年第13期, 第81—82页。

[3]　林诚斌:《博物馆信息化及其重点领域》, 2007年1月18日, 南京博物院: http://old.njmuseum.com/zh/xs/content/content_963.html.

[4]　秦新华:《博物馆藏品数字资源的应用与管理》,《文物世界》2015年第2期, 第65页。

[5]　杨志强:《博物馆陈列设计中地域文化之重要性探析——以大同及首都博物馆为例》(硕士学位论文), 沈阳师范大学, 2017年, 第26页。

[6]　吴晓林主编:《2017江苏省博物馆青少年教育示范项目集锦》, 南京出版媒体集团、南京出版社, 2018年版, 第103—110页。

浅谈博物馆公共文化供给侧改革的若干思考

金 茜[*]

【摘要】博物馆是文物保护与文化传承的重要载体，是我国公共文化服务的主要供给者。当前，人民日益强劲的精神文化需求对博物馆公共文化供给能力和质量提出了更高要求。因此，探讨如何推动博物馆公共文化供给侧改革，对促进公共文化服务提质增效具有学术价值和现实意义。本文在系统梳理我国博物馆公共文化供给发展阶段概况的基础上，剖析当前公共文化供给现状，并就此提出几点思考。

【关键词】博物馆 公共文化 供给侧改革

博物馆创立伊始，是文物典藏、保护与研究的机构。随着博物馆职能日趋完善，博物馆与公众的关系愈发紧密，其社会教育、公众服务的功能日益凸显。2006年《国家"十一五"时期文化发展规划纲要》中首次明确提出"公共文化服务均等化"；2008年国家实行博物馆全面免费开放政策，进一步深化了公共文化服务理念，使博物馆成为公共文化服务体系的中坚力量。如今，"把博物馆带回家""让国宝说话""网红文创""文博研学游"等现象均反映出群众强劲的精神文化需求，公共文化需求正呈现出多元化、高层次、个性化的发展趋势。

文化兴则民族兴，文化强则国家强。《国家"十三五"时期文化发展改革规划纲要》指出，面对新形势新要求，迫切需要补齐文化发展短板，深入推进公共文化服务供给领域的改革，增加有效供给，实现文化小康[1]。作为公共文化服务的主要提供者，博物馆肩负着实现好、发展好、满足好人民群众日益增长的精神文化需求的重任，优化博物馆公共文化供给能力对开创中国特色社会主义文化建设新局面具有重要推动作用。笔者将在回顾我国博物馆公共文化供给发展历程的基础上，厘清当前公共文化供给现状，并做出思考。

一、我国博物馆公共文化 供给的发展历程概述

自1905年张謇创办南通博物苑开近代博物馆事业之先河，我国博物馆发展业已经历百余年。从最初博物馆更侧重于征集、保护、研究历史文物，发展至今更注重传承文化、公共教育，博物馆职能不断丰富、完善。从整体发展情况来看，我国博物馆公共文化供给大体经历了三个阶段。

---

* 金茜：供职于无锡博物院

（一）中华人民共和国成立前（1905—1949年）：博物馆主体不足、公共文化供给缺位的发展阶段

自南通博物苑创立，中国进入近代博物馆初创时期。尤其是辛亥革命后，国立历史博物馆的筹备促进了地方博物馆的建立，如1916设立的地质陈列馆、保定教育博物馆，1918年设立的天津博物院、江西省立教育博物馆，1919年设立的陕西教育图书博物馆等，到1921年已有13所博物馆。1925年故宫博物院筹备成立，并带动一批大型国立博物馆和省级博物馆的成立，如河南博物馆（1927年）、中央博物院（1933年）、上海市立博物馆（1934年）等。博物馆不仅数量增加，而且类型也日益完备、从业人员逐渐增加、专业意识和学术研究逐步增强，此时中国博物馆才真正迈向独立发展。然而，1937年全面爆发的抗日战争、1945年解放战争又使博物馆事业频频受挫，甚至一度停滞，直到中华人民共和国成立后才逐步恢复[2]。总的来说，该时期博物馆数量有限，管理机制尚不完备，社会功能亦不显著。博物馆更像是古物陈列所、文物保管部，公共文化供给能力低下。

（二）改革开放后（1978—2018年）：博物馆公共文化供给进入普惠均衡的增长式发展阶段

中华人民共和国成立后，各项事业百废待兴，文化事业亦进入一个崭新的时期；改革开放后，我国稳步推进文化建设高效发展并取得显著成效，这种发展主要体现为博物馆数量的跨越式增长。国家文物局统计数据显示，1978年我国有349家博物馆，截至2018年已逾5000家，40年内增长约15倍。除此之外，博物馆行业百花齐放。一方面，新型博物馆逐步兴起，生态博物馆、智慧博物馆、专题博物馆等细化了博物馆类型，数字化、信息化、智慧化技术优化了博物馆展示、管理能力；另一方面，社会参与度普遍提高，走进博物馆逐渐成为一种新的生活方式，博物馆社会建设热情也不断增强，非国有博物馆已占全国博物馆总数近三成。总的来说，该时期博物馆体系更加健全，管理机制日益规范，融入社会的步伐明显加快，公共文化供给能力大幅提升。

（三）党的十九大后（2018年—　）：博物馆公共文化供给逐步转向优质精准的高质量发展阶段

十九大报告明确提出了高质量发展的要求，这也为我国文化事业指明了前进方向。公共文化在确保充分供给的基础上，更要优质供给、精准供给，实现由"普惠均衡"向"优质精准"提升。据统计，2017年全国博物馆举办展览2万余个，开展专题教育活动20万次，参观人次近10亿。从数量看，公共文化供给已相对充足，但各地博物馆策划的展览、举办的活动，基本上大同小异，还难以做到优质、精准。这是博物馆规范化管理所致，虽然在一定时期内促进了博物馆事业飞速进步，但又因其相对固化的管理模式桎梏了未来的长远发展。要打破局限、注入活力、提高质量，必须在已有的博物馆工作基础上，将公共文化供给的标准化、均等化、统一化转变为优质化、精准化、特色化。

二、我国博物馆公共文化供给的现状

当前，我国博物馆的服务功能逐步增强，结构体系日趋完善，不断推动公共文化供给均等化，并逐步向精准优质的高质量发展转变。国家文物局局长刘玉珠在全国博物馆工作座谈会上的讲话让我们看到博物馆事业的飞速发展[3]。一是博物馆数量急剧增加。截至2017年底，全国备案的博物馆达5136家，

是 1949 年的 200 多倍，约是 1978 年的 15 倍，并仍以每年 180 家左右的速度增长，我国成为世界上博物馆事业发展较快的国家之一。同时，社会力量也逐渐成为博物馆建设的有益补充，目前非国有博物馆超过 1400 家，行业博物馆超过 800 家。二是博物馆文化事业日趋繁荣。自 2008 年下发《关于全国博物馆、纪念馆免费开放的通知》以来，全国 80% 以上的博物馆实现了免费开放，年参观人次从 2.8 亿激增至 9.7 亿。文化惠民理念深入工作实际，全国博物馆每年举办 2 万余个展览、20 余万场次社教活动，博物馆正逐步形成课外教育长效机制，使公众真正能够参与文化、享受文化。总体来讲，博物馆的场馆建设、展览数量、社教活动等基本能达到公共文化供给的普惠均衡。

在取得成绩的同时，我们也必须清楚地认识到我国博物馆公共文化供给仍面临着问题和挑战。首先，公共文化供给的普惠均衡只是达到了相对意义上的平均水平，博物馆公共文化供给能力亟待完善。不可否认的是各地区博物馆发展水平参差不齐，地区、馆际间的差异依旧存在，这直接导致了公共文化供给不充分、不平衡的现实状况。就目前看，中西部经济欠发达地区较之东部经济发达地区和文博大省而言，博物馆数量有限且发展速度迟缓；市县级中小馆较之省级和地市级大馆而言，资金扶持不足且发展质量不高；非国有博物馆较之国有博物馆而言，馆藏资源有限、维护管理欠佳且发展力量薄弱，这是一方面。另一方面，由于资源配置不足、社教活动场次有限、关注人群相对固定，尤其是博物馆建设相对落后地区和地市级以下中小型馆，博物馆的文化辐射力、社会影响力、群众号召力还较薄弱。博物馆始终致力于文化惠民，虽然目前参观人数较之以往有质的飞跃，但不得不看到的现实情况，是真正受惠于文化的群众还是少数，文化研究成果惠及大众尚未完全落实到位。

其次，公众日益增长的精神文化需求，对公共文化提出了优质、精准、便捷的新要求，博物馆公共文化供给质量亟待提升。就我国博物馆发展的普遍水平看，距高质量发展要求仍相去甚远，最直接地表现为博物馆精品展览不足、展教形式趋同、开放深度不够等。展览是最能凸显博物馆服务功能的核心工作，尽管我国博物馆展陈手段、策展理念均取得了长足的进步，但囿于多方因素，如珍贵文物资源分布不均、可展出的馆藏精品有限、珍贵文物展示环境严苛、场馆陈展条件有限、借展资金投入巨大、财政扶持经费有限、小馆专业人才匮乏、策展能力有限、策展人的学术认知与普通观众的参观需求不对称、策展释展的成效有限等，办出办好群众喜闻乐见的精品展览仍是当下博物馆工作的重点、难点。再加上博物馆管理的规范化、统一化因素，各馆举办的展览、社教活动呈现出同质化发展趋势，自身特色逐渐隐没。此外，博物馆出于保护文物的考量，可对外展出的藏品也相当受限，大量文物"闲置"在库房中，处于"与世隔绝"的状态。除了参观展览、购买画册等，社会公众对馆藏文物资源的获取途径少之又少。作为博物馆开展一切日常工作的基础，如何多方盘活、深入挖掘、高效利用好文物资源将成为博物馆迈向高质量发展的关键一步。

再次，公众表达渠道单一、评价考核标准虚化，缺乏科学量化的管理体制，博物馆公共文化供给的双向评价反馈机制亟待建立。"以观众为导向"的人本服务理念是当代博物馆工作思路的重要转变。为增强观众体验，博物馆工作人员愈发注重展览过程中的交互体验设计。但交互体验远不止于参观过程中，而应贯穿于博物馆工作的全过程，观众表达机制正是其中不可或缺的一环。目前，我国大多数博物馆的观众表达渠道主要是在馆内和服务台设立的观众意见箱、观众意见簿，在相关办公室设立的接访电话等，其目的在于更好地保障博物馆日常开放，调解观众参观过程中出现的问题。这是基于参观过程中或参观后产生的一部分体验感的表达，更准确的定义应是一种投诉处理机制，抑或可称之为观众意见反馈机制。然而，真正对博物馆公共文化供给产生直接影响的需求性表达，如观众的兴趣偏好、公众的普遍关注、社会的广泛需求等，缺乏向上表达的渠道，势必会造成公众话语权、选择权的缺失，最终导致公共文化需求与供给信息不对称，公共文化服务出现错位、缺位，这也将是我国博物馆走向优质精准的高质量发展的最大瓶颈。同时，博物馆作为国家和地方政府的公益性文化单位，每年资金投入巨大，但其带来的实际成效却难以衡量。目前，我国文化单位考核体系大多使用资金投入量、人均文化设施面积等"形式化"指标，真正反映实绩的，如投入产出比、文化设施利用率、群众满意度等"实效性"指标难以获得。在此评价机制下，实难真正准确评判博物馆公共文化供给的服务成效。

三、关于博物馆公共文化供给侧改革的几点思考

诚然，我国博物馆公共文化供给的第一阶段已经过去，第二、第三阶段则由于地区发展差异而同步存在，并交叉进行。要不断提高公共文化供给能力和质量，使我国博物馆事业迈向高质量发展，必须多方发力，深入推动博物馆公共文化供给侧改革。如果说我国博物馆之前着力于"增量式"的粗放型发展，那么今后必将着眼于"提质式"的集约型发展。博物馆公共文化供给侧改革须得双管齐下，既要在普惠均衡发展上持续发力，又要稳步推进优质精准发展，两者共同实施、共同配合、共同深入。同时，需得构建双向表达反馈机制，科学考评博物馆公共文化供给绩效，确保公共文化服务发挥实效。

（一）盘活馆藏资源，优化供给能力

文物资源是博物馆开展日常工作的所有物质基础。全国文物普查工作数据显示，不统计民间收藏的数量，仅国有可移动文物总数就超过1亿件（套）。如何保护好、管理好如此海量的文物资源，并利用好、传承好这个"超级IP"，是当今时代向博物馆发起的最大挑战。

整体来看，我国文物资源确实存在总量分布不均衡的情况，但就数量而言，各地区的文物资源仍相当丰富，且各具特色。再者，我们必须认识到公共文化供给能力并不全然取决于文物数量，关键在于如何挖掘好、阐释好文物资源的内在价值，使之焕发无限的生机活力。因此，开展博物馆工作的首要任务是盘活馆藏资源，理清藏品文化脉络，形成有地方历史文化特色的藏品体系。这不仅是开展好博物馆工作的重要基础，也是我国博物馆事业发展的关键一步。毕竟，只有摸清家底——清楚自己有什么，才能明确目标——知道自己要做什么。

当今社会是信息化时代，博物馆数字化乃大势所趋。这为平衡、增强博物馆公共文化供给能力提供了有力的技术支撑。一是提供盘活文物、科学管理的新途径。依托信息数字化，建立藏品综合管理数据库，对藏品的征集、鉴定、入库、借调、陈列、修复、研究等进行科学完善的周期管理，高效盘活馆藏资源。与传统的藏品管理工作相比，文物数据的建立、保存和管理更安全有序，文物信息的获取、利用更高效便捷。二是提供安全展示、深化开放的新手段。文物是珍贵且脆弱的，尤其是书画类、丝绸类文物，每次展览都必然会缩短文物寿命。利用3D扫描建模、VR、全景等科技展示手段，能在避免实物陈列对文物本身造成伤

害的前提下，全方位、多角度、高清晰地展示以往不适于对外展览而始终保存在库房之中的文物，极大提高馆藏文物利用率。同时，数字媒体技术成为实物陈列以外的有益补充，既丰富了展陈方式，又增强了展览的趣味性、可看性、交互性。三是提供拓宽辐射、资源共享的新方式。数字展馆的建设大大拓宽了博物馆受众面、辐射面，某种层面上说还缓解了文物资源分布不均衡的现状，使文物资源打破地域空间的限制，达到最大程度的共享。

（二）强化精品意识，优化供给质量

我国博物馆事业在21世纪迎来的飞跃，不仅是博物馆自身发展的变化，场馆数量、参观人数、展览及社教活动场次的迅猛增长，更是工作重心的变化，由"重物"到"人、物并重"，社会服务理念大大提升[4]。为深入推动高质量发展，把着力点转向质的提升正当其时。

优化博物馆公共文化供给质量，主要从三方面入手。第一，要强化精品意识。精品之"精"主要表现在两方面：一是"优"，二是"准"。"优"主要指服务质量，是内容"轻松有趣"而不是"晦涩难懂"，是表达"别具风格"而不是"如出一辙"，是呈现"小巧却别致"而不是"平庸且大同"，最终使观众产生"一眼万年"的难忘，而不是"千馆一面"的乏味。"准"主要指服务对象，是"分门别类"而不是"一概而论"，是"区别对待"而不是"统一标准"，最终使各阶层、各年龄段的观众都能找到自己的契合点。

第二，树立人本理念，从"展示物"转变为"服务人"。说到底，博物馆推出"精品"的根本目的在于更好地服务公众。一方面，博物馆策展要做到以人民为中心、让文物讲故事、与时代同步伐。策展前有必要先了解公众的兴趣需求，譬如广东省博物馆在网上由公众投票选择两年后的展览项目，为的是让观众的需求和喜好成为博物馆办展的决定性因素[5]。策展工作要在理清历史脉络的基础上，充分挖掘文物历史信息，最大可能复原历史场景。同时，高度重视释展工作，注重历史背景之下当代价值与世界意义的阐释，以时代精神引人启迪。策展后的跟踪反馈亦不容忽视，搜集观众的个人信息、参观感受、意见评价等对今后策展具有参考性、指导性意义。另一方面，博物馆展教要分龄定制，分众传播。常言道"众口难调"，不同年龄段、不同性别、不同文化层次的观众对公共文化的需求是不同的。采取分龄分众、精准供给的展教模式，最大限度地调和需求差异，使观众都能获得优质的体验，是博物馆走向精细化管理、高质量发展的必由之路。

第三，塑造文化品牌，彰显人文气质。文化品牌是博物馆发展的无形力量，是博物馆形象和风格的集中体现，有助于增强博物馆的感召力、提升观众的忠诚度和信任度[6]。因此塑造优质的文化品牌对提升博物馆公共文化供给能力和质量的影响不容小觑。首先，品牌的本质是凸显"个性"。文化品牌是在一方水土赋予的历史基因下形成的特色文化，是以别具匠心的理念和方式向大众传播的地方历史文化。其次，博物馆要基于自身馆藏资源，置身于历史背景之下，结合地方文化特色，着力打造精品原创展览、优质社教活动。最后，博物馆要有人文关怀的意识。如今博物馆显然不单是文物收藏、保护与研究的机构，更是社会公众学习、休闲、娱乐的场所。为满足社会公众日益多元的参观需求，博物馆应不断增设、完善人性化设施，如母婴室、休息室、茶座，为观众营造安全舒适且富有人文气质的参观环境，打造成兼具艺术与休闲、独具人文情怀的公共文化空间。

（三）构建双向反馈机制：公众自主表达＋科学量化考评

2008 年国家文物局启动实施博物馆定级评价工作，旨在通过"以评促建，以评促改，以评促管，评建结合，重在建设"的方式，达到监管得力、扶持到位的目的。尽管评估定级工作促使博物馆朝着规范化方向迈进，但单一化、程式化的评价体系显然难以全面衡量、准确评估各类博物馆[7]。笔者认为，评估定级是从相对宏观的层面对博物馆质量进行核定的有效方式，但就微观层面而言，对日常工作的管理把控相对较弱。因此，要畅通对上对下反馈渠道，构建起自下而上的公众表达机制与自上而下的考核评价机制相结合的双向反馈机制。

目前，我国博物馆现有的公众交流平台仍不完善。虽然，各馆普遍运营有社交账号，如官方网站、微信公众号、微博号等，但其主要功能是向社会公众发布信息。馆内设有的意见箱、咨询电话也大多用于处理观众投诉，真正能与公众及时交流，体察其所思、所想、所需的平台仍是空白。民意缺失是博物馆公共文化供给侧与公众公共文化需求侧产生错位的根本原因。因此，只有搭建起良好的公众表达机制，真正将"博物馆'上菜'、观众'接盘'"变为"观众'点餐'、博物馆'配菜'"，将"观众被动接受"变为"主动参与"，才能更好地发挥博物馆公共文化服务功能。

同时，要科学量化考评标准，将虚化的指标具体化，譬如将博物馆参观人数统计细化到平均参观时间、观众年龄层、公众满意度等，将政府投入经费细化到投入人力成本、资金成本、时间成本等，由此大致测算出博物馆投入产出实效，而不是一味以一些空洞的指标来考核评判博物馆公共文化供给实绩。

四、结语

文化是国之灵魂，是文脉传承的纽带，是民族面临挑战屹立不倒、历经劫难百折不挠的力量之源，为社会经济发展提供强大动力，为构建社会主义现代化强国、实现伟大复兴的中国梦提供坚实保障。博物馆是凝结人类文明的殿堂，是文物保护与文化传承的重要载体，是我国公共文化服务的主要供给者。为满足人民群众日益增加的精神文化需求，必得促进公共文化供给提质增效，并在达到普惠均衡的基础上迈向精准优质的高质量发展之路。博物馆公共文化供给侧改革任重而道远，唯有步步扎实推进，方能徐徐行稳致远。

注　释

[1] 中共中央办公室、国务院办公厅：《国家"十三五"时期文化发展改革规划纲要》，2017 年 5 月 7 日。

[2] 梁吉生：《旧中国博物馆历史述略》，《中国博物馆》1986 年第 2 期，第 71 页。

[3] 刘玉珠：《承前启后　勇于作为：探索博物馆事业发展的新途径——在全国博物馆工作座谈会上的讲话》，2018 年 12 月 25 日。

[4] 单霁翔：《从重"物"到"人""物"并重——博物馆社会服务理念的提升》，《中国博物馆》2014 年第 3 期，第 38 页。

[5] 魏峻、毛颖：《中国博物馆大型原创性特展工作的创新理念与实践探索——以广东省博物馆为例专访魏峻馆长》，《东南文化》2017 年第 6 期，第 6 页。

[6] 肖劲：《试论博物馆的品牌建设》，《中国博物馆》2006 年第 3 期，第 91 页。

[7] 《激发博物馆内生动力　推动博物馆高质量发展——"第二届津京冀长三角珠三角博物馆高峰论坛"综述》，《中国文物报》2019 年 4 月 9 日。

"绳武堂前话梁溪"公益讲座文化市场探究

周立超 *

【摘要】 "绳武堂前话梁溪"系列公益讲座是学习贯彻党的十九大提出的"创造性转化、创新性发展"要求,紧扣"优秀的传统文化是中华民族的根和魂"这一主题,根据钱锺书故居自身的功能、特点及发展空间进行创新尝试的一项社会教育活动。三年来成功举办的"绳武堂前话梁溪"系列公益讲座,为无锡这座历史名城留下了鲜活的印记,为文化阵地如何面向社会服务提供了一种新的工作模式。

【关键词】 "绳武堂前话梁溪" 公益讲座 文化市场 探究

一、钱锺书故居的由来及现状

钱锺书(1910—1998),无锡人,五代十国吴越王钱镠之第三十三代孙,我国著名学者、作家、研究员,中国社科院原副院长。主要著作有《围城》《管锥编》《谈艺录》等。钱锺书故居,又称钱绳武堂,位于无锡城中七尺场(今梁溪区新街巷30-1号、32号),占地面积1600平方米,系钱家祖遗产业,钱锺书祖父钱福炯筹建于1923年,七开间二进平房。1926年后,其叔父钱基厚(孙卿)在屋后西侧陆续建造五间楼房及若干辅房。故居原有平房二十八间,大小天井庭院十一个,备弄两条,古井三口。东有厨房,后有花园。

"绳武堂"系钱福炯题名。大厅高悬匾额为民国省长韩国钧手书,西侧悬挂的匾额"梓里蒙庥"乃是民国期间省政府的嘉奖令,以表

彰钱孙卿为无锡所做出的杰出贡献。悬于厅堂之上的经史语联为钱福炯撰集,以勉励钱氏子孙勤奋读书,安分守业,和睦相处,继承家风。钱锺书在这里度过了少年、青年时期,绳武堂敦厚质朴、竞志奋进的门风,在他心里留下了不可磨灭的印象。2002年,无锡市政府将新街巷30-1号收归国有,修缮开放,命名为"钱锺书故居"。2018年,经过修整过的故居整体建筑架构稳定、脉络清晰、典雅别致、结构紧凑、时代感强,陈设古朴素净,在简朴中蕴含着书香门第的文化气息,具有重要的纪念价值。故居现作为文化服务阵地全年无休向社会免费开放,为省级文物保护单位。

二、社会需求和服务形式的探索

优秀的传统文化是中华民族的根和魂,也是建设社会主义文化强国的根基和沃土。学习

---

* 周立超:无锡市钱锺书故居管理中心主任

贯彻党的十九大提出的"创造性转化、创新性发展"要求，用好"守"和"变"的辩证法，才能推动中华优秀传统文化传承发展。"绳武堂前话梁溪"系列公益讲座就是在这样的社会背景下产生的，是钱锺书故居管理中心经半年之久的社会调查后，根据自身的功能特点及发展空间进行的创新尝试。

钱锺书故居位于旧城区，道路拥堵、场地狭小，周围空间可利用面积较少。而作为无锡的一张重要文化名片，许多外地游客慕名前来。按展览面积估算，日最大承载量为1600人次，瞬时最大承载量仅为200人次。近三年每年的参观量为3万人次左右。尽管开展了各类现场活动，观众量仍难以大幅度上涨，社会知晓率难以提升。为此，笔者和故居管理团队反复研究后认为：举办新颖的公益讲座，是扩展参观内容，增加活动信息，开放远程观展，提高社会关注度的一种有效手段。

来故居参观的游客普遍文化素养高、有要求、有想法。不少游客提出希望在故居看到无锡当地的人文介绍、传统文化资料等。钱锺书故居是一张有分量的名片，优势在于主人名气大、原貌保存好、人文气息浓、家教有涵养、血脉渊源长，因此游客期望值高。但同时它也有着一定缺陷，如路难找、场地小、实物少、设施差等。

作为文化阵地的管理者，有义务让故居"活"起来、"火"起来。故居现场活动利用现有面积不大的绳武堂，改传统的课堂式教育模式为开放教育模式。加大与新闻媒体合作力度，用纸质媒体宣传与电视画面专辑相结合，再配套运用新媒体的快速传播，使新闻宣传效果最大化。借助享誉国际的钱锺书文化名人影响力，利用这样一处人文气息浓郁的地方，我们因地制宜设计了一套与众不同的特色公益讲座，以口述的形式，讲述精彩的无锡故事。举办"绳武堂前话梁溪"公益讲座三年来，为无锡这座历史名城留下了鲜活的印记。

三、公益讲座——以"锡剧《珍珠塔》的来龙去脉"为例

本文以故居与无锡电视台《悦谈》栏目组联合策划的公益文化讲座——"锡剧《珍珠塔》的来龙去脉"为例，探讨公益讲座文化的新探索。

中华民族蕴藏着极为丰富的文化资源，有五千多年历史所孕育的中华民族优秀传统文化，有党领导人民在革命、建设、改革中创造的革命文化和社会主义先进文化，如何充分挖掘这些文化瑰宝，创造出人民群众雅俗共赏的文化产品，关键在于结合时代要求继承创新。

锡剧《珍珠塔》根植于江南文化，是无锡地方传统精品剧，国家级非物质文化遗产。作为锡剧界开宗立派的人物，王彬彬、梅兰珍、汪韵芝三位前辈联袂演出的《珍珠塔》一剧曾让几代锡剧迷大呼过瘾，回味无穷。笔者和专业人士一起穿针引线、走访调研，逐步理清思路，和无锡锡剧院合作，将20世纪50年代《珍珠塔》进京演出的"原班人马"请到故居，在绳武堂前开讲"锡剧《珍珠塔》的来龙去脉"（图一）。

图一　"锡剧《珍珠塔》的来龙去脉"在绳武堂开讲

图二　钱惠荣在绳武堂开讲

图三　汪韵芝在绳武堂前和观众合影

"原班人马"包括：编剧钱惠荣，90岁高龄，漏风的牙齿挡不住当年创作的激情（图二）；演员汪韵芝（图三），94岁高龄，人称"活姑母"，挥舞着手臂弹唱着70年前熟悉的戏曲；团长赵沅，94岁高龄，讲述进京演出时刘少奇来看戏、周恩来招呼出演人员合影的经历——周总理和梅兰珍握手照成为经典；曾为

王彬彬量身定做曲谱的章德瑜，82岁高龄，现场哼曲高歌。另外，王彬彬传人小王彬彬（王建伟）、梅兰珍弟子黄静慧也来到现场，分别讲述恩师当年参演《珍珠塔》的故事。小王彬彬还现场展示抒情优美、柔中带刚、琅琅上口、字字清晰的"彬彬腔"，黄静慧则将剧中梅派艺术发挥得淋漓尽致。

这些"大咖"在绳武堂前讲述了他们当年参与创作锡剧经典戏——《珍珠塔》第一个舞台版本台前幕后的故事，一场抢救无锡城史的行动开始了。谈起《珍珠塔》，90岁的钱惠荣回忆起创作经历：当年，沈化南老先生送来《赠塔》手抄本，钱惠荣又根据老艺人们演唱的《方卿见姑》《跌雪》《庵会》等，多方听取意见，反复推敲，三易其稿，最终整理出了全本《珍珠塔》。

在小王彬彬的记忆里，父亲王彬彬在家很少谈论表演艺术，他对父亲从小就是崇拜。而小王彬彬初识《珍珠塔》并非是因为自己的父亲扮演了第一代"方卿"，而是源于自己看戏后的体悟。从1956年无锡市锡剧团首演《珍珠塔》起，该剧已代代相传，到现在已演出了超万场，并成功在全国巡演。

汪韵芝在儿子、弟子们的簇拥下来到钱锺书故居，94岁的老人一笑便是"活姑母"。台前幕后，汪韵芝从未停止对方朵花这个角色的探索和琢磨。她研究了梅兰芳"笑的艺术"后，演绎"姑母"的笑就别有讲究。方朵花在夸耀娘家富贵时用"微笑"，当落魄的侄儿方卿到来时用"僵笑"，打发众女宾入席时用"苦笑"……根据剧情，汪韵芝摸索出了"气笑""冷笑""嗤笑""讥笑""假笑"等各式笑法。锡剧电影《珍珠塔》上映时，香港《文汇报》在1965年8月18日刊发的影评中说："汪韵芝不仅在外型上把这个角色刻画得十分之生动传神，而且唱功与演技的结合也使人叫绝，可说是戏曲人物中的一个新的塑造。"

从调研、选题、论证、预备、开拍、剪辑、审定、播出，到媒体宣传、刻录光盘、阵地播放、总结效果，一场"绳武堂前话梁溪"公益文化讲座——"锡剧《珍珠塔》的来龙去脉"就此诞生，并在无锡电视台播出。

四、时代背景与现实思考

"绳武堂前话梁溪"公益讲座与传统讲座比较优势在于：1.传播范围广。利用纸媒、电视媒体、网络媒体传播，克服传统讲座场地的限制，迎合需要对象时间上支配的自由。2.讲座质量高。经过较长时间的磨合，更多的人参与制作，表达的内容更精准，去伪存真。3.收益效率高。实施起来方便，便于培训者控制整个过程，没有现场讲座各种意外的干扰因素。4.投入成本低。一次性投入，制作光盘作为文创产品，在故居设立影视室，循环播放，长期收取宣传效果。5.内容把关严。活动内容经过较为严谨的工作程序层层把关，有调研、立项、审批、录制、剪辑、预审、终审等。6.视听效果好，有现代视听技术与观众见面，视觉与听觉的感知方式直观鲜明。

三年来"绳武堂前话梁溪"公益文化讲座共举办四个专题，均取得成功。这种成功会带给传统文化市场新的冲击，而在当今的时代背景下，也带来了诸多新的要求：1.着力推动习近平新时代中国特色社会主义思想深入人心，建设具有强大凝聚力和引领力的社会主义意识形态，培育和践行社会主义核心价值观，推动社会主义文艺繁荣发展，推动文化事业和文化产业发展。2."等""靠""要"等传统被动服务思想已不是当今文化市场的潮流。3.探索新的服务形式是当前文化市场服务的主流。4.文化市场的活跃必须依靠社会大环境、现代技术手段和信息化大数据的支撑。5.要加强主流文化阵地建设管理，推动建立文化阵地长效管理机制，满足群众精神文化需求，要有服务社会、服务人民、服务大局观念。6.通过加强宣传文化阵地建设，增强马克思主义的穿透力和影响力。一是要"守住"，二是要"占领"。要切实加强各级各类宣传阵地建设和管理，决不给错误言论提供传播渠道。科学引导思想观念的"统与放"，坚持在解放思想中统一思想，是新形势对宣传思想战线提出的紧迫任务。

五、效果评估及对社会的影响

（一）提升了名人故居的知名度以及专家学者对故居的关注度

钱锺书故居举办这样的公益文化讲座，聚集人气，丰富内容，活跃阵地，一定程度上扩大了故居的知名度。活动引起了新闻媒体的高度关注，《无锡日报》头版7次报道，《江南晚报》整版8次报道，无锡电视台《发现》栏目和《悦谈》专栏公开播放6集，每集18分钟，全国各类新闻媒体转载、发布百余次。讲座举办后，故居游客数量明显上升，日接待量为200~300人，最多上千人。通过电视、网络媒体的宣传，观众量直线上升，活动受众人数达百万人次。

（二）探索和开启了名人故居社会服务功能的新模式

在社会经济高速发展的今天，名人故居的保护与发展越来越引起专家学者、市民群众的关注。名人故居具有深厚的文化底蕴以及不可替代的魅力，是当地的骄傲，是民族文化的精华，是最值得珍惜的建筑。在有序保护的前提下，开办文化讲座，探索和开启了名人故居社会服务功能的新模式，使其发展成为促进社会精神文明建设，提高人民群众文化素养，普及历史、文化知识的重要阵地。

（三）承担、传承了地区优秀文化资源的开发利用职责

名人故居是一座城市重要的文化遗存，也是对外交流、彰显个性的窗口，在这样一处钟灵毓秀的地方，钱锺书故居管理中心为记录、传播历史人文推出系列文化公益讲座——"绳武堂前话梁溪"，和城市文明的创造者、见证人一起，以口述的形式，在镜头前展开对往事的追溯，为大家留下鲜活的记忆，进一步承担、传承地区优秀文化资源的开发利用职责。

六、结语

"绳武堂前话梁溪"公益讲座通过多元化宣传媒体的结合，延伸了文化阵地的宣传内涵，扩大了文化阵地发挥的社会作用。由"静"到"动"的文化服务市场开放模式是更好地满足广大人民群众文化需求的良好途径。按《江南晚报》《无锡日报》的发行量分别为10万、20万，无锡电视台《悦谈》《发现》栏目有效收视率"10万+"统计，加上网络新媒体和各种信息源的转载，"绳武堂前话梁溪"公益讲座每次的当期受众逾百万。经过三年的尝试，这样的讲座显然是成功的，达到了我们文化市场化服务的预期效果。

"绳武堂前话梁溪"是个宽泛的概念。千年梁溪孕育着千百个故事。今后，钱锺书故居将不定期举办此类讲座，策划的主题有无锡大运河、无锡国专、蠡湖建设、钱氏宗谱、惠山祠堂等。追溯过去，展望未来，记录城史，跟时间赛跑，能抢救一部分是一部分。跟无锡有关的人和事还有很多，为这座江南名城存档的路还很长，我们要记录过往，走向未来。

浅谈博物馆中社交媒体的使用

许　静[*]

【摘要】网络与移动终端普及的今天，社交媒体的影响力日益扩大，这种情况下很多博物馆紧随潮流，将社交媒体纳入日常运营中，但需要意识到的是一些博物馆对社交媒体的使用只停留在基础的宣传层面上，尚未对社交媒体的使用进行深入挖掘。本文提出博物馆中社交媒体的三种使用方式：作为信息传播交流平台，连接观众、拓宽沟通渠道；作为展览互动方式，吸引观众参与，唤起观众情感；作为数据来源平台评估博物馆服务并进行观众研究，旨在让大家充分了解社交媒体的优势与潜能，为博物馆对社交媒体多方面、多层次的使用提供启发。

【关键词】博物馆　社交媒体　观众　沟通　评估

一、社交媒体的定义

社交媒体一词最早来源于美国学者安东尼·梅菲尔德（Antony Mayfield）2007年出版的电子书《什么是社会化媒体》，书中指出社会化媒体是一系列在线媒体的总称，这些媒体具有参与、公开、交流、对话以及社区化和连通性的特点，赋予每个人创造并传播内容的能力[1]。社交媒体是以web2.0为基础的，用户可以借此进行内容创作、情感交流与信息分享的互联网应用。在郑霞《博物馆学认知与传播文丛数字博物馆研究》一书中，社交媒体有以下几种分类：创作发表型，主要由博客网站和论坛网站组成；资源共享型，照片分享网站、视频分享网站、音乐分享网站和评论网是内容共享型社会性媒体的典型代表；热点聚焦型，包括推特和微博；协同编辑型，包括维基百科、百度百科以及社交型问答网站；社交服务型，如微信、QQ等即时通信软件；网络游戏型，即各种网络游戏[2]。可以说，社交媒体早已渗透我们生活的方方面面，其影响力是巨大的，所以博物馆不能闭门造车，漠视社交媒体的存在，而要借助其优势来开展相关业务工作。

二、博物馆中社交媒体的使用方式

（一）作为信息传播平台，连接观众、拓宽沟通渠道

2007年国际博协最新一版的博物馆定义以及2015年我国的《博物馆条例》中，都将博物馆的目的定为教育、研究和欣赏，与过去不同的是将教育置于研究之前，由此可以看出博物馆在发展过程中越来越注重其社会教育功能，其关注的重点转向了"人"，也就是博物馆观众。

---

*　许静：供职于无锡博物院

戈登·弗里德曼（Gordon Freedman）早在 2000
年就强调：博物馆应该将其角色定位从单纯的
信息提供者转变为信息知识的调节处理者，鼓
励观众自己去探索，让他们成为批判者、生产
者，给予他们更多的选择[3]。而社交媒体就是
能帮助博物馆达到这一目的的平台，因为博物
馆能够通过社交媒体创造一个更广阔的知识分
享网络，观众可以在其中交流，分享图片、信息、
感想、经历等[4]。同时，社交媒体的使用也促
使博物馆与观众的沟通交流从传统的一对一模
式转为更具互动性的、多对多的沟通交流模式。
多对多的交流模式意味着博物馆的沟通交流不
再是单向的，博物馆不再只是信息的发出者，
而观众也不再只是信息的被动接受者。这种多
对多的沟通模式具体有以下几种：博物馆与观
众之间的沟通，观众与观众之间的沟通以及博
物馆与博物馆之间的沟通。

1. 博物馆与观众之间的沟通

博物馆在社交媒体上开通账号，通过展览
活动宣传、藏品知识分享等来与观众进行沟通
互动。观众可以自主进行评论、转发、点赞等
活动，也可以自己发布针对博物馆服务、体验
等方面的内容，形式多样，可以是文字、图片，
也可以是视频，而且随着移动终端的普及，观
众可以随时随地分享自己关于博物馆的体验。
同样的，博物馆也能不受时空限制地对观众发
出的信息进行评论。观众不再仅仅只能通过留
言簿，而是能通过多种社交媒体，以多样的形
式、随时随地分享自己对博物馆的想法。

2. 观众与观众之间的沟通

当观众带着自己的数字化设备进入博物馆
时，也将自己的社交网络带入了博物馆，所以
观众口袋中的手机是通向他们的数字空间中成
千上万朋友的大门[5]。观众在社交媒体上通过
文字、照片、视频等形式分享自己在博物馆的
体验，对展览、藏品的认识和理解，这些信息
为那些没有到过博物馆现场的人提供参考或借

鉴的同时，还可能引起去过博物馆现场的观众
的共鸣，激起他们进一步地探究讨论。比如可
能在评论中或者在群里引发关于展览主题、展
览形式、藏品制作工艺、藏品背后故事、藏品
保护等方面的讨论[6]，使得观众之间能有更深
入的沟通互动。

3. 博物馆之间的沟通

博物馆之间可以通过社交媒体来增进相互
了解、进行互相学习。比如通过微博、微信、
抖音等媒体了解著名博物馆或是兄弟馆的实时
展览、活动情况，对于他们成功的展览、活动
进行学习借鉴。另外博物馆之间通过社交媒体
进行正式或非正式的沟通交流，能够促进博物
馆之间的关系并且吸引观众的参与。如在 2019
年 4 月春光大好之时，各大博物馆在微博上进
行了一次"斗花"比赛，将自家门口正在开放
的花卉图片，或是馆内带花元素的藏品分享至
微博，上海博物馆、苏州博物馆、天津博物馆、
四川博物院、陕西历史博物馆、甘肃省博物馆
等参与了此次活动。这样的线上活动加强了各
大博物馆之间的交流，同时展示出一个更加亲民
的博物馆形象，吸引观众线上赏花、线下参观。

博物馆通过社交媒体给予观众一个更具有
参与性的、开放的讨论环境，拉近与观众之间
的距离；拓宽自己的沟通渠道，加强与外界的
交流，促进多对多、全方位沟通互动模式的形
成，扩大博物馆的影响力。

（二）作为展览互动方式，吸引观众参与，
唤起观众情感

博物馆在展览中使用社交媒体作为互动方
式能够为观众创造一个更具参与性的环境并唤
起观众的情感。首先，根据玛利亚·罗索（Maria
Roussou）的研究，"主动参与意味着将用户
置于一个中心的、主动的角色当中，拥有能够
改变环境的能力"[7]，埃里克·钱皮恩（Erik
Champion）和巴拉特·戴夫（Bharat Dave）等

也指出"我们对于一个地方的认识不是靠被动接受形成的,而是通过我们在那个地方所做的活动加深的"[8],所以展览中引入社交媒体来作为互动方式能够让观众主动参与,加深印象。比如,哥本哈根博物馆[9]在市中心街上放置了一个互动墙,观众可以通过触摸、观看这个互动墙地图上的特殊建筑来探索这座城市的过去与现在。同时观众可以通过作为大屏界面一部分的社交媒体,以图片或是文字的形式来上传他们有关这座城市的故事。在这个项目中,博物馆将展览带到街头,通过社交媒体互动的方式让观众评论他人或是上传自己的故事,这些文字和图片在大屏上进行展示,成为展览的一部分,可以供其他观众点击探索。相类似的,在新西兰博物馆"我们的空间"展览[10]中,观众可以将自己的照片、影像上传至博物馆网站,随后这些照片、影像会出现在博物馆的互动大屏上。上述两个博物馆的例子都是观众通过社交媒体将自己的照片、影像等上传至博物馆的屏幕上,使之成为展览的一部分,这样的互动方式让观众能够对展览中的部分元素进行改变,让他们成为主动的参与者,同时,这种主动参与的活动也会让观众对展览、对博物馆有更深的印象。

此外,将观众产生的内容作为展览的一部分会促使观众产生情感,比如归属感[11]。在英国曼彻斯特科学与工业博物馆的展厅中,有一组醒目的装置——几十个显示屏围绕在钢管周围,形成一个树状的展示区,旁边设有拍照的设备。这些设备高矮不一,不同年龄段的观众都能使用,十分人性化。观众可通过这些设备拍摄自己在博物馆中的照片,并上传至显示屏以及自己的社交媒体。与这些显示屏放置在一起的还有一些著名科学家的照片,由此观众与科学家们一样都成为了展览的一部分,而通过这些设备发布至观众自己的社交媒体上的信息会带有曼彻斯特科学与工业博物馆的标签,这些都会让观众觉得自己是展览、博物馆的一部分,继而产生参与感、归属感。

除了将社交媒体融入展览作为互动方式,还有的博物馆利用社交媒体让观众策划展览,如布鲁克林博物馆的"点击一下!一个公众策划的展览"[12],所以社交媒体在博物馆展览中的运用方式是多种多样的,如果能够运用好它,必将使展览更具互动性、更有吸引力。

(三)作为数据来源平台,进行博物馆评估与观众研究

博物馆的自我评估是博物馆了解观众体验、满意度,以及自我优势与不足的重要途径。盖尔·戴维特(Gail Davitt)认为评估和研究是文化机构进行变革的核心,同时在评估过程中所收集到的资料可用于博物馆专业人员的决策[13]。所以对于博物馆来说自我评估是非常重要的一个环节。一方面,评估能够让博物馆更了解自己的观众。观众是博物馆赖以生存的基础,是博物馆举办展览、实施教育活动的核心研究对象。博物馆必须要以观众的需求为出发点,及时了解观众的参观体验,掌握观众的发展动态,以此来提高展览质量和服务水平,践行博物馆"以人为本"的发展理念。而通过评估能够了解观众在博物馆的体验,包括观众的关注点、需求、感受等。另一方面,博物馆在评估过程中也可以了解自身所存在的优势或是不足,并据此不断进行优化与改进。

博物馆评估通常包括前置评估、形成评估和总结评估[14],这种评估模式主要运用于展览,采用调查问卷、采访、观察和焦点小组的形式。和这些传统的方式相比,通过对社交媒体上观众评论进行评估有低成本的优势,包括时间、金钱和精力等方面。另外,根据2013年迈克尔·布里克(J. Michael Brick)和道格拉斯·威廉(Douglas William)的研究,公众越来越不愿意参加问卷调查[15]。而社交媒体上

的评论都是由观众自愿发出的，是观众对于博物馆体验的真实感受，所以面对如此庞大的资料库，博物馆不用担心数据收集这方面的问题。此外，与传统的问卷调查方式相比，由于没有给观众设置条条框框，观众可以随心所欲发表自己的看法，所以社交媒体上的评论涉及范围更广、更全面，会涉及博物馆体验的各个方面，比如展览、展品、文创店、工作人员的服务、馆内设施等，由此可能一些平时被博物馆忽视的小问题会重新回到视野之中。

近年来已有一些学者通过社交媒体上的评论来评估博物馆服务，进行观众研究。如李琳以大众点评网为平台，选择故宫博物院的观众评论为对象，采用统计学分析方法，进行观众满意度调查。其研究结果显示观众大多针对服务类、参观环境发表意见，对藏品、展览及活动涉及较少，而研究中所反映出来的问题正是目前故宫所关注并积极采取措施改进的，如人流不均、票价、开放程度等，所以她提出社交媒体平台是博物馆进行观众研究的新的、可靠的渠道[16]。黎嫚、谢宗彦等人也通过大众点评、携程以及马蜂窝上的评论来挖掘观众关于故宫博物院的关注主题并分析其情感倾向，得出入口服务、历史文化、体验感受以及遗址文物四个观众特别关注的主题，他们认为尽管观众对这几个主题均表现出正向情感但大部分均值不高，暗示故宫管理者应在包含了排队、安检、导游等方面的入口服务进行持续的改进和提升，在历史文化、遗址文物等方面进行更为深入的能够提升观众体验与感受的价值挖掘[17]。笔者也曾以猫途鹰（TripAdvisor）网站上观众的评论作为研究对象，运用定性内容分析法，进行上海博物馆外国观众的博物馆体验研究与博物馆评估。在对观众评论进行编码之后，生成了19个类别以及图表，显示外国观众在参观上海博物馆的过程中，关注的重点是展览与展品，同时展览和展品也是造成上海博物馆高评分的

最为积极的因素。而由于所有提到人流量的观众都显示了消极的态度，所以人流量因素可能导致了观众的低评分。此外，还有一些与博物馆日常运营相关的发现，如18~24岁的年轻人更愿意使用语音导览，文创店对女性与年轻观众的吸引力较大，观众越来越关注博物馆的内部环境及设施等。这些发现可以给博物馆提供未来深入研究的方向，例如哪些品类的文创产品吸引力大，中老年及男性观众对哪方面的文创产品更感兴趣，吸引年轻人使用语音导览的因素等。

以上研究表明，通过社交媒体上的评论来进行博物馆评估与观众研究是可行的，可以让博物馆更好地了解观众以及他们在博物馆中的体验，从而进行有针对性的改进或是深入的研究。

三、结语

在社交媒体已渗入我们生活方方面面的当下，很多博物馆使用社交媒体与外界进行交流，宣传展览、藏品、活动等，然而社交媒体在博物馆中的其他使用方式尚未被广泛认识到：作为展览互动方式，营造参与性的环境，吸引观众，唤起观众情感；作为数据来源平台进行博物馆评估与观众研究，推动博物馆更好认识自己的观众，进行服务改进。博物馆要充分挖掘社交媒体在多方面使用的可能性，灵活运用，因为无论是与观众进行沟通交流，或是与观众进行互动，抑或是对观众进行研究，社交媒体都使博物馆与观众建立起更为紧密的联系，让博物馆的社会功能得到更好地实现。

注　释

[1]　谢砚文：《社交媒体时代的博物馆信息传播——以徐州博物馆为例》，《东南文化》2018年第3期，第95页。

［2］ 郑霞:《博物馆学认知与传播文从数字博物馆研究》,浙江大学出版社, 2016 年版, 第 222 页。

［3］〔美〕戈登·弗里德曼（Gordon Freedman）:《博物馆性质的变化》,《博物馆工作者》第 43 卷第 4 期（2000 年）, 第 295 页。

［4］〔澳〕安吉丽娜·罗索（Angelina Russo）等:《社交媒体与参与性沟通》,《博物馆工作者》第 51 卷第 1 期（2008 年）, 第 28 页。

［5］ 陆思培、朱末涵:《超级连接的博物馆:新方法、新公众——莱斯特大学博物馆学学者访谈录》,《博物院》2018 年第 3 期, 第 64 页。

［6］ 郑霞:《博物馆学认知与传播文从数字博物馆研究》,浙江大学出版社, 2016 年版, 第 217 页。

［7］〔英〕玛利亚·卢梭等（Maria Roussou）:《寓教于乐:虚拟环境中儿童互动性的探索》,《数字化时代的博物馆》,劳特利奇出版社, 2010 年版, 第 255 页。

［8］〔英〕埃里克·钱皮恩（Erik Champion）、巴拉特·戴夫（Bharat Dave）:《沟通过去》,《数字文化遗产理论》,麻省理工学院出版社, 2007 年版, 第 335 页。

［9］〔挪〕安娜·路易莎·桑切斯·劳斯著, 刘哲译:《博物馆网站与社交媒体　参与性、可持续性、信息与多元化》,上海科技教育出版社, 2017 年版, 第 62 页。

［10］〔挪〕安娜·路易莎·桑切斯·劳斯著, 刘哲译:《博物馆网站与社交媒体　参与性、可持续性、信息与多元化》,上海科技教育出版社, 2017 年版, 第 63 页。

［11］〔意〕艾丽莎·波那奇尼（Elisa Bonacini）:《网络参与式博物馆:用户参与文化生产与价值创造的形式》,《文化遗产价值研究》第 0 卷第 5 期（2012 年）, 第 98 页。

［12］〔挪〕安娜·路易莎·桑切斯·劳斯著, 刘哲译:《博物馆网站与社交媒体　参与性、可持续性、信息与多元化》,上海科技教育出版社, 2017 年版, 第 64 页。

［13］〔美〕玛丽安娜·亚当斯（Marianna Adams）:《博物馆评估:我们处于哪个阶段? 改变了什么? 将来如何去做? 》,《博物馆教育》第 37 卷第 2 期（2012 年）, 第 28 页。

［14］ 陈汾霞:《论免费开放时代的博物馆展览评估体系》,《文物世界》2014 年第 3 期, 第 72 页。

［15］〔美〕迈克尔·布里克（J.Michael Brick）、道格拉斯·威廉（Douglas Williams）:《关于调查中不回应率上升的解释》,《美国政治与社会科学院年鉴》第 645 卷第 1 期（2013 年）, 第 36 页。

［16］ 李琳:《基于社交媒体的博物馆观众研究》（硕士学位论文）,中国美术学院, 2014 年, 第 39 页。

［17］ 黎巘、谢宗彦、张公鹏等:《基于 LDA 的游客网络评论主题分类:以故宫为例》,《情报工程》2017 年第 3 期, 第 55 页。

融媒体环境下博物馆传播面临的机遇与挑战

——以无锡博物院艺兰文化展宣传为例

郭黛晶 *

【摘要】融媒体时代，传播渠道更加丰富多样，人们获取信息的方式也更加便捷快速，博物馆传播面临着比以往更加复杂多样的信息传播态势。在融媒体环境下，如何使博物馆信息在海量信息中具有一定的曝光率和影响力，稳步提升博物馆知名度，成为博物馆传播面临的新机遇和挑战。本文以无锡博物院举办的"得天之清——无锡艺兰文化展"为例，试析融媒体环境下的博物馆传播。

【关键词】融媒体　传播　博物馆　无锡博物院

随着全媒体时代的到来，各媒体不断融合发展，信息的传播方式发生了巨大变化，信息传播的渠道更广、速度更快、影响力更大。在这样的传播语境下，博物馆传播也面临着比以往更加复杂多样的信息传播态势，如何充分利用融媒体的优势来提高博物馆的知名度、关注度和影响力，让高雅文化更生动地走进公众视野，成为博物馆传播面临的新的机遇和挑战。

一、融媒体时代博物馆传播渠道

"融媒体"是充分利用媒介载体，把广播、电视、报纸等既有共同点、又存在互补性的不同媒体，在人力、内容、宣传等方面进行全面整合，实现"资源通融、内容兼融、宣传互融、利益共融"的新型媒体。融媒体时代，媒体平台越来越多样，微信平台、新浪微博平台、问答平台、百科平台、直播平台、音频平台、视频平台、论坛平台等，人们获取信息的方式日益多样、便捷、快速，每个人都可以成为信息源和传播源，可以说，这是一个"万众皆媒"的时代，传播主体的界限早已不再那么明确。正如麦克卢汉所说："媒介即讯息，每一种新的媒介的产生，都开创了人类感知和认识世界的方式。"[1]而博物馆本身就具备传播属性，是巨大的信息源，也是不可忽视的传播主体。

党的十八大以来，党中央高度重视传统媒体与新兴媒体的融合发展，要求从"你是你，我是我"到"你中有我，我中有你"，再到"你就是我，我就是你"，让传统媒体与新兴媒体形成融为一体、合而为一的传播形态。无锡博物院作为无锡市最大的公共文化服务设施，在融媒体发展的传播语境下，迅速调整传播结构，对传播渠道、传播内容、传播方式、受众定位等重新整合，努力打造博物馆传播社区。

无锡博物院自媒体是传播博物馆信息的重

---

* 郭黛晶：供职于无锡博物院

要载体,锡博现已开通官网、官方微信、官方微博,开发掌上 App,最新资讯、动态都在第一时间发布到自媒体平台,自媒体平台也成为外界了解和获取无锡博物院资讯的最直观的形象窗口。同时无锡博物院建立了专门的媒体联系群,对重大展览、活动等都会提前在媒体群中发布信息,邀请媒体前来采访报道,并不断扩大媒体群阵容。信息发布渠道涵括纸媒、广播、电视、门户网站、各微信公众号、微博、App、抖音等各传播平台,多角度立体式宣传无锡博物院,积极稳步提升博物馆形象。

二、融媒体环境下的展览推广

博物馆传播中展览传播是最核心的部分,也最能体现博物馆传播动向,下面以无锡博物院举办的"得天之清——无锡艺兰文化展"为例,具体阐述融媒体环境下的博物馆传播。

(一)整体传播方向

无锡博物院自 2019 年起陆续推出"江南文脉"系列展览,旨在传承和发展江南文化的内在精华,弘扬江南文化的时代精神。"得天之清——无锡艺兰文化展"为"江南文脉"系列首展,其分量不言而喻。为保障此次展览的顺利进行,无锡博物院各部门协调配合,无论是展厅布置、展品选取还是活动策划,都精心筹备。展览选在 4 月中旬蕙兰盛开时节举办,展厅布置典雅大气又不失江南婉约特色,近百件与兰有关的文物与 30 盆错落放置的名种兰花相映成趣,形成时空对话,也是本次展览的一大亮点。展览脉络中细分"无锡兰事""伊人如兰""品兰宝鉴"三部分,向观众娓娓讲述无锡艺兰文化史。当观众走进展厅观展赏兰,现场清香淡雅,令人心神俱醉,此展被市民誉为近年来无锡博物院举办的最香最美的展览。至展期结束,据官方统计,有近 15 万人走进无锡

博物院观看了此次展览。

在此次展览宣传中,无锡博物院积极扩大宣传辐射范围,开幕式当晚邀请 30 余家媒体出席,其中不乏新华社、人民日报社《民生周刊》、中新网、新华网等主流媒体,同时本地纸媒、广播、电视媒体等齐聚一堂,各主流媒体下的新媒体平台纷纷助力。宣传内容上,特别策划夜场活动,首开无锡博物院风雅之夜,邀请观众听琴观展、品茶赏兰、描兰插花,共赴一场雅集。其后开展手绘兰花、咏兰等学习体验活动,举办无锡艺兰史略讲座、国际艺兰研讨会等学术交流活动,微信公众号连载艺兰系列故事,官方微博持续解读文物等,整个宣传旨在深刻挖掘艺兰文化精髓,增强无锡城市文化辨识度,形成多角度、立体化的宣传网络。

(二)把握传播节奏

"得天之清——无锡艺兰文化展"展期 3 个月,从 2019 年 4 月 16 日持续至 7 月 16 日。按展前预热、集中宣传、展后宣传三大阶段,拟定宣传方案,成立工作小组,明确分工,有步骤、有计划徐徐推进(图一)。2019 年 3 月 20 日召开

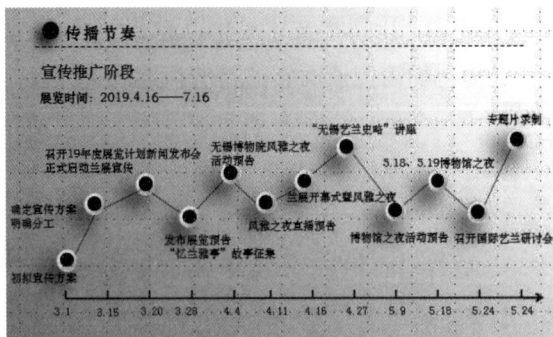

图一　兰展宣传节奏图

年度展览计划新闻发布会后,正式启动兰展宣传。按宣传计划中拟定的时间节点,展前发布展览预告、开幕式暨风雅之夜活动预告、直播预告,一步步引出展览亮点,营造名贵兰花入展厅、活物与文物同展出、首开风雅之夜等兰

展话题,吸引观众注意力。至4月16日正式拉开兰展帷幕,形成宣传的高潮。展览开展后,持续举办兰艺插花、手绘兰花、咏兰等社教体验活动,微博、微信持续更新艺兰展系列小故事,"5·18国际博物馆日"再次宣传展览,5月中下旬举办艺兰国际研讨会、开办专题讲座等,深入诠释艺兰展内涵。至宣传后期,拍摄专题电视片,深度解读。

(三)全方位宣传网络

1. 自媒体宣传

在艺兰展宣传中,无锡博物院充分利用自媒体平台,官网、微信、微博、App等共发布艺兰展相关信息70余篇次,点击量达14.4万余次。其中风雅之夜活动、微信抽奖、兰花展美图、艺兰小故事等都引起了广泛关注,同时开通语音导览,提升观众观展满意度。

此外,无锡博物院重视视觉形象宣传,配合无锡艺兰文化展,锡博团队精心设计制作了系列海报、展览宣传册、风雅之夜预告片、兰展手机壁纸等,形成具有冲击力、吸引力的视觉形象。

2. 外部宣传

展览开展当天,邀请了新华社、新华网、《现代快报》《扬子晚报》等34家媒体参加当晚开幕式,开幕式活动由新浪无锡同步直播,在线观看人数达50余万人次。4月16—18日,关于艺兰展信息呈井喷式爆发,无锡电视台《第一看点》《阿福聊斋》《今晚60分》等栏目现场拍摄、报道艺兰文化展,《无锡日报》《江南晚报》《现代快报》《新民晚报》等多家纸媒刊登艺兰文化展报道,《中国文物报》专版报道,无锡交通广播、经济广播、梁溪之声等广播电台连线播报,新华社、新华网交汇点、澎湃新闻、弘博网、"无锡发布"、"倷伲无锡"等门户网站、新闻客户端、微信公众号先后报道无锡艺兰文化展盛况,从而形成立体式多角度的宣传网络(图二)。

	官方微博	直播预告!"得天之清——无锡艺兰文化展"开幕式暨无锡博物院风雅之夜
4.16	微信:精彩无锡笔记	惊艳!一盆兰花1300多万,无锡博物院的这个展览让人开眼界了!
	官方微博	"得天之清——无锡艺兰文化展"在无锡博物院盛大开幕
	扬眼App	一场兰事夜话,带您体验无锡"兰文化"魅力
	微信:扯扯老空	感受历史文化别犹豫,不如就从今晚这个活动开始
	今晚60分	"得天之清——无锡艺兰文化展"在无锡博物院盛大开幕
4.17	微博:新浪无锡	艺兰盛会开进无锡博物院　名贵兰花实物与兰花文物一并展出
	微博:凤凰艺术	"得天之清——无锡艺兰文化展"
	微博:无锡发布	锡博物院首开夜场!风雅之夜以兰会友
	澎湃新闻	无锡"摆社会":有马湘兰郑板桥笔下的逸韵,也有名品幽兰
	《无锡日报》	无锡博物院首开"风雅夜"
	《江南晚报》	艺兰盛会开进博物馆
	官网	"得天之清——无锡艺兰文化展"今夜启幕别样呈现无锡博物院风雅之夜
		无锡"摆社会":有马湘兰郑板桥笔下的逸韵,也有名品幽兰
	《现代快报》	锡博兰文化展
	微信:扯扯老空	观赏1300万+兰花,限量高雅文创产品兑换
	官方微信	"幽兰生前庭,含熏待清风"无锡艺兰博物院首开风雅之夜
		锡博讲坛!"无锡艺兰史略"讲座预告
		报名啦!|艺术课堂:"素手拈花"插花体验活动
		锡博"花头经"十足
	人民日报全媒体	无锡首届艺兰文化展开幕
	微信:湖滨路4号	【艺兰盛宴】让文物活起来!你想知道的无锡兰都在这里!
	微信:情调无锡	春日里的小确幸,赴一场1300万元的兰花盛宴!
	电视:无锡都市资讯	锡博开启"文雅之夜"身价千万兰花亮相
	电视:无锡新闻综合	得天之清——无锡艺兰文化展在博物院开展
	新华报业网	"得天之清——无锡艺兰文化展"开启兰事夜话!无锡博物院首开"风雅夜"
	微博:无锡日报	无锡博物院首开"风雅夜"
	微博:新浪无锡	艺兰盛会开进无锡博物院　名贵兰花实物与兰花文物一并展出

图二　宣传清单截图

(四)特色活动助推展览人气

举办系列主题活动,多角度诠释艺兰展。最具特色的是举办"得天之清——无锡艺兰文化展开幕式暨风雅之夜",这是无锡博物院近年来首次开放夜场,邀请观众听琴品茶、观展赏兰,共赴艺兰雅集。此次活动提前半个月发布直播预告,并通过微信抢票,限定当晚进场人数,提高观众互动参与率,不少观众后台留言表示希望多开展这样的雅集活动。开幕式暨风雅之夜活动的成功举办吸引了大量人气,广大兰花爱好者、本地市民纷纷慕名前来观看艺兰展。为满足广大观众对博物馆夜场活动的期待,在"5·18国家博物馆日"和"5·19中国旅游日",无锡博物院连开两场博物馆之夜,无锡艺兰文化展在两次夜场中都开放展厅,并有专场导览讲解。在艺兰展宣传中,广度上增加观众参与率,自媒体持续解读"兰文物",同时,重视纵深宣传,增加行业性的深度解读。风雅之夜中,一场"夜话兰事",集文化学者、青年画家、资深兰人围炉夜话，深度解读无锡兰文化及其对"江南文脉"的影响、意义。后期邀请中、日、韩三国的兰文化专家和兰文化爱好者参加"得天之清——无锡艺兰文化国际研讨会"，深度探讨艺兰文化的相关历史。

三、融媒体环境下的博物馆传播困境 ——难实现长尾效应

长尾效应是随着网络时代的兴起，由克里斯·安德森于2004年在《长尾理论》一书中提出。该理论认为，商业和文化的未来不在少数的热门产品上，而在于需求曲线中那条无穷长的尾巴上。对于传播而言，万众皆媒时代，融媒体技术的发展为非主流新闻信息传播提供了宽广的传播渠道，从而使一些非主流的、关注度小的新闻信息也能与主流的、关注度大的新闻信息相匹敌。但新闻信息传播过程中的长尾建立在有受众需求的基础上，一旦没有受众需求了，长尾也会逐渐消失。

难实现长尾效应是博物馆传播面临的普遍困境。这既有自身原因也受客观环境限制。回看"得天之清——无锡艺兰文化展"，可以说整体宣传效果良好，展前宣传营造话题、点出展览亮点，展中宣传诠释话题、深度解读都可圈可点，但到了展览后期，明显可见宣传声势变弱，展览参观人数明显下降。其原因笔者认为有以下几点：

一是展览整体定位受限。"得天之清——无锡艺兰文化展"从展览文物、展厅布置、活动设置都突出了一个"雅"字，这就使得在受众定位上存在一定的局限性。对艺兰展感兴趣的人主要集中在兰花爱好者、本地市民。展期3个月，在前、中期的宣传氛围中，这其中绝大多数观众已来参观过展览，到了后期，当普通游客走进展厅，这种"雅"不是他所需要的，一定程度上就造成了距离和疏远感，使得普通

游客缺乏需求，观展获得感少。

二是后期缺乏有特色的配套活动。在展览前、中期，举办风雅之夜、博物院奇妙夜、咏兰画兰、插花体验等特色主题活动，充分调动了观众的积极性。而到后期，从大开放的活动变为局限性的30~50人的小型活动，有需求的受众减少，吸引力与参与度大幅减弱。

三是传播周期和渠道受限。融媒体时代，信息传播速度快，更新率也快。展览周期一般月余，而信息更新周期越来越短，外界媒体不会把精力过多地放在同一个展览上，这种信息方面的求新求快使得博物馆展览往往形成"高开低走"的态势。新展开展形成一定的轰动效应，大批媒体集中报道，随后慢慢冷却下来，不会再去关注展览进展，因为展览开展后很少会出现突发性情况，一直在一种稳定、可控的态势，在外界媒体看来也就缺少可读性，没有持续传播的必要。而博物馆自媒体影响力难以与主流媒体相匹敌。此外，虽然融媒体时代传播平台众多，但出于博物馆自身定位，一些太跳脱的传播平台并不适合博物馆传播。

四、结语

融媒体环境下，传播渠道增多，有利于博物馆扩大宣传，但同时，受众获取信息的渠道也变得更加多样，如何在海量信息中使得博物馆信息脱颖而出也需考量，并积极思考、实践，保持博物馆宣传的可持续性。同时，博物馆宣传要警惕陷入唯流量论，要始终保持初心，向观众输出好的展览、活动，切合博物馆自身需求。

注　释

[1]　郭庆光:《传播学教程》（第二版），中国人民大学出版社，2011版，第118页。

关于茅盾先生的手札

——致无锡博物院

无锡博物院：

    茅盾先生关于谈翻译问题的手札，是1962年茅盾给我恩师杨郁的两次回函。2013年末，恩师杨郁逝世，我从师母手中获得这两封手札，作为留念之物。恩师杨郁去世前为南京师范大学外语系教授，早年因被划为右派而到江阴农村中学工作，我在20世纪80年代末上高中时与他结识。90年代初他获改正后回南师大工作，也一直和我保持联系，直至他去世。据恩师回忆，茅盾先生在1962年"共复我三封信"（《纪念茅公逝世三周年感言》，原载1984年3月29日《文学报》），但我在老师遗物里只觅得两封，实为遗憾。最近在人民文学出版社公开出版的四十卷《茅盾全集》中，我找到了那另一封书信，足慰平生。

    茅盾先生的这三页信函，均手书在当时德文资料的背面。一为1962年7月8日，回函一页（图一）；一为同年的10月16日，回函两页（图二）。《茅盾全集》第三十七卷收录了这两封信函，以及于同年8月2日作复的另一个手札。《茅盾全集》的第三十六至三十八卷都是书信，第三十七卷收录了茅盾先生写于1959—1975年的信函，其中1962年部分收录了21封信函，回复杨郁老师的独占该年度的七分之一，可见编辑的重视程度。茅盾先生的上述回函，主要是为了解答杨郁老师关于作品汉译俄的有关问题。

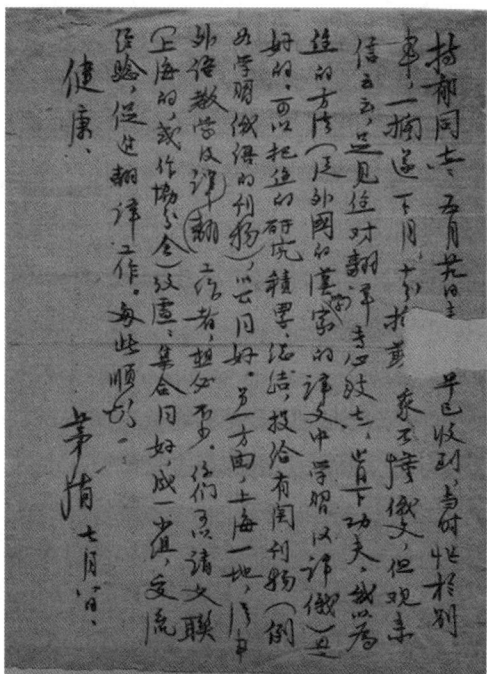

图一 1962年7月8日茅盾给杨郁回函

    通过熟读信函，我觉得其中反映了茅盾先生这样几个方面的重要思想。其一是茅盾先生在信函中表明了对自己某些作品的态度，不满意自己的译作、论文、报告等收入文集。在1962年10月16日回函中茅盾先生开宗明义地写道："一、我的翻译未收入文集，将来也不打算收，因此，我早已通知出版社不要再版。二、过去所写各式各样的论文（还有报告），也不收入文集。"这说明茅盾先生看重自己的作家身份，这个思想值得研究。我最近细查了一

孙银龙：无锡商汇置业有限责任公司董事长

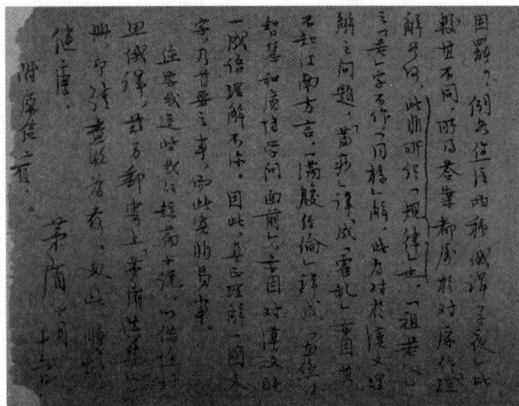

图二　1962年10月16日茅盾给杨郁回函的其中一页

下，初版于1958年，经作者本人校订后再版于1963年的十卷本《茅盾文集》，主要收录了茅盾早年的原创小说，第十卷才收录了1948年前的30余篇杂文、散文、诗作等。事实证明既没有他的译作，也没有"各式各样的论文（还有报告）"等。到了2015年新出的《茅盾文集》十卷本，前九卷收录作品与1963年版相似，但在第十卷收入了茅盾的有关评论、创作经验、作家论以及少数序跋。我认为2015年新编的十卷本《茅盾文集》是违背了作者的意愿的。至于1984—2006年完成的四十卷本《茅盾全集》，是茅盾去世（1981年）后陆续出版的，其出发点和意义就又当别论了。

其二是茅盾先生在这三封回函中阐述了自己的翻译思想。一是他认为翻译国外作品可以借鉴外国汉学家的方法，在1962年7月8日回函中他这样肯定杨郁老师："我以为您的方法（从外国汉学家的译文中学习汉译俄）是好的。"并希望"集合同好，成一小组，交流经验，促进翻译工作"。二是他重点表明了对"信达雅"原则的推崇，诚如他的原话，"翻译之道，前人所称信达雅三字，实已概括无遗"。茅盾先生所言"前人所称"，就是《天演论》译者严复在中国翻译界首标的"译事三难：信、达、雅"，翻译作品内容忠实于原文谓"信"，文辞畅达谓"达"，有文采谓"雅"。茅盾先生在这里不仅肯定了"信、达、雅"三字原则，又回答了如何

做到"信、达、雅"的问题，即"在乎译者把握中、外文之程度如何，以及对原著理解力如何，舍此而外，未必有其他'规律'也"。对这种不存在的"规律"，茅盾先生在1962年10月16日的回函中提到两次，每次都在"规律"处加了竖线标注以示侧重。

在和杨郁老师举例讨论两种俄译《子夜》版本的具体问题后，茅盾先生强调指出，要使译作精准，"真正理解一国文字，乃首要之事，而此实非易事"。这样的见解或者说指导思想，在"机器译"流行的今天，我觉得依然有现实意义。此外，茅盾先生也在回函中提醒杨郁老师，不要局限于通过他本人作品《子夜》的俄文译本来研究汉译俄的规律，因为那样"范围太狭了"。还规劝杨郁老师，对他个人作品的研究只能作为个人的兴趣，"但要据此写一本书，似乎不好"。茅盾先生还在8月2日的回函中谦逊地告诉杨郁老师，"对原文（关于拙作）您如有疑问，我愿尽可能解答"。但又说："至于对我的作品的评论，散见于刊物者，我既无意剪存，且也忘之……"这些都反映了当时身为文化部部长的大家，谦逊中蕴含实事求是思想的风范。

由于多年受恩师从事俄文翻译的影响，我虽然不熟悉任何一门外语，但一直喜欢外国文学，特别是俄罗斯文学；也由于恩师早年与戈宝权先生有诸多交往，30多年来，我除了坚持自费订阅《人民文学》《诗刊》，也订阅《译林》期刊至今。这些影响和教化，使我对中、外文学有了些许的了解。加之茅盾先生的亲笔手书弥足珍贵，为了不辜负恩师的信任，我作为无锡博物院首届"博物院之友"，愿意郑重地将此两封信函原件转赠给无锡博物院收藏。

专此函告！

孙银龙

2019年4月3日

艺术
art

敦煌藏经洞秘篆文道书写本辨

盛诗澜 *

【摘要】敦煌写卷中，道书有 800 多种，其中大多数道经的写本是书法作品，也有极少数道书写本抄写的是道符、秘篆文。本文以《太上灵宝洞玄灭度五练生尸妙经》等道书作品为例，分析其中道符的形态与功用，辨别秘篆文与文字的异同，进而说明此种道经写本不应被视为书法作品。

【关键词】道经　道符　秘篆文

佛法西来，佛教是外来的宗教；而道教则是土生土长的宗教，兴起于东汉后期。东汉顺帝年间，沛国丰（今江苏丰县）人张陵创五斗米道，作道书以惑百姓。张陵死，其子张衡传道；张衡死，其子张鲁继之。张鲁割据汉中时，即以道教教民。与张陵创五斗米道同时，山东琅琊人于吉创太平道。东汉末年，张角领导黄巾军大起义，推行太平道，各地均有信徒，达数十万之众，以至道教始祖"太上老君"之名早在汉末就已传至河西地区。

伴随着道教兴盛，道经、道书得以推广。顺帝时，于吉的学生宫崇献上老师神书《太平青领书》170 卷，即后人辑录的《太平经》。五斗米道尊重老子的《道德经》，敦煌本《老子想尔注》即为三天法师张道陵所注，充分证明南北朝时道经的写卷已成为道教传播的重要手段。

一、敦煌道书概述

东汉末年，道教已传到了敦煌。黄巾起义的时候，敦煌信徒也曾响应号召，最好的证据就是《曹全碑》中的叙述："七年（184）三月，除郎中，拜酒泉福禄长。妖贼张角起兵幽冀，兖、豫、荆、扬同时并动。而县民郭家等复造逆乱，燔烧城寺，万民骚扰，人怀不安，三郡告急，羽檄仍至。"张角起义是 184 年二月，不过一个月，敦煌的郭家也率众起义，且规模很大。这说明，东汉末年，敦煌的道教已有相当的规模和势力，人数不少。

《晋书》卷 129 载记沮渠蒙逊说："遂循海而西，至盐池，祀西王母寺。寺中有《玄石神图》，命其中书侍郎张穆赋焉，铭之于寺前，遂如金山而归。"[1] 很显然，北凉时盐池已有道教的祠堂和道教方面的图画。

---

*　盛诗澜：无锡博物院副院长、研究馆员

十六国时期的酒泉，道家之风亦盛。丁家闸 5 号墓室的壁画，就体现了道家的神仙思想。壁画分层描绘了天上、人间、地下这三个境界。绘东王公、西王母于覆斗形墓顶，两像相对，坐于昆仑山上，其下为由山峦、树林、野牛、野羊、九尾狐等构成的神灵世界。道教诸神分道教尊神、道教俗神和道教神仙。壁画中所绘神灵，正是老百姓崇拜的神仙，由此亦可见道教此时已深入人心。

既然道教在敦煌早已扎根，那么与道教相关的各种文化活动也都会同时进行，包括书写道经、墓葬以及各种布道、驱妖等迷信活动。近人张凤《汉晋西陲木简汇编》一书中就收录了敦煌出土的道教木简符箓一枚，正面文字是"仙师敕令三天贵龙星镇定空烝安"，背面文字为"金木水（火土）"。[2]据陈槃先生《敦煌木简符箓试释》一文考证，这枚木简是五斗米道的木简，魏末景龙四年（263）之物。在吐鲁番高昌地区，1972 年出土的阿斯塔那 303 号墓中，也有道教符箓，为纸质，朱绘天神一，左手持大刀，右手持长叉；又朱书符文四行，有一行是书写草率的文字，有"急急如律令"的字样。[3]这些都是道家活动的有力证据。此外，敦煌三危山地区咸康八年（342）晋墓中出土的五谷罐上，有"急急如律令"字样的铭文，同时说明了道教文化在墓葬中的体现。

在敦煌石窟中，有一窟既有道家的尊像，亦有佛像，许多人都不解其缘由。其实很简单：敦煌道教的盛行比佛教早，故先有道家像；后佛教盛行，开窟不易，就在此窟又塑了佛教像。（通常认为莫高窟开凿的最早时间为公元 366 年，其实不确。从道、佛两像共存一窟的情况看，至少在西晋已有人开窟了）北魏时期开凿的 249 窟及西魏开凿的 285 窟中，壁画上也绘有东王公与西王母分别驾龙凤东西行的画面，相随的方士、羽人等无一不是神仙环境中的人物。

自西晋以来，敦煌还出现了一批热衷道学、精研术数的道家学者，其中以索紞和索袭最为知名。索紞，字叔彻，西晋时敦煌人，《晋书》卷 95 有传，称其"少游京师，受业太学，博综经籍，遂为通儒。明阴阳天文，善术数占候"[4]，乡人多从紞问凶吉。传世的墨迹本《太上玄元道德经》虽有争议，当为其所书。索袭，字伟祖，十六国时敦煌人，《晋书》卷 94《隐逸传》有传："靖虚好学，不应州郡之命，举孝廉、贤良方正，皆以疾辞。游思于阴阳之术，著天文地理十余篇……昧无味于慌惚之际，兼重玄于众妙之内。"[5]很显然，他也是一个道学者。

敦煌写卷中，道书写本数已超过 800 号。其中，有数十件写本后有题记，记载了抄写者的姓名、身份官职，抄经的时间、地点，以及传授道经的程序。敦煌道经抄本中出现的年号，最早为大业八年（612），最晚在唐至德二年（757），以高宗、玄宗时为最多。

敦煌道书的内容，多数为《道德经》《灵宝经》《上清经》，以及道家诸子、论疏、斋愿文、镇宅文等。隋唐时期流行的《太玄真一本际经》写本多达 140 多件。敦煌道士也有入京为皇帝写经的。如武周长寿二年（693）沙州神泉观道士索□□，于京师东明观为亡妹写《本际经》一部。又有冲虚观主宋妙仙入京写《一切经》，未还身故，《一切经》即唐代道藏。敦煌出土的《道德经》注疏，主要有河上公注、李荣注、想尔注、成玄英义疏和唐玄宗御注及疏等五种。其中，《老子想尔注》写于南北朝，是亡佚不传的孤本。

唐代敦煌地区的道教宫观主要有灵图观、冲虚观、神泉观、开元寺观、灵虚观、龙兴观紫极宫、白鹤观、玄中观、玉女娘子观等，其中，紫极宫是祭祀唐圣主玄皇帝（太上老君）的官方道观。

唐乾元元年（758），沙州申报朝廷批准度牒的道士女冠数合计 174 人，其中道士 137 人、女道士 37 人。道士女冠数占僧尼总数的三分之一。

敦煌道经文献为道教史的发展、演变提供了充足的文献资料。敦煌遗书中,《道德经》题曰《道经下》《老子道经下》《老子德经上》。这与1972年银雀山汉墓出土的帛书上的《德经上》《德经下》相吻合。以德、道为上下是战国以来就存在的现象,故《老子想尔注》的文献价值、书法价值尤其值得关注。《老子道德经》的注疏,魏晋以来流传的大多是王弼注本,这是以玄学思想注老子;另一常见的版本是河上公注本,从道教徒养生、修炼的角度作注。而《老子想尔注》为张道陵注,这是以五斗米道的思想做注,体现早期道教的思想。因此,《老子想尔注》的书写年代不可能是唐朝,只能是南北朝的中早期。

二、道符的形态与功用

敦煌道教文书的写卷中,颇有一些道教的符箓、秘篆文,有的只是一些简单的图像,有的则是难以辨认的秘篆文,更有一些只是信手挥洒、线条纠缠奔突的画符。这些作品,有的与文字相关,有的与文字无关。它们到底是不是书法作品,值得一辨。

《隋书·经籍志·道经序》中叙述了道经的起源,突出了灵宝天文和天真皇人在道经形成中的作用。其中说:"所说之经,亦禀元一之气,自然而有,非所造为,亦与天尊常在不灭。天地不坏,则蕴而莫传,劫运若开,其文自见。凡八字,尽道体之奥,谓之天书。字方一丈,八角垂芒,光辉照耀,惊心眩目,虽诸天仙,不能省视。天尊之开劫也,乃命天真皇人,改啭天音而辨析之。"[6]天真皇人,是古代南方的仙真,为大帝所使。元始天尊所说之经,并非其所造,乃禀元一之气,自然而有,故称为"天书"。"天书"带有极大的神秘性和不可识读性,其文字是一种秘篆文。(图一)《太上灵宝五符

序》其文字与通常的汉篆文不同,几不可识。《道经序》记载道教符箓时说,"自上古黄帝、帝喾、夏禹之俦,并遇神人,咸受道箓"。[7]道符与道箓并不是一回事。符指天神授的文字,似篆非篆,不可识读;而箓,镇箓也,条列神明位次名讳,而使学者受而镇箓之。符箓连用,表示以一种符号、图像,驱除鬼神,防身祛害。

敦煌文书 P.2256 为宋文明《通门论》,对"天文"进行阐释,核心是"六文""八体"。

天书发于始青之天,而色无定方,文势曲折,不可寻详。元始于是命太真仰写天文,置方位,区别符书,总括图像。……至于符中有书,参以图像。书中有图,形声并用,故有八体六文,更相显发。六文者,一曰象形,日月是也;二曰指事,上下是也;三曰形声,江河是也;四曰会意,武信是也;五曰转注,考老是也;六曰假借,合长是也。八体者,一曰天书,八会是也;二曰神书,云篆是也;三曰地书,龙凤之象;四曰内书,龟龙鱼鸟所吐;五曰外书,鳞甲毛羽

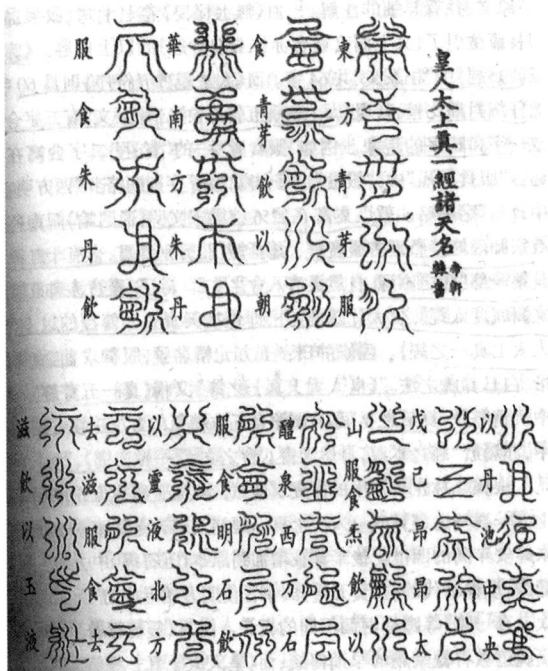

图一　《皇人太上真一经诸天名》的秘篆文及译文

所载；六曰鬼书，杂体微昧；七曰中夏书，摹轨云篆；八曰戎夷，类于昆虫。此六体八文，或今字同古，或古书同今，符采兼加，共成一法，合为一用，此其同。问曰：符何以往往有今字？答：洞经中符今字与古不变者，因而用之，犹如古文尚书中有与今字同者也。[8]

这段文字表面上沿用了许慎《说文解字》中叙述的文字演变来由，实际上都做了道符角度的阐释，不能放在文字沿革的视域中等同视之。这里所说的"今字"或"古字"，都是进入道家符篆中的"字"，是道家符师根据各种现实生活中的需要而制作的新字。这些"字"，或是正体汉字中包裹了另一个字，或是利用篆字的某个部首或偏旁之形，又杂以一种杜撰的篆形，合并成一个"字"。这种"字"，本身就有图像在里边。故所谓"天书""地书""内书""外书"等八体，实是各种字、像结合的符。道符中，常画有像，如云篆，用弯曲的纹线，摹拟龟龙鱼鸟这类常见的形象。"鬼书"，自然是人所不识的字和像，这种像纯粹是胡乱画出来的。符篆可以写在纸上，也可以写在任何物件上，通常有桃板、犀角、封泥刻印等。

《魏书·释老志》说："泰常八年十月戊戌，有牧土上师李谱文来临嵩岳。……赐汝（寇谦之）《天中三真太文录》，凡六十余卷，号曰《录图真经》。"又说："上师李君手笔有数篇，其余，皆正真书曹赵道覆所书。古文鸟迹，篆隶杂体，辞义约辨，婉而成章。"寇谦之进宫，"奉其书而献之"，世祖未全信。后崔浩独异其言，因师之，受其法术，并上疏说："臣闻圣王受命，则有大应。而《河图》《洛书》，皆寄言于虫兽之文，未若今日人神接对，手笔粲然，辞旨深妙，自古无比。"[9] 后来，世祖欣然，乃使谒者奉玉帛牲牢，祭嵩岳，迎致其余弟子在山中者。这件事表明，道家符篆有神验，这种神秘性和历史上某些事件相对应，故道符之书写，"人神接对，

手笔粲然"，成为一种独特的文化景观。

符篆在《太平经》中就有三四百个，在敦煌文献中也有很多种，大体可分成这么几类。

（一）方形汉文字组合，带上一点简单的符形

《抱朴子》所载老君入山符，由方折线条组成，横线、竖线都似以界尺为之，笔直、刚硬，线的头尾及交接处以圆点饰之。"王伯"这几字，是明显可识的汉字，但被包裹在方整带圆点的符形内。这种所谓的复体组合，又是一个新"字"，无法识读，故是一种道符，有象征性。

（二）云篆类组合道符

如敦煌文书 P.2865《太上灵宝洞玄灭度五练生尸妙经》（图二），这件作品表面上看起来就是一件篆书作品，有界格线，每个"字"占据的空间相等。但这些"字"似曾相识，以小篆的字法去阅读则无法识读。它是所谓的云篆，即以鸟虫篆书的某些写法来书写。

P.2409《太上玉佩金珰太极金书上经》也类似于此。不过这件作品中"字"的排列不像 P.2865 那样整齐，它采用竖式安排的章法，实际上是多个"篆字"组成的符。篆符不等于书法中所说的篆书，这种叠加或组合，是按照道家符篆功用而组织的字，这些"篆字"不具形与义的对应关系。

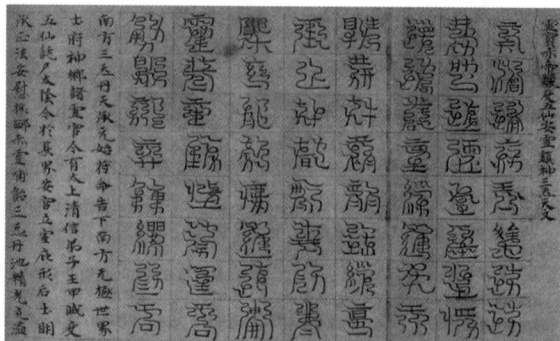

图二　敦煌文书 P.2865《太上灵宝洞玄灭度五练生尸妙经》

（三）图像与“字”组合的道符

道符实际上都是像，只是这种变了形的文字组合已非传统意义上的象形。这第三类符的图像，是道师创造（或说杜撰更合适）的像。例如吐鲁番出土的道教符箓，是画在纸上的。这张纸长 27.5 厘米，宽 10 厘米，折成 2.5 厘米 ×2 厘米的小块缝在绢囊内。纸上朱绘天神一，左手持大刀，右手持长叉。符箓分三部分：最上为图，是道师凭空创造的；中间为符；下面四行为咒文。从绘画的角度言，这个天神像画得并不好，只是仿佛其形，谁也未见过武天神，随便怎么画都行。中间的符，则更是谁也不识的天书。四行咒语十分草率，倒是件行草作品。最后几字“急急如律令”，是道家用语。将符箓折成小块置于绢囊内，也符合道家的做法。道家使用符箓，方法有三：一焚化吞服，即符水治病；二悬门户辟邪；三戴身上以护身。此符大概属第三种。这件道符用朱书，《太平经》所谓“天符还精以丹书”，与道家之意相符。

（四）线条纠缠的“鬼画符”

随意涂抹、缠绕无序的书写，民间称为“鬼画符”。这种符箓在道家经师手中也是“字”，只不过少了字形的辩识度。例如 S.2498《洗眼符》《难产符》。《难产符》的符箓左侧，有一行可识的行书：“此符难产，随年几与吞。桃汤下，以醋点汤。七立桃仁去尖，此法极秘，勿传。”[10]《洗眼符》有“须冷吞”“须热吞之”“须吐吞”的字眼，示以不同服法。这两件符都以线条的纠缠、回环为主要特征。道家符箓使用于社会生活的方方面面，种类繁多，本文不再一一列举。

画符是一种人神接对的心理活动，画符的人，文化程度有高下，书写水准有生拙与熟练之不同，故严格来说，画符是一种宗教活动，带有迷信的色彩，灵验不灵验都无法检验。陶

弘景《真诰》卷一中就指出，“华季之世，生造乱真，共作巧末趣径，下书皆流尸浊文，淫僻之字，舍本效假，是器秽死迹耳”。[11]非真人所书，自然也就是不灵的俗书了。

三、天书、云篆、秘篆文所书是“字”吗？

唐末道士间丘方远《太上洞玄灵宝大纲钞》云元始天尊于龙汉劫初，“从碧落天降大浮黎国，在大地东方说法，演《灵宝自然天书五篇真文》。至轩辕皇帝时，天真皇人是前劫成真，于峨嵋山洞中，授黄帝及守三一法，黄帝赤书一篇。灵宝部中皆天书古篆。黄帝道成，封此法于钟山，在西北”。[12]灵宝五篇真文的原文“皆天书古篆”，即“秘篆文”或谓“云篆”。这天书之篆到底是什么样的一种篆书呢？敦煌遗书 P.2256 南朝梁宋文明《通门论》详细地叙述了这些天书的篆文是如何演变的：“篆者，撰集云书，谓之云篆也。此三元八会之文，八龙云篆之章，皆是天书。三元八会则《五篇》方文、《内音》八字例是也；二者演八会为龙凤之文，谓之地书。书者，舒也。舒布情状，故曰舒也。此下皆玄圣所述，以写天文；三者轩辕之世，苍颉傍龙凤之势，采鸟迹之文为古文，即为古体也；四者周时史籀，变古文为大篆；五者秦时程邈，变大篆为小篆；六者秦后干阳，变小篆为隶书，此为六也……今经书相传，皆以隶字解天书，相杂而行也。”[13]

宋文明不是从文字发生学的视角真实叙述符箓中的篆文来自何处的。因为传说中的汉字来源于仓颉造字。仓颉造字来自天授，撤去其中的迷信色彩，仰观天文，俯察地理，带有从图形到文字的合理成分。而“天书”“云篆”皆“空洞自然”之书，生于元始之先、空洞之中，生天立地，开化神明，皆玄圣所述。秘篆文表面看有篆形，但却不是小篆的某一个字。因为秘篆文不过是借用篆书的一部分形，又杜撰了

一些类似于篆形的部件，合在一起，所以一般人是不识这种篆字的。

"秘篆文"被看作是天地宇宙开辟之源，也是"三洞经书"之源，如果这么容易被一般人认识，"三洞经书"也就失去了该有的神秘性。王元军先生就认为："道教为了表现其神圣与神秘，必以凡人所无法辨认之书为之，并不仅仅是杂糅篆隶书。我们认为这样的仙书应该与道符有关。实际上，在魏晋南北朝道教史上，道符已达到相当完备的程度，晋葛洪《抱朴子》中就收录了很多这样的道符。从这些道符中，我们不难发现所谓的'古文鸟迹，篆隶杂体'，并不是在道符中将古文、篆书、隶书等掺杂在一起，而是从古文篆书中取其蜿蜒曲折之形式，其中并没有我们所易识的隶书，也只是有其部分笔意而已。道家符箓虽是由古文篆隶等组成，但无一个是单独能够辨认的文字。敦煌卷子中发现的部分道家经书，如 P.2409《太上玉佩金珰太极金书上经》、P.2865《太上灵宝洞玄灭度五练生尸妙经》，虽有篆势，并杂隶书，却非篆非隶，不可释读。用传统的标准来衡量，这已经不是我们一般意义上的书法了。它是由汉字偏旁部首进行变形组合而成，融篆隶真书于一体，回环缭绕，纵横穿插，长短结合，一般人已经看不懂它的含义。正因为此，有些人将道符称为'天书'。"[14] 这段文字对符箓的内涵的理解以及对云篆或秘篆文的阐述都是正确的，但把看不懂含义的"字"称为"天书"，其实误解了"天书"的含义。"天书"是"禀元一之气，自然而有"，"凡八字，尽道体之奥，谓之天书"。（《隋书·经籍志·道经序》）

毛秋瑾对王元军上述这段话做了如下评述：

其实不然，上文所举 P.2865 中类似篆书的文字是可以释读的，这种文字是道教中的"秘篆文"。王育成先生在《唐宋道教秘篆文释例》中将文物考古资料与道书相互验证，释读出相当数量的此类文字。

在该文中，他对秘篆文作了如下解释："所谓秘篆文，又称天文、真文、神篆、秘文等等。道书《元始五老赤书玉篇真文天书经》中，曾收录大量这种字体，字旁便有'右四十字秘篆文''右十六字秘篆文'等多种名目。本文为强调其秘密文字的特殊性质，并与厌劾符、佩符、护身符、治病符水用符等等相区别，兼顾符篆、似篆非篆等注重形体特征的传统提法，我们使用秘篆文一名作为这类符文的具体称谓。此种符文不但在道书中有著录，仅传世和出土文物上所见也达千个以上。"……笔者（指毛秋瑾）将 P.2865 中类似篆书的文字与王文中镇墓石上的秘篆文作了仔细比对，发现两者有一一对应的关系，也能够加以释读。[15]

王元军说"天书"或仙书，"无一个是单独能辨认的文字"，此话不错，这是从文字学的范畴内论述，即"秘篆文"文字不属于汉字。毛秋瑾、王育成二人是从符箓秘篆文的范畴内看秘篆文，秘篆文"字"形与含义有对应关系，此话也不错。"秘篆文"如若不跟汉字对应，那么真的谁也不能解读秘篆文。这样，任何符箓都失去了存在的意义。

王育成提及的《元始五老赤书玉篇真文天书经》，其天书"文势曲折，不可寻详"。这部经保留了《灵宝五篇真文》"本文"的最初形态，是秘篆文。这五篇文是：《东方九炁青天真文赤书诀》（240 字）、《南方三炁丹天真文赤书玉诀》（148 字）、《中央黄天真文赤书玉诀》（144字）、《西方七炁素天赤书玉诀》（136 字）、《北方五炁玄天真文赤书玉诀》（120 字）。五篇真文共 688 字，每个秘篆文都有对应的汉字（见《敦煌古灵宝经与晋唐道教》第 717—720 页）。"秘篆文"有对应的汉字，但不等于"秘篆文"就是一个汉字。汉字属六书系统的为任何一种字书认可的字，而"秘篆文"有对应的汉字，这只在符篆中才有意义。离开了语言环境，"秘篆文"就不是字，只是道符。因此，P.2865只有在道家符篆中谈论才有意义。既然"秘篆文"不是汉字，那它就不属于书法作品。

五篇真文都用赤书书写。"赤书"或"丹书"在道教神学中有特定的意义。《吕氏春秋·应同》篇中就有"赤鸟衔丹书"的事。丹书或赤书是天上神书的象征，也与上天符命相联系，故这种秘篆文的神秘象征性更凸现了。

《太上灵宝诸天内音自然玉字》卷三有《大梵隐语无量词章》，详述了"天书"出世的经历，其中多虚构、神秘，带有荒诞色彩的成分。显然这个"天真皇人"是现实生活中某些道家高手们虚构的人物，他造的256字"秘篆文"，每个"字"都有对应的汉字，个个能识、能解，并有相应的读音，并不是有些能识，有些不能识。这些"字"，有可能是葛洪、陶弘景、寇谦之这样的人物生造的。唐代道教学者撰有《洞玄灵宝无量度人经诀音义》，对"秘篆文"的读音、含义都有解释（具体文字内容亦载《敦煌古灵宝经与晋唐道教》第728—729页），也就是说"大梵隐语"的具体内容与含义是"天真皇人"解读并传之于世的。陈景元《度人经集注序》云："隐韵秘音，世莫能究，齐之严东首为注解。"[16]有唐诸多道士注疏，看来"音"也非天造。"天书"之字音称"调"。故隐语就是"天书"的语言，是诸天上圣自然之音，歌隐语之音，天上神仙俱来朝会。道教经书亦都需唱诵，一遍又一遍，唱诵愈多，才能入三十二天的各个层次。如果真以为"天书"无人能识，无人能念，这样的"天书"也就没有任何文化意义了。

四、"秘篆文"道书不是书法

道书分为两种。一种是以"秘篆文"这种符篆字书写成的作品，如P.2865《太上灵宝洞玄灭度五练生尸妙经》、P.2409《太上玉佩金珰太极金书上经》以及S.2498《洗眼符》《难产符》这类作品。一种是以《老子道德经》《太玄真一本际经》《二教论》《阅紫篆仪》这类道经或道家论著以及书仪等为内容的大量敦煌遗书。前者不是书法，而后者则是书法。

认为"秘篆文"道经不是书法，主要有如下几点理由。

（一）"秘篆文"道经书写的不是汉字，只是符字

王元军说的"道家符篆虽是由古文篆隶等组成，但无一个是单独能够辨认的文字"，基本的意思是清楚的，但不够严密。"道家符篆虽是由古文篆隶等组成"，此话未说清符字与古文篆隶的本质区别。符篆字必须借助字形，但既不是移用，也不只是将二三汉字合组一字，而是有所新造，夸张鸟虫篆等书的线条弯曲或象形，变成一个符字。这是独立的符字，有形、有义、有音，但都是道家范畴中的形、音、义，与汉字是有本质区别的。不能单独辨认的"字"已把两种不同的字混淆了。

钱锺书曾举道人造字例："《桓子新论·辩惑》第一三，道人作金银云：'金公字金与公，金公则金之公。而银者金之昆弟也。'……此道人乃据字体之偏旁立论，望文而臆生义，又取义而臆变文，尽废'六书'之'形声''指事''象形'而专用'会意'，于是凿空之曲解与破体之'俗字'相辅相生，因谶纬而大行。'金公''金昆'正复当时风气之一例耳。此类会意'俗字'，《魏书·江式传》上《表》《颜氏家训·杂艺》篇皆尝举似。"[17]桓子，指桓谭，西汉人（公元前40年前后—公元32年前后），他生活的年代，谶纬迷信风气流行，"道人"，可能指早期的道士。江式、颜之推时代则正是道教灵宝经流行的时代。道教造字，第一个来源是谶纬之学，第二个来源是字体演进带来的俗字横生，第三

个来源是宗教,这是主要的。佛教传入中国后,为了翻译梵音的经咒,也曾造了不少新"字",这些"字"一般人也是根本不识的,这就是钱锺书说的"望文而臆生义,又取义而臆变文"。偏旁部首都做了随意的改动,这在"天书"的"秘篆文"中表现得尤为厉害。"秘篆文"是"符书",不属于六书系统的文字,是道家对汉字的神化。《太上洞玄灵宝素灵真符》卷上记灵宝经宗师陆修静话云:"凡一切符文,皆有文字,但人不解识之。若解读符字者,可以录召万灵,役使百鬼,无所不通也。"[18]这就将符字与一般汉字区分得明白了。既然符字不是汉字,自然也就不能列入书法之列。

(二)道人写经多用钩摹廓填之法,而不是书法意义上的"写"

陈寅恪写过《天师道与滨海地域之关系》一文,其中又真诰贰拾翼真检第二孔璪贼时条注云:"楼(惠明家)钟(义山家)间经亦互相通涉,虽各摹符,殊多粗略。唯加意润色滑泽取好,了无复规矩锋势,写经又多浮谬。至庚午岁(齐武帝永明八年)[陶]隐居入东阳道,诸晚学者渐效为精。时人今知摹二王法书,而永不悟摹真经,经正起隐居手尔。亦不必皆须郭填,但一笔就画,势力殆不异真,至于符无大小,故宜皆应郭填也。"[19]华人德先生在《六朝写经体》中引述陈氏语,后有一段论述,颇中道经写法之理:"道教写经重视书法之精能,若摹符粗略,不讲规矩锋势,写经浮谬,则会受到有道之士的鄙斥,认为'生造乱真,共作巧末,趣径下书,皆流尸浊文,淫僻之字,舍本效假,是嚣秽死迹耳'……道经的抄写,为了不失原样,抄写者往往用勾摹廓填的方法。陶弘景指出:符应勾摹郭填,而经文可以用影写的方法,目的是存真而又有锋势笔力,后世讲版本中有影写、影抄本者,此即是也。"[20]这就说得很清楚了,道经的写法主要就是钩摹廓填和影写

这两种方法。此两种法,讲的都是依原样钩摹。事实上,所谓的原本("秘篆文"的原本),是由陶弘景这样的书法高手写的。天师道也有许多善书者,如崔浩、寇谦之以及二王家族的许多人。但他们写的道符天书,因不是汉字,也很难说有多少规矩。毕竟"天书"是生造的篆形线条的拼凑,谈不上规律可言。而一般道人书符篆,只能是依样画瓢,钩摹原样,更谈不上是什么书法。

(三)"秘篆文"不具备书法形式语言的要素,其篆形线条的搭接都是随意的、无意义的

书法之所以是艺术,是因为有一整套的笔法形式语言。用笔之法是依据字形而来的,横、竖、点、撇、捺、弯折,所谓的"永字八法"是渐次成熟并丰富的。每个字,横竖线条的搭接有规矩。大篆之法不同于小篆,是字形不同之故。而符字虽拼凑了篆书的某些形态,但由于不是汉字,其线条的搭接便不可能按规矩来。符篆是没有规矩的,如若硬要说有,那么陶弘景写的符篆便是规矩,后人摹符篆只能按陶弘景写的描。陶弘景描符篆是生造的,其中有篆书的某些形式,但夹杂了隶书的一些线条,又增添了许多装饰性的线条,这样拼起来的符字,并不具备书法意义上的形式语言。当然,有些偏旁的形式到了另一符上,同样可用。

从符字形式结构言"秘篆文"的结体,符字大都安放在一个正方形的空间,由界格划区域,这样每个符篆的形体大体相同,整齐划一,形式僵化,无生动之姿。又由于用笔以钩摹为主,从一根线条中看不出有主体内心情感的律动,无一波三折之节奏变化,故其形式单元不是艺术的语言。当然,道家高手笔下的线条要好一点,但最多也只是多一些锋势笔力,谈不上有什么艺术特色。

符篆"秘篆文"的符字数量只有千字左右。《灵宝五篇真文》共668"字",《大梵隐语自然

天书》共256"字",加起来不到一千。所有用"云篆""秘篆文"书写的道经,只在这一千字中变来变去,故不可能有"秘篆文"的书写规矩可言。无笔法形式语言的符字,自然不能被称为艺术。

注　释

［1］〔唐〕房玄龄等:《晋书》卷八二—卷一三〇,吉林人民出版社,1995年版,第1937—1938页。

［2］张凤:《汉晋西陲木简汇编》,劳干等:《汉简研究文献四种》第2册,北京图书馆出版社,2007年版,第598页。

［3］黄烈:《略论吐鲁番出土的"道教符箓"》,《文物》1981年第1期,第51页。

［4］〔唐〕房玄龄等:《晋书》卷八二—卷一三〇,吉林人民出版社,1995年版,第1507页。

［5］〔唐〕房玄龄等:《晋书》卷八二—卷一三〇,吉林人民出版社,1995年版,第1480页。

［6］〔唐〕魏征等:《隋书》第4册,中华书局,1973年版,第1091—1092页。

［7］〔唐〕魏征等:《隋书》第4册,中华书局,1973年版,第1093页。

［8］王承文:《敦煌古灵宝经与晋唐道教》,中华书局,2002年版,第742—743页。

［9］〔北朝〕魏收:《魏书》第2册,中华书局,2000年版,第2028—2029页。

［10］黄永武:《敦煌宝藏》第20册 斯2468—2552号,新文丰出版公司,1981年版,第239页。

［11］〔梁〕陶弘景:《真诰》,中华书局,1985年版,第7页。

［12］李一氓:《道藏》第6册,文物出版社、上海书店、天津古籍出版社,1988年版,376页。

［13］王承文:《敦煌古灵宝经与晋唐道教》,中华书局,2002年版,第742页。

［14］王元军:《六朝书法与文化》,上海书画出版社,2002年版,第255—256页。

［15］毛秋瑾:《墨香佛音·敦煌写经书法研究》,北京大学出版社,2014年版,第121—122页。

［16］陈景元:《度人经集注序》,曾枣庄、刘琳主编:《全宋文》第70册,上海辞书出版社、安徽教育出版社,2006年版,第220页。

［17］钱锺书:《管锥编》第3册,中华书局,1979年版,第977页。

［18］李一氓:《道藏》第6册,文物出版社、上海书店、天津古籍出版社,1988年版,第344页。

［19］陈寅恪:《金明馆丛稿初编》,生活·读书·新知三联书店,2015年版,第41页。

［20］华人德:《六朝书法》,上海书画出版社,2003年版,第52页。

浅析宋金黑釉茶盏

夏 慧[*]

夏 慧[*]

【摘要】伴随着宋金时期斗茶文化的兴盛，黑釉茶盏应运而生。其中以建窑黑釉茶盏最负盛名，在其影响下，除了福建本省外，江西、四川、山西、陕西、河南、河北等地窑口也都有仿烧。这些窑口所烧茶盏风格类似，但因各地胎、釉、彩原料的不同而各具特点。本文着重比较南北地区代表性窑口黑釉茶盏的胎釉、造型特征，以加深对宋金黑釉茶盏风格特点的了解。

【关键词】宋金时期 黑釉茶盏 窑口 区别

中国的饮茶习俗，自汉、唐以来已有2000年的历史，其极盛时期为宋代。宋代推崇理学，文人雅士崇尚自然含蓄、淡泊质朴的风格，茶作为一种物质载体，是纯洁、中和、清明的象征。饮茶成为一种时尚，上自皇室贵胄、达官贵人，下至文人墨客、平民百姓，都将茶视为生活中不可或缺的物品。宋代茶叶生产兴盛，饮茶之风普及，品饮方式讲究，斗茶之风随之而起，黑釉茶盏也应运而生。

一、斗茶的起源与发展

斗茶是一种赛茶活动。参赛者献出各自的精制茶叶，以轮流品尝的方式鉴别，评定其色、香、味、形的优次等级，决出胜负名次。关于斗茶述之最早者，为范仲淹《和章岷从事斗茶歌》，其中两句"北苑将期献天子，林下雄豪先斗美"，

明确了斗茶起源于民间，且多活跃于名茶产地。北宋皇祐年间（1049—1054），蔡襄有感于陆羽《茶经》"不第建安之品"而著《茶录》向皇帝推荐北苑贡茶。其中《茶录》上篇所提的"点茶"法即是斗茶的主要方式。后来斗茶传入宫中受到皇室的推崇，宋徽宗赵佶嗜茶成癖，经常召集群臣入宫斗茶，并著《大观茶论》对茶事和茶艺的理论进行了全面的总结和阐发。其后，宫廷的斗茶之风又再次为民间所效仿，逐渐形成民间普遍的斗茶风俗，并一直流行于宋金时期直至元代。

二、窑口背景简介

关于斗茶所用器具，《茶录》中说："茶色白，宜黑盏，建安所造者，绀黑，纹如兔毫，其坯微厚，熁之久热难冷，最为要用。出他处者，

---

* 夏慧：南京城墙保护管理中心助理馆员

或薄或色紫，皆不及也。其青白盏，斗试家自不用。"《大观茶论》亦明确指出"盏色贵青黑，玉毫条达者为上，取其燠发茶采色也"。福建建阳建窑烧制的黑釉茶盏因斗茶之风兴盛而备受推崇，并成为宫廷御器。而与此同时，江西、山东、山西、陕西、河南、四川、河北等众多地方窑口也开始仿烧黑釉茶盏，其生产规模之大、涉及地域之广，当属史所未闻。下面笔者分别选取宋金时期南北两地烧制黑釉茶盏的代表性窑口——南方为建窑、吉州窑，北方为定窑、磁州窑，分别分析其黑釉茶盏的特点，并对其风格特征进行对比。

定窑，始烧于唐代后期，盛烧于北宋，为宋代五大名窑之一。中心窑厂在今河北省曲阳县涧磁村，因曲阳宋属定州，故称定窑。定窑以生产印花、刻花、划花工艺为主的白釉瓷器闻名，此外还有黑釉、酱釉、绿釉瓷。为了提高瓷器的产量，采用覆烧工艺，碗盘口沿因不挂釉，产生"芒口"。

磁州窑，始烧于北宋，北宋、金和明早期为磁州窑的鼎盛时期，明后期逐渐衰落。中心窑厂在今河北磁县的观台镇和彭城镇一带。北宋时烧制品种极为丰富，其中以白地釉下黑花、白地釉下酱花瓷器为主，装饰技法多样，有彩绘、刻花、划花、剔花、印花，还有精致的珍珠地划花和釉上加红、绿彩绘等等。

建窑，始烧于晚唐五代，当时以青瓷为主，宋代尤其是南宋时期，烧制大量的黑瓷，至元代逐渐衰落。中心窑厂在今福建省建阳县水吉乡。以黑釉茶盏闻名于世，南宋时曾为宫廷烧造瓷器，并以兔毫盏、曜变釉盏、油滴釉盏最负盛名，大量销往国外。

吉州窑，始烧于唐末，盛烧于南宋，衰于明。中心窑厂在今江西省吉安市永和镇，又叫做永和窑。以白釉下彩绘瓷、木叶纹瓷、剪纸贴花瓷、鹧鸪斑瓷闻名于世。

三、特征对比

中国古代不同时期茶艺活动的特征各不相同，就泡茶技艺而言，唐代煎煮、宋代冲点、明代沏泡，各具特色而又相应发展，对茶具也产生了不同的要求，唐代"青则宜茶"，宋代则是"茶白宜黑"。宋代的茶文化带来了黑釉茶盏的蓬勃发展。如果说以前的黑釉瓷器是以纯黑的釉色出现，那么宋金时期的黑釉茶盏则"黑"出了文化和美学。下面从胎、釉特征，装饰手法和造型特点四方面浅析黑釉茶盏的特点。

（一）瓷胎

表一　宋金黑釉茶盏胎的化学成分、烧成温度及吸水率[1]

瓷胎标本	氧化铁含量	氧化钾含量	烧成温度	吸水率
定窑	0.56%	1.11%	> 1300℃	极低
磁州窑	2.05%	2.53%	1310±20℃	0.5%
建窑	9.24%	2.53%	1330±20℃	0.9%
吉州窑	1.44%	5.07%	1270±20℃	7.9%

氧化铁含量的区别是造成胎色差别的主要原因。建窑黑釉盏胎体含铁量高，胎色呈深黑灰色、紫黑色，胎质粗糙坚硬，有"铁胎"之称。定窑瓷胎含铁量极低，烧成之后胎质洁白细腻。磁州窑与吉州窑胎体含铁量也较低，一般呈黄褐色、灰褐色和灰白色。此外，氧化钾含量的高低也会对胎体产生影响，氧化钾含量过高对胎体的热稳定性不利，并会降低烧成温度，因此吉州窑黑釉盏的烧成温度相对于其他三个窑口低，瓷化程度差，胎体有气孔，吸水率相对较高。（表一）

（二）釉面

不同窑口宋金黑釉茶盏釉面特征表现出不一样。（表二）

表二　宋金黑釉茶盏釉面特征对比

窑口	釉面特征	标本图片
定窑	釉色光可鉴人，有漆的质感，在阳光下观看异彩纷呈、莹光四射，有的足外壁因流釉不整齐而出现不规则的露胎现象。（图一）	图一　定窑黑釉盏
磁州窑	釉面呈色同定窑的相似，但是由于胎质较粗，所以外观不如定窑的精细。（图二）	图二　磁州窑黑釉盏
建窑	釉色光亮，玻璃质感强，口沿因釉层较薄往往呈酱色。釉层流动性大，外壁施釉不到底，盏近底部有垂釉，形成一周唇边。（图三）	图三　建窑黑釉盏
吉州窑	釉色大多为黑中带褐，釉面如漆，釉层较薄且均匀，稳定性好。外壁施大半釉，有些则施釉近底，基本无垂釉现象。（图四）	图四　吉州窑黑釉盏

（三）装饰手法

宋金时期的黑釉茶盏从釉面装饰风格，可划分为兔毫盏、油滴釉盏、玳瑁斑盏、剪纸贴花盏、木叶纹盏、曜变天目盏、黑釉金彩盏、黑釉剔花盏、黑釉印花盏、黑釉斑点盏等众多品种。匠人们不仅利用釉层在高温熔融状态下发生的化学反应，使之形成绚丽的窑变釉或结晶釉的装饰效果，还充分发挥聪明才智，将剪纸与树叶也应用到釉面的装饰中，使得宋金时期

的黑釉茶盏展现出异彩纷呈的面貌。

定窑黑釉茶盏大致分为三类：第一类为纯黑色，釉面漆黑光亮，光可鉴人；第二类釉面带有（金、银色）兔毫、曜变、油滴等窑变釉或者结晶釉装饰，但是整体还是以黑色为主题；第三类采用金彩装饰（图五），富丽而庄重。

磁州窑黑釉盏除纯黑釉盏外，还流行油滴、兔毫、玳瑁及褐斑彩等的装饰风格。根据资料，其形成过程是在施过黑釉的器坯上，洒以铁质

图五　定窑黑釉金彩装饰

含量极高的斑花石浆，它在高温下与黑釉中的铁质熔化会合，并聚集成不同的点、片、条等。其点小而密者称为油滴釉（图六）；斑点稍大匀而密者，称玳瑁釉（图七）；斑片大小不匀又稀散者，叫褐斑彩；细密条纹者称兔毫[2]。

　　建窑盏的釉面装饰主要有兔毫（图八）、曜

图六　宋金磁州窑黑釉油滴盏

图七　南宋磁州窑黑釉玳瑁斑盏

变、油滴（图九）等，以细密如兔毛的兔毫斑纹最为常见，当时文献又称之为玉毫、异毫，其丝状条纹色泽有黄、白、灰等色，因而也被分别称为金兔毫、银兔毫和灰兔毫。

图八　宋金建窑黑釉兔毫盏

图九　南宋建窑黑釉油滴盏

　　吉州窑的装饰方法主要有釉斑、木叶纹（图一〇）、剪纸贴花（图一一）等。用窑变釉斑装饰的品种有兔毫纹、玳瑁斑、鹧鸪斑（图一二）等。将经过处理的树叶以及民间喜闻乐见的剪纸艺术形式成功地运用到黑釉盏是吉州窑的一大绝技，这种黑釉盏也是吉州窑独有的产品。

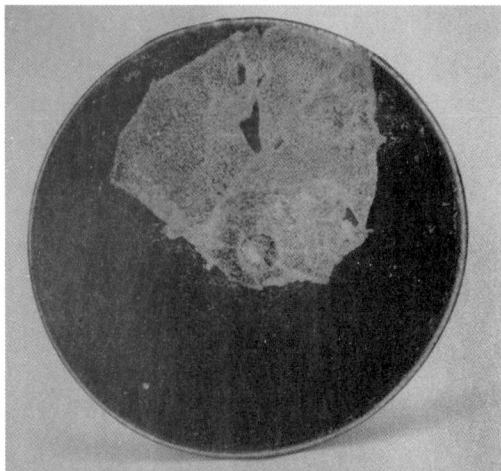

图一〇　宋吉州窑木叶纹黑釉盏

图一一　宋吉州窑剪纸贴花黑釉盏

图一二　宋吉州窑鹧鸪斑纹黑釉盏

（四）造型特点

宋代改唐代的直接煮茶法为点茶法，点茶法是以极细的茶末用开水冲下去，用力搅拌，使茶与水溶为一体。所以对茶具的要求除了美观典雅外，还要注重其造型的实用性、科学性，要求大小适当，厚薄适度，既能让茶的香气持久，又能很好地保温，同时又适合击拂的点茶方式。现将定窑、磁州窑、建窑和吉州窑茶盏的造型归纳如下（表三）：

表三　宋金黑釉茶盏造型特点对比

窑口	造型特点
定窑	造型为当时流行的"斗笠式"，小底、大口，圈足低矮、削足平整、盏壁斜直、薄且均匀，造型十分规整，给人精致典雅的感觉。
磁州窑	造型与其他三个窑口相近，有小底大口的"斗笠式"盏，也有实用科学的束口盏，以及普通的碗式盏。总体特点是古拙豪放、朴素大方、粗犷实用，具有浓郁的乡土气息。
建窑	造型十分丰富，从出土器物分析，以束口盏为多。其造型为弧壁、深腹、小底、浅玉环圈足，口大足小，形如漏斗，盏从内壁口沿以下1.5—2.0厘米的地方向里凹陷，形成一道环绕口沿的凹槽，俗称"注水线"，故称之为束口盏。
吉州窑	造型较多，整体比建窑盏稍偏小，底足造型最具特点，底足在从陶车上切下来时呈现为平底，修坯时沿平底的边缘切去一圈，形成一个浅的圈足，加之盏身比较斜直，因此形成了吉州窑黑盏独特的卧足特点。

四、小结

宋金时期的黑釉茶盏伴随着斗茶之风的兴盛而蓬勃发展，并在不同地区、不同窑口形成了不同的特色。茶盏的胎体或厚重或轻薄，或致密或疏松；釉色或光亮或暗淡，或肥厚或匀薄；装饰风格或绚丽夺目或简单质朴，缤纷多彩，各有千秋。虽然，随着饮茶方式的改变，盛行一时的黑釉盏慢慢地退出了历史舞台，但是其艺术风格与审美倾向依然对当代中国及日本陶瓷器的制作产生了深远的影响。

注　释

［1］凌志达：《我国古代黑釉瓷的初步研究》，《硅酸盐学报》1979年第8期。

［2］王长启：《磁州窑系的黑釉瓷》，《收藏界》2003年第7期。

跋文中的恽寿平与邹显吉

——无锡博物院藏邹显吉《四时花卉图卷》之跋文研读

王照宇 *

【摘要】无锡博物院收藏的邹一桂叔父邹显吉画作《四时花卉图卷》，拖尾有顾光旭、邹麟城、杜文原、钱伯坰、杨芳灿、顾皋、孙尔准等七位清代无锡常州籍的画家文人题识，其内容多涉及恽氏绘画，是研究"常州派"花鸟画的新材料，行文就上述跋文逐一分析解读。

【关键词】恽寿平 邹显吉 《四时花卉图卷》 跋文 没骨与写生

无锡博物院藏有一件清代无锡画家邹一桂（1688—1772）叔父邹显吉（1636—1709）[1]的花卉手卷，因其内容为四季时节的花卉，故后人将之取名为《四时花卉图卷》[2]。该手卷为绢本设色，纵41厘米，横95.5厘米。画面内容为四季花卉，主要有绣球、蔷薇、石竹、兰花、虞美人、菊花等常见花卉。就技法而言，画面中所有的花卉叶子均采用了没骨晕染的处理手法，花卉则是勾勒设色，所有花卉的敷色均为写实，整体格调淡雅秀丽，写生的气息十分浓郁。手卷引首和拖尾处有许多题识，其中涉及许多关于恽寿平及其绘画的文字，为我们重新认识恽氏绘画提供了一些新的实物材料。

《四时花卉图卷》引首为清代乾隆年间无锡籍学者、官员顾光旭（1731—1797）的擘窠大字行书"古香"二字，其后有一段行书题识："静思先生荐于孝友诗书之泽长矣，绘画固其余事，而书亦直到古人。恽南田谓其及门弟子曰：'吾没后，汝等当师无锡邹黎眉'。其推重如此，

此卷设色精洁，用笔瘦劲，尤不易得，流传于世，当共宝之。嘉庆元年九月，顾光旭题。"下钤顾氏"光旭之印"白文方印、"响泉"朱文方印（图一、图二）。顾光旭，字华阳，号晴沙，又号响泉，江苏无锡人，乾隆十七年（1752）进士，长于书法，善诗文，著有《梁溪诗抄》等，在无锡一地颇有声望。顾氏的这段文字作于1796年，距离其去世仅有一年多时间，故是他晚年的墨迹。此文不长，其意也较为明确，大意是说无锡的邹显吉长于诗文，绘画仅是他的余事，恽寿平曾对他的门人说，他死后，研习画艺者（应当是花鸟画）当向无锡的邹显吉学习，足见恽寿平对邹显吉艺术水准的肯定与推崇。

就目前存世的书画实物来看，极有可能这件《四时花卉图卷》是邹氏仅见的大幅作品。北京故宫博物院另藏有两件邹显吉的花卉作品：其一是《花卉册页》，纸本设色，十开，每开纵30厘米，横26.9厘米，作于康熙四十七年（1708）；另一幅是《花鸟册页》，纸本设色，尺

* 王照宇：无锡博物院副研究馆员

图一

图二

寸不详，作于康熙四十六年（1707）。就第一幅来看，其绘画风格完全同于《四时花卉图卷》，据其款识"康熙四十七年夏六月，湖北居人邹吉写。时年七十有三"，知其又号邹吉，生于1636年。而恽寿平的生卒年是1633—1690年，邹显吉的卒年其实至今是难以说清的，俞剑华的《中国美术家人名辞典》一书中载：

> 邹显吉（1636—？），字黎眉，号思静，一号鞞斋，自称湖北居人，江苏无锡诸生。尝学诗于吴伟业，画摹宋、元，山水、人物均得古法。写生有邹菊之目。著北游集、湖北草堂诗。一门风雅，妻能画梅，兄、弟、子、侄，皆工画。[3]

而清末无锡人窦镇（1847—1928）的《国朝书画家笔录》一文也有相关记载，但较上文详细，其文如下：

> 邹显吉，字黎眉，号思静，无锡人，少聪颖，工诗文。善写生，兼绘山水人物。凡宋元明名家，无所不窥，而心追手摹，诚有独到处。恽正叔尝谓其及门曰："我身后，汝等宜师锡山邹黎眉。"岁时与昆季子侄为诗画会，至今寸缣片纸，人争宝之。敦孝弟，严课子。易箦时，教子孙力行三事。第一积德，第二读书，第三治家。痛戒三事，一戒赌博，一戒女色，一戒出入衙门。其言可为世则也。弟卿森、显文、显臣，皆工诗画。[4]

这段文字也见于影印本的《无锡文库》[5]，可知邹显吉的长子邹士夔、五子邹士骥也都善画。其中邹士夔，字圣俞，号曙峰，康熙五十六年（1717）举人，官泗州学正，工画人物。邹士骥，字是骖，诸生，多才艺，工写生[6]。迨至乾隆时期的邹一桂（1686—1772），官位高，名气大，使得其传世的花卉作品数量较多，一定程度上进一步扩大了"恽派"绘画的影响，而邹一桂就是邹显吉弟弟邹卿森的儿子[7]。窦镇的活动时间晚于邹显吉，所以从这个层面上推断，他的《国朝书画家笔录》一文中和邹显吉有关的文字，极有可能就是来自这段顾光旭的题识。

其意十分明白直接，即恽寿平十分看重邹显吉的画艺，让其学生们在他死后以邹显吉为师。邹显吉几乎和恽寿平同庚，并不存在师生关系，故可推断二人对绘画的认识应该趋同。就这件《四时花卉图卷》来看，邹氏的绘画技法也属于"没骨"一路，不过与恽寿平的画，在技法和审美方面实际上都有一定的距离。

拖尾第一段为邹显吉孙邹麟城的题识，文中说此图："四时花卉俱属天工奏巧，而草虫各具一形，细如毫发，非笔墨所能罄其微也。先大父思静公，生平得力于此，落稿即为人拘（购）去。家中珍藏者甚少，间有画幅册页，皆暮年所为，至壮年工细入神之，亦不可复得。偶于友人处得此卷兮。按四时花卉，间以草虫，秀劲夺目，洁尽精微，不独肖生，兼以肖神，以人工而夺天工，真神品也，宜珍之。"结尾落款时间为"时乾隆四年岁在己未仲夏日孙男麟城百拜识"，下钤"邹麟城"白文方印、"师小"朱文方印两方（图三）。"乾隆四年"即农历己未年，

公元 1739 年。邹麟城跋文评价了其祖的绘画，说其"天工奏巧""细如毫发"，说明了邹显吉绘画的工整与娴熟，亦与该手卷画风吻合。

其后杜文原的一段题跋，则将邹显吉的绘画水平推崇到了堪与恽寿平并驾齐驱的地位。杜氏说道："往者吾乡邹氏于读书余暇，兼习绘事，以故名公辈出，非特发藻儒林，抑且蜚声艺苑。而写生妙手，首推思静先生。先生于宋元明诸名家，无所不窥，随意命笔，默以神会，惟时毗陵恽正叔，雄视一世。即往溯先民，几不以赵昌辈置诸眼角，独推重先生，顾谓及门，应事以北面，则品诣可知矣。此卷尤为平生得意之作，留之案头，几两阅月，每一展玩，百卉荣滋，四时气备，翻以绕阑，谛审有待之，为烦坡公所为。君看此花枝中，有风露香，可以为此卷读颂也。"结尾款题："时乾隆壬子岁清明后三日，观于武林之瑞石山馆，杜文原敬识。"下钤"文原之印"白文方印、"惠川"朱文方印（图四）。杜文原是清代无锡书家，字惠川，

图三

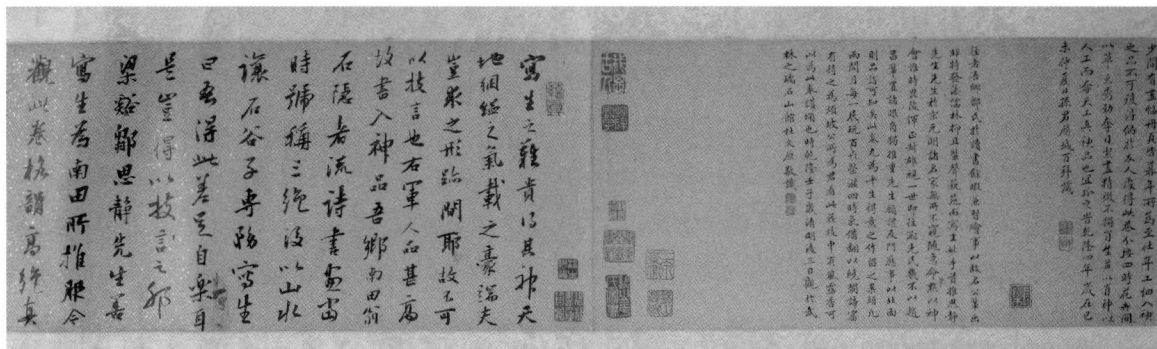

图四

一作汇川，他认为邹显吉写生绘画水平极高，可谓"写生妙手"，在无锡一地最负盛名。即使当时盛名较高的恽寿平，也对邹显吉推重有加，认为他的绘画甚至超越了宋代写生大家赵昌。

而恽寿平的老乡钱伯坰（1738—1812）的长段题跋对恽寿平述之较多："写生之难，贵得其神，天地絪缊之气，载之毫端，夫岂求之形迹间耶？故不可以技言也。右军人品甚高，故书入神品。吾乡南田翁，石隐者流，诗书画当时号称'三绝'，后以山水让石谷子，专务写生，曰吾得此差足自乐耳，是岂得以技言之耶？梁溪邹思静先生，善写生，为南田所推服。今观此卷，格韵高绝，真不让草衣生，固不在区区点染间也。窃又有忧者，即一写生当日，吾乡有瓯香馆，梁溪得思静先生，吴中有王勤中，或数十里而边，或百里而遥互相推重，气类不孤，百余年来写生辈出，欲求如当日之指名者何，往往乎不可得也。"落款"乾隆甲寅三月朔日毗陵后学钱伯坰观并识"，下钤"伯坰私印"白文方印、"协光之章"白文方印（图五）。钱氏是说恽寿平"诗书画"号称"三绝"，因王翚之故，由山水改习花卉，并成为一代大家，这一说法亦属老生常谈。独特之处在于就写生而言，钱氏将常州的恽寿平、苏州的王武、无锡的邹显吉三家并称。

无锡画家杨芳灿题识中说道："思静先生，吾乡名宿，诗才清逸，少与严、顾两先生齐名，

泪游京国与汉槎（笔者注：吴兆骞，1631—1684）、容若（笔者注：纳兰性德，1655—1688）、西溟（笔者注：姜宸英，1628—1699）诸公订交，格律益进。尝见其留别京华故人诗，缠绵婉笃，品在龙标盱眙之间。尤工绘事，世谓徐黄复生，南田翁亦敛手下之。此卷纷红骇绿，真色生香间，作草虫相相欲活，可称神品。所谓文冶丹融，词珠露合。先生之画即先生之诗欤。碧梧主人冲清元赏，弆藏斯卷，珍逾拱璧，兹得窥秘密之藏，窃自幸焉。"落款"丙寅季春望日杨芳灿识"，下钤"杨芳灿印"白文方印、"才叔"朱文方印。杨文大抵叙述了邹氏的交游与诗文，认为其绘画成就堪与恽寿平相颉颃。"丙寅年"，即1806年，嘉庆十一年。杨芳灿是一位花鸟画家，根据无锡博物院收藏的数件杨氏画作来看，其作品风格大体上近于恽氏一路。

参与编辑《石渠宝笈》和《秘殿珠林》的无锡籍学者顾皋（1763—1832），亦有一段题识："黄徐花卉不用墨笔，但以彩色图成，谓之没骨法，非没骨也。其姿态神韵超世绝尘，盖有天骨焉。知此意者，可以识此卷之妙矣。道光辛卯冬月顾皋。"下钤"顾皋私印"白文方印（图六）。"道光辛卯"，即1831年，是顾氏去世前一年所题，极为难得。据顾皋的行状知，该题识是其致仕归乡无锡以后所作。顾文实质上是将邹氏绘画归于五代黄筌、徐熙绘画中的"没骨"，实际上邹氏绘画与徐、黄二人差距甚大，

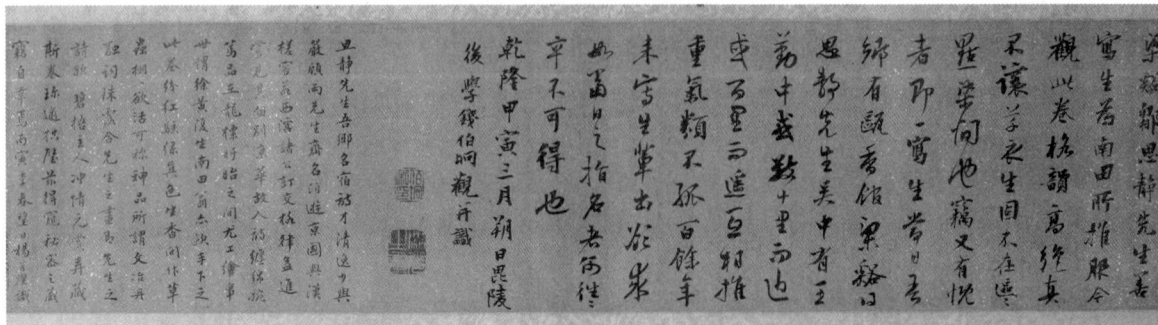

图五

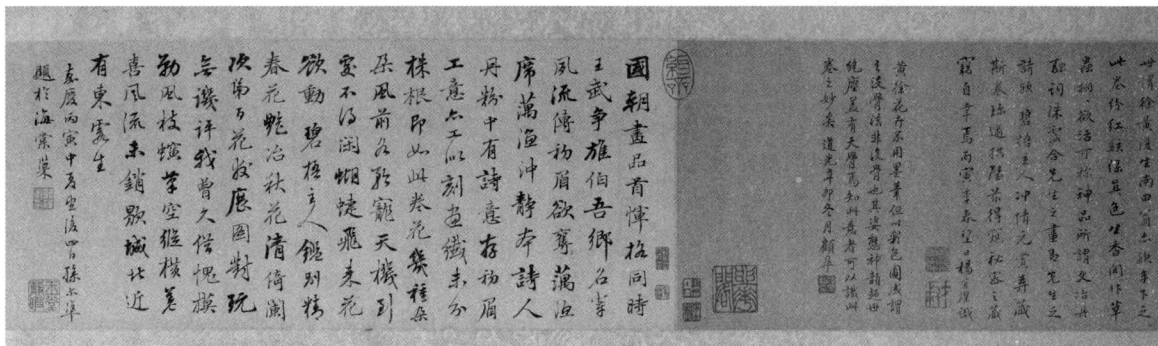

图六

而是承继了宋以来的写生花卉之传统。

孙尔准（1770—1832）的题识较长，作者以七言诗的形式，提出了自己的看法："国朝画品首恽格，同时王武争雄伯。吾乡名辈风流传，黎眉欲夺藕渔席。藕渔仲静本诗人，丹粉中有诗意存。黎眉工意亦工似，刻画纤未分株根。即如此卷花几种，朵朵风前各矜宠。天机到处不得闲，蝴蝶飞来花欲动。碧梧主人鉴别精，春花艳冶秋花清。倚阑次第百花发，展图对玩无讥评。我曾久借愧模勒，风枝蟵笔空纵横。老喜风流未销歇，城北近有东露生。"款题："嘉庆丙寅中夏望后四日孙尔准题于海棠巢"，下钤"尔准私印"朱白文方印（图六）。"嘉庆丙寅"即1806年。孙尔准是无锡显宦，颇有政绩，其学问、诗文和书法都有一定成就。诗中反复提及的"藕渔"即指清代初期无锡著名画家严绳孙，他字荪友，号秋水、勾吴严四，晚号藕荡渔人，他与姜宸英、朱彝尊并称为"江南三布衣"；与秦松龄等无锡学者曾结"云门社"，号称"云门十子"。孙文认为有清一代花鸟画，首推恽寿平，其次是苏州王武，无锡则是邹显吉和严绳孙。严绳孙的绘画，无锡博物院尚藏有数件，就其题材与画风来看，均以山水画为主，如严氏《仿沈周峦容川色图轴》（纸本墨笔，纵188.5厘米，横75厘米），完全宗法沈周，其根柢实在元人吴镇。《仿梅道人山水扇面》（纸本墨笔，纵18厘米，横55厘米）亦是上述家数。

严氏花鸟画究竟是何面目，尚无存世作品看到，故这一问题待考。

邹显吉《四时花卉图卷》原为无锡藏家薛满生旧藏，后于20世纪80年代入藏原无锡市博物馆，手卷本幅及拖尾钤有薛氏许多鉴藏印章。薛氏入藏以前，此作为无锡当地收藏大家华氏家族所有，画卷中钤有"锡山华氏碧梧书屋珍藏"朱文长方形印、"碧梧书屋珍藏"白文方印、"锡山华氏图书"白文长方形印等，皆为华氏藏印，但具体藏家是谁，尚待进一步研究。因为无锡华氏自明代以来，藏家辈出，且一直延续到民国，这些藏印并未涉及明确的名讳，故且存疑待考。根据杨芳灿的生卒年可以推断出"碧梧主人"的活动时间在嘉庆年间。由于钤有"碧梧书屋"藏印的书画作品数量不多，文献记载亦阙如，故有关"碧梧书屋"主人的具体讯息依旧停留在粗线条的推断之中。

自引首算起，在该手卷上留下题识的有顾光旭、邹麟城、杜文原、钱伯坰、杨芳灿、顾皋、孙尔准等七人，时间上始自1739年，终至1806年，基本上是恽寿平去世百余年左右的时间里。总体分析这些题识，我们可以发现顾光旭在嘉庆元年即1796年说，恽寿平曾在其去世前对其门人说，他死后当师从无锡邹显吉。这一说法被后人著录于有关文献之中，如窦镇的《国朝书画家笔录》。邹显吉孙邹麟城说其祖父一生最擅长的其实是写生，"天工奏巧，而草虫各具一形，细如毫发"，一定程度上与恽寿平的花鸟画尚有一些差距。杜文原也持相同的看法。邹氏写生一路主要源自宋人赵昌等，所有物象均具有自然准确的造型，技法上用墨线勾勒，用笔顿挫有致，色不隐墨。这种画风在明清时期的江南地区尤为盛行，如明代的沈周、周之冕等，而钱伯坰认为有清一代写生画当以恽寿平、邹显吉、王武最为知名，就显得极易理解。不得不承认，由于地利之故，无锡人基本上对邹显吉都推崇备至。就存世画作实物而言，恽寿平的花鸟画属于严格意义上的"没骨"，以晕染为主，勾勒不多，格调多清韵秀绝，大都寓工丽于潇洒，但旧伪本极多[8]。其后世子孙、弟子的花鸟画也多是这种面目，如恽冰、毛周等人的绘画，和恽寿平的几乎难辨真假。邹显吉的花卉则主要以写生为主，晕染勾勒并重，可以归为北宋时期的"院体"；王武则介于二者之间。至于"邹显吉与马元驭、范廷镇、恽冰、张子畏等同为恽寿平弟子"[9]一说，则值得再思考，因为邹显吉仅小恽寿平三岁，时人多认为他的画艺可以和恽氏并驾齐驱。

注　释

［1］　邹显吉生卒年采用朱万章的说法，见朱万章：《书画鉴考与美术史研究》，文物出版社，2011年版，第12页。

［2］　该图著录于《中国古代书画目录》第5册，文物出版社，1988年版，第31页。

［3］　俞剑华：《中国美术家人名辞典》，上海人民美术出版社，1980年版，第1248页。

［4］　窦镇：《国朝书画家笔录》，《清代传记丛刊》第82册，台北新文丰出版公司，第81页。

［5］　《无锡文库》第4辑，凤凰出版社，2012年版，第527页。

［6］　俞剑华：《中国美术家人名辞典》，上海人民美术出版社，1980年版，第1244页。

［7］　朱万章：《书画鉴考与美术史研究》，文物出版社，2011年版，第12—13页。

［8］　徐邦达：《古书画伪讹考辨》下册，江苏古籍出版社，1984年版，第180—181页。

［9］　朱万章：《书画鉴考与美术史研究》，文物出版社，2011年版，第12页。

潘锦生平、交游及绘画艺术略论

阎智海 *

【摘要】潘锦是晚清时期无锡籍书画名家，其人工诗善画，山水、人物、花卉俱佳，在无锡画苑享有盛誉。潘锦尤擅人物仕女，在木刻版画创作领域也取得不俗的成绩，其精心摹绘的人物画稿《三国画像》刊本是清末版画佳作。潘锦出生于儒业之家，弱冠弃儒从艺，晚年又重拾儒业。其生平交游或饱学硕儒，或艺苑同好，诗画酬唱往来之间，为后世留下了一份宝贵的文化遗产。

【关键词】潘锦　交游　仕女画　三国画像

同光年间，无锡画坛相对沉寂，在绘画艺术上有所建树者寥若晨星，大多名不出一邑。其时，地方人士专司绘事且以画鸣于时者首推潘锦。潘锦能诗善画，尤其在人物画方面造诣精湛，堪称一代名手。潘锦门下弟子众多，其中，陶楫醉心风雅，学诗有成，辑有《湖山叠影楼诗钞》六卷；吴观岱笃志绘事，从其习画，声名最著，有《觚庐画萃》行世。潘锦具有较高的艺术创作能力，其绘画艺术有着独特的笔墨语言，其不仅在近代无锡绘画史上，甚至在中国美术史上也有一定的地位和影响。目前学界尚未见专文论及潘锦，相关论述亦寥寥数语，难以全面概括其艺术成就，在此，有必要首先就其生平、交游略作梳理。

一、家世与生平

潘锦（1833—1887），字昼堂，一字衣云，号醉烟道人、问墨外史，江苏无锡人。生于道光十三年（1833）十月初三日，卒于光绪十三年（1887）八月初三日。光绪六年（1880）庠生，光绪八年（1882）恩贡。潘杙为潘氏迁锡始祖，据《锡山潘氏宗谱》记载，靖康元年，金人南下侵宋，潘杙扈从南渡，"依父翁袁于无锡州之洛社"[1]，遂迁居无锡。此后，潘氏支脉在无锡繁衍生息，"其后人以医学冠于时者数世"[2]。清乾隆、嘉庆年间，潘氏后裔潘志道、潘稷祖孙因孝行而两次得到旌表，今无锡惠山潘孝子祠所祀即潘志道、潘稷祖孙。潘锦系潘孝子一支，潘志道六世孙。潘氏在无锡并非仕宦大族，但是，潘锦出身也非寻常百姓之家。潘锦高祖潘果，字让村，一字师仲。雍正元年（1723）进士，历任宜章县知县、永顺府同知、辰州府知府。自潘果以下，包括潘锦和其子潘继烈，潘孝子一支儒业传家，六世游于庠。潘锦父潘江，字启钧。咸丰二年（1852）恩贡，候选教谕，特授直隶州知州。潘江生五子，分别是锦行、绣行、珮行、黼行、绅行，潘

* 阎智海：无锡博物院文博馆员

锦居长，锦行是其谱名。潘锦生二子，长子潘继烈，字兆平，一字济和，光绪七年（1881）庠生。潘继烈承继家学，薄有画名。

关于潘锦的生平，其弟子陶楫作有《潘锦庠生传》[3]，对其有较简略的介绍，录之如下：

先生字昼堂，号依云，一字醉烟。工诗善画，专举子业。志道孝子六世孙，进士潘果五世孙，曾祖稷，诏旌孝子顺孙，贡生江之子。先生精于六法，定于笔墨自有会心处。弱冠去举子业而学绘事，文章诗画皆佳。画学陈老莲原本，中年又得唐冠（贯）休和尚之法，其法天然，朝夕临摹，人物山水，无一不美。先生画之得意，落笔题诗，文章不群，词彩精拔，诗宗香山、放翁之意。苏藩司许拱辰爱其清品精逸，仕女、山水有周舫、王烟客之妙，人物亦有老莲法，遣使求之而不得。一日，锡邑尊裴浩亭大中亲见藩司，问其所由。答云："已经入泮，乃卑职之门生，请为绍介而见可也。"先生有《写沁集诗钞》，锡邑诸君选校有跋，然而原本遗失。先生已归道山，如门人搜罗所得者，诗百六十首。先生一生心苦，刻入湖山叠影楼诗中。岂不闻李白云："清水出芙蓉，天然去雕饰。"先生之诗，由平澹而到自然；先生氏（之）画，亦犹是也。

潘锦的字号，所见文献记载不一，多有龃龉，不仅有把潘锦的字"昼堂"误作"画堂"者，甚至有把潘锦的不同字号误为另有其人者[4]。现将其字号列表如下（表一）：

据上考证，潘锦用字"昼堂"是确凿无疑的，而其亦曾以"衣云"为字，"依云"应为"衣云"之误。无锡市文物交流中心藏潘锦所作《四美图》，画幅上即钤有朱文篆刻"字曰衣云"印鉴，而且古语所谓"衣锦昼行"，"衣云"不仅体现了潘锦名和字之间的对应关系，亦揭示出潘氏家族对其在仕宦功名上所寄予的强烈期望。另外，从词意而言，"醉烟""墨禅"应系潘锦所取别号，而非其字，当然也不排除其字号混用、以字为号的情况。如从潘锦传世画迹和相关史料来看，"衣云"是其字，但是他也曾以"衣云生""衣云子"作为别号。

潘锦生逢晚清变革之世，在内忧外患的时代大环境中，传统士子的命运也因之漂浮不定。咸丰元年（1851），太平军在广西揭竿起义，此后自南向北长驱直入，直逼江南。咸丰三年（1853），太平军攻占了江南重镇江宁。咸丰十年（1860）夏，太平军攻克无锡。太平军占领无锡期间，在无锡、金匮分别设立监军局进行管理。无锡监军为华二，金匮监军为黄顺元，两县监军均受锡金守将黄和锦节制。这一时期，无锡士子多流寓他乡，生活动荡，潘锦亦不例外。就在咸丰十年（1860）年初，潘锦应禹州程刺史之聘，踏上了赴禹州谋职的旅程。然而，当时的北方也不太平，在禹州期间，潘锦遭遇了捻军的围城风波。此后不久，潘锦又折返无锡。为了避开战乱，潘锦一度躲到无锡八士桥避难，其《三十述怀》诗记录了这段动荡的生活："过眼韶光似水流，今年三十度春秋。添来马齿从增感，听到鸡声易惹愁。诸葛有才终抱膝，

表一　潘锦字号一览

姓名	字	号	资料来源
潘锦	昼堂，一字衣云	问墨外史	潘锦纸本设色《四美图》和绢本设色《张天师》所钤书画印鉴。
	昼堂	醉烟道人	窦镇编：《国朝书画家笔录》卷四，宣统三年（1911）木活字本。
	昼堂，一字醉烟	依云	陶楫编：《湖山叠影楼诗钞》卷一，民国六年（1917）木活字本，无锡市图书馆藏。
	昼堂	醉烟道人	吴心谷编：《历代画史汇传补编》卷二，博雅斋1977年版。
	昼堂，一字墨禅	衣云	《锡山潘氏宗谱》卷十二，2014年影印本，无锡市图书馆藏。

班超何术好封侯。近来别有真豪杰，惯耐淮阴胯下羞。""作客归来岁已周，难中诗句总牢愁。性耽山水生偏晚，家近苏州悔未游。地僻并无诗画债，愁多因拙稻粱谋。也知骨肉团栾好，每到囊空议去留。""半为浮名半为贫，五年踪迹寄风尘。单身举足轻千里，四海知音只数人。梁苑余生悲短发，萱堂遗句恨终身。五更莫看斜窗月，晓寺钟声最怆神。"[5]同治元年（1862），潘锦虚龄三十，此诗应作于是年。从诗中可知，为了个人前途和维持生计，潘锦远赴异乡谋职，心中不免离愁和无奈。然而，除了丹青一技之长外，潘锦又别无谋生之术，在乱世中生存又岂是易事。是年，潘锦还写有《壬戌难中秋感》："居然贫不死，傲骨又经秋。乱世谁青眼，雄心渐白头。干戈侵短梦，兴废几浮沤。我欲乘风去，骑鲸海上游。"[6]壬戌为同治元年（1862），就在是年五月三十日，潘锦长子继烈出生。然而，在动荡的时代背景下，传统文士的人生际遇亦变得未可卜知，壮年得子的喜悦无法替代对前途的忧虑。潘锦生不逢时，历经离乱，却依然能够保持一身傲骨，实属难得。或许正是因为乱世中的这段经历，饱览人生百态之余，潘锦的心态亦多了一份超脱。

潘锦壮年白头，处境困顿，虽不免有身世飘零之咏叹，但往往能乐观以待，其诗集有数首自题诗亦多自嘲，不难窥见其豁达的心态。如其《三十六岁自题》："强壮年华日正中，已将衰鬓袭家风。古稀过半头先秃，似我真堪号半翁。"[7]以潘锦虚龄而计，此诗应作于同治七年（1868），时潘锦正值壮年，却以"半翁"自号，自嘲中不无洒脱。另如《览镜见发数茎诗以志感》："镜匣开来秋水寒，自家面目自家看。不知两鬓缘何事，定要人知我姓潘。"[8]再如《有感》一诗："潘郎青鬓已成丝，笑说家风或有之。天为补贫聊与笔，画因得意偶题诗。风尘岂易邀同赏，面目何妨只自知。知己天涯杳无信，教人那得不想思。"[9]潘锦调侃自己

壮年白头是因为承袭家风，自嘲的同时，无疑也折射出其豁达的人生态度。

潘锦一生并未通达于仕途，但凭借一支妙笔安身立命，尚能安贫乐道，其诗虽有对自身所处生存窘境的自况，却没有无病呻吟之语。潘锦《壬午除夕》诗写道："容易流先过一年，最劳筹划是今天。家惟一管谋生笔，囊乏分文造孽钱。及早关门为上策，而今放胆好安眠。寄言逼债无台者，乐土原来在黑甜。"[10]壬午为光绪八年（1882），就在是年，潘锦监捐恩贡，而在此前两年中，潘锦和其子潘继烈先后游庠，潘门极一时之盛。然而，晚岁入庠的潘锦对仕途并不抱多大的期望，反而安之若素。尽管旧历年关已到，囊中乏钱，潘锦却寄语有着同样困境者，劝告其放胆安眠，因为在梦乡中也会发现属于自己的那片乐土。

二、师友交游

潘锦生于儒业之家，幼时秉承父命，埋首科举，成年后专事书画。潘锦师承有自，曾从同邑名画家过懋学画。过懋，字华坡，号映介，无锡北乡八士桥人。工人物，精传神。过懋系顾应泰弟子，"白须伟貌，望而知为高人韵士"[11]。顾应泰，字云鹤，号芸薲，金匮诸生。工书画，书学褚遂良，得其神韵冷逸之气；画仿李公麟，缜密工雅，脱尽时习。顾、过二人皆人物画一时名家，潘锦师出名门，又善于师法古人，潜心翰墨多年，画名日盛，同邑名画家从其游者不知凡几。

潘锦诗画俱佳，有《写沁集》二卷传世，由其弟子陶楫录入《湖山叠影楼诗钞》中。潘锦在人物画领域的成就颇大，由其摹绘的《三国画像》更是被收录于多种版本，在中国美术史上也有较大影响。潘锦与时人不乏书画交流，而且多诗歌酬唱之作，与其往来唱和者皆一时才俊，如秦祖永、陶世凤、蔡廷槐、潘慰祖、裴

景福、刘继增等。

潘锦深得秦祖永推重，其人物画稿《三国画像》就是在秦祖永的资助下刊刻行世的。秦祖永，字逸芬，一字撷芬，号桐阴生、楞烟外史，金匮人。道光三十年（1850）拔贡，历官河南、广东等地。工诗善画，精研画论，有《桐阴论画》《桐阴画诀》《画学心印》等传世。同治八年（1869），秦祖永流寓大梁时曾请同乡蒋竹香为自己绘制肖像，并于光绪四年（1878）请潘锦补图。同治十年（1871），潘锦精心创作三国人物画像百余幅，其在题记中写道："此稿自春历夏而秋，每人皆数易稿始成，如用之，须择好手镌刻，庶无遗憾。"[12]（图一）潘锦原拟将这批画稿刻板付梓，但一直迁延未果，直至光绪七年（1881），始由秦祖永桐阴馆开雕刊行，此时，距潘锦创作这批画稿已历时十年。贵阳李独清为此写诗赞誉："胐韰老莲三国像，盛推潘锦为开雕。梁溪论画称人物，神与古通象外超。"[13]就在《三国画像》付梓当年，秦祖永还将自己创作的《仿古山水图》写赠潘锦。

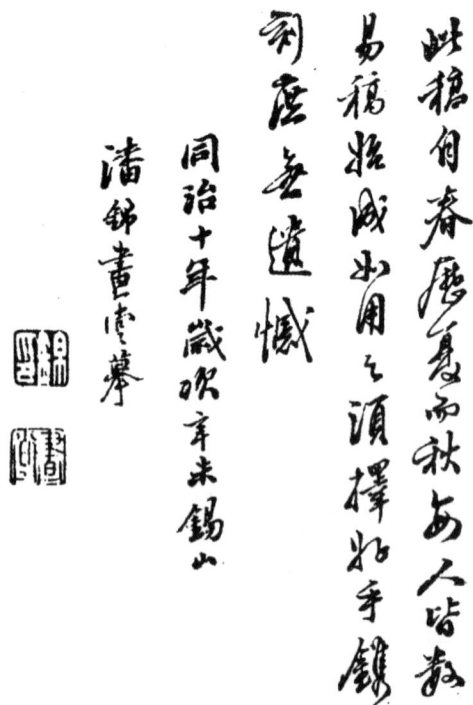

图一　潘锦三国人物画稿题记

潘锦和陶世凤亦时有过从。陶世凤，字丹翼，金匮人。同治十一年（1872）补博士弟子员，光绪十五年（1889）乡试中式，光绪二十年（1894）中会元。历官兵部及吏部主事，曾任东林学堂总董。陶世凤在科举中式以前常去潘锦寓所晤谈。潘锦去世后，其弟子陶楫拟将搜集的潘锦诗稿二卷付梓，曾请陶世凤作序，陶世凤在诗序中谈到自己和潘锦的交游往事："回忆昔年，江阴院试，金陵省试，每至昼堂先生寓，见索画者踵相接。每绘一扇一纸，必题一诗，大江南北，无不知潘先生昼堂之善画也。得此诗集，乃复知潘先生之善诗。"潘锦画必题诗，陶世凤记录了潘锦的这一创作特色，同时也记录了时人向其索画的盛况，从侧面反映出潘锦在近代无锡画坛的地位和影响。

齐彦槐曾任职金匮知县，其子齐学裘与潘锦相友善。齐学裘，字子贞，一字子冶，号玉溪，安徽婺源（原属）人。齐学裘工诗善书能画，有《见闻随笔》《见闻续笔》传世。据齐学裘所述，潘锦不仅能诗，工画山水，而且工于铁笔。同治十一年（1872）秋，潘锦去扬州秋游，曾赴齐学裘处，"时时过谈"[14]，相处甚洽。

潘锦弱冠弃儒从艺，晚年重拾儒业，丹青驰名儒林。其时，地方主政者不乏好文之士，潘锦与之多有诗画交游。光绪二年（1876）四月，裴大中出宰无锡，裴氏家眷亦随之迁锡。裴大中，字浩亭，安徽霍邱人。裴大中子裴景福，字伯谦，号睫闇。光绪十二年（1886）进士，近代收藏大家。裴氏系安徽霍邱巨族，诗书世家。裴氏父子雅好书画，两世寓锡数十年，与无锡地方文士多有翰墨交往。潘锦与裴氏父子相友善，裴景福有"吾友衣云子"之谓，并赞誉潘锦"画人画水画石称国工"[15]。裴大中居锡有年，治锡有功，从而赢得无锡士绅的一致尊重。光绪七年（1881），裴大中调任昭文之际，锡邑士绅在惠山设宴为其饯行，赋诗唱和。潘锦亦有多首留别诗写赠裴大中，其一谓："二十年前为探梅，曾经惜别一徘徊。自从甘雨随车至，便作阳春编（遍）地来。吾邑久闻歌德政，邻邦又见迓贤才。多情最是船头雨，留住行旌缓缓开。"[16]裴大中在无锡构筑且园、企复轩，并聘请潘慰祖教授其子裴景福字学。其时，裴景福兄弟雅好吟咏，常约同好小聚，潘锦系裴府座上宾，与潘慰祖亦因之相识。潘慰祖，字汉泉，号心缄子，山阳人。工书法，善铁笔。潘锦有《题自画山水赠淮上潘汉泉》诗："添毫妙手只传神，品行文章画不成。我与先生图小照，山同高峻水同清。"[17]

潘锦视刘继增为知音，二人雅好诗文，多有酬唱。刘继增，字梁渔，号石香，又称寄沤。工诗词，精绘事，书法亦佳。刘继增"少孤力学，不事科举"[18]，为同邑杨芝田门下受业弟子。刘早年曾游历荆襄燕赵，潘锦多有赠诗。同治六年（1867），刘继增赴汉阳之际，潘锦赋诗送别："最爱吾乡刘石香，骚坛旗鼓正相当。此行定有新诗料，收入山川入锦囊。""意气飞扬作壮游，一帆风顺挂高秋。贫交临别无他赠，但祝荣华慰白头。""久与先生交胆肝，碧梧深处好栖鸾。只缘海内知音少，似觉临期一别难。"[19]潘锦年长刘继增十岁，两人堪称忘年之交。刘继增青年时游历四方，后一度寓居沪上，晚岁始归里，以著述自娱。因历经离乱，刘继增早岁诗稿多有散佚，其子刘书勋曾收集其父诗文遗稿，辑录为《寄沤诗钞》《寄沤文钞》，惜笔者遍检其诗稿，并未找到刘继增与潘锦的和诗。潘锦另有《题秋柳鸣蝉画扇送刘石香之楚》《赠刘石香》等多首赠诗，亦可窥见潘、刘交谊之一斑。

潘锦"嘉善而矜，仁义兼施"[20]，因而被邻里举为乡董。潘锦不仅热心潘氏族务，而且对社会公益事业也多有参与。同治年间，晋豫出现严重灾荒，无锡绅商学各界均慷慨助赈，甚至"闺阁拔钗典珠而相助"[21]。为此，经潘锦和蔡廷槐等人商议，无锡书画界成立了锡山北郭书画社，决定通过售卖书画的方式助赈。社址位于大林庵内，社中书法者有蔡廷槐、丁锡庚、钱君修、钱绍庭、宣叔明等，画家则有潘锦、王墀、李汝霖、陶楫、过铸、过以治、过以纲、张师帝、高丙、须龚梅、胡甊、张蓉初等。社内诸君均一时书画名家。如蔡廷槐，字荫庭，无锡人，同光年间书法名家。"艺林无不知者"。其书法学颜真卿，喜作大字，厚重朴茂，力透纸背。须龚梅，字友竹，金匮人，能书善画，工花鸟草虫，流丽生动，赋色妍雅。丁锡庚则不仅善书，且著有《海棠馆诗稿集》一卷。这次售卖书画所得钱"五百千文"，全部用于赈济晋豫灾民。另据刘继增所述，光绪四年（1878）晋豫灾荒期间，江浙艺苑多以书画助赈，无锡艺苑也联袂结社，在杨芝田倡导下成立锡山书画社，刘继增亦参与其事，作松鹰大帧，并媵之以诗。[22]

潘锦殁后，家门寥落。值得欣幸的是，其弟子陶楫感念师门之德，不仅收藏其师画作，而且收集其散佚诗稿，抄录其五世以上谱牒，辑以成编，潘锦诗文因得传世。

三、绘画特色与艺术成就

潘锦工诗善画，山水、人物、花卉俱佳，尤擅仕女。人物师法陈洪绶、华嵒，山水则师法清初"四王"，于王时敏、王翚均有效仿。潘锦在艺术理论上主张师古而不泥古，师造化而得心源，因其心性高洁，"平时非易求其画，人得其片幅，如获奇珍"[23]。潘锦的绘画不落时俗，虽局促无锡一隅，其画名却远播四方，深受时人赞誉。前文已述及，陶世凤就曾目睹时人向潘锦索画的盛况。此外，近代收藏大家裴景福对其画艺亦颇称道，并谓"工书心缄子，善画衣云潘"[24]。钱基博祖父钱维桢则在题潘锦所绘《米颠拜石图》时赞誉道："潘郎才艺本超特，妙绘斯图有精识。巨轴装入高悬中，使我对之心恻恻。"[25]

　　潘锦在人物画领域颇具成就，从其传世画作来看，其所绘人物题材多样，举凡仙佛、高士、仕女、布衣、历史人物，在其笔下均各具神态，栩栩如生。人物画是中国传统绘画的一大门类，其发展历史源远流长，至明代画论中已有所谓的"十八描"。潘锦在创作中遵循六法，绘画技艺纯熟，用笔高妙，有着高超的造型能力。在人物画的创作过程中，潘锦能深刻把握摹绘对象的性格特征，其对人物的刻画可谓惟妙惟肖，细致入微，如《张天师》《人物图》《高士图》等。《张天师》是默斋主人曹仲英先生的珍藏，收录于上海书画出版社出版的《近现代中国绘画集萃——曹氏默斋藏》画册。是图

图二　潘锦《人物图》

系潘锦流寓武昌时所作，摹绘的是道教创始人张道陵。人物造型简洁，衣饰用寥寥数笔勾勒而成，面部则精雕细琢，表情丰富，极具艺术感染力。《人物图》（图二）[26]是蔡光甫先生旧藏，收录于原无锡市博物馆编的《无锡历代乡贤书画名迹集》。是图作于光绪七年（1881）春，主要刻画了游走四方的四位盲人卜者。画幅上部为潘锦的题诗，人物则居于画幅的下部。人物衣饰刻画简略，面部细节则摹绘细致，卜者神情活灵活现。四位卜者自左至右呈斜线排列，前后错落，神态不一。最左侧卜者左肩搭一布袋，左手横持竹杖和招牌，右手两指高举铃铛摇晃，似在吸引人注意。第二位卜者左手持一招牌，招牌清晰可辨为"周易神课"四字，右手搭于最左侧卜者左肩。第三位卜者肩背胡琴，紧随其后。其左手持锣，右手高扬挥板，锣板定格在挥舞的瞬间。卜者嘴巴微张，画面中似乎传来其卖力的吆喝声。最右侧卜者循声向前，其左手伸直欲探敲锣卜者左肩，右手则拖曳竹杖，其小心翼翼，唯恐掉队。四位卜者同病相怜，唇齿相依，命运将四人紧紧地连在一起。画幅最下方为一只黑犬，正面对四人昂首狂吠，似乎吸引了第二位卜者的注意。画面构图简洁明快，人物刻画形象生动，流露出浓郁的市井气息。

　　无锡博物院亦藏有潘锦人物绘画数种。其中，《高士图》系陶心华先生旧藏，主要摹绘的是宋代高士雷隐翁。画幅中高士弓身勾背，立于古树之下。高士面目奇古，目视前方，神态自然。画幅整体以淡墨勾勒为主，人物衣饰刻画简洁，远山和坡石亦寥寥数笔。《牧归图》（图三）为绢本设色团扇面，画幅左侧为柳树和花卉，牧童和耕牛居于画幅的中下部，中部则为堤岸。是图以"没骨"法摹绘，略带写意。图中耕牛舒展健蹄，缓步前行，牧童则身着短衣短裤，赤足横坐牛背，信口吹笛。柳树和花卉枝干均以"没骨"法为之，耕牛则先以淡墨涂

图三　潘锦《牧归图》团扇面

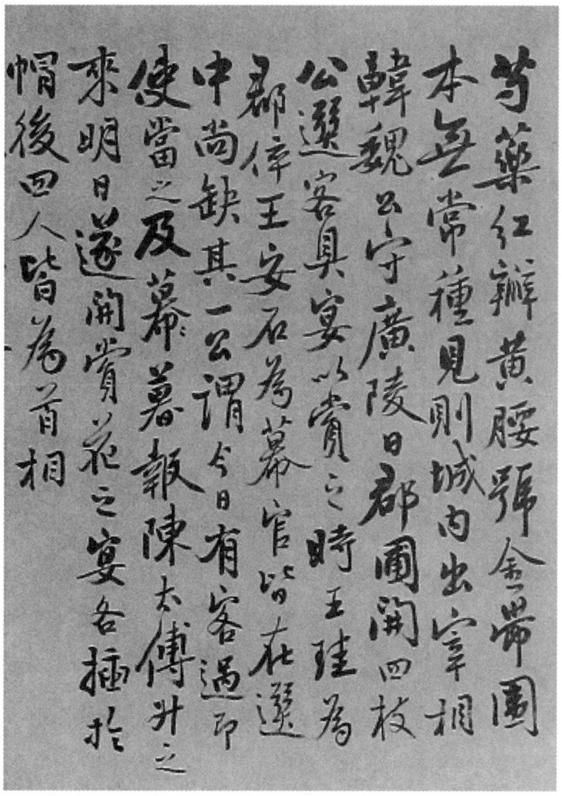

图四　潘锦《人物图》题跋

写躯体，再以浓墨湿笔勾勒轮廓，堤岸亦以淡墨略肆点孔。画面整体墨笔淋漓，极富生气。《人物图》作于光绪九年（1883）仲春，生动再现了宋代“四相簪花”的历史典故。图中四人呈棱形相向而立，上方着绯袍者应系时任扬州太守的韩琦，其左手置于右侧立者帽后，右手执芍药，似欲为其插戴。左侧和下方立者凝神注视，神态怡然。人物衣饰线条粗重有力，笔墨厚实，颇见功力。是图潘锦题有长跋：“芍药红瓣黄腰，号金带围，本无常种，见则城内出宰相。韩魏公守广陵日，郡圃开四枝，公选客具宴以赏之。时王珪为郡倅，王安石为幕官，皆在选中，尚缺其一。公谓：‘今日有客过，即使当之。’及暮，报陈太傅升之来。明日遂开赏花之宴，各插于帽后，四人皆为首相。”（图四）

潘锦是仕女画名手，其绘画承袭明清仕女柔弱画风之传统，所绘仕女面容娟秀，设色淡雅，或顾盼生姿，或静谧温婉，人各其态，别

图五　潘锦《仕女图扇》

图六　潘锦《仕女图》扇面

有风姿。南京博物院藏有潘锦《仕女图扇》(图五)[27]，是图作于同治八年(1869)夏，生动摹绘了唐妓张红红用小豆记谱的故事。画幅中屏风和案面纯以线条勾勒，屏风占据大半个画面，最下部为案面。人物居坐于案前竹椅，头略微倾向左侧，双眸凝视案面，神情专注，右手则正在移动面前小豆的位置用于记谱。无锡博物院所藏其《仕女图》扇面(图六)，系仿新罗山人笔意为之。画幅右侧为竹石和芭蕉，左侧为竹石和坡岸，仕女居于画幅中间靠右。其左手执纨扇，双臂相交，倚石而立。两株芭蕉位于右边磐石左侧，生长茂盛，蕉叶自画幅右上向中间伸展，状如伞盖，仕女则正立于蕉叶下乘凉。图中坡石以淡墨勾勒点虱，相对简略，仕女则刻画精工细致。无锡市文物交流中心藏有潘锦《四美图》四条屏(图七、图八)[28]，是图作于光绪八年(1881)，系潘锦晚年佳构。

图七　潘锦《四美图》其一

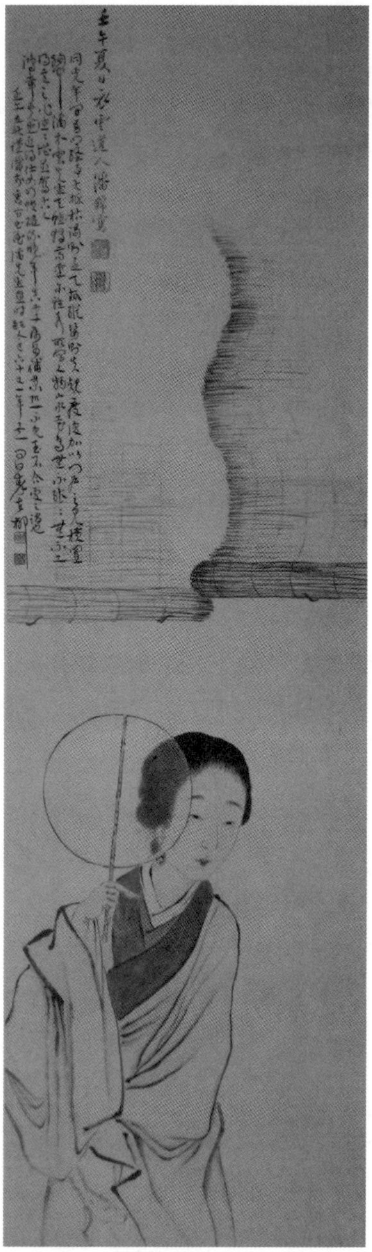

图八　潘锦《四美图》其二

所绘仕女均居于画幅下部，面容清丽，或执箫玉立，或托腮端坐，极富古意。1942年秋，有人拿着这四幅仕女图请秦古柳补景，秦欣然命笔并作长跋："同光年间，吾门绘事大抵枯渴则乏天趣，纵姿则失规度，复加以门户之见横置胸中。潘衣云先生天赋独高，笔亦雅秀，所写人物、山水、花鸟无不能，能无不工，得意之作往往埒并驾古人。鸿章先生近得仕女四帧，确系晚年真笔，属为补景，恐不免玉不合处之诮也。"[29]秦古柳系潘锦的再传弟子，曾师从吴观岱学习书画，其书画艺术有较高的造诣，而其补笔与原作浑然天成，不仅使画作更增意趣，而且也留下了一段艺术佳话。

图九　潘锦《仿耕烟散人山水图》

潘锦主张翰墨寄情，丹青写心，其山水取法清初"四王"，所作多有意趣。夏琴溪曾向潘锦索画山水，"嘱仿烟客麓台法"，潘锦写竟后不无感慨，因题之以诗："素纸传来尺幅宽，二王笔法学何难。须知点点相思泪，莫作寻常山水看。"[30]潘锦传世山水作品并不多见，无锡博物院藏有潘锦山水画作数种，多系摹古之作，其中，《仿耕烟散人山水图》(图九)系钱敏旧藏。钱敏，原名钱秋苇，无锡人。20世纪90年代初，钱敏、徐念初夫妇将所藏明清以来珍贵书画101件捐赠原无锡市博物馆，此即其一。是图系潘锦仿作，画幅中诸峰错落林立，直耸天际，颇具气势。山脚处，两株松树盘曲生长，直达山腰。小溪自山中顺流而下，至山脚处涌入江河。一条小径自山脚右侧向左蜿蜒，小径尽头，楼阁依河而建，隐士在凭栏远眺。楼阁对面为远山，在高峰的映衬下，远山显得隐约而渺小。是图峰石和远山以干笔为之，肆意皴擦，山苔和树木则以湿笔点写，虽为仿作，然笔墨苍劲，富有生意。无锡博物院另有潘锦《山水图》扇面（图一〇），亦系钱敏旧藏。是图为潘锦仿大痴老人笔意而作，亦有意趣。此外，曹仲英先生收藏的《层峦积雪图》，是光绪二年（1876）仲秋潘锦寓居沪上时所作。画作整体气势雄浑，用笔沉着，虽写雪景，然有笔墨淋漓之感。画幅中万仞高峰拔地耸立，一片银装素裹的天地间，坐落着数间茅舍。一老者曳杖行于小桥，正缓步走向茅舍，寂静的冰雪世界中流露出少许人间生气。

潘锦在艺术创作上不仅取法古人，也注重师法造化。虽然就绘画实践来说，潘锦摹古多于出新，但是，在突破前人窠臼方面，潘锦有着自己的创作巧思，尤其在版画创作领域，其开辟了一片属于自己的艺术园地。潘锦摹绘历史人物往往形神兼具，其盛年时创作的三国人物画像被誉为"清末刊本画册的佳作"[31]，内中人物各具神态，多符合人物的个性特征，即

图一〇　潘锦《仿大痴老人山水图》扇面

使通过刻工刀笔，仍可窥见潘锦不凡的创作功力。其时潘锦正值创作盛年，为绘制这批画稿投入很大的精力，数易其稿始成。这批画稿后由秦祖永桐阴馆刊刻，刻手为版刻名家冯廉。《三国画像》行世后，后世多有翻印，而其刻本亦多受世人青睐。值得一提的是，20 世纪 30 年代初，鲁迅先生亦有购藏是书的经历。[32]

潘锦倚赖绘事为生，其时，艺术家的社会地位并不高，作为传统的知识分子，潘锦耽恋山水之余，又未能完全绝意于仕途科举，对于自己的画家身份，尚不免无奈和纠结。但是，在现实的选择中，潘锦却弃儒从艺，以丹青为业，并凭借画笔卓然独立，不无自得。潘锦曾在《自题小照》诗中写道："性耽烟水与云岩，四十年来饿眼馋。借得米家书画舫，潮平风正好张帆。"[33]另如《口占》诗："挥毫落笔代云烟，竟把人工巧夺天。万壑千岩生笔底，诸君多蓄买山钱。"[34]正因为胸有丘壑，在艺术创作的过程中，潘锦才能妙笔生辉。

潘锦在创作中坚持传统，师法多家，在遵循传统绘画技法的同时，并没有墨守成规，而是有着属于自己的笔墨语言和艺术特色。潘锦有较深的文学修养，其诗作清新自然，书法秀美俊逸，绘画笔意清绝，诗书画齐头并进，共冶一炉，潘锦的绘画艺术因之别有韵味。

潘锦的绘画不仅见重于当时，而且称誉于后世。国学大师钱基博在品评近代无锡画坛时谈道："吾邑绘士女者，晚近世推潘昼堂先生，盖上宗唐子畏，而以远承宋代院画之写真者也。"[35]1933 年，在潘锦百年诞辰之际，其后人特作百龄追庆，以志纪念。无锡士绅杨春灏亦撰有寿诗追念，诗云："……当年文战说公刘，芹藻泮宫忆旧游。四十一人依尚在，百千万劫画长留。"[36]昔年泮宫旧游酬唱往来，犹如昨日，然而，多数已被岁月逐渐遗忘，科举功名有如过眼云烟。值得欣幸的是，潘锦的诗画却在历经劫难后存留至今，在艺术发展的长河中，那已然成为一笔宝贵的文化遗产。

注　释

［1］《锡山潘氏宗谱序》,《锡山潘氏宗谱》, 2014 年影印本,无锡市图书馆藏。

［2］《锡山潘氏宗谱序》,《锡山潘氏宗谱》, 2014 年影印本,无锡市图书馆藏。

［3］陶楫编:《湖山叠影楼诗钞》卷一,民国六年（1917）木活字本,无锡市图书馆藏。引者注:所引是册文献间有错讹,则据相关史料和上下文意在括弧中予以改正。

［4］如民国年间出版的《中国画家人名大辞典》中"潘锦"条目,认为潘锦有二人:一为无锡人,字昼堂,号醉烟道人;另一人则不详居里,字秋云,号墨禅。原编者所据资料为《国朝书画家笔录》和《清代画史补录》,据《笔录》记载:"潘锦,字昼堂,别号醉烟道人。无锡人,诸生。性静穆,工诗词,尤善画人物,士女、山水均合古法。笔意清超松秀,间画花卉,亦有韵致,名噪一时。"另据《清代画史》卷三十八《清代画史补录》记载:"潘锦,字秋云,号墨禅。画仕女,在古玩商会曾见小册四张,亦佳。"民国期间江铭忠亦编有《清代画史补录》,但是,其中对潘锦的介绍照录自《笔录》。由此可知,《大辞典》原编者所据《补录》出自《清代画史》。查考相关史料和传世绘画,笔者认为,所谓潘锦字秋云者并其人,当系者讹误。参见《中国书画家大辞典》（影印本）,中国书店, 1982 年版,第 639 页;窦镇编:《国朝书画家笔录》卷四,宣统三年（1911）木活字本;盛叔清辑:《清代画史》卷三十八《清代画史补录》,博雅斋, 1978 年版;江铭忠编:《清代画史补录》,明文书局, 1985 年版。

［5］陶楫编:《湖山叠影楼诗钞》卷二,民国六年（1917）木活字本,无锡市图书馆藏。

［6］陶楫编:《湖山叠影楼诗钞》卷一,民国六年（1917）木活字本,无锡市图书馆藏。

［7］陶楫编:《湖山叠影楼诗钞》卷二,民国六年（1917）木活字本,无锡市图书馆藏。

［8］陶楫编:《湖山叠影楼诗钞》卷一,民国六年（1917）木活字本,无锡市图书馆藏。

［9］陶楫编:《湖山叠影楼诗钞》卷一,民国六年（1917）木活字本,无锡市图书馆藏。

［10］陶楫编:《湖山叠影楼诗钞》卷二,民国六年（1917）木活字本,无锡市图书馆藏。

［11］窦镇编:《国朝书画家笔录》卷四,宣统三年（1911）木活字本。

［12］潘锦摹绘:《三国画像》,山西人民出版社, 1987 年版,第 120 页。

［13］李独清:《洁园集》,云南出版集团、云南人民出版社, 2013 年版,第 349 页。

［14］齐学裘:《见闻续笔》卷七,光绪二年（1876）刊本。

［15］《瓠庐翁歌简吴君观岱》,裴景福著,汪茂荣点校,刘梦芙审订:《睫闇诗钞》,黄山书社, 2009 年版,第 356 页。

［16］陶楫编:《湖山叠影楼诗钞》卷二,民国六年（1917）木活字印本,无锡市图书馆藏。

［17］陶楫编:《湖山叠影楼诗钞》卷二,民国六年（1917）木活字印本,无锡市图书馆藏。

［18］窦镇编:《国朝书画家笔录》卷四,宣统三年（1911）木活字本。

［19］陶楫编:《湖山叠影楼诗钞》卷二,民国六年（1917）木活字印本,无锡市图书馆藏。

［20］《先祖昼堂公暨先父兆平公先叔父筱平公事略记》,《锡山潘氏宗谱》卷十二, 2014 年影印本,无锡市图书馆藏。

［21］陶楫编:《湖山叠影楼诗钞》卷一,民国六年（1917）木活字印本,无锡市图书馆藏。

［22］刘继增:《寄沤诗钞》卷二,《无锡文库》第 4 辑,凤凰出版传媒集团、凤凰出版社, 2012 年版,第 509 页。

［23］陶楫编:《湖山叠影楼诗钞》卷一,民国六年（1917）木活字印本,无锡市图书馆藏。

［24］《倪炳文筑逸园种菊甚盛邀同人宴赏绘图征诗为作长歌》,裴景福著,汪茂荣点校,刘梦芙审订:《睫闇诗钞》,黄山书社, 2009 年版,第 282 页。

［25］傅宏星主编,傅宏星校订:《钱基博集·谱牒汇编》,华中师范大学出版社, 2016 年版,第 231 页。

［26］图片来源:《无锡历代乡贤书画名迹集》,无锡市博物馆, 1991 年印行,第 48 页。

［27］图片来源:南京博物院编:《南京博物院藏明清扇面书画集》,人民美术出版社, 1997 年版。

［28］图片来源:施建主编:《太湖佳绝·无锡书画

名家集》（一），文物出版社，2006 年版，第
30、31 页。

［29］ 跋文内容参见图八。

［30］ 陶楫编：《湖山叠影楼诗钞》卷二，民国六年
（1917）木活字印本，无锡市图书馆藏。

［31］ 王朝闻主编：《中国美术史·清代卷》（下），齐
鲁书社，2000 年版，第 174 页。

［32］ 李允经、马蹄疾编著：《鲁迅木刻活动年谱》，上
海人民美术出版社，1986 年版，第 45 页。

［33］ 陶楫编：《湖山叠影楼诗钞》卷二，民国六年
（1917）木活字印本，无锡市图书馆藏。

［34］ 陶楫编：《湖山叠影楼诗钞》卷一，民国六年
（1917）木活字印本，无锡市图书馆藏。

［35］ 《新无锡》1935 年 9 月 19 日，转引自傅宏星主编，
傅宏星校订：《钱基博集·文物散论》，华中师
范大学出版社，2016 年版，第 16 页。

［36］ 《锡山潘氏宗谱》卷十二，2014 年影印本，无锡
市图书馆藏。

秦淦《寄畅园图咏册》考藏

陈瑞农 *

【摘要】寄畅园始建于明代正德年间，清中期乾隆年间进入繁盛期，是无锡秦氏家族的私家园林。秦氏后人，近代无锡籍书画家、收藏家秦淦作的《寄畅园图咏册》具有重要的艺术价值和史料价值。本文先对寄畅园的人文内涵与治园价值进行剖析，继而论述《寄畅园图咏册》的艺术价值、史料价值，从而来体会秦氏子孙对寄畅园、对族内先贤的深切怀念，对家族文化的传承弘扬。

【关键词】秦淦　《寄畅园图咏册》　寄畅园　家族文化

寄畅园是无锡秦氏家族的私家园林，始建于明正德年间，于清乾隆年间盛极一时，历数百年，屡经改建，而至今未衰，被誉为"无锡山水城市的一个重要标志"[1]。真赏斋主人张国兴藏《寄畅园图咏册》（图一），为近代无锡

图一　《寄畅园图咏册》封面

籍书画家、收藏家秦淦所作，该图册绘寄畅园十二景，并抄录历代秦氏咏园诗作，系秦氏后人为追念族内先贤、传承家族文化而作，因此并不仅仅是一件书画艺术精品，更是集艺术价值、文学价值及史料价值于一身的珍贵文物，值得深入研究。

一、寄畅园的人文内涵与治园价值

苏南地区的官绅望族素有治园之癖，故江南园林一向都是中国园林史上非常重要的组成部分。明代中后期，随着吴地经济的繁荣与游乐风气的炽盛，苏锡两地私人造园进入高峰期，空前繁荣。以苏州为例，光绪《姑苏府志》称明代苏州所建宅第园林达271处之多，但实际数字可能还不止这么多。[2]无锡与苏州紧邻，而风气相近。据《梁溪古园——无锡古典园林史料辑录》序言，无锡园林有数百处之多。[3]

---

*　陈瑞农：江苏省文物鉴定专家库专家，文博研究员

在数量如此浩瀚的园林中，为何独以寄畅园作为无锡山水城市的重要标志？这无疑与寄畅园本身所蕴含的人文价值和治园价值密不可分。

（一）子孙世守，莫有秦园若者

明末王永积在《锡山景物略》卷四中说："山川风月，本无常主。二百余年，不更二姓，子孙世守，莫有秦园若者。"[4]这句话道出了寄畅园人文价值的精髓。园林是家族世代居住的场所，园林的兴败过程体现了家族的盛衰变化。无锡寄畅园能够历经数百年而不更二姓、子孙世守，恰恰也正体现出无锡秦氏家族非寻常家族可比的优秀家族文化传统。

事实上，明清两代无锡望族众多，因此著名的园林也很多，但能够世代流传、传存至今者却非常罕见。最典型的如无锡安氏的"西林一片石"，明代著名文学家王世贞曾为之作《安氏西林记》，明人张复并为之绘《西林园景图册》。但西林园在明末即已逐渐湮没，园林之衰同时意味着安氏家族的衰败无闻。

明代环惠山而园者，除了位于惠山寺左的秦园，还有惠山寺右的邹园，即愚公谷。时至今日，这两大名园仍然是锡惠名胜区中的两个著名景点。但事实上，愚公谷在清初就已废毁，目前可见乃解放后重建，早已不是原来面貌；而屡经修缮与保护的寄畅园，则基本保留古园原貌。以明代人的眼光来看，这两园中，以愚公谷的景致更胜一筹，这从明末清初的散文名家张岱的游记及王永积《锡山景物略》中的描绘可以看出。但正如清康熙年间诗人黄与坚在《锡山秦氏寄畅园记》一文中所说，愚公谷园景虽美，"不三世而割裂剖析，属于他姓。其仅存者则又倾圮颓坏，悉荡为寒烟蔓草，不可复识矣"，唯有秦氏寄畅园，虽几易其主，其子孙世守，"无少废"。对此，黄与坚明确指出"虽世之重于园"，但其实"园不足道也"，关键在于"得人以守之"。[5]

（二）既有名园，复有雅乐

园林是主人居住之所，更是文人雅士往来活动、酬唱雅聚之所，因此，江南名园往往被赋予了浓厚的文化气息。寄畅园本为僧舍，明正德年间由秦观后裔、曾任南京兵部尚书的秦金辞官还乡后营建成园，名"凤谷行窝"。60年后的万历年间，园归其侄孙，督察院右副都御史、湖广巡抚秦燿，经精心修葺拓展，构列二十景，并取王右军诗"取欢仁知乐，寄畅山水阴"句，易名"寄畅园"。秦金与秦燿都有宦名，并以诗文腾誉一时，往来名人雅士众多。因此，秦园每次建成或改毕，都能形成一次诗文雅集。秦金筑园之后，茅坤、邵宝、王世贞、王世懋等均有诗文为记。秦燿建寄畅园，吴门王穉登、名士屠隆为之作《寄畅园记》；此后又有本地名人高攀龙、安希范、安绍芳、邹迪光、王永积等纷纷为之作诗文。寄畅园不仅是文人翰墨酬唱之所，还是当时昆曲界重要的活动场所。邹迪光、屠隆等人就曾去寄畅园演出《昙花戏》，可见其时声伎觞咏之乐。故秦宝瓒在《寄畅园志序》中就曾骄傲地说："南曲之盛，由昆而苏，由苏而锡，实萃于吾家。"[6]

清康熙初年，秦燿曾孙秦德藻与其子秦松龄延请当时云间著名造园大师张涟之侄张钺对寄畅园进行了全面改建，"引二泉之流，曲注条分"，又"面山临水，九峰屏嶂如延入园中，令游者忘归也"[7]。这一改，使寄畅园成为康熙与乾隆二帝南巡江南时的必游景点，秦园至此名满天下，也带来了文化上的兴盛。清代名家为寄畅园所作诗文数不胜数，这一风潮直至清末民初仍未见衰退。2009年，无锡祠堂文化研究会秦氏分会将历代寄畅园文献资料汇编成册后出版，充分证明了该园深厚的文化内涵。顾文璧在该书序言中对此做了高度评价，认为："这在中国古典园林史上是绝无仅有的，是国内任何一所私家园林所无可比拟的。"[8]

（三）假山如真山者，奇

当然，作为江南名园，寄畅园在造园艺术上确有其独到之处，因此才能叠邀龙驭，得到康熙、乾隆二帝的宠爱。江南园林都有各自美不胜收之景，而寄畅园的独特治园之美，主要表现在两个方面。

一是借景。包汝楫《南中纪闻》中云："真山如假山者，秀！据余所见，辰溪临江诸山颇有之。假山如真山者，奇！庶几锡山秦园乎？！秦园临水石滩，灌木高荫，莓藓鳞缀，真是天铲，岂落人工！"[9]这段话，充分展示了寄畅园借景造园的功力。其选址巧妙，设计精工，园内西部假山之位置与走向，与园外惠山一脉相承，如此小小一隅，竟似将整座惠山包融入园，堪称奇妙绝伦。

二是借音。中国园林规划大师朱有玠先生曾表示："我在诸多明清遗存的江南名园中，最赞赏无锡的寄畅园。"理由有三，除了上述园景宜人、巧妙借景之外，"'八音涧'设计构思，开创了借大自然的'山水清音'，成为园林听觉景趣的乐章，有首创性"。[10]素来造园讲究视觉之美，或异花珍石，或亭树争奇，或古木幽深，但寄畅园能够独辟蹊径，利用惠山"八音涧"的山水清音，打造听觉景趣，其治园艺术之炉火纯青于此可见一斑。

二、秦淦《寄畅园图咏册》的艺术价值与史料价值

秦淦《寄畅园图咏册》，纸本设色，共31开，每开纵28.5厘米，横24.5厘米。每对开采用一图一文的形式，诗文、书画相得益彰，令人赏心悦目。

（一）工整细致、情景交融的艺术史价值

寄畅园为江南名园，历代以之入画者众。

最著者如明代松江画家宋懋晋所绘《寄畅园五十景图册》，此为无锡华氏家族旧藏，现藏无锡博物院。据著名画家秦祖永《跋重临寄畅园图》云，清初王石谷曾作《寄畅园十六景》，为秦家旧藏，可惜"散失有年矣"。但秦祖永于族中得一临本，"乃是石谷体制。爰为拟之，庶存庐山真面云尔"。[11]由此可见，不仅王翚曾作寄畅园图册，包括秦祖永在内的秦氏族人也曾一临再临，创作过多本寄畅园图册。此外，无锡乡贤王叔畦亦有临本。

秦淦此本图册，同样也是一册临本，乃据明人宋懋晋《寄畅园五十景图册》，精选其中十二景临之。临本与原本在构图设置上基本一致无二，但艺术风格迥异。宋懋晋为明代"松江派"画家，从宋旭受业，参以宋、元遗法，画风更具古意。秦淦为秦祖永曾孙，精青绿细笔，画风工谨细致，施色明丽绚烂，风格更趋华丽。如"青簫"一开（图二），宋本所绘竹林笔致疏松，竹竿之间距离稍大，竹叶只集中在最上方，显得空寂；近景坡渚用淡墨皴擦，略点疏苔，并不设色。但秦淦所绘，则竹林勾画工细，竹叶茂盛；近坡施以浓郁青绿，两幅虽构图完全相同，而意境迥然有别。又如"含贞斋"一开（图三），为突出岁寒孤松之高志，秦淦对原图进行了局部修改，去除了远山和近景的园墙，使画面重点更加突出；孤松的刻画极其工谨，对树干的松麟乃至节疤都有精微描绘；宋本于孤松

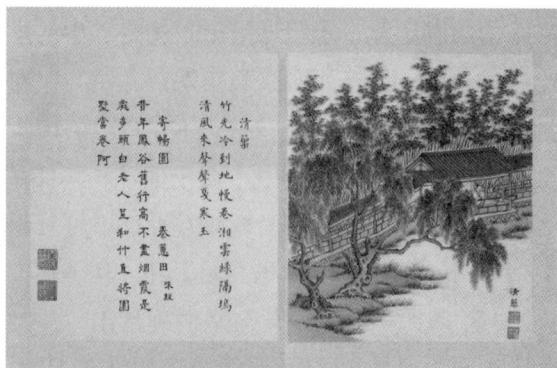

图二　《寄畅园图咏册》"青簫"

图三　《寄畅园图咏册》"含贞斋"

旁的假山后绘冬日枯木映衬，秦本则改为修竹，借植物更突显人物高洁之志。两者艺术风格不同，固然表现出一定的时代差异，但同时也体现了秦淦对于家族旧园的独特理解。

宋懋晋与秦燿差不多同时，松江、无锡两地相距不远，因此，他笔下的园景，应是亲历亲见，真实再现了明代寄畅园的景致。秦淦乃秦燿十三世孙，已经不可能亲见当年园景盛况，只能于临摹中依稀体味前贤风采，其情可感，令人唏嘘。

（二）缅怀先贤、泽被后世的家族史价值

秦淦临摹明代宋懋晋的寄畅园景图册，与其说是一次艺术创造。更不如说是一种传承家族文化传统的家族史行为。如果说秦祖永临摹王石谷寄畅园图册带有一定的艺术倾向，追求的是其中的"石谷体制"，那么秦淦临摹宋懋晋寄畅园图册，则完全是出于对先祖秦燿的缅怀和尊敬。

首先，秦淦所选择的临摹对象，并非盛极一时的康熙时造寄畅园，而是明代万历时秦燿造园。在留存至今的秦祖永临王石谷《寄畅园十六景》册首，有秦淦于75岁这一年所题隶书"寄畅园十六景"六字[12]，可见是册一直为秦氏旧藏。秦淦乃秦祖永曾孙，但他弃曾祖临本，选宋懋晋本进行临摹，这与其秦燿十三世孙的身份无疑大有关联，体现出他对家族溯源

的重视。

其次，本册前后跨时近30年之久，这充分说明，秦淦这种缅怀先德的、重视家族文化传承的意识是贯穿始终的。从"含贞斋"一开的题款来看，秦淦的这些临图创作于丁亥年（1947），此年他54岁。而直至甲寅年（1974），已经81岁高龄的秦淦又为图册补绘"舜峰公像"（图四），并抄录历代咏园诗篇，合装成册。这样一本图册，前后历时如此之久，画家对于家族荣耀的珍视与重视，由此可见。

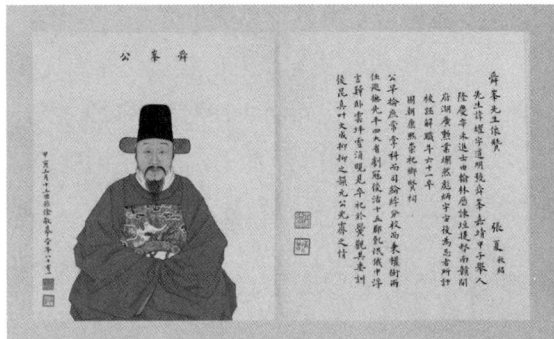

图四　《寄畅园图咏册》"舜峰公像"

再次，整本图册内容丰富，有图、有诗文、有祖宗像，堪称一部完整的家族史资料。册首以工笔重彩，敬绘先祖秦燿小像。每图对开，分别以隶、楷二种正体，抄录秦燿像赞以及秦氏历代先贤所作寄畅园诗作，包括秦蕙田、秦泉芳、秦实然、秦焜、秦松期、秦松龄、秦玉海等人关于所绘景点的诗咏。一景一图一诗，既大大拓展了画意，丰富了园景的内涵，又充分展现了秦氏家族代代沿袭的优秀文化传统，可谓一举多得。

（三）对景雅集、名家荟萃的地方史价值

正如前文所提到的，秦氏寄畅园的每一次兴建和改造，都会引发一次诗文雅集的盛会，本图册延袭这一家族传统，同样汇聚彼时名家文跋，使该图册尤具弥足珍贵的地方史价值。秦淦（1894—1984）本人是近代史上颇有名望的一位书画家和收藏家。他字清曾，一字坚白，

号坚白居士、憨斋老人。作为清代著名画家秦祖永的曾孙，秦淦家富收藏，工书善画。他协助父亲秦文锦在上海经营艺苑真赏社，使用当时全球最先进的印刷技术珂罗版照相印刷术，精印秦家历代所藏碑帖、字画出售。其印本纸墨精良，装帧考究，誉贵当时。借此，秦淦与当时的社会贤达、书画名士如康有为、梁启超、吴昌硕、张謇、郑孝胥等等，都有往来。也正因如此，在秦淦《寄畅园图咏册》完成之后，为之题诗作跋的乡贤名家众多，使本册于家族史之外，更增添重要的地方史价值。

　　册首由中央文史馆最老的馆员沈裕君先生题篆字（图五）。沈裕君（1882—1982），浙江桐乡乌镇人，字待翁，号承宽，清县学附生，是章太炎的夫人汤国梨的表哥，与梅兰芳、过旭初相友善。沈裕君工书法、精篆刻，题写本册时已93岁高龄，而用笔老到，力蕴画间，未见老态。沈题之后为无锡名士杨景燧楷书词一首（图六）。杨景燧乃无锡近代著名望族杨氏后裔，

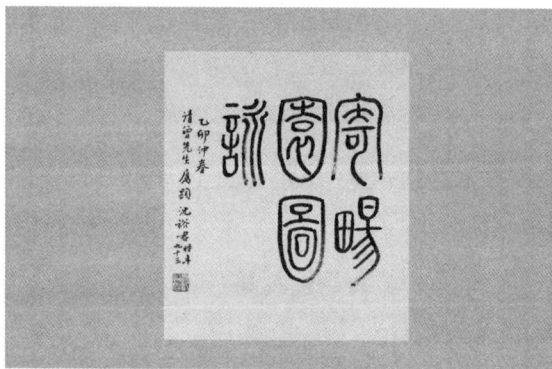

图五　《寄畅园图咏册》沈裕君题字

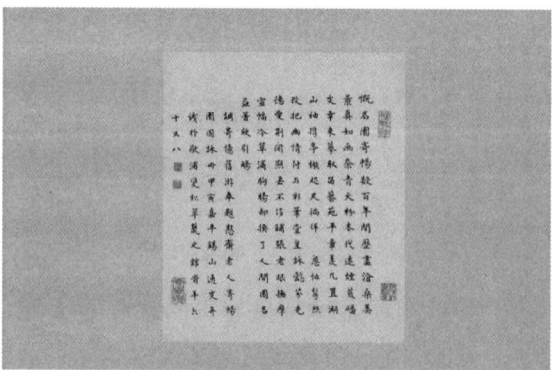

图六　《寄畅园图咏册》杨景燧题词

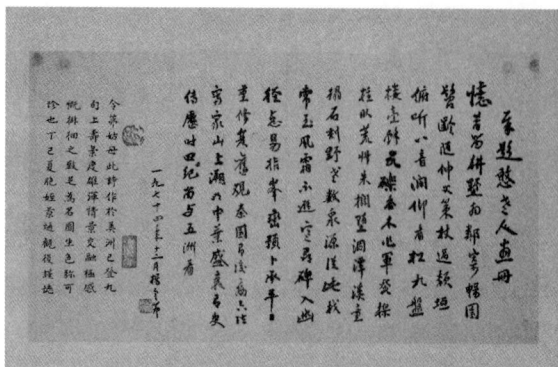

图七　《寄畅园图咏册》杨令茀题词

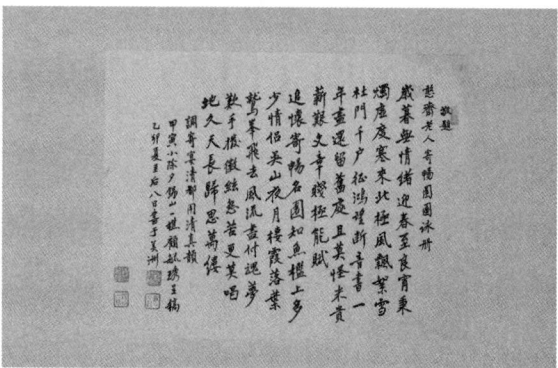

图八　《寄畅园图咏册》顾毓琇题词

字通谊，杨味云之子，荣德生之婿。图册最后，有无锡著名女画家杨令茀（1887—1978）题诗（图七）。杨氏字清如，出身名门，家境富裕，8岁拜江南画家吴观岱为师，后随樊樊山学习诗词文史，又曾受丁闇公、陈师曾、林琴南、廉泉、齐白石等名家指点。自抗日战争时期起，杨令茀便侨居美国。故本诗作正书于美国，其时杨氏已登九旬上寿，笔墨雄浑，气度不凡。杨诗后为顾毓琇题词一首（图八），同样题于美国。顾毓琇（1902—2002），字一樵，为当代著名教育家、科学家、诗人、戏剧家、音乐家和佛学家，江苏无锡人。他学贯中西，博古通今，曾是江泽民和朱镕基的老师，也是清华大学工学院的创始人之一。顾跋之后，另有著名画家汪亚尘行书跋文一开（图九），书于画家82岁高龄。汪亚尘（1894—1983），浙江杭州人，是我国第一代油画大家，在研究西画的基础上发展国画。其所绘金鱼与徐悲鸿的马、齐白石的虾并称"画

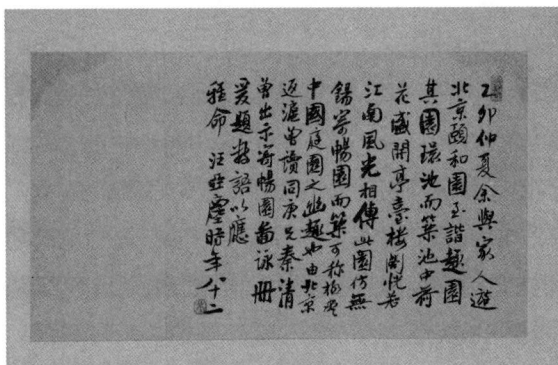

图九　《寄畅园图咏册》汪亚尘题词

坛三绝"。

　　以上诸位名士都应秦淦之请而题，他们的书作，使本图册名家荟萃，内容更加充实和饱满。杨景燡、杨令茀、顾毓琇都是无锡乡贤，他们所题诗文多从怀乡的角度出发，以秦氏寄畅园为中介抒写乡情，突出了寄畅园在地方史上的重要地位。汪亚尘跋文则从北京颐和园中的谐趣园入手，以谐趣园乃乾隆帝仿寄畅园所造为由，突出了寄畅园在中国园林史上的重要地位。这些跋文大大丰富了图册的史料价值，使本册的文化意义从简单的家族史层面提升到了地方史的层面。

注　释

［1］　　秦志豪主编：《锡山秦氏寄畅园文献资料长编》孙志亮序，上海辞书出版社，2009 年版。

［2］　　郭明友：《明代苏州园林史》，中国建筑工业出版社，2013 年版，第 2 页。

［3］　　无锡市园林管理局、无锡市史志办公室、无锡市图书馆编：《梁溪古园》序言，方志出版社，2007 年版。

［4］　　无锡市园林管理局、无锡市史志办公室、无锡市图书馆编：《梁溪古园》，方志出版社，2007 年版，第 293 页。

［5］　　无锡市园林管理局、无锡市史志办公室、无锡市图书馆编：《梁溪古园》，方志出版社，2007 年版，第 287 页。

［6］　　无锡市园林管理局、无锡市史志办公室、无锡市图书馆编：《梁溪古园》，方志出版社，2007 年版，第 311 页。

［7］　　邵涵初：《寄畅园记略》，《梁溪古园》，方志出版社，2007 年版，第 295 页。

［8］　　秦志豪主编：《锡山秦氏寄畅园文献资料长编》顾文璧序，上海辞书出版社，2009 年版。

［9］　　秦志豪主编：《锡山秦氏寄畅园文献资料长编》顾文璧序，上海辞书出版社，2009 年版。

［10］　秦志豪主编：《锡山秦氏寄畅园文献资料长编》朱有玠卷首题词，上海辞书出版社，2009 年版。

［11］　无锡市园林管理局、无锡市史志办公室、无锡市图书馆编：《梁溪古园》，方志出版社，2007 年版，第 295 页。

［12］　秦志豪主编：《锡山秦氏寄畅园文献资料长编》，上海辞书出版社，2009 年版，第 191 页。

对旧稿《胡汀鹭传略》增订札记

邹绵绵 *

【摘要】近代画家胡汀鹭（1884—1943，名振，无锡人）是位在文学（诗词）、绘画上均深具造诣并具有鲜明特色的画家，他还是位曾在家乡创办"无锡美术专门学校"的艺术教育家，又是继画家无锡吴观岱之后，锡山画家群体中的代表性画家。有鉴于此，笔者曾撰写有《胡汀鹭传略》，由于主、客观原因，笔者对旧稿的内容、文字等自觉不能满意。为此将多年来在读书、赏画中所积得的相关笔记、图片等，作为对旧稿内容增补和文字纠误的资料，在此以札记的形式记为六则，以冀能为其家乡文博界及有心于这方面的研究者提供一些参考资料。

【关键词】画家胡汀鹭　潘省庵　柳亚子　锡山书画社　舣舟亭雅集题名

30余年前，笔者因受上海书画出版社《朵云》编辑部之征，开始为近现代知名画家撰述传记，拙撰《胡汀鹭传略》（刊《朵云》1991年4期总第31期）即其中之一。笔者当年撰稿时在苏州请益于文博界老前辈吴雨苍先生[1]，又得到了无锡画苑老前辈唐源道先生多次赐函指教，还特地到无锡拜访了传主次子胡士杰先生夫妇。由于他们的不吝赐教，并提供相关文字、图片资料，才使得拙撰《胡汀鹭传略》得以刊行。然而，由于当时的主客观原因，尤其所见与传主相关的文字资料及其画迹的有限，加上是稿在编印中文字多有误植、倒置、脱漏等等，自觉对当年所刊《胡汀鹭传略》不能满意。因此，笔者30余年来在读书、赏画中，凡有发现述及与民国时期无锡艺术教育、画家胡

汀鹭相关的史料，哪怕只字片语、零缣片楮均倍加留意，并随手做了笔记，有的还拍摄图片，以作为对旧稿修订的资料。

2013年末，无锡博物院举办"鹭立寒汀——胡汀鹭书画精品展"，并在同年《无锡文博》第4期中见到了重刊的拙撰《胡汀鹭传略》和秦毓鎏的《汀鹭题画诗抄叙》等。笔者由此产生了对旧稿作增订的意愿。

近年读到《〈闹红精舍遗稿〉初探》（发表于《无锡文博论丛》第2辑）一文，该文内容主要是就胡氏诗词遗稿来阐述其交游、文学造诣、绘画特色等，这引发了笔者着手增订旧稿的决心。在此就上述提到的笔者多年来所收集到的相关资料，分为数则，采用札记的形式记述如下，旨在使人们对画家胡汀鹭诗词成就、

* 邹绵绵：文史研究者

绘画艺事、平生交游事迹等有一个再认识。

一、胡汀鹭与苏州画家 顾鹤逸的相识、相交

笔者在《胡汀鹭传略》中有述：

1928年，先生自刻其早年题画诗词，刊《汀鹭题画集》一册，其中作品以山水为多。同年，先生由吴中词学家潘省庵之介，携所作山水画多幅，去苏州拜访古书画收藏家、山水画名家顾麟士（1865—1930，字鹤逸，号西津。今苏州人。系清道光进士，官浙江宁绍道台顾文彬孙，为清末民初苏州画坛盟主，著有《过云楼书画续记》等）。

笔者此说当年征引的是《无锡文史资料》第9辑所刊载的孙伯亮先生《关于胡汀鹭画师的一些遗作》一文[2]，其中有记谓：

汀鹭认识苏州山水画名家顾鹤逸，由于顾氏同乡词学家潘省庵之介。一九二八年，汀鹭携所作之山水画多幅，去苏访潘，随潘谒顾，意欲以画为贽，拜顾为师，求其指谬。顾氏见其画，大为称赏，谦抑不肯承受师礼，遂以同道忘年之友定交，故称之曰"汀鹭道兄"。

然而，这段画苑掌故中的介绍人"潘省庵"其人其事，笔者当年先请教苏州吴雨苍先生，吴老不知情。后笔者在与文史作家、有"补白大王"之称的郑逸梅（1895—1992）先生通信中还特地向他请教，郑老在复信中特附言"吴振麟、高玄宰、潘省庵均不知"，因此，笔者当时对稿中引述"潘省庵"其人无法注释，只能存之待考。

直至2010年春，笔者读沙一先著《清代吴中词派研究》（人民文学出版社2004年版）一书，在该书第六章《吴中潘氏词人群研究》中有："潘承谋（1874—1918），字聪彝，号省安，

观保嗣孙，光绪二十三年顺天副贡，官农工部员外郎。有《瘦叶词》一卷，民国二十三年石印本。"经查检，《江苏艺文志·苏州卷·潘承谋》也误作潘卒年1918年。但鉴于如果潘卒年1918年，就与《胡传》中"一九二八年，汀鹭携所作之山水画多幅，去苏访潘，随潘谒顾"在时间上不相合。而笔者读清吴大澄（1835—1902）《愙斋诗存》，见附刊有现藏上海图书馆的潘承谋钞本《愙斋自订年谱》，之末有潘附记一则，纪年为"戊辰腊月潘承谋识"，其中的"戊辰"应该是1928年。为此笔者再在苏州图书馆古籍馆检阅到民国二十三年（1934）石印本潘承谋《瘦叶词》并附《己巳消寒词》《庚午消夏词》各一卷。其中的"庚午"无疑是1930年。而且就在《庚午消夏词》中就有《金缕曲·题顾梁汾寄吴汉槎词扇，为无锡胡汀鹭振倚归装赋》一阕，词曰：

昨叙梁溪棹。甚匆匆、行舟待发，踏歌人到。寸帙瑶华双箧影，珍重出诸怀抱。推茗碗、逡巡言道。师友深情锤我辈，铸黄金料爇心香祷。如不弃、幸留稿。

秋茄万里吹归早，十年期、人生有几，乌头白（平）了。公子怜才增悱恻，楚雨河桥凄调，轻季诺、为酬琼报。长跽侯门拼醉死，书忍字、苔绣荒庵草。今夜月，古时照。

潘词内容即以胡汀鹭所藏清人顾梁汾寄吴汉槎词扇页墨迹，而顾、吴这段友谊重千古的佳话素为士林传称，这才使词人潘氏生发"师友深情锤我辈"的感慨。他生前所赋的这阕词虽收入了《瘦叶词》，但该词并未写录付呈胡汀鹭（可参见《画家胡汀鹭旧藏顾贞观、纳兰性德词笺及诸家题赋墨迹传世递藏经过探究》相关章节），这也便是笔者在上文把全词录出的原因。据此可知，词人潘承谋1928年介绍胡汀鹭与苏州顾麟士相识并订交，是真实不虚的。

有关《江苏艺文志·苏州卷·潘承谋》中

称潘卒于 1918 年之说又从何而来？为此笔者查阅了上海图书馆编《（苏州）大阜潘氏支谱》（共五大册，上海科学技术文献出版社 2018 年版），在是谱第二册中见到了潘承谋小传，但在该小传中仅有他的生年，而无其卒年，所谓"上海图书馆编"，其实仅是旧谱重印。在这则小传中，尽管未见到潘承谋的卒年，但它却为笔者提供了《江苏艺文志》中将潘承谋卒年误作 1918 年的根源，即在《（苏州）大阜潘氏支谱》潘承谋小传中有"娶许氏浙江仁和籍之晋公女，生于清同治十三年甲戌十月一日，卒于民国戊午年五月二日年四十有五"。至此才知《江苏艺文志》将潘承谋之妻许氏"卒于民国戊午年"装到了潘承谋的名下。而潘承谋的卒年应是 1934 年春，这在《吴梅全集·日记卷（上）》（王卫民校注，河北教育出版社 2002 年版）中有着明确的记述，兹略做摘录："甲戌年二月二十三（西六日），晴……又至祖家桥，拜潘轶仲（潘承谋字），盖今日大殓也。"而且还透露了潘 1930 年所作《金缕曲·题顾梁汾寄吴汉槎词扇，为无锡胡汀鹭振倚归装赋》一阕，且其至死未把该词墨迹交于胡汀鹭的原因，《日记》写道："癸酉十月十八（西五日）……晤巍成、伯渊、季华，谈及潘轶仲破产事，几及十万，不禁感叹。"由此可知潘承谋是因破产而死于贫病之中。其遗著《瘦叶词》也是由于生前知交江苏宝应刘翰臣的捐资才得以行世。

再有必要探究的是胡汀鹭之所以会有意师从苏州山水画家顾鹤逸的原因。对此，笔者认为，胡汀鹭自在家乡结识了自 1910 年流寓无锡的大收藏家裴景福后，因观赏到了裴氏壮陶阁所藏历代名迹，受益匪浅。嗣后就不免会产生得观慕名已久的苏州顾氏过云楼所藏历代书画名迹之想。又正好结识了词友、苏州望族之后的潘承谋，他的这一意愿才得以实现。

有关胡汀鹭与苏州顾鹤逸的交谊，从两人的生年来看，顾比胡年长近 20 岁，按当时的世俗而言，顾比胡要长一辈，再按两人的门第而言，也堪称有上下床之别。但从所见收入胡氏《闹红精舍遗稿》中的顾鹤逸《题胡汀鹭画集》，如诗中有"松石心应期远会，荆关谊敢论同游"之句，便可见得他对这位后生画笔的赞许和推重了。笔者补订此则内容，主要是反映胡汀鹭以好词学而先结识词人苏州潘承谋，再由潘的推介，并以自己的山水画作品作为"见面礼"而与著名的古书画收藏家、山水画名家苏州顾鹤逸订交之事。从中可以反映传主胡汀鹭确实是位在文学（诗词）、绘画艺术上均深具造诣的大家。至于顾鹤逸之所以"谦抑不肯承受师礼，遂以同道忘年之友定交"的原因，笔者直至近年在相关史料中见得：苏州现代画家如吴子深、颜文樑、王己千早年均受顾鹤逸的教益，尤其吴子深、王己千当年均有意拜顾为师，但顾氏平生不收画弟子。再说颜文樑创办"苏州美专"，在经费上就是得到了在苏州有"富吴"之称的画家吴子深的资助，因此吴便是该校校董会主席。而颜、吴两人的相识即是在顾氏画室中[3]。

二、由有关"秋客"其人而联系到"锡山书画社"

《无锡文博论丛》第 2 辑刊有《〈闹红精舍遗稿〉初探》一文，述及胡汀鹭《壶中天》小序："戊寅（1938 年）秋日，偕徐秋客买醉市楼，沧桑兴感，怅然赋此。""又词《高阳台·寄秋雨景溪》，徐秋客，字景溪，无锡人。"[4]其中的"雨"联系下文应是"客"之误。《百年梁溪》画册中"百年梁溪画家简介"介绍："徐秋客，名育柳（生卒年未详），号秋客。擅书画，尤精人物，与秦古柳、杨笑柳并称'无锡三柳'。"[5]该画册还收有徐育柳所绘《仕女图》（图一），该图的款题署"时在己丑初冬秋客徐育柳画并题"，可以证明"简介"相关文字，并由此可知徐育柳"己丑（1949 年）初冬"尚健在。

图一　徐秋客《仕女图》

而"景溪"实则应另有其人，该人姓程，名景溪，无锡人。笔者曩读当代画家传记《陆俨少自叙》，在该书第四章中有自述谓：

　　四年中学毕业后，我再次提出要求专心学画，我父亲同意了……一九二六年，我十八岁，父亲领我到无锡，免考进入无锡美专……无锡美专教师有胡汀鹭、诸健秋、王云轩、陈旧村等先生。在同学中我认识了程景溪，他比我大两岁，课堂上同坐一凳，寝室内对床而眠。

　　笔者之所以会对"秋客"其人颇为关注，原因是十多年前有位无锡邓姓女士把不少民国时期印制的艺术刊物和其父邓季超、母胡佩先的一些老照片拿给笔者阅览，并要求加以考释，她还口述了其父母当年求学（父求学于上海美专，母苏州美专）习艺以及办学从事教育事业的一些经过，以及两帧旧影拍摄的时间、地点，并指示了其父母的身影。她还摘录当代《无锡大事记》中相关内容："民国14年8月，胡振等8人创办无锡美术专科学校。民国15年，是年，画家胡振等于城中公园池上草堂成立'锡山书画社'。"笔者见闻后，对其中拍摄于1926年的"锡山书画社夏季展览大会全体社员摄影"（图二），和摄于1925年的"苏州美专游艺大会女同学表现少妇泪摄影"（该合影中前排右一即胡佩先，后排中为苏州美专校长颜文樑）两帧合影尤为重视，因为该两帧旧影是记载无锡、苏州两地民国初期美术活动的影像资料，也堪称珍贵的地方文献。为此笔者当年对以上两帧合影中的人、事专门作了考释。

　　需要说明的是，1926年摄于无锡城中公园池上草堂的"锡山书画社夏季展览大会全体社员摄影"，其中的"锡山书画社"，据这帧旧影的保存者口述，它组建于1926年春，"锡山书画社"的社长即画家胡汀鹭。笔者考察该画社的组建背景等后，归结以下两点。其一，胡汀鹭于1925年，与同邑画家王云轩、贺天健、诸

图二　锡山书画社夏季展览大会全体社员摄影（上前排左起十一人为邓季超，后排左起第八人为胡汀鹭，右第二排第二人为诸健秋，下右起第五人为徐秋客）

健秋、陈旧村等创办私立无锡美术专门学校，聘吴稚晖为校长，胡自任教务主任，兼教员，教员中如贺天健、诸健秋、王云轩、陈旧村等均是当时锡籍知名画家。而作为教务主任的胡汀鹭，他此举拓展了在校学生的艺术视野。其二，民国时期私立艺校于经济（资金）上堪称"入不敷出"，非有志于艺术者莫办。对此如刘海粟与私立上海美专便是显例。因此当时教职员工的收入十分菲薄，只能以自己一技之长，鬻艺卖画来维持生计。而在当时又不可能以学校的名义来鬻画，但"画社"举办"画展"却是顺理成章，所以当年的"书画展览会"，即是鬻艺卖画最大的市场。对于这帧旧影内容的考释，最困难的便是对合影中主要人员的辨认，除了邓女士指认其父邓季超（前排左起第十一人）外，其余皆不知。笔者遂将该合影请胡汀鹭之孙无锡胡希文先生辨认，结果由胡希文先生转请无锡老画家蔡光甫先生辨认。据辨识，合影后排左起第八人为胡汀鹭。2008年初夏，笔者再将该合影请画家无锡诸健秋次子、前苏州博物馆副馆长诸汉文先生辨认，诸老借助放大镜，

辨认出其父诸健秋的身影（合影右第二排第二人），并对笔者说："其中还有一个人我倒也可以认出来，他是胡汀鹭殁后经常来我家的徐秋客（合影下部共七人，右起第五人，笔者注）。"在该旧影中除了已经辨认出的以上四人外，其中应该还有如是年尚在"锡美"任教的画家贺天健，以及其他教师。

该旧影前排左起依次有八位身穿短衫长裙的青年女性的身影，从衣着相同来看，她们应该都是"锡美"的学生，同是"锡山书画社"的社员，鉴此，其中应该还有不少男同学。而参加该合影的人数多达70余人，这在当时来说堪称盛况空前。对此笔者以民国时期在苏州书画社团中，参与入社人数最多的社团来作为对比——1933年冬，由画家苏州吴湖帆、陈子清、彭恭甫、潘博山、邹伯耐五人在苏州发起组织"正社"书画会，《苏州"正社"书画会会友题名册》记有会员共49人，其中北平（京）14人，上海10人，苏州25人，共49人。[6]由此可见当年"锡山书画社"之盛况确实非同一般了。对此，以笔者之见，"无锡美专""锡山书画社"

的创办和"锡山书画社夏季展览大会全体社员摄影"更主要的是反映了当时无锡民族工商业的迅猛发展。经济相对发达，才使得当时最大的艺术品市场，即书画展览会盛极一时。因此这帧旧影就显得尤为珍贵，它不仅能为拙撰《胡汀鹭传略》内容补阙，又堪为无锡现代美术史料中的珍贵文献。

三、有关胡汀鹭与柳亚子交谊索隐

拙撰《胡汀鹭传略》中在记述其交游中曾写道：

尤当载笔的是先生早年起即与柳亚子（弃疾）订交。先生曾将收集到的一册清初诗人吴江吴汉槎信札（抄本）赠送给柳，对此柳在该册的封面上特作题记："此为无锡胡汀鹭先生于民初得之冷摊后转赠。"柳亚子则尝为先生作《题顾梁汾寄吴汉槎〈金缕曲〉，为胡汀鹭赋》。

笔者当年引征胡、柳"赠书""题赋"资料的出处有两：一、笔者约 1986 年见《新民晚报》副刊所载作者章品镇的一篇文章，内容即记述中华人民共和国成立初，柳将一批有关家乡吴江地方文献的书籍捐给江苏文研所，其中有一册即为胡赠与柳的吴汉槎书信抄本；二、见于柳亚子《磨剑室诗词集》[7]。

直至 1994 年春，笔者读柳亚子《磨剑室文录》，见有《汀鹭〈画缀〉叙》一文[8]，才对旧稿中所征引胡、柳"赠书""题赋"订交的缘由有了完整的了解。因此笔者曾撰有《胡汀鹭与柳亚子的交谊》（刊于《中国文物报》2002 年 5 月 1 日《书画》版），在该文中把柳文《汀鹭〈画缀〉叙》仅略做引述。在此为探究有关胡、柳"赠书""题赋"订交的缘由，有必要把柳文中相关内容做些摘引：

胡子善画工诗，法书名翰，什袭藏弃，

摩挲竟日，于人间世泊如也。性尤风雅选事，好从畸人侠士游。尝以所作画易吾乡吴汉槎家书旧写本，珍若拱璧。闻友人沈次公一言，即慨然割畀余，以余为能网罗松陵文献故耳。余未识胡子，始从次公通款曲。而同邑薛公侠客梁溪十余年，旧腊过予，尤娓娓称道胡子不休。次公有《梁溪归棹图》，公侠有《寒灯写诗图》，悉出胡子手绘。高雅淡远，如见其人……胡子诗尔雅可诵，顾不肯行世，友朋敦促之，则举其题画之作曰《画缀》一卷，先布诸梨枣。乞次公、公侠介余一言，余弗敢辞，为叙之如左。他日嬉春过惠山，终当与胡子一醉，并尽读其所为诗若画，即以此叙为券可已。

读柳文首先要对文中提到的"沈次公""薛公侠"两人做番了解。沈氏名昌直（1882—1949），字颖若，吴江松陵人。有兄名昌眉，长、次两公皆为南社社员[9]，均与柳亚子为至交。沈昌直曾在无锡省立第三师范学校执教，钱穆在《师友杂忆》之七"无锡江苏省立第三师范"中有记述："民国十二年之秋，余转入无锡省立第三师范任教……三年级国文教师为吴江沈昌直颖若，年较子泉尤长。喜诗，尤爱东坡。为人谦和，以诗人兼儒家风。"[10]而另一位"薛公侠"即薛凤昌（1876—1943），字砚耕，号公侠，吴江人，原籍无锡[11]。鉴于胡当年有曾在"省三师"执教的背景，因此"沈次公""薛公侠"两人与胡汀鹭因同事而交好。以上这些也便是胡与柳"赠书""题赋"交谊的缘由。有关柳文中提到"次公有《梁溪归棹图》，公侠有《寒灯写诗图》"，前者在孙伯亮撰《关于胡汀鹭画师的一些遗作》中就记有"《送沈颖若归松陵图》"[12]，至于后一件，为薛公侠绘的《寒灯写诗图》，不知该画迹尚在人间否？从中可以反映传主胡汀鹭的人品、交游和学养。

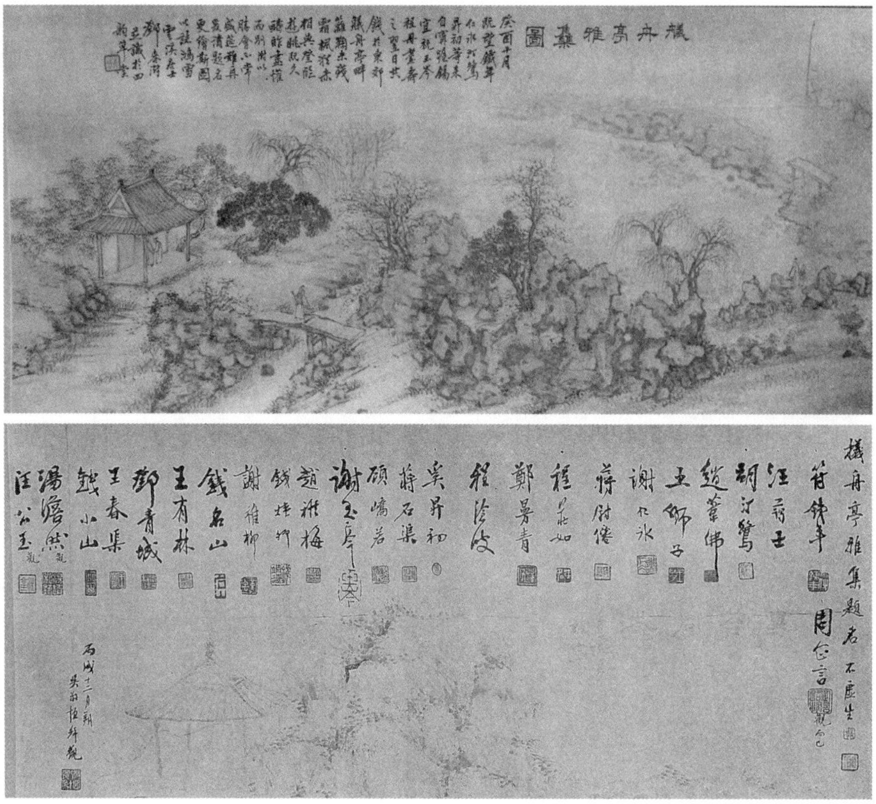

图三　《舣舟亭雅集图》及题名

四、从《舣舟亭雅集图》看胡汀鹭的交游、人品

2017年5月，笔者应邀赴常州博物馆参加"风雅与归——毗陵钱谢书画展及国际学术研讨会"，期间获见常州博物馆藏、由常州民国名画家邓春澍绘《舣舟亭雅集图》（纸本、设色，纵32厘米，横546.5厘米）（图三），该图卷中有画家无锡胡汀鹭等20余人的题名，因此笔者对该图卷产生了兴趣。在此仅就胡汀鹭参与"舣舟亭雅集"活动的缘起、内容等做些简要的叙述。

邓春澍在所绘《舣舟亭雅集图》题识曰：

癸酉十月既望，铁年、仁冰、汀鹭、升初等来自宁、沪、锡，宜祝玉岑祖母蕙寿。之翌日共饯于东郊舣舟亭畔，篱菊未残，霜枫犹赤，相与登临游眺。既久，酬酢尽欢而别。澍以胜会不常，盛筵难再，爰请题名，更绘斯图，以志鸿雪。云溪居士邓春澍并识于四韵草堂。

读此题识，便可知画家创作这件《舣舟亭雅集图》的缘起是常州谢玉岑、稚柳兄弟的祖母钱蕙荪（1854—1934）八十庆寿，兄弟二人在宁、沪、锡的友好都来庆贺，才有此舣舟亭雅集事。该图卷前由钱名山大书引首，邓春澍绘《舣舟亭雅集图》，图卷拖尾上有参与这次雅集者题名，依次为符铁年、汪蔼士、胡汀鹭、赵苇佛、王师子、谢仁冰等21人。另有吴稚晖、周企言等所题观款，在图卷拖尾上有郑岳（1901—1975）、蒋石渠（1898—1979），都是常州钱名山"寄园"高弟，又有如无锡孙保圻（1881—1953）、侯鸿鉴（1872—1961）等10余家的题诗。

有关胡汀鹭与常州谢玉岑的交谊，笔者在《胡汀鹭传略》旧稿中就有所述及，如1935年谢玉岑病殁，胡撰有挽联一副，及《画飞燕落花图于亡友谢玉岑书扇后》七绝一首（该诗收入胡氏《闹红精舍遗稿》，故不再录出）。在此把近年见得谢玉岑署名"谢大"，发表在 1930 年 3 月 31 日至 4 月 4 日《武进商报》的《筹赈书画会上海集件的一点小报告》[13] 中相关文字摘录如下：

> 无锡胡汀鹭，我们常州人最欢迎他的作品，他笔清骨秀，布局新奇，但又异常妩媚，所以可说是雅俗共赏。他曾经拿朱古微（名祖谋）做的词，一句一句，画成一部小册页印出来。词的境界，最是抽象，所谓"杳渺之思"，是捉摸不着的，他偏能体会出来，所以看见的人，没有一个不五体投地。但是他无锡开了一只蚀本的小学堂，每两星期，又要到上海昌明专科文艺学院上课，还要卖画，敷衍开门七件事。他画的生意忙，弄得一天到晚，不得空闲，所以我尝说他是劳工神圣。他说他本来有颗图章，刊这四个字，因为有人说太新，所以不大用。毕竟这一次，他这劳工神圣，又逃不掉替我做劳工了。他捐了十五件；有四尺，有三尺，有二尺，有扇，最精的是一张梨花上躲着只小鸟，梨树下面，又加一枝桃花，奇特得非常；此外柳燕呀，柏竹寿带呀，枫雀呀，蜀葵洋牛呀，没有一张不新鲜有味的。

以上选录的这则文字是用白话写的，首先要了解它的写作背景。刊于 1930 年 3 月 4 日上海《申报》上的《马迹山筹赈书画会征集作品启事》有："常州马迹山为三吴名胜区，而山地贫瘠，益以去岁秋旱，田禾槁死，遂成巨灾，延至今春，山民多有饿死者。刻由邑人钱振锽（名山，笔者注）、庄蕴宽、邓春澍等，发起书画展览会，售款充振（赈，笔者注）。上海征件由郑曼青、谢玉岑接洽。"据此就可明了这次"筹赈书画会"的全部背景，并从中了解胡、谢两

人的人品和交谊。同时该《启事》中"发起书画展览会"之语，也可作为上文中"当时（民国时期）最大的艺术品市场，即书画展览会盛极一时"的又一个注解。

五、胡汀鹭生平事迹、艺迹增补简述[14]

（一）1924 年春，时年三十岁的国立暨南大学艺术系主任、画家陶冷月（1895—1985）在无锡"池上草堂"举办第一次个人画展。名画家无锡吴观岱、胡汀鹭皆为之题词。[15] 胡题词曰：

> 中西合治，工写兼施，不独吾邑新画家推为杰构。即诸旧画家亦为之倾倒。若普通游览者之惊叹欲绝，则更无论矣。盖先生之画，既合于旧，又合于新；既合于作家，又合于社会。所谓雅俗共赏，无美不备者也。予虽不敏，愿从先生之后焉。

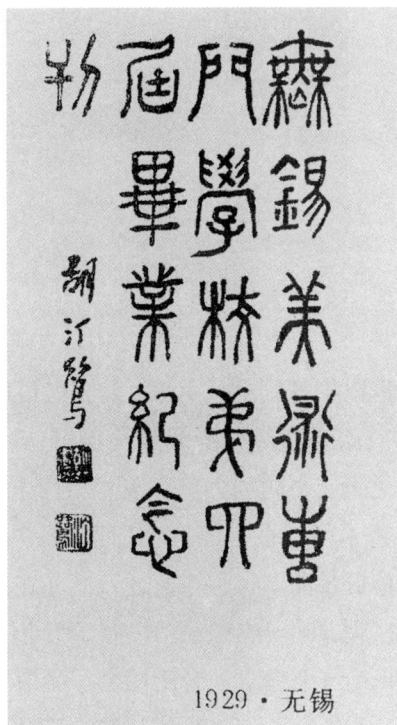

1929·无锡

图四 胡汀鹭题《无锡美术专门学校第四届毕业纪念刊》

图五　胡汀鹭《竹石飞鸟图》

考察以上这则题词背景，需要做说明的是当时陶应南京高等师范教师沈惠田、谢公展、吕凤子之邀，一同创办南京美术专门学校，吕凤子任艺术师范系主任，陶任西画系主任，而在《胡汀鹭传略》旧稿中有述及其亦在该校任教职事。题词"盖先生之画，既合于旧，又合于新；既合于作家，又合于社会。所谓雅俗共赏，无美不备者也"，也可以反映胡氏是位能紧随时代的美术教育家。再者，陶之所以会把自

己第一次个人画展放在无锡举办，其中原因可以作为笔者在上文中考察"锡山书画社全体社员合影"相关背景，即"民族工商业的迅猛发展，经济相对发达"的又一注脚。

（二）1929 年 12 月，《无锡美术专门学校第四届毕业纪念刊》出版，大 32 开本，由江苏无锡美术专门学校第四届毕业同学会编辑，刊名由胡汀鹭题写(图四)。本刊卷首刊有蔡元培、徐悲鸿、唐文治、钱基博、华文川的题字，贺天健、张友云等作序。该刊除了刊登毕业生的绘画作品外，还刊载了钱松嵒的《真生命之实现》、胡翊文的《艺术家对社会上应负之使命》、邓光复的《艺术与人生》、钱钟珏的《唐宋元明画家概论》、万鹏南的《旅行写生》等论文。[16] 这些也堪为记录该校史实的珍贵文献。

（三）1929 年末，画家郑午昌、王师子、谢公展、贺天健、张善孖、孙雪泥及陆丹林在上海发起组织"蜜蜂画会"，胡是该会首批会员（共49 人）。1931 年由蜜蜂画会编辑、上海中华书局出版的《当代名人画海》（图册）中收有胡汀鹭《竹石飞鸟图》（图五）。该作品构图简练，笔墨洒脱，意境荒率中寓清劲之气。图上并题句："敢言我画竹，逾于苏东坡。此事无定评，何妨吹法螺。汀鹭胡振并题。"所题应系其自作诗，语中看似自负，实是为图画增添诙谐之趣耳。该作品应是其年近五十，且笔墨已臻化境之作。

（四）有关胡与"一代词宗"夏承焘(1900—1986 ）的一段神交。夏承焘，字瞿禅，浙江温州人，毕生致力于词学研究和教学，是现代词学的开拓者和奠基人。据夏承焘《天风阁学词日记》（简称《日记》）[17] 相关记述可知，两人的缔交是由于夏的词友常州谢玉岑的从中推介。如《日记》1930 年 10 月 25 日："玉岑寄来无锡胡汀鹭影印顾梁汾书寄吴汉槎二词，纳兰容若书水调歌头题洞庭图二笺，小楷工秀，皆希世之宝……玉岑为汀鹭介予题词，午后得

金缕曲一阕。"夏于五天后"发玉岑常州函,寄去题顾梁汾遗墨词。"再至《日记》1930年11月4日:"接玉岑一日书,许余题顾贞观词笺词'苍凉沉郁'。胡汀鹭乃一老画师,名与吴观岱埒,并能诗词。"又至《日记》1931年2月14日:"接玉岑挂号函,寄胡汀鹭画幅,题玉岑一词云:'如水闲庭怯晚凉,帘波云影镇微茫。背人开了夜来香。墙外似闻银作浦,钗边倘见玉为梁。小屏山远梦横塘。'风光绮媚,如其为人。"

从以上所引《日记》内容便可以见得胡、夏结为神交,是由于谢玉岑的推介。但对其中"寄胡汀鹭画幅,题玉岑一词……风光绮媚,如其为人。"似乎难以明白其中的事由,即胡所寄画幅是否是夏曾为题顾贞观词笺词的回报?笔者这一存疑直至读了钱璱之先生《记夏承焘先生的七十二封手札》[18],该文述及夏曾在与谢的书信中有:"汀鹭先生如不甚惜翰墨,兄能代丐一画幅,记此段因缘否?"才使得笔者存疑尽释。

(五)1939年夏,上海画坛名家吴湖帆的夫人潘静淑病逝,吴遂将亡妻作于1934年的《千秋岁》词中"绿遍池塘草"手迹印成诗笺,以

图六　胡汀鹭应吴湖帆之征而作《绿遍池塘草图》

分赠友好。该词句曾为词学家吴梅誉为"清籁"。同时,吴遍征一时画苑词林名家作图题赋,并印成《绿遍池塘草图咏册》。胡汀鹭即应征作图(图六),并在是图上题曰:"湖帆先生属图德配静淑夫人'绿遍池塘草'遗句。己卯秋日汀鹭胡振。"这也可以说是对吴曾为胡收藏顾梁汾书笺题词一阕的回报。

六、从胡汀鹭诗词以及他人相关诗作中看胡当时的生活景况

笔者在《胡汀鹭传略》中有如下记述:

先生一生饱经忧患,中年起家庭负担沉重,妻子多病又常卧床需人照料,加上长子因肺痨夭折,生活全赖先生,使先生尤感伤痛。有诗句"有限光阴愁里过,无知稚子泪中看"。(《检亡儿遗墨痛而成咏》)又"一年休道三春好,愁里光阴又一般。小屋如舟身如仆,老妻多病药为岁。久抛笔砚添新债,典尽衣裳忍晚寒。怪煞数竿窗外竹,临风犹喜报平安。"(《偶成》)从中即可窥见先生当时境况实甚艰苦之一斑。

以上这段叙述是笔者当年访问传主次子夫妇时被告知的,并与传主遗作诗词所述堪称一致。然而,但见有胡的学生曾在撰文中写道:

胡师一生以"人品"为重,天生傲骨,不为艺事所役,其片纸尺缣,苟非其人,亦不可得。平时"画债"来不及还,何况那时胡师"润笔"很高,一幅画送当铺也不止十元钱。……我们认为这"债"是指"画债"。[19]

笔者认为这一"认为"的理由是十分牵强,而且是不合情理的,即以胡诗"久抛笔砚添新债,典尽衣裳忍晚寒"为例,前半句尚可作"画债"解,但联系后半句就难成其说了。为此笔者再征引与胡汀鹭亦师亦友的无锡孙伯亮在

《悼胡汀鹭老画师十绝句》（收入《闹红精舍遗稿》）中一绝句："到手随抛名士金，岂真万事不关心。年来尺幅人争赏，翻敢添愁入苦吟。"并有识语谓："公自奉俭约，而家庭负担殊重，润资到手立尽。或以公为浪费，其实非也。春间钱名山师有调公一绝句，由予转致。'汀洲白鹭态仙仙，妙画而今正值钱。十二万金随手尽，又拖新债过新年。'则公之处境可知矣。"从中便能明辨上述"债"非"画债"。

再以笔者所见胡在所作《枝头斑鸠图》上有两则题诗："呼雨呼晴鸠自忙，东风吹动麦苗长。农田处处皆增赋，纵得丰年亦是荒。""笔墨荒疏甚，年来懒莫瘳。雨晴都不管，自笑拙逾鸠。辛未初冬胡振录稿。"可知画家对当时社会的不合理现象的诟病，并借以作为自嘲。

鉴于以上所述，当年笔者《胡汀鹭传略》在稿末写道："先生一生致力于民族传统绘画艺术及美术教育事业。他生于忧患，死于忧患，是那个战事迭起，民不聊生，不平等，不合理的社会，使他未享大年。他的艺术才能未得到应有的重视，在艺术上没有能够得到进一步升华。这是时代的局限。"这一表述应该说是客观公允的。

注　释

［1］　吴雨苍（1916—2006），名霖，苏州人。自幼丧父后随母生活在无锡外祖家，早年拜画家诸健秋为师习画。并就读于无锡国学专修学校，与冯其庸同学。建国初在苏南文管会工作（初在无锡，后迁苏州），后在南京博物院任陈列部主任诸职。

［2］　孙伯亮（1903—1988），字晴梅，别署晴梅馆主，无锡人。早年师从同邑名士杨楚孙。曾任职"新无锡"报社。耽文翰，为人敦厚，好交友。与胡汀鹭谊在师友间，著有《晴梅诗稿》等。详可参见载于《无锡文史资料》30辑《孙伯

亮先生事略》。

［3］　张仲和、樊宁：《过云楼往事》，《怡园志·诗文》，上海文汇出版社，2013年版，第103页。

［4］　无锡博物院编：《无锡文博论丛》第2辑，陕西人民美术出版社，2017年版，第222页。

［5］　惠永康主编，黄养辉艺术研究会编：《百年梁溪》，上海人民美术出版社，2006年版。

［6］　钱镛：《"正社"社员第一次合作的岁朝清供图》，《苏州"正社"社员题名册》，《苏州文物》1992年第6期。

［7］　柳亚子：《磨剑室诗词集》（上册），上海人民出版社，1985年版，第525页。

［8］　柳亚子：《磨剑室文录》（上册），上海人民出版社，1993年版，第684页。

［9］　陈玉堂编著：《中国近现代人物名号大辞典》，浙江古籍出版社，1993年版，第412页。

［10］　钱穆：《八十忆双亲：师友杂忆》，岳麓书社出版社，1986年版，第111页。

［11］　南京师范大学古文献整理研究所编著：《江苏艺文志·苏州卷》第三分册，江苏人民出版社，1996年版，第2705页。

［12］　孙伯亮：《关于胡汀鹭画师的一些遗作》，《无锡文史资料》第9辑，中国人民政治协商会议江苏省无锡市委员会文史资料研究委员会，1984年版，第17页。

［13］　谢建红：《玉树临风·谢玉岑传》，上海书店，2017年版，第83页。

［14］　在该则中所述，按年份先后为序

［15］　邹绵绵：《陶冷月年表》，《朵云》第51集，上海书画出版社，1999年版，第255页。

［16］　许志浩：《1911—1949中国美术期刊过眼录》，上海书画出版社，1992年版，第65页。

［17］　夏承焘：《天风阁学词日记》，浙江古籍出版社，1985年版。

［18］　谢伯子画廊编：《谢玉岑百年纪念集》，京华出版社，2001年版，第87页。

［19］　吴荣康：《一代宗师　千秋楷模——纪念汀鹭师逝世50周年》，《无锡文史资料》第29辑，无锡市政协文史资料委员会，1994年版，第145页。

浅谈秦古柳《临沈周溪山秋霁图》手卷及其修复

陈　理[*]

【摘要】秦古柳为近现代无锡重要画家，师承晚清海派六十家之一吴观岱，其传统中国画技法工稳成熟，绘画风格高古清雅。秦古柳一生未曾远离家乡无锡，他将无锡作为其艺术舞台，教书育人，桃李天下。无锡博物院于秦古柳作品，在立轴、手卷、册页等各个形制均有收藏。本作择其少年时期手卷作品《临沈周溪山秋霁图》，简要叙述其作品的创作风格、艺术特色及修复过程，为书画类作品的保存修复提供一定的记录和参考。

【关键词】秦古柳　《临沈周溪山秋霁图》　手卷　修复　无锡博物院

一、画家秦古柳及无锡博物院的秦古柳作品

秦古柳（1909—1976），曾用名秦廉，号问白子、问白道人、问白居士，斋号旧方书屋、竹石屋、圻斋、二百汉碑斋。秦古柳是近现代无锡美术史上一位重要画家，生于清宣统元年（1909），自幼喜好书画，12 岁时得拜无锡名家吴观岱为师，并跟随其学习传统中国画，又从冯君辉习古文诗词，在中国传统绘画和诗文方面受到了正统训练，打下了坚实的古典文化基础，奠定了其日后作画及创作的高古风格。无锡现存秦古柳故居两处，其一为位于无锡西北方向玉祁镇礼社 195 号的秦家大院，其二则是位于无锡市梁溪区崇宁路上的旧方书屋。

无锡博物院馆藏秦古柳作品数量多，所涉形制丰富，传统装裱形制中的立轴、手卷、册页、成扇等均有涉及，例如：立轴类有《松荫高士图轴》《松鹰图轴》《烟波钓徒图轴》《山水图轴》等，手卷类有《临沈周溪山秋霁图》等，册页类有其所作《山水图册》等，另有《秦古柳松下高士图、华重协楷书成扇》等。其中，既有秦古柳独自完成的作品，又有秦古柳与他人合作而成的作品，更有一组珍贵的秦古柳手稿，为其所作黄山写生。秦古柳的绘画以中国传统山水画为主，整理归纳以上这些作品，可对秦古柳各个时期的绘画风格有一个初步认识，这对研究秦古柳的创作风格和艺术特色有一定的积极作用。无锡博物院对于秦古柳作品的收藏，无论从形制上来讲，还是从其时代跨度来说，都是一个全面系统的收藏，所以，将这些作品进行科学的保存，对其中破损残缺的作品进行合理有效的修复，可以更好的延长作品本身的寿命以及应对可能会进行的展出。通过修复，作品可以达到一个更好更稳定的状态，从而有利于充分展现其中所蕴含的艺术之美和无锡风

---

*　陈理：无锡博物院馆员

图一　秦古柳《临沈周溪山秋霁图》（局部）

情。故本文以其中的《临沈周溪山秋霁图》为例（图一），对其艺术特色和修复过程进行简要的介绍说明。

二、关于秦古柳
《临沈周溪山秋霁图》手卷

无锡博物院所藏《临沈周溪山秋霁图》系秦古柳14岁时所作，此作在当时得到了吴观岱的肯定并题名（图二）。秦古柳在少年之际，临摹了沈周的这幅作品，功力稳健，气势洋洋，其所作山水长卷，恢弘潇洒，力量磅礴，颇得石田气韵，有一种远超同龄人的工稳和成熟气息。

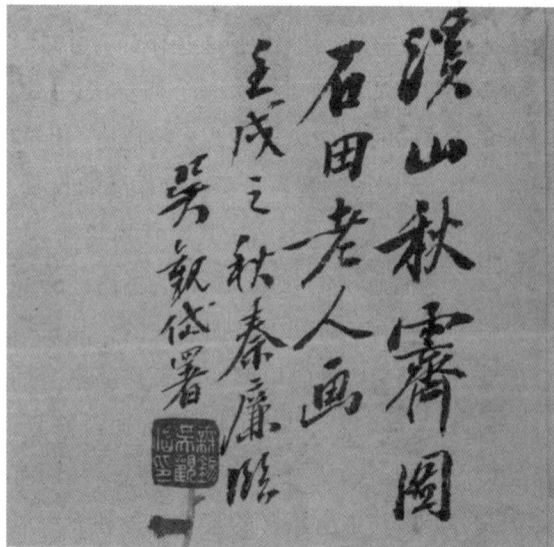

图二　吴观岱为秦古柳《临沈周溪山秋霁图》题名

本作画心内容之后有秦岐农、杨令茀等无锡本地画家名流题跋，现择其中部分摘录如下。画家秦岐农所题："……年未弱冠，笔力坚劲，毅然以石田为依归，已是加人一等，复得观岱之善诱，他日所就未可限量。"乙丑夏五月梅里乡民冯光烈题："秦子古柳，年甫成童，以雅健雄深之笔临写是卷，独能波澜老成，毫发无憾……天分之高，又得名师之指导……"乙丑五月无锡籍女画家杨令茀题："……古柳天资过众，取法上乘，又日侍吾师左右……"乙丑夏六月无锡著名画家钱松喦之师胡汀鹭赞其："秦君古柳，于画禅得顿觉者也，又得观老前辈指授，他日造就未可限量。此卷乃初见观老时所作，深得石田翁神韵，观老衣钵真传有属可贺。"杨寿机题："秦子古柳，弱冠能画，随意所之，深与古契，更得观老日夕导诲，行见造诣精进，追踪石谷，而更贺观老之衣钵有传也。"杨天骥题："观秦古柳画卷，并读觚庐老人所题，各节固与凤契者相合，而秦生以十四龄得此……"俞复题："观岱先生高弟秦子古柳临石田翁溪山雪霁图卷，子时秦子年仅十有四龄耳……"以上评论主要集中在两个方面：一是秦古柳年纪虽小，却能临摹沈周的作品并且有不俗的表现能力和笔力气韵，实属难得，说明秦古柳具有极高的绘画天赋，又能够坚持勤奋练习；二是秦古柳不仅具备较好的自身条件，同时又有幸得遇名师，自身和外界的双重因素将促使其以后的无限发展。

三、秦古柳《临沈周溪山秋霁图》手卷残损情况分析

手卷的基本形式如下图（图三）。现将此手卷送修时状况描述如下：

（一）此手卷天头的地方存在两个问题。1.天头和天头所连接的引首存在严重的脱开现象。2.天头本身存在一定问题：一般的手卷以绫作为天头，因考虑到其作为纺织物，具有较强的拉伸力和张力，比较牢固，可以起到良好的保护作用；而此手卷以纸为天头，并不结实，易破损，从而导致两层托纸之间脱开、断裂（图

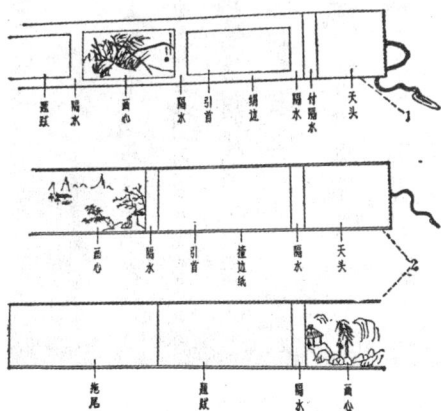

图三　手卷的基本形式图

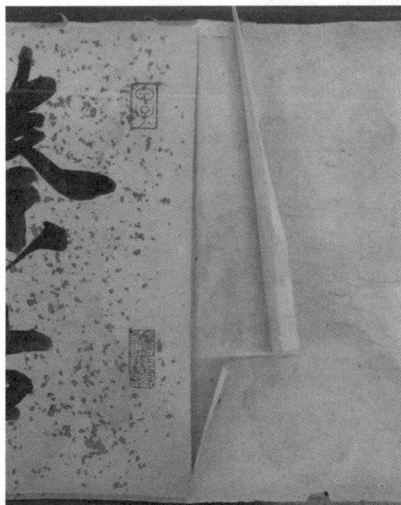

图四　和引首相连接的纸天头断裂

四）。我们通常所见的手卷均以绫作为天头的材料，如无锡博物院所藏元赵孟頫行书《临兰亭序卷》，以米色绫作其天头。

（二）包首处存在两个问题：1.包首处所用的材料是老的卍字纹宋锦，边缘处有破损；2.原裱所用米贴（天杆）已经和包首完全分开（图五），需要更换新的米贴，并在不伤害作品原本签条的基础上与包首进行粘合，以期达到一定的保护作用。

（三）本作的裱边（包括画心部分的裱边和不涉及内容的拖尾部分的裱边两部分）经历较长时间之后，脆弱老化，因而出现大面积的脱浆甚至掉落等现象，如果不加以改善，容易越掉越多，会减弱对画心的保护作用，亦会影响展出。这种情况下，应及时对脱落的裱边用浆糊进行回贴。

（四）引首与第一段隔水的地方脱浆、起翘（图六）。引首和隔水是附在画心之前的部分，通过延伸作品长度从而对画心进行保护，本作的引首和隔水部分存在脱浆、起翘等问题，需要重新粘合并进行压平，以保证作品的完整性。

图五　磨损的包首和与包首断开的米贴

（五）画心存在的问题：画心下边缘处存在断裂（图七）。此种情况要加以粘贴修复，以防止断裂的地方因外力或是画心卷起打开而导致画心的其他地方受损。

（六）题跋处的问题：这是此卷最严重的一个问题（图八）。画心结束后的第一段文字处，命纸和托纸之间已经脱开，而且这一段的画心和后段的题跋亦完全脱开，分成了两个部分。画面和题跋的分离导致了画心内容的不完整，这在作品保存的过程中会增加画心遗失的风险，所以需要将两处进行连接从而形成一个整体。

（七）作品题跋处存在明显的折痕（图九）。

（八）拖尾和最后的纸杆断开（图一〇）。手卷中的拖尾也叫尾纸，用镶料纸进行加长，用

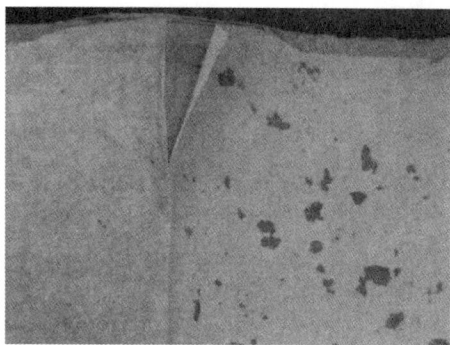

图六　引首与隔水部分的脱浆和起翘

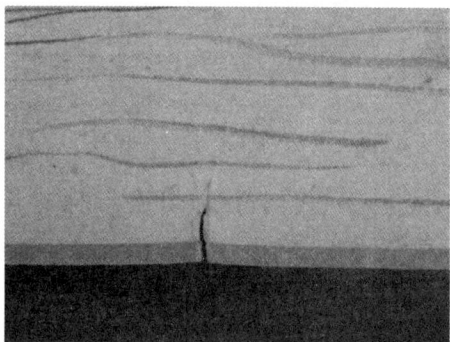

图七　受损的画心下方

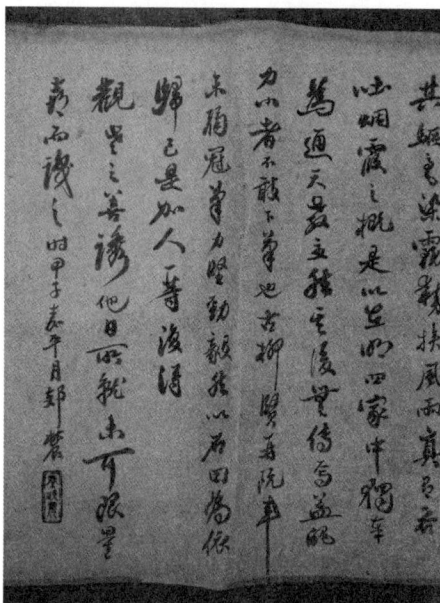

图九　题跋部分的折痕

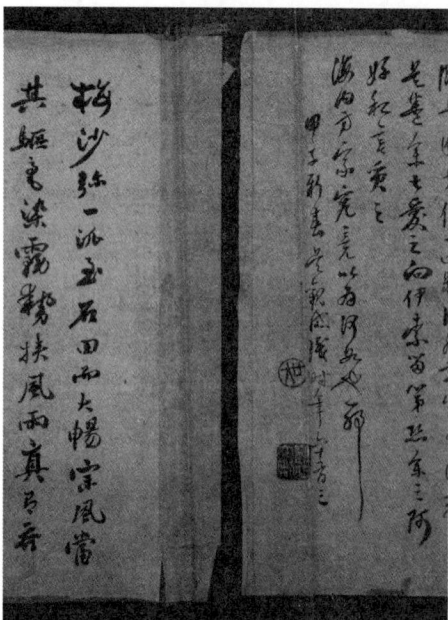

图八　完全断裂分开的画心和拖尾

图一〇　拖尾和最后的纸杆断开

来书写题跋，也可以是空白的。如果画心短，尾纸就适当加长，起到延长画心的作用，题跋多的情况下，就不需要加过多的尾纸，只要保证手卷最终可以卷起来就行。拖尾的作用总结来说就是延长画心的长度从而使画心可以卷起来。

四、制定初步修复计划

（一）将与主体（即第一部分）脱开的题跋部分（第二部分）与主体连接，在画面的背面用浆糊对两部分进行粘合，随后将画面翻至正面，并加上砑铁，将其压紧。砑铁和画面的中间应加上宣纸等隔离物，一方面是吸收浆糊中的水分，另一方面是为防止砑铁等对画面产生伤害。

（二）裁去损坏的老旧拖尾和最后的纸杆，补充新的拖尾以及纸杆。

（三）对天头以及包首部分的残缺进行修复。我们所说的天头位置在手卷的开端，起保护画心的作用。天头材质多为花绫，一般以白色花绫进行染色，颜色多为浅蓝灰色、浅灰绿色、蛋青色等，并要配合画心的题材内容做到协调统一。

（四）修复其余的细微地方。如粘贴掉落的裱边，通过贴折条的方法处理折痕，粘贴画心断裂的地方等。

整体上来说，修复的思路是先两头，再中间，先把主题部分的严重损伤修复完成，再逐一修复细微处的破损，做到尽量少动画心，以降低由于修复而给画心造成的二次损伤。

五、具体的修复过程

（一）制作浆糊。浆糊是传统书画装裱中不可或缺的粘合材料，一般采用水冲法来制作。融化明矾备用，在一个干净的盆中倒入干面粉，逐步加入温水按顺序调开，直至其中没有颗粒物，用开水将浆糊浇熟并翻起至透明状，加入冷水使之逐渐冷却，备用。

（二）准备宣纸、丝织品、杆子等各类材料。1.纸质材料：书画装裱与修复通常采用的是生宣，生宣以檀树皮为主要制作材料，纤维长，质地柔软，具有很好的拉力和吸水性。宣纸有很多门类，如单宣、棉连、夹宣等，在此次修复过程中，我们要选用颜色和质地与原裱件相近的宣纸进行修复，以保证作品的完整和审美的和谐。2.丝织品：书画装裱中经常用到的丝织品主要是绫和锦。绫系本色挑花熟丝织成，有花纹图案，亦称"花绫"，质地薄而轻，常见的花样有飞凤、双凤、鸾鹊、云鹤、团花、回纹、冰梅、挂兰、叶竹、菊花等，富有民族特色。在托上一层宣纸经染色以后，绫可以用作立轴的天地头、隔水，手卷的天头、隔水，也可作镜片、屏条的镶料。但本卷在原本应该使用绫作天头的地方，采用了纸，故易脆弱老化，所以在局部修复中，要将纸更换为绫，并结合本作以山水为主题的绘画风格来配合适的绫，以保持作品整体的统一性。除了绫以外，锦也是书画装裱中常用的材料，锦以各色纯丝织成，大多为二方连续或四方连续的对称图案，质地比绫更加紧密厚实。采用绫和锦对书画作品进行装裱，有着很长的历史。魏晋南北朝战乱结束，社会渐趋安定繁荣，丝织造纸技术已达较高水平，锦绫绢帛、皮棉竹纸，都已初具规模，因此，装潢技术随着书画艺术的发展而全面提高，至唐代则形成相应体系，华丽的装裱风格甚至影响到日本。宋代，由于统治阶级崇尚书画，对书画艺术大力扶持，故书画装裱也随之不断进步，出现了更多种类的绫和锦。在当代装裱中，除了采用旧锦，还会经常使用具有仿古图案的新锦。此件作品的包首中所用到的锦，是卍字纹老宋锦，但已老化脱落，所以需要重新上浆后回贴，并将磨损的地方一一修整以保证作品的完整美观。

（三）展开修复。1.将第二部分的题跋和主体部分进行粘合连接，并且压紧。

2.去除拖尾部分的老纸杆，并连上相应的补纸。手卷的隔水一般有三个，天头和引首之间镶一个，引首后面和画心前面镶一个，画心后面和拖尾前面镶一个。但是也有特殊情况：在重新进行装裱的旧画中，如果拖尾上有名人题跋的，可以考虑在后面增加一个隔水，然后补充空白的新拖尾和纸杆。

3.修复天杆以及包首。手卷以锦作包首，一般在包首要用的锦的背面刷上浆糊，绷平晾干，最后在覆手卷的时候做上去。本作是老宋锦的包首，虽有老化残缺，但为了保留老裱，所以仅将磨损的地方去除并且贴平压牢，之后将新的天杆加入。

4.卷边的修复。手卷根据边的处理方式不同，可以分为三种品式：撞边手卷、转边手卷、套边手卷。《临沈周溪山秋霁图》是撞边手卷，但在修复前的观察中可以发现，撞边纸已有很大程度的磨损和脱落，所以要用干净的毛笔沾浆糊给撞边纸上浆，之后再拿干净的宣纸将其中的水分吸走并压实贴牢（图一一）。

通过此次对秦古柳《临沈周溪山秋霁图》手卷的修复，可以得到一些针对纸质文物保存修复的看法。第一是预防性保护十分重要。所谓的预防性保护，是指通过有效的质量管理、监测、评估、调控干预等来抑制各种环境因素对藏品的危害，努力使文物处于一个稳定的安全生存环境中，尽可能阻止或延缓文物的物理和化学性质劣化，达到长久保存文物的目的，总之就是要给文物提供一个科学合理的保存环境，其中包括库房的保存环境，如防虫防蛀防酸等，另一个则是展厅的展出环境，展出时对温度、湿度以及光照都要有一定的控制。第二就是平常或展出前进行检查的时候，如果发现文物有残损或是不能承受展览压力的情况，一定要进行及时的修复，以免展览悬挂的压力或温度、湿度的影响对展品造成更严重的损伤。第三是修复的最小干预原则。秉持最小干预、修旧如旧的修复理念，能不动画心的情况下不动画心，尽量小修，最大程度降低对画心的伤害，力求最大程度保证画心的完整性（图一二）。

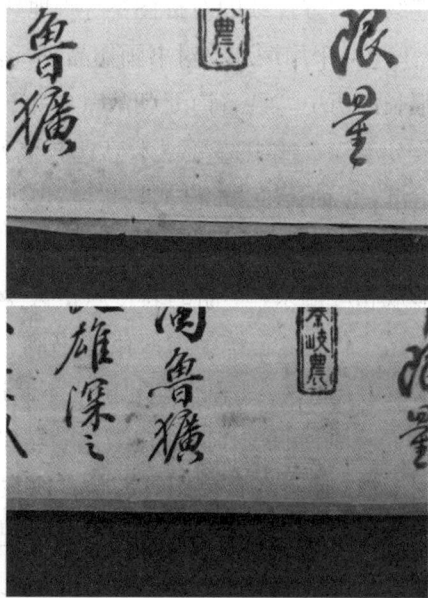

图一一　掉落的撞边纸修复前后

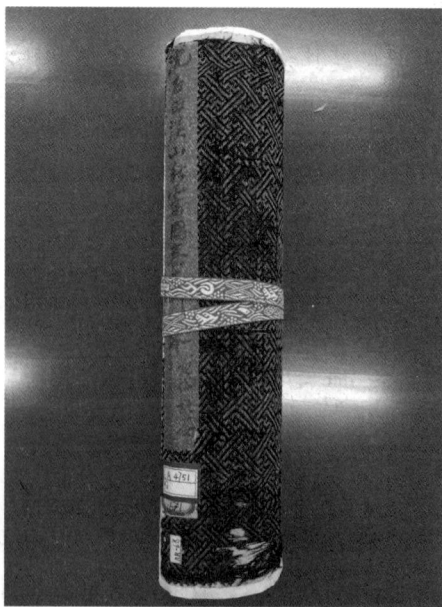

图一二　修复完成

中法西法，法法通理

——旅美画家程及的艺术人生

杨启明　朱建新*

【摘要】程及先生是从无锡走向世界的水彩画艺术大师。本文以程及先生一生中主要经历为主线，结合他在不同历史阶段的艺术追求和成就，简要勾勒了他传奇辉煌的艺术人生。天赋、勤奋、对社会人生的关注和责任感是程及先生走向成功的真谛，而对社会的关注和责任感，更是一代艺术大师的至高境界。

【关键词】程及　水彩画　中西交流

程及（1912—2005），原名程杰，江苏无锡人。中国早期水彩画的拓展者之一，享誉世界的水彩画大师，中西文化艺术交流的巨擘，无锡众多绘画大家中的杰出代表。

1912 年，程及出生在无锡一户清贫的书香门第，祖、父都饱学经典古籍。家庭的熏陶和江南水乡浓郁的文化传统，使资质聪慧的程及自小就喜爱文化艺术。在无锡县乙种实业学校（今无锡市第一中学）就读期间，程及师从陈旧村先生学习国画。陈旧村先生是画坛名流，有着过硬的书画才艺和写生能力，英籍华人、著名画家方召麐女士便是他的高足。在名师的指导下，程及在书画艺术上很快就表现出过人的悟性和灵气。他课余还独自一人去惠山寺和寄畅园写生习画。程及后来忆及童年生活，感慨万千，总说故乡的山水、层林、古运河是他艺术的活水源头。

由于家境贫寒，程及中途辍学，1926 年到上海顺余油厂谋生。他白天干活，晚上还去夜校学习绘画。1930 年，程及进入上海著名画家陈秋草等人创办的"白鹅绘画研究所"，改习西洋水彩画，并改名"程杰"为"程及"，寓艺道长远，希冀到达之意。1937 年，程及入沪江大学，研读中国史及哲学等科目，后执教于务本女中、怀久女中。关于改习西画的原因，程及在 1941 年的自述里讲得很明白："中国画……这种表现形式和她所使用的工具素材，用之来表现现代的东西似乎感觉着不够了。"这说明年轻的程及有思想有抱负，他要用绘画来表现时代，反映社会。其次，西洋水彩画和中国画，有一个共同点，那就是都要发挥水的特性和长处，这对于程及来讲易于理解和掌握。民国时期，西学东渐，很多有抱负的艺术家，都希望借鉴西方艺术，来改良和发展中国画，有的则

---

* 杨启明：无锡博物院副院长

　朱建新：无锡博物院副研究馆员

直接投身于西方艺术。在以后的历史岁月中，两者都获得了巨大的发展和成功。

程及早期的水彩画，学习英国泰纳风格，进而又受到凡高等印象派大师的影响，大都写实地描绘上海、江苏等地的风土人情。程及先生以一个追求光明的艺术家所特有的眼光，审视着现实生活中的一切。基于对民生和社会百态的关注，街头百景、市井题材都纳入了程及的视野，他的画作表现出悲天悯人的人文情怀。据袁振藻《中国水彩画史》所述，至20世纪30年代后期，程及水彩画已立足沪上，成为中国早期水彩画的拓展者之一。1942年至1946年，程及先生在上海圣约翰大学建筑系任教。在此期间，他的水彩画已驰名国内，他先后4次举办个人画展，并于1942年出版了《程及水彩画集》。中国文史学家郑振铎为其作序，称赞程及先生作画"专习西洋画，众醉独醒""取材不离社会众生相""其清醒豪迈之作风，已足雄视一时矣"！

1946年，程及先生辞去圣约翰大学教职，经中共地下党安排，秘密奔赴苏北解放区。程及先生来到解放区，以浓笔重彩，热情作画，讴歌新生的人民政权，代表作有反映淮河两岸劳动群众大生产的《淮河》。

1947年1月，应美国学生救济会总裁罗兰·埃利塞特先生（Mr.Roland Elliset）的邀请，在时任教育部长杭立武的协助下，程及先生离沪赴美，开展出国展览和文化交流活动。出国前，程及先生在上海举办了一个临别展览会，盛况空前。展览会门票收入25万元，他全数捐赠给圣约翰大学学生会组织的学生救济会。

1949年，中华人民共和国成立，程及先生曾计划回国，为建设新中国效力。不久，朝鲜战争爆发，美国政府禁止所有留美的中国居民离美出境。程及先生不得已客居异乡，开始了漫长的旅居海外的生活。程及先生说："这使我改变了绘画的理念，以西洋绘画来推动中国绘画，计划转为艺术多元化，以中国绘画推动世界的绘画艺术，发扬人类的心灵真善美。"

旅居美国以后，面对新的环境，程及先生开始了新的艺术追求。为了迎合美国公众及赞助商的喜好，程及转而描绘美国人熟悉的纽约城市风景及上流社会生活，风景和建筑成为程及先生终身喜爱的创作题材。自20世纪50年代始，他将中国的宣纸与毛笔，和西方的颜料、画笔相结合，以西洋水彩画、油画的技法表现出中国水墨画的特点，营造诗意画境，创作了无数清新古拙、沉雄朴茂的水彩画巨篇，形成了自己独特的风格。《纽约街景》《格林威治街》《公园写雪》《台上风采》《走索》等一大批"诗情画意"的作品展现在人们的面前，引起了美国画坛的关注和观众的惊叹。这些作品及其深刻的内涵以富于东方神韵的表现形式切入时代，极大地开拓了现代水彩画的艺术视野，站到了世界水彩的最前沿。程及先生在美国的生活情景下，以水彩的表现形式作画，但他运用中国绘画元素革新水彩画的实践，也触动了中国画现代化的契机。程及作为水彩画大师的同时，又是现代水墨的先行者之一。

自1949年加入美国水彩画协会后，程及先生融合中西的水彩画艺术获得了广泛的认可和巨大的成功：1954年，当选美国国家设计学院院士；1955年，获美国水彩画年展金奖；1956年，担任全美水彩画协会理事；1964年，当选美国国家艺术学院终身院士；1969年，被聘为美国国立艺术学院顾问。一生荣获重大美展金奖50余次。从欧美人的视角看，他把中国文化的气质、精神、格调带进了西方文化；从中国人的角度看，他开辟了一条寓中于西的艺术道路。他的画，透视着关爱人类的和平博爱思想，达到了"物我两忘""天人合一"的崇高艺术境界，他也因此被誉为"富有诗人想象力的世界艺术家"。

1972年，美国总统尼克松应周恩来总理的邀请访华，中美关系改善。同年，程及带着他的作品和画册，在旅美25年后第一次回到中国，带来了华人艺术家在跨文化语境中探索的最新信息。在故乡的土地上，程及先生抑制不住兴奋的心情，到处走访。太湖、古运河、惠山寺，故乡每一处旧时熟悉的地方，尽入其画。程及先生还绘遍大江南北，长城、故宫、天坛、天安门城楼、人民英雄纪念碑、黄浦江畔的外滩，每一幅精美的图画，都倾注着他对故国家乡的思念和热爱。1974年，程及先生返美后，将亢奋中画成的全部水彩画、速写、素描、水墨小品，编辑成画集《回家行》公开出版。美国艺术家协会特意为程及举办大型招待会，美国新闻界以通栏标题连续发表《艺术家回到中国》的评论，对他的回乡绘画交流给予肯定和鼓励。程及先生多年的坚持和努力，为中美文化交流开辟了新的篇章。

此后，程及先生多次回国，往返于中美之间，为中西文化艺术的交流而奔波。异质文化的再一次相遇和碰撞，给了程及先生无穷的灵感和精神动力，使他在绘画题材上也有了较大的改变。他更钟情的还是中国文化主题的表现，创作了大量赞美祖国、赞美家乡的史诗般的作品，进一步把传统艺术、国学修养和东方神韵融入西方的水彩画中。其中，《太湖烟波》《家乡古运河》《我念故乡》等精品，情韵之深，令人深深感动。尤其在1998年回国定居之后，程及创作了以"心""缘""日""月"为主题的大量意象性作品。这类作品，是他绘画艺术的升华，已经超越了一般的风景写生作品，更注重艺术精神境界的追求，具有强烈的意象性和象征性。这表现了画家孤独的心境和坚忍不拔、特立独行的品质。程及作品最打动人心的，是其画面中萦绕的一种对人生、世界和宇宙的观察与思考，这种精神内涵渗透了深厚的东方哲理、浓郁的东方情调以及一种深刻的孤独感。这种意蕴，被画家透过层层表象抽取而出，得

到诗意的表达。

2000年6月，第一届世界文化高峰会议在法国凡尔赛宫举行。这个由法国总统希拉克及联合国教科文组织策划召开的会议，旨在探讨世界经济全球化对人类文化和文明的影响。会议举办了一个展览。主办者希望通过这一画展，树立一个视觉艺术的典型，从而探索21世纪文化和文明的"新价值"。这个画展就是有近五十幅作品的"程及回顾展"。程及是第一个健在的在凡尔赛宫开画展的华人画家。

程及先生非常清楚自己的使命和归宿。早年，他怀着以西洋绘画来推动中国绘画的理想，投身于水彩画领域，并在这一领域成绩斐然，成为中国早期水彩画的拓展者之一。1947年赴美以后，身在异国他乡，程及先生不忘根本，不畏艰难，毅然以中国绘画来推动世界的绘画艺术，推动艺术的多元化。他成功地将东方人特有的思想文化理念以及中国水墨画特点和技法，融入西洋水彩画中，创造出东西合璧、充满诗意的画境，成为享誉世界的水彩画大师。1972年后，他多次回国，为中西文化艺术的交流，做出了突出的贡献。他的水彩画艺术，也融入了更多的中国元素和东方神韵，焕发出新的光彩。尤其在回国定居以后，他的水彩画艺术，把中国水墨画意境和西方抽象艺术等理念更好地融合，得到了进一步升华。他在水彩画领域的革新和成就，对中国现代水墨艺术的发展，对世界艺术的多元化，发挥了无可替代的积极影响。诚如美国著名作家、诺贝尔文学奖得主赛珍珠所预言的那样："水彩画家程及将是属于世界的。"

作为一个享誉世界的绘画艺术大师，程及先生始终不忘养育自己的祖国和人民，不忘家乡的山水和乡亲。"故乡念我，我念故乡"，是这位世纪老人念念不忘的思乡情怀。自1972年返乡始，他始终以一颗游子的赤诚之心关注着家乡的发展和进步，"我要为故乡做些实事"

的思想从未改变。尤其在 1986 年第三次回乡探亲后，程及先生欣然决定：出任无锡市书画院名誉顾问并赠送作品，在无锡市书画院出资设立"程及美术奖励基金"；在母校无锡市第一中学出资设立"程及教育基金"；亲手书写两丈余见方、遒劲飘逸的大字"心""缘"，以镌刻在鼋头渚公园鹿顶山上。2004 年 10 月，"程及画展"在无锡美术馆开幕前后，程及先生慨然允诺出资 50 万美金，并捐赠原画精品 84 幅，在故乡建立"程及美术馆"。程及先生深情地说："我的毕生作品都留给故乡了。"

在达成了诸多"心缘"后，2005 年 8 月 4 日，程及先生因病在上海瑞金医院不幸去世。2006 年 11 月，程及美术馆开工建设。2008 年 2 月，程及美术馆在无锡蠡湖公园开幕。2009 年 4 月，一代水彩画宗师程及先生魂归故里，落葬在华侨公墓名人园。斯人已去，风范长存。程及先生的一生，是为艺术而生的一生，是为人类永恒的和平而呼唤的一生。他主张艺术家需要丰富的感受和想象；主张弘扬和发展祖国的文化艺术，走中西结合的道路；主张博采众长，悟自己艺术之新。他的画作，注重理法，立意高远，造境绝妙，气势磅礴，笔墨精到，受到世人瞩目和欢迎。程及先生的艺术实践和成就，给后人留下了非常宝贵的精神财富，是我们心中永远的丰碑。

遗产_____
heritage

别样的清代江南私家小园

——浅析江阴适园的造园艺术和人文特质

邬红梅 *

【摘要】适园又名陈家花园,以"无意为园而适成之",故名适园。适园始建于道光末年,历代园主均为诗画双全的传统文人,故适园处处诗情画意,是典型的江南文人园。适园构思巧妙,设计精心,布局紧凑合理,其依照江南私家园林的模式构筑,面积虽小,但古朴雅致,不但具有江南私家园林的特点,又兼具自身特色,个性明显,在江南私家园林中较为突出,实是难得。2013年适园被国务院公布为国家级文物保护单位。本文从适园的造园艺术、历史人文、园林主人、古今碑刻等方面对适园进行分析以体现其历史艺术价值。

【关键词】适园 陈家花园 造园艺术 人文特质

清代是我国历史上造园最多的时期。清前期国家社会安定、经济繁荣,文化艺术取得了长足的进步。清代的江南私家园林,以其浓郁的诗画风情和精湛的造园工艺,成为我国园林史上的顶峰。适园俗称陈家花园,坐落在江阴澄江镇南街33号,占地7亩,为邑人陈式金于道光末年所建。其依照江南私家园林的模式构筑,面积虽小,但古朴雅致,不但具有江南私家园林的特点,又兼具自身特色,个性明显,在江南私家园林中较为突出,实是难得。2013年5月,适园入选第七批全国重点文物保护单位。

一、彰显个性的造园艺术

(一)平面布局

江南私家园林面积一般较小,但在布局安排上合理构架,丰富层次,在自然山水骨架的基础上创造多变的空间,且善于在有限空间内做出变化,使园子在视觉上开阔而生动丰富。

从布局看,江阴适园和同里退思园有相似之处。退思园的花园以水为中心,建筑、假山沿水边布置,建筑多贴水而建。适园总体格局是北山南水,环园皆屋,山在西北,水在东南。适园的主体建筑是围绕着适园的山和水(图一)。

适园的园门平淡地隐在墙中,门楼极简,砌砖为脊,微翘屋角,小巧、朴素、淡雅。进入园门,当中筑影壁,开漏窗,从漏窗中隐约可见园中景色。

适园中的建筑简约精致,主体建筑为水流云在之轩和得蝶饶云山馆。两座建筑一南一北,中间隔山隔湖。一轩一馆皆用"云"点题,中间为山,取云绕群山之意。得蝶饶云山

* 邬红梅:江阴博物馆保管科研部主任,副研究馆员

图一　适园的主体建筑（从左至右：易画轩、响秋、水流云在之轩）

馆位于山北，正对峰峦之间山谷，北依园墙,由三间敞连厅屋组成，进深七架。水流云在之轩在镜湖的南面，轩廊面廊三间，进深六架，轩西接曲廊，东与曲桥、亭榭相连。东曲桥北接两间书房，大者名"响秋"，小者名"易画轩"，响秋与易画轩原为陈家书房和画室，是陈氏父子以画会友的地方。易画轩北与得爽亭相接，得爽亭是一座前临湖、后倚墙的半亭，平面六角，墙上嵌明镜一方，用以倒影池及水榭（图二）。水流云在之轩西面曲廊，不过短短八米余，竟有五曲之多，尽显曲廊之妙。曲廊西端接秋入潋波、适安斋，廊南向辟门，跨入后院，别有洞天，内有清代建筑二进三间。

适园的两座主体建筑外观粉墙青瓦，飞檐翘角，明窗朱棂，典雅古朴。其他如易画轩、

图二　得爽亭与响秋

响秋等小型建筑，以四壁粉墙为主，朴素有加，为江南私家园林中较多见的古典建筑形制。但这些建筑均单体封闭，门少窗少，有别于江南园林典型建筑开敞通透、内外空间多连通渗透、层次变化较丰富的特点。究其原因，可能是园主为书画收藏家，建筑需要有一定的私密性，建筑的功能与收藏和鉴赏书画有关。

适园的整体建筑朴素秀丽，精致幽远，在设计上又充分体现了园主的收藏与爱好，与江南古典园林的建筑有一定的区别。

（二）堆山叠石

堆山叠石，即假山，是中国古典园林造园艺术中的重要元素，是仿照自然的山而进行的摹写改造。中国古典园林中最早的假山是土山和土石结合之山，早在秦汉时期就已出现，宋代开始则使用以天然石块为主的堆叠石山，明清两代叠山技艺发展到更高水平，而且名家辈出。而由于太湖石形态万千，用太湖石堆叠石山更是江南园林中的主流，明清江南私家园林中绝大部分的山是太湖石堆叠而成的石山，而土山和土石结合的山则较为少见。

适园的假山以土堆筑，由天然黄石垒成，是黄石与土的完美结合（图三）。适园的山讲究得自然之理，成自然之趣，说是假山，其实更接近于真山：山上古木参天，荫天蔽日，藤

萝密布，满眼葱绿；山道蜿蜒而上，顶有一平台名"超然"。陈式金曾写小诗寄情："聊些小阜一眺望，四面云山山半山。"适园的假山位于园林的北部，一大一小两山并列，中间以小径相隔。小山起于园中，不靠墙不占角，小山周围均有小径。适园的山是全园的重心所在，也是园中的制高点。园林东南角和东北角各堆叠石山一座。东南角以太湖石堆叠小山，山依壁而筑，蹬道曲折，石梁飞架；园东北一角，屋后狭地，亦堆叠石山。这两座假山虽小，然依旧构架石梁，穿小洞，叠蹬道，危耸有加，与两座主体假山共同形成了适园的山景（图三）。

江南园林中筑土构石为山寥寥无几。苏州留园临池的假山用太湖石间以黄石堆筑为土石山，在园的西北又筑土构石为山。常熟燕园的假山则利用黄石堆叠，假山为清代道光年间叠石高手戈裕良取本邑虞山黄石在园的中部叠成。山以大块石为骨，小石补缀，拼接对缝，成为其传世杰作。此外，苏州耦园黄石堆叠成的假山也常为人称道。

筑土构石的山与堆叠的石山各有千秋。筑土构山所占空间较多，但用石少，朴素自然，更接近真正意义上的山；而叠石为山需用大量的奇石，往往需要花重金，虽姿态万千更具观赏性，但与真正的山相去较远。且黄石与湖石的风格完全不同：湖石有嵌空、穿眼、宛转、险怪之势；黄石质坚，线条硬直，轮廓分明，

石纹古朴，以黄石堆山可显其古拙、险峻、雄秀之势，亦方便登山落脚。以黄石筑土堆石为山，江阴适园堪称代表之作。

（三）庭园理水

庭园理水，是江南私家园林的重要造景元素，水赋予园林自然的活力，使之充满生气。水能倒映岸上的景物以及建筑，从而增加空间的层次感。

适园的水名叫镜湖，取水清如镜之意，也象征园主淡泊、豁达的心境如镜湖之水。镜湖位于两座假山之南，湖水面积不大，只有275平方米，平面成蝴蝶形。池岸以自然厚实的黄石、湖石堆叠成假山驳岸，错落曲折，参差有致，有的伸入水中，形成水边石矶，有的退至岸边，形成小水湾，似自然天成。水面虽狭小但不觉局促，反觉空旷畅朗，水态丰盈。水口东南，架以廊桥，水流过桥，水面离桥仅仅几尺。天高云淡、假山屋廊、树影婆娑，倒映在水面，美不胜收。适园湖水面积虽小，但雨天不溢，久旱不涸。它的理水深得古典园林的精髓，水源、水体层次分明（图四）。

适园的理水是江南私家园林大多采用的集中理水的格局——水域位于园林的中心，主体建筑则沿池环列，形成一种向心、内聚的格局。水池的形状为不规则的近似蝴蝶的形状，避免过于方正的水面给人单调、空旷的感觉。不规

图三　适园的黄石土山

图四　镜湖

则的池面与建筑之间能提供更多的空间栽植花木，叠山堆石，从而使得园林内容更为丰盈。

（四）植栽

江南气候、土壤适合花木生长，得天独厚的自然条件，加之园艺匠师的精心培育，使得江南园林中花木种类众多，四季花卉不断。江南私家园林花卉的布局大体以自然为宗，但布局有法。江南园林中的植物大体有荫蔽烈日的高大乔木，有古朴秀丽、形态多姿以供欣赏的虬松柔柳，有以颜色和香味取胜的四季花木，有极具江南特色、品类亦繁的绿竹，还有增加山林野趣的蔓草藤萝。

江阴适园一向有临轩观鱼、一潭印月、岸柳夹桃、镜亭倒影、梅林春色、空灵幽谷、丹桂飘香与蕉荫翠覆等八景之说。适园的植物十分丰富，土山上有高大的朴树，水边有形态优美、婆娑而立的香樟，屋前有亭亭玉立的棕榈，此外水边有垂柳，墙头墙角有古藤、爬山虎、竹子、芭蕉等，适安斋前植有紫薇，时称紫薇园，园内有当时地方名士谢龙升所培植的红豆一株。桂花树成片栽植，突显秋桂飘香之景。园中峰石皆以络石覆盖，使得园中假山见峰不见石，此在江南诸园中绝无仅有。园中棕榈之多，亦为江南少见。

二、别于其他园林的历史人文

（一）保存完整，原汁原味

清咸丰年间的庚申之劫，使江南地区经济文化遭到严重破坏，江南园林大部分被毁，少数幸存的亦残破不堪。同治、光绪年间，江南园林再度恢复往昔的繁荣，许多过去的名园如宋代的沧浪亭，元代的狮子林，明代的拙政园、留园、艺圃等都加以修复，但经过改建、扩建之后，原来的面貌所存无几。

适园自道光末年建造，虽历经战乱和社会动荡，但依然完好地保存下来。咸丰十年（1860）九月，太平军占领江阴之后，陈氏举家避难苏北达5年，适园当时被作为太平天国王府，故得以保存。据史料记载，陈氏连片房屋，在太平天国战乱中，大都烧毁，唯独适园风物依旧，陈氏不胜唏嘘，曾这样感叹："吾当年为济人之急而购此屋，并成此园，可见待人之厚，获益自在无形。"适园作为道光末年所建的私家园林，未遭破坏，保存相对完整，所以我们可从此园看到战乱之前江南私家园林的造园风格。

（二）陈家园林，从未易主

建筑学家童寯先生在其所著《江南园林志》中说："江南园林，创自宋者，今欲寻其所在，十无一二。独明构经清代迄今，易主重修之余，存者尚多，苏州拙政园，其最著者也。"江南私家园林从建园开始大多不断更换园主，并根据园主个人喜好被重新修缮，如著名的苏州拙政园，四百年间曾经易主二十余人，多次改建。留园建于明万历间，至清代亦是三易其主，即便是清代所建园林也基本上是屡易其主，而江阴适园自初建始，始终为陈家园林。

第一任园主陈式金热心于当地公益，经常慷慨捐赠，清政府曾派陈式金去浙江做官，然而陈淡泊功名，无意离家。陈式金为帮乡邻救急筹钱而买下荒地，并将之变成了风景优美、宜书宜画的私家园林，陈曾感叹说"无意为园而适成之"，所以起名"适园"。"适"有切合、相合之意，也体现了园主恬淡、随意的生活态度。

第二任园主陈曦唐早早地"归隐林泉"，回故乡江阴后，主讲礼延、西郊两书院，二十余年都居住在适园内。他继承父志，用十多年整修，在适园内"补廊培屋，移树浚池"，陈曦唐曾亲自集句为联曰："处阴休影，处静息迹；为鸟植林，为鱼凿潭。"

后陈曦唐及其四子陈名珂，又于园对面别造新园，新园后被毁。

三、四代皆文人的园林主人

江南私家园林中以苏州园林为代表的园主大多为被罢贬官、告老还乡、退避隐世之人，而以扬州园林为代表的园主多是富家商贾。历史上不乏书画家参与造园设计，比如元代画家倪云林曾参与过狮子林的规划，他还为狮子林作过画、诗。著名的"明四家"多参与过园林的意匠经营，他们的参与使绘画的理念与技法渗透于造园的艺术实践之中。适园的园主为书画家和书画收藏鉴赏家，特别是陈氏历四代园主皆擅书画，并有作品流传至今，这在江南私家园林中算是独树一帜。

适园的园主陈式金（1817—1867），出生于书香门第，其祖父陈宏度是清乾隆末年进士，父亲也是读书人。陈式金字以和、以稣，号寄舫，自幼喜欢金石书画，性情恬淡，无意功名，后成为著名书画家、书画收藏家和鉴赏家，他的画以山水著称，初法王蒙，后近吴历。适园建成后，大江南北众多文人墨客纷纷慕名拜访，观赏园内名画刻石，并索画留念。陈式金经常邀请朋友到适园谈古论今，赋诗赏画，他以园聚友，以画会友，他的画室里常常高朋满座，当时许多名流均与其结为好友。清咸丰状元、两代帝师翁同稣闻陈式金大名，也曾上门求画，陈式金均以诗画酬谢，结为知交。陈式金与嘉庆、道光年间金石家邓石如为莫逆之交，邓氏为陈刻石章24方，后几经兵灾，散失若干。另一清代篆刻名家吴咨为陈式金刻印百余方，后被辑成《适园印印》印谱。

陈式金之子陈曦唐（1852—1912），字少和，号爕卿，又号翁卿、翁青。陈曦唐自幼学习绘画，后拜江阴著名画家吴儁为师，擅长山水，笔意远师王翚，近仿戴熙。他与当时曲阜孔令贻、常州恽彦彬、丹徒丁立钧、无锡秦宝瓒等周边多位名流为画友。其父亲去世时，年仅16岁，他苦读四书五经，光绪乙亥年（1875），他与堂侄名典、名珍、名倪四人同时中举，邑志称此事为"兄弟叔侄同科，一时称极盛焉"。光绪丙戌年（1886），他又考中二甲第三十四名进士，任工部营缮司主事。光绪丁亥年（1887），陈曦唐通过考试筛选，成为12位出国游历的官员之一。之后两年他被派往英国、法国及阿尔及利亚、印度等处考察，并著有《游编》四册。回国不久就因母病，乞假奉养，远离了庙堂，后身亦染恙，所以"遂以养亲为心，无复进取之志"，早早"归隐林泉"。

陈曦唐生四子，长子陈名璋，字伯圭，擅画；次子陈名发，字仲翔，擅书；三子陈名琇，字叔莹，兼擅书画；四子陈名珂，字季鸣，号文无，工诗词，尤擅大小篆，为江阴陶社社员。陈名珂抗日战争期间在上海与谢幼陶共同复兴陶社，并编印《陶社丛编甲乙集》和《独学庵集》，著有《文无馆诗钞》《文无馆诗词续钞》。他毕生致力于书法艺术，尤以铁线篆造诣最深，当年曾蜚声上海艺坛。中华人民共和国成立后，陈名珂加入上海中国书法篆刻研究会，其作品经常见于各种报刊，出版有字帖《说文解字部首》《篆书千字文》《正反同形篆文汇录》等。1968年，应赵朴初先生之约，为扬州鉴真纪念堂写堂名。

陈名珂之子陈以鸿，字景龙，1923年生，翻译家、诗人、吟诵家。1941年考入上海交大电机系，次年愤于汪伪教育部强行接收交大而毅然退学，随即考入迁沪的无锡国学专修学校，在唐文治门下钻研国学。抗日战争后重返交大续读，1948年毕业后留校任教。他是上海交大最早的俄文翻译，精通多国语言，出版英、俄文著作中文译本30余种。后任《自然科学》编辑、上海交大出版社编审。陈以鸿先生长期致力于中国传统文学研究和创作，为《绝妙好联赏析

图五–1　《澄江适园花卉石刻》之陈式金题跋

图五–2　《澄江适园花卉石刻》之文徵明画作拓片

辞典》副主编，著有《雕虫十二年》《续雕虫十二年》等。他是唐文治的高足，唐文治首创古文吟诵法——"唐调"，陈以鸿是"唐调吟诵"的第一传人，也是唐调的代表性传人。陈以鸿先生曾任上海楹联学会副会长、上海职工灯谜协会顾问、上海静安老年书画社常务理事，现任上海中华文化研究所研究员、上海交通大学东方艺术交流中心顾问、中华吟诵学会专家委员会委员。陈以鸿先生近百岁高龄依旧做着外文的翻译工作并为国学的传播贡献力量。

四、珍贵稀有、古今相应的适园碑刻

与其他的江南私家园林相比，适园内珍藏的石刻艺术品丰富且珍贵。

陈氏父子善画善藏，专辟适安斋以藏历代名家字画。据载，适园藏有名人书画碑帖500余种。陈式金为之一一写题解，编为《自娱集》16卷。咸丰七年（1857）冬，书法家何绍基专程到适园一睹陈式金家藏的石涛真迹，欲罢不能，执意借走，陈忍痛割爱，事后追悔不已。为保存珍藏名作，陈式金特聘本地石匠张萃山把其中重要的20余种精品镌刻后嵌于廊壁，连同跋语共计40余方，并摹刻名画《孝经图人物十二章》《王石谷骑牛归山图》及《孙过庭章草》，直至咸丰十年（1860）春告罄。可惜太

图五–3　《澄江适园花卉石刻》之仇英画作拓片

平军一役，这些石刻遭战争破坏，今日石刻十存其一，所幸拓本《适园藏真集刻》保存尚好。江阴博物馆藏《澄江适园花卉石刻》为陈式金于咸丰二年（1852）摹刻拓片，收录了文徵明、唐寅、仇英、恽源浚、周之冕、陈淳、恽寿平画作拓片各一页，陈式金题跋一页（图五）。

现存的王羲之换鹅碑、倪瓒山水画和明代梁同书、董其昌等名家手迹石刻均十分珍贵。王羲之换鹅碑（图六）嵌砌于曲廊，原有8块，现存4块半，相传为晋代王羲之草书换鹅碑的一部分，碑文系清道光十八年（1838）由邑人仿照摹本重刻，内容为东晋书法家王羲之所书草体道教《黄庭经》写本，碑上有唐书法家柳公权的题跋，清代重刻时，江阴暨阳书院李兆洛也有题跋。在得爽亭边的廊壁上有倪瓒的山

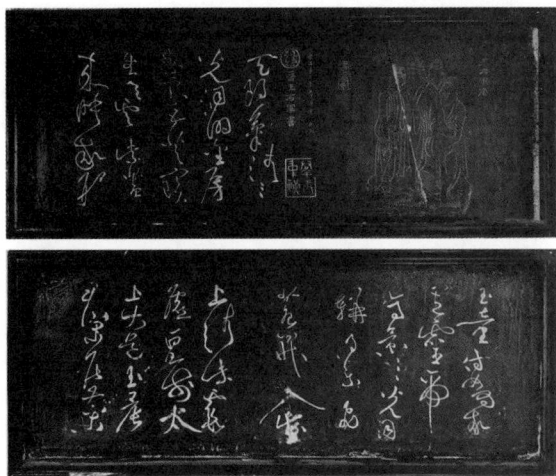

图六　王羲之换鹅碑

水画石刻与题跋（图七），画为典型的倪氏远山、疏木、寒亭、弱水，尽显倪氏清简而淡远的特点。画面萧疏，意境旷远，题跋书法天然古淡，带有隶意，富于魏晋风韵，与他的萧散超逸的画风极为协调。

1988年江阴市政协请全国政协书画室书法名家为适园题字，时任全国书法家协会主席启功，著名书画家、工艺美术大师黄苗子、董寿平、韩美林欣然为适园题写匾额。董寿平题写"水流云在之轩"，启功题写"响秋"，黄苗子题写"得爽亭"，韩美林题写"得蝶饶云山馆"，按原字样刻匾悬挂。适园内古今名家碑刻匾额相映生辉，使适园更添书香儒雅风韵。

图七　倪云林山水石刻

民国时期无锡城区三所宅园探析

汪春劼[*]

【摘要】宅园映射的不仅是园主的经济实力，也是园主的文化品味。杨味云官至财政次长，既是高官，又是办实业的高手，他久住天津租界，熟稔西洋文化，故云薖园建筑西化色彩较浓；秦毓鎏早年虽留日，后长期服务乡梓，在无锡县长的职位上五上五下，佚园带有传统士大夫的建园理念；顾康伯是一位儒商，他所打造的辟疆园既有山林之胜，又富有文化内涵。园林专家陈从周曾赞叹道："江南园林，明看苏州，清看扬州，民国看无锡。"与知名度较大的景区园林（梅园、蠡园、鼋头渚）相比，宅园未能得到应有的关注，其实研究民国时期的宅园对挖掘城市的文化内涵很有益处。

【关键词】云薖园 佚园 辟疆园 宅园 无锡

无锡城墙毁于1950年，其存在了几百年。城内2平方公里的区域内，住着不少大户人家，如孙家、顾家、秦家、王家、杨家、蒋家、钱家、侯家、稽家、薛家、许家等，其中一些豪门是宅园合一。遗憾的是诸多私家园林要么所存资料有限，如薛家花园、吴家花园（前西溪吴昆生宅）、侯氏亦园、蒋东孚的香草居（位于汤巷）；要么则没有留下文字记载，后人连影子都找不到。得益于当年的园图、园记与实景，笔者对民国时期无锡城区三所宅园的设计与变迁作了一番梳理，以求教于方家。

一、保存完好的云薖园

云薖园占地4亩多，总体为中国传统的宅园合一布局。住宅位于东面，有紫气东来之意，布局轴线对称，显得整齐、庄重、典雅。园林位于西部，采用自然式布局，显得清真雅逸。

该园保持着仿古中式园林建筑的特色，一进门厅，两尺高的门槛石，图案雕刻精美，彰显着当年主人的身份、地位与实力。

大厅名"保滋堂"，面阔三间，规模宏敞，前后均有轩，屋顶有草架，裙墙砖刻精美。墙面还镶嵌着当年的石雕，至今保存完好。几块砖刻匾额尤其珍贵，据说是修复时工匠意外从地砖下挖掘出来的。

园中一座两层小白楼，名为裘学楼，临水而立，室内全作西洋式，有壁炉。上层为藏书之处，下层贮列书画、鼎彝、琴剑、香炉、棋枰、笔床、茶灶。裘学楼西有一阁，旧时可观惠山夕阳美景，故名"晚翠"，下层名"云在山房"。裘学楼东后有一楼。楼上为卧室，曰"杏雨楼"。下为书室，曰"香南精舍"。

西部花园以苓泉池为中心，水池面积虽不

---

* 汪春劼：江南大学马克思主义学院教授

大，但因在西北角用曲桥隔成水湾名苓泉，给人以水有源而流长之感。池东仁月亭为观赏花园的最佳之处，联结住宅，形成障景，是住宅与花园的有机连接部分。南、北侧叠石形成两条游龙，蜿蜒迤逦，与亭组合，寓意为双龙戏珠。花园西南转角处的六角形停琴榭，为欣赏花园的焦点。

综观云薖园，面积不大，但布局精巧，空间处理十分巧妙。整个园林建筑借鉴和融合了中西风格，既有中国江南园林特色，又有西方建筑风范。

云薖园的主人杨味云一生大富大贵。他的爷爷杨延俊，为道光二十七年（1847）进士，乡试第一，之后官至朝议大夫，与李鸿章交谊最笃。杨延俊生有六子：老大杨宗濂（1832—1906），字艺芳；老二杨霖士；老三杨宗瀚（1842—1910），字藕芳；老四杨宗济（1842—1897），字用舟；老五杨望洲；老六杨宗瀛，字凌洲。杨味云23岁中举，其后会试屡试屡败，乃弃科举习实学，29岁时踏入官场，入其大伯父山西按察使杨宗濂幕府。

杨宗濂与杨宗瀚追随李鸿章，很早地踏入实业，1896年就在城东运河边创办了无锡第一家近代化工厂。得到两位伯父的提携，杨味云年轻时就介入了实业，对财政、经济有浓厚的兴趣。

1901年，34岁的杨味云到北京任职，从此他在异乡安家。他历经清王朝、袁世凯时代、徐世昌执政时期，不断升迁。1917年，49岁的杨味云任财政部次长，成为民国时期官职最高的无锡人。

1923年，杨味云辞官下海，专心经营华新实业。他采用包工制招收工人，设大同银号吸收游资充实纱厂资金，获利后又在青岛、唐山等地开办新厂，组成雄踞北方的纺织资本集团。

1926年，年近六旬的杨味云期望叶落归根，在家乡建一座园林式住宅，与其他几个堂兄弟媲美。杨味云把云薖园建在自己的祖居之地，此处经太平军之乱后杂草丛生，年幼时杨味云曾在此垂钓。

> 云薖主人，生于山水之乡，长于诗书之林，年二十而出游，走燕赵齐晋梁宋楚越之郊，复涉大瀛海，遍历欧美各国、南洋群岛，行十万里路，仕宦三十年，齿发既衰，始遂初服。归而筑室于城西，以其隙地辟为小圃，而名之曰云薖。[1]

云薖即云窠，含园主宦游既倦、不忘故里之意。但杨味云回故里的时光并不多，他晚年把家安在天津租界。由是云薖园竣工后的20来年间，多大门紧闭，没有发挥文化沙龙的作用，而华丽程度远不及它的佚园与辟疆园，都曾举行雅集，为文人们提供交流平台。

1947年杨味云八十大寿时，家人在天津寓所为其举行寿庆，给他送寿联寿诗的有蒋介石（蒋介石送的寿额是"怡寿葆真"）、宋子文、孔祥熙、张群、居正、陈诚、戴季陶、陈果夫、白崇禧、顾祝同等；有社会贤达张元济、于右任、章士钊、唐文治、吴稚晖等；有地方士绅钱基厚、侯鸿鉴等；有陈光甫等实业家；还有闻人杜月笙。[2]如此强大的朋友圈足以证明杨味云超高的人气与影响力。

园林竣工后，园主多要做园记、园图印刷流传。当时杨味云请客人绘图时，客人与他有过一段对话：

> 客笑之曰："子之居不过数亩耳，无平泉草木之胜，无金谷丝竹之豪，奚足图？"应之曰："吾身之在天地间，蜉蝣耳；吾蜗角耳。前此数十年，烟榛露蔓，废圃荒池，吾童子时所钓游也。今此之苍颜华发，偃仰于芳林碧沼之间者，即日钓游之童子也。后此数十年，吾子孙能常保此土其间耶？或他人偃仰其间耶？抑任其荒芜，复化为榛蔓之场耶？吾不得而知也。适然而居之，即适然而图之，又何容心于大小、

寓意于废兴也哉。"客曰："然。然则子亦适然而记之可矣。"[3]

岁月不居，沧海桑田。杨味云明白长盛不衰的私家园林极其罕见。他所建立的云薖园几十年后又将面临何种结局——是为杨家子孙所有还是他人使用？是依旧存在还是化为灰烬？他无从知晓，也无法控制。

1949年中华人民共和国成立后，云薖园里进驻过纺织工业局、税务局等政府机关，20世纪60年代后，云薖园则是市文化局、市文联的办公用房。2003年，云薖园被列为无锡市文物保护单位，政府按国家政策将云薖园归还杨家。云薖园的后人，身在台湾的杨味云的孙子杨世缄，将云薖园修葺如旧，恢复历史原貌，使之成为无锡目前为数不多的未改变面貌的古园林之一。

二、"颜值"下降的佚园

佚园是一座宅园，占地约2亩，位于秦毓鎏祖居福寿堂西北角，福寿堂建于1864年，经后人扩建为南北七进。民国时期福寿堂前三进由秦同培、秦毓钧、秦毓鎏、秦毓浏四人共执，第四进属秦毓钧，第五进属秦同培，第六进属秦陈兰荪，第七进属秦毓鎏。秦毓鎏在宅西造园，形成"东宅西园"的格局。[4]

园内被竹净梅芬之榭和澄观楼分隔为西、东、北三处庭院，西为主院，东为次院，北为辅院。秦毓鎏《佚园记》精心设计了一条游线，从园林中部的石虎岗开始，登朱樱山，渡观瀑桥，过澄观楼，经菜圃，达竹净梅芬之榭，临水池，抵双峰亭，最后以松林作结。

西院是佚园主景区，正中原有一座土山，"岗之麓石虎蹲焉，故名石虎岗。岗高处为台，名曰隐弇。台最宜秋宵玩月。台下为洞，通东西之咽喉也。洞之南，拾级而上，为朱樱山。山半樱花，先君所手植。花时绯英满枝，璀璨

耀目。山腰石径，绕之蜿蜒，以达于岭，登其上，东望雉堞参差，风帆往来城外，历历可数。西望西神山，峰峦起伏如列翠屏，如陈笔架，烟云变幻，朝夕殊景。山色岚光，尽收眼底。"[5]

时城内最高建筑钟楼高20米，建于1915年，是秦毓鎏当政时所为。因没有高楼阻挡，从佚园朱樱山上，可登高望远，东望可见几百米外的城墙和墙外运河中南来北往的帆船；西眺可见锡山惠山逶迤向西。现在在被高楼包围的佚园中，只能"坐井观天"，连惠山的影子也见不着。

山腹砌石为泉，曰枣泉，泉上枣树荫之，雨后水溢，循涧东流，抵石穴而下注，悬垂如匹练，曲折以通于池。池口石梁跨之，曰观瀑桥。立桥上听泉流，潺湲穆然，自有深山太古之思，不觉身在城市也。

水池有30平方米，虽不大，但这一汪碧水却使园子多了灵气，清澈的水声更让园子生动起来。

循池而北折进月洞门，即澄观楼之前庭，庭中小具花木竹石之胜。楼凡三楹。上为卧室、为书斋，余下曰起居之所。楼下曰坐忘庐，时会宾客，宴游于此。

澄观楼宽三间，高两层，上层是主人的卧室和书房，下层是会客室，秦毓鎏的起居宴集大多在此举行。

穿过澄观楼"后轩，启西侧门出，通于竹净梅芬之榭"，又回到西部主院。竹净梅芬之谢是园中主厅，硬山顶三开间，明间向南伸出歇山顶方形抱厦，檐角起翘，造型优美。榭西为水竹轩，仿其祖父秦焕水月轩题名，也是硬山顶三开间，与主厅以折廊相连。

榭北辅院原为场圃，取孟浩然"开轩面场圃"之意，"方广可二亩余，杂植桃、李、杏、梅、石榴、玉米、樱花、木樨、海棠、杨柳、梧桐之属。寒菜一畦、青葱可爱，冬日用以佐餐，胜于肉食"。场圃原来面积较大，栽种各类花木菜蔬，

兼具观赏性和实用性，如今仅剩半亩左右。榭南正对水池，"一镜莹然，游鱼可数"，在榭中可隔池欣赏西岸的石虎岗和南岸的朱樱山、观瀑桥，此榭是全园观景的最佳场所。

沿着池岸向西，绕过石虎岗可至双峰亭，这座四角亭在2010年改建为六角亭。当年亭前有一尊宋代的三足石鼎，"可焚香，可煮茗，宋庆历年物也"。

佚园中这尊宋代石鼎，因历史悠久，最为秦毓鎏所重视，可惜在20世纪80年代突然失踪，不知下落。

佚园西部的主景是两尊石峰，皆产自阳羡（宜兴），题名畏垒峰、瑶芝峰，秦毓鎏各为作铭文。《锡报》主笔吴观蠡在《秦毓鎏顽石铭》一文称："吾友天徒庐主人秦效鲁氏，退隐林泉，弄石自乐，有米襄阳风。近得二石，一曰畏垒，一曰混沌，皆秦氏所名也，并为作铭，勒于石腹。语语庄叟，复绝尘表。读其铭，可以知其人矣。"[6]

这两尊石峰"高皆逾丈，其势巉屼，耸峙林间，如鹤立鸡群，俯视侪辈，有昂首天外，傲视一切之概。旁罗诸石，若拱若揖，若后生小子趋侍于前，峰后有修篁丛林，掩映其间。逾径而北，即朱樱山西麓，松柏成林，蔚然深秀，夏日暑气不到，而余之园，尽于此矣"。双峰亭即由此得名，周边的其他湖石和修竹丛桂都围绕双峰布置。双峰亭西北是朱樱山的坡麓余脉，"松柏成林，蔚然深秀"，为秦氏夏日避暑之所。

1928年秦毓鎏请族侄秦淦（1894—1984，字清曾）绘《佚园十景图》，并撰《佚园记》。这套图册和园记由秦淦之父秦文锦（1870—1938）创办的上海艺苑真赏社精印出版，秦文锦在卷首题"散怀林壑"四字（图一）。

当时不少名流收到秦毓鎏题赠的图册，现存一本《佚园十景图》，用小楷写着"誉虎先生清赏，秦毓鎏奉赠"，是赠给著名书画家叶恭绰的。

一些文人骚客也慕名来到佚园，与园主诗

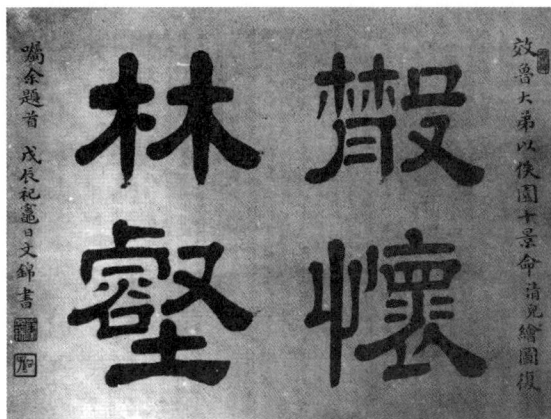

图一　秦文锦为《佚园十景》题首

文唱和。如1929年5月，42岁的柳亚子"与陈巢南、林一厂、金葆光、于范亭等同游扬州。复至无锡，访秦效鲁，唱酬颇乐"。名士柳亚子何时与秦毓鎏相识，尚不清楚，他们年轻时都从事反清大业，从而有了交集点，以后共订《苏曼殊年谱》。柳氏在《己巳春尽前三日，自京口至梁溪，效鲁盟长邀游所居佚园，出示画册，率题一律奉教》一诗中写道："少年努力事神州，此日园林爱息游。怪石奇花新粉本，故家乔木旧风流。经纶世上羞余子，丘壑胸中出一头。但祝南阳龙卧稳，草堂梁父不须讴。"[7]

柳亚子比秦毓鎏年轻7岁，而陈去病则比秦大6岁，秦与陈在日本留学时就因革命而相识，这次雅集陈去病作诗多首，在《效鲁属题所居坐忘庐》中他吟道："阴阴门巷罨垂杨，小有亭林足晚凉。且学斋心颜氏子，漫教结客少年场。灌园种菜聊为尔，勒石铭勋尽自忘。我亦希夷老孙子，息机长愿事蒙庄。"在《效鲁属题佚园图册》中陈赞美佚园："微云一抹露山眉，淮海风流允可师。春涨看残新绿水，栖鸦占尽最高枝。天教孙子开图画，我与讴吟进酒卮。要许名园寻寄畅，呼童拂石更题诗。"[8]

除了秦毓鎏这些"老战友"外，当时来到佚园雅集的多为高僧与居士。1926年民国四大高僧之一的印光法师到无锡传法，秦毓鎏以居士身份拜见法师，呈上自撰的《读庄子穷年录》。1931年7月17日，秦氏赴上海谛闲法师处，正式行皈依礼，法师赐名"圣光"。

1937年1月，太虚大师到无锡讲法，"二月，大师移住秦效鲁之佚园"，作《丙子释尊成佛日用柳亚子韵题秦效鲁佚园》："摄取瀛寰九九州，佚园清赏足神游。四时凉燠唯心现，百物新陈大化流。岂止荫成堪息影，也曾狂歇不迷头。偶来暂借蒲团坐，晓听林禽引呪讴。"

1937年春，57岁的秦毓鎏归天，这处旧宅由其子女居住。1949年后归公家所有，先为苏南行署区政府干部宿舍，后由政府房管部门经租。20世纪50年代，土岗、高台和园中树木被削平[9]，2010年复建了冈南的黄石山洞，作为连接东西的通道。现存的建构筑物有主房三间、辅房三间、杂屋两间和小园一个。2003年6月，秦毓鎏旧宅及佚园被列为无锡市文物遗迹控制保护单位。2019年7月，随着小娄巷历史街区的修葺完成，佚园也掀开盖头，对社会开放。

三、成为过去式的辟疆园

"柳深陶令宅，竹暗辟疆园。"这是李白诗中所提到的辟疆园。可惜这所历史上最早记载的苏州私家园林在唐末宋初就已销声匿迹。

1927年，为追慕先人功业，顾康伯在无锡市中心打造了一所私家园林，将其命名为辟疆园。

这座园林位于欢喜巷，西距中直河、北离六箭河都只有百米左右，其占地多少，无确切记载，估计两三亩。

顾氏乃无锡大家，顾康伯父亲顾维贤，四品封职候选同知；岳父秦茝风，戊午举人，四品衔；顾康伯的几个舅舅都是名流——秦敦世，举人，三品衔，历任工部缮司郎中、印铸局清史馆协修、宪政编查馆内阁中书；秦宝瑚，太学生，清外交官；秦宝玑，朴实能诗文；秦岐农（宝瓒），附贡生，工书画诗文，著有《遗箧录》四卷、《古泉图释》八卷、《晚红轩诗稿》两卷、

《斠金石文考》两卷。

"谈笑有鸿儒，往来无白丁。"书香门第出生的顾康伯年轻时也习举业，可考运不佳。而立之年便改换跑道，赴太仓任济泰纱厂经理，后又在无锡开典当行，拥有一定的经济实力。1927年，55岁的他决定利用祖居之地，打造一座私家园林。

辟疆园经过精心筹划，一丘一壑，一池一水，一亭一榭，无不高下错落，曲折尽致，位置得宜。中心部分厅屋三楹，秦岐农书匾额"辟疆小筑"。厅靠东而南有碧梧轩（图二），原有古梧桐树三株，乔柯修伟，浓阴蔽日，即于此置轩，为读书之所。厅靠东向北即叠石为五老峰，五峰参差，有如五位老人作佝偻状。峰前有槿篱，旁架紫藤，周围有菊圃菜畦，路边间筑花坛，上有芍药、石榴、枇杷、桂树、老梅散植其间，四时有花，林木葱茏。厅之南为小土山，山上有徯月亭，"徯月"即步月之意，亭在高处，赏月最宜，徯月亭与西南之听松亭夹路相望。两亭向南各连土山，山虽不高，登而望之，

图二　辟疆园·碧梧轩

锡惠之葱茏黛色，如在眼前，南望太湖，亦能遥接波涛。园中观风望月，登山临水，尽可抒怀。厅之西有大池为偃月状，池上有鹤步桥，桥以石梁为之，分割水面，隔而不断。夏日荷擎绿盖，芙蕖出水，清风微来，宜于桥上鹤步而行也。水之东岸有藕香榭，临水而建，此处宜观落日，金波溶溶，翠柳拂水，水面风起，一榭清凉。厅之正北有留馨亭，此处花畦菊圃，最宜赏花。

主人在园中疏浚古代枯井，稍加深淘，即有清水腾涌，故以井水为园池水源，且皆以泉名之，有朝阳、涵碧、慧川、小平、辟疆、云液、小中冷。泉水冽而味厚，可与惠麓天下第二泉媲美。

凿池得井深三丈余，均有瓷器若干件窟藏于中，惜年久为土石所压碎者十之五六，临时为锄畚所碎者十之二，其完全者十不得一二矣，分其类一曰宋龙泉瓷，一曰元瓷，一曰明瓷，间有清初仿元制花纹者，则有人物、花卉、云龙图案画等，豆青色无花纹者两盘数碗及黑质白花内作三凤形之四碗并豆青色无花之炉式盏一件、韩瓶四件、绿油瓷碎片等为最足珍贵，这些文物的出土，引来锡城士大夫们一片惊叹，他们竞相来园清赏，并猜想着这批文物与其主人的前世。教育家侯鸿鉴为此作长诗《古瓷歌》道："为想兵戎蹂躏空，料因避乱储其中，应知地主沧桑变，沉埋井底石玲珑，一朝重现人间世，破残碎片亦珍制。"[10] 文物的发现，出乎顾康伯的意料，这使他非常开心，他视若拱璧。

明洪武二十八年（1395），惠山听松庵性海制作竹茶炉，九龙山人王绂作竹炉煮茶画卷，得到文人雅士们的追捧。顾康伯利用辟疆园的茶与竹，恢复"竹炉煮茶"这一传统，春秋佳日，以手制竹炉，烹茗饷客，味香特盛，饮者莫不交口称异，竹炉烹茗，古瓷盛茶，一时传为佳话（图三）。

顾康伯热情好客，"每逢月白风清之夜，千

图三　辟疆园复制竹炉图

红万紫之秋，招良朋，赴斯园雅集，吟风弄月，畅叙幽情，举杯观瀑，饮尽忘返"。[11]

作为实业家的顾康伯，喜与文人在一起饮酒赋诗。媒体上常见他们的"行踪"——1934年3月25日上午十时，邓青城、严肖兰、周梅坡、汪静山、张补园、顾康伯、许仲威、王荫之等文人雅士，从茂新厂坐荣氏汽艇，驶往梅园，此时的梅园万花齐放，春意盎然。他们在太湖饭店开筵觞咏，"酒酣，钱名山乃行一令，须唱前人有梅字之名句，以次点座中客，到梅字者而饮，便须赓续，不宜有同。一时凝思欢笑，各有咏梅佳什，得五六十句。宴毕，起而散入花丛"。[12]

民国时期，常来辟疆园的多是地方精英，与园主有各种交集。这里仅举几例：

国学大师唐文治，江苏太仓人，进士出身，这位"部级官员"后来落户无锡，出任无锡国专校长。他与顾康伯相识几十年。1920年太仓发生水涝，1925年初太仓又因兵乱损失惨重，唐文治为救乡亲，发起募捐，顾康伯都积极响应。唐曾作《梁溪顾氏辟疆园记》。

地方名流秦敦世，举人出身的他长期在京城任职，古稀之年回到家乡，住在辟疆园，得到外甥的悉心照料，每天徜徉在这个城市的山林间，惬意的他常挥毫泼墨。

衣锦还乡的杨味云，官至财政部次长，他的夫人顾采雅是顾康伯的姑姑。

1932 年适逢顾康伯夫妇花甲之年，家人决定邀请文人骚客为"辟疆园"题联赋诗，编为《辟疆园诗文汇钞》出版传世。文字作者既有本地士绅如许国凤、华文川、侯鸿鉴、杨志濂等，也有政府大员如孔祥熙、阎锡山、谭延闿、吴稚晖等。

民国时期，辟疆园曾作为无锡劳工卫生促进会的办事处。1949 年后，辟疆园更换门庭。

1958 年，在大炼钢铁热潮中，辟疆园被荡平，原址盖满了普通安置房，安置那些因填中直河修中山路而要拆迁的民众。[13]该园至 20世纪 90 年代欢喜巷改造时还有旧迹可寻，为八佰伴和原报业集团后背一带区域。现在已很难想象此处曾有亭台楼榭了。

四、结语

古典园林的一个基本追求便是可居、可行与可游、可赏的统一。人们生活于其间，游乐于其间，它既是实际的日常生活的场所，供人居住、读书、接待宾客、宴饮亲朋，也是怡情悦性、消遣精神、标榜风雅、超世独立的心理活动空间，是精神逍遥的理想天地。这种地位与功能，决定了园林与社会文化各方面的广泛联系。

作为民族工商业的起源地，民国时期无锡出现一批有实力的企业家。他们利用家乡得天独厚的山水资源，打造了一系列大大小小的园林，其中既有梅园、蠡园、鼋头渚、东大池、万

顷堂等私人打造的公共园林，也有辟疆园、云薖园、太湖七十二峰山馆、郑园、陈家花园、吴家花园（前西溪）、锦园、周舜卿的避尘庐、唐星海的蓉湖小筑、陆培之的陆庄、蒋东孚的香草居等私家园林。因资料的欠缺，众多私家园林的历史、造园经过，空白点太多。

本文对这三所宅园的"复盘"，还较浅显，实期望地方研究者对此有更多的关注，从而把无锡城市文化的研究推向更高层次。

注　　释

[1]　杨味云：《云薖记》，无锡市崇安区委员会编：《崇安街巷》，古吴轩出版社，2007 年版，第 120 页。

[2]　《杨味云先生八秩寿言汇录》，无锡市图书馆藏。

[3]　杨味云：《云薖记》，无锡市崇安区委员会编：《崇安街巷》，古吴轩出版社，2007 年版，第 120 页。

[4]　黄晓、刘姗姗：《无锡近代秦毓鎏佚园探析》，《建筑史》第 40 辑，中国建筑工业出版社，2017年版。

[5]　秦毓鎏：《佚园记》，政协无锡市崇安区委员会编：《崇安名胜史话》，山东画报出版社，2007年版，第 153 页。

[6]　吴观蠡：《秦毓鎏顽石铭》，《锡报》1926 年 7月 29 日。

[7]　柳亚子：《磨剑室诗词集》（上），上海人民出版社，1985 年版，第 592 页。

[8]　殷安如、刘颖白编：《陈去病诗文集》（上），社会科学文献出版社，2009 年版，第 135 页。

[9]　政协无锡市崇安区委员会编：《崇安名胜史话》，山东画报出版社，2007 年版，第 152 页。

[10]　侯鸿鉴：《古瓷歌》，《辟疆园诗文汇钞》，《无锡文库》第 2 辑，凤凰出版社，2011 年版。

[11]　蓉湖散人：《顾辟疆园记》，《无锡旅刊》1933年 11、12 月合刊（第 163 期）。

[12]　邓青城：《梅园观梅记》，《新无锡》1934 年 3月 26 日。

[13]　顾征：《无锡欢喜巷记忆》，http://www.360doc.com/content/17/0903/15/42520212_684338943.shtm.

保护惠山古镇历史遗产 振兴运河支流文化旅游

金石声 *

【摘要】惠山和古运河是江苏省1995年就公布的省级历史文化保护区,保护工作起步较早。2008年,惠山古镇启动历史文化街区保护建设;2014年,大运河被列入世界文化遗产,无锡大运河主航道城区段列入其中。2018年,惠山古镇加入江南水乡古镇联合申遗。近年来,中央重视大运河文化保护传承利用。惠山古镇作为大运河无锡段的重要组成部分,自古以来成就了无锡大运河山水相依、钟灵毓秀、人杰地灵的特点,是江南文脉千年繁盛的重要载体和现实存在。本文剖析惠山古镇历史地理、区位优势、文化遗产、遗产价值,提出加强与大运河联系,以保护、传承和利用古镇和运河双重遗产,振兴并带动新时期文化旅游。

【关键词】惠山古镇 遗产 运河 旅游

无锡是一座依傍大运河而建,依靠大运河成长、发育并发达、繁荣起来的历史文化名城,水生财富,水生万物,人民的生活须臾都离不开大运河。自北塘至南长,沿运河而展开的米市、钱庄、货栈、商埠、工厂绵延数十里,这一黄金水道象征着富饶和繁荣,滋养着这座城市,承载着千年以来无锡人民的美好生活。锡惠两山、龙光塔、天下第二泉、黄埠墩等许多景点,如珍珠般璀璨,自古以来构成了无锡大运河山水相依的优美景象。惠山古镇就在运河之畔,良田阡陌,田园风光,古朴清丽,呈现着江南鱼米之乡的优美,是江南文脉千年繁盛的重要载体和现实存在。2014年6月,大运河被列入世界文化遗产。"无锡充满温情和水",这句话曾经是无锡的旅游口号。而乾隆皇帝的一句"惟惠山幽雅闲静"则说出了运河明珠——惠山古

镇的特质。认真学习并遵照党中央、国务院办公厅《大运河文化保护传承利用规划纲要》,积极融入大运河国家文化公园规划,坚持保护第一、传承优先,对运河沿线各类文物本体及山水、街巷肌理实施严格保护和管控,合理保存惠山泥人等传统文化生态,认真挖掘运河古镇水文化资源,积极推进惠山景区山水全域旅游发展,是近几年惠山古镇景区的重要工作。

一、惠山古镇与大运河的历史地理关系

大运河无锡段北起常州与无锡交界的五牧,南到无锡与苏州交界的望亭,全长41公里。无锡城区段起自双河尖,流经吴桥、黄埠墩、莲蓉桥、亮坝上、亭子桥、羊腰湾、清名桥、淘沙巷、西水墩、西门桥等重要节点,环通无锡

---

* 金石声:无锡市锡惠园林文物名胜区管理处文化总监,文物管理科长

老城区，全长约 11 公里。而另一支线，自 1958 年开始从黄埠墩向南开挖，经蓉湖庄、锡山东麓，穿越梁溪河，至下甸桥，连通大运河的无锡新运河，全长 11.24 公里，于 1977 年开通，1983 年通航。

从形势上看，惠山是古梁溪河的源头，山之东北部有惠山浜、烧香浜、腐乳浜等"十三浜"与城中水系相通。惠山泉水一方面通过寺塘泾流向大运河，终点是黄埠墩。黄埠墩西面朝向惠山，其岛上环翠楼有明代海瑞题的"玩山临水第一楼"匾。另一方面，发源于忍草庵、春申涧的锡山涧，汇聚到梁溪河。无锡大运河与惠山古镇通过水系从地理上紧密相连；同时惠山古镇优美的风景，众多的文物古迹也通过舟船与无锡城及外部世界人文相连。

从空中看，如果把大运河无锡段比作一条彩带，那么，惠山就似一条蛟龙起伏于河上，锡山似龙头，龙光塔则像一颗明珠闪耀在彩带之上。从河上看，锡、惠两山成为无锡的地标，有着重要的航标导引作用。无锡古代志书上说，无锡运河和惠山锡山是北面到浙闽之通途和城市地标，所以南来北往的骚人墨客、商人黎民，无不以登临惠山为荣。他们在这里细品二泉、礼佛游园、吟诗作画、祭祖追思，留下了数不胜数的文化佳话。370 多年前的明代末年，绍兴进士、尚书王思任写："越人自北归，望见锡山，如见眷属……西上锡山，看城内万室鳞次，绣膏锦水，真吴会一福壤也。浮图初建而孙鼎元出，再修而华会榜兴，则信乎有地脉哉。"无锡之繁荣和灵秀跃然纸上。

说起无锡大运河，必须要说到春秋战国时期的黄歇。2200 年前，无锡属于楚国的封地，作为一国之相，黄歇在此地治无锡塘，留下了黄埠墩这一无锡最古老的名胜，而无锡这一地名在这 200 多年后正式成为这个城市的名字。我们得感谢黄歇开创之功。黄歇曾饮马惠山，惠山至今留有春申涧遗迹。他还在惠山之北辟龙尾陵道，在惠山之东建历山祠，岁祀以牛。至唐朝，人们建春申君庙来纪念这位伟大人物，此庙也是地方志上记载的惠山最古老的祠堂，成为惠山百家祠堂的滥觞。可以说，黄歇为无锡留下了最早也最为重要的城市、运河和惠山文化遗产。

古代无锡陆路只有西门兴隆桥的棉花巷有路可至惠山，此路称为五里街，诸多不便，所以大量的游客通过寺塘泾的水路来游惠山。明代末期著名文人张岱在《陶庵梦忆》中记载了明末惠山街市的热闹："无锡去县北五里为铭山，进桥，店在左岸，店精雅，卖泉酒……盆盎、泥人等货。"当时惠山泥人的交易量非常大，每当春秋两季，前来采购二泉水、惠泉酒和惠山泥人的货船停满惠山浜。而每当香会、庙会或者清明节、秋冬季，无锡城中和乡下各镇的香船、会船、祭祀船则停满了烧香浜。文人雅士、达官贵人甚至帝王将相来无锡必游惠山。他们自运河南来北往，自东溯寺塘泾往西至塘下登岸，两岸风光旖旎，山色青葱。无锡人将惠山称为家山，将运河称为母亲河，可以说惠泉山和大运河不但是无锡城市的现实存在，更是千百年来无锡人民生活不可或缺的有机组成，是一个城市魂魄所在。

二、惠山古镇彰显大运河璀璨的文化遗产

惠山古镇山围水合这一独特的地理环境，使其能够保留千年以来的文化遗产不受外力干扰，并呈现出多元复合的文化形态，具有原真性和相对的完整性，呈现为"形而上"，以"精神家园"为亮色。1995 年，江苏省人民政府将古运河与惠山列为省级历史文化保护区；2011 年，惠山老街被评为中国历史文化名街；2012 年，惠山祠堂群被列入中国世界文化遗产预备名录；2016 年 1 月，惠山历史文化街区被列为江苏省历史文化街区。

惠山地区的文化最早可追溯到4500多年前的新石器时代的良渚文化。发源于惠山的古锡山涧的山泉流淌于锡、惠山麓,20世纪50年代和2008年的锡山先民遗址考古挖掘,发现了水田、稻谷、红烧土陶器、玉钺,证明早期无锡先民依山傍水生活。以后此地又有经自南北朝、唐宋元明清持续不断发展的文明,可以罗列的代表性遗迹有战国时期春申涧、南北朝时期的惠山寺、唐宋时期惠山寺经幢、唐代天下第二泉、明代寄畅园、愚公谷、碧山吟社、二泉书院、张巡庙及明清以来建造的上百个祠堂等。它们中有国家级文物保护单位14个,省级文物保护单位8个,市级文物保护单位11个,国家级、省级非物质文化遗产5处。

惠山古镇是传统内敛的,但这里因山水文化、祠庙文化、名人文化、茶泉文化、园林文化、泥人文化、祠堂文化、书院文化、民俗文化享誉海内外。它不仅有着丰富的以祠堂群为代表的历史遗存,同时也是惠山泥人、锡绣、留青竹刻等大批非遗项目的发祥地。惠山古镇集人文之粹,得山水之秀,千百年来,一直是本邑民众的精神家园和游历之地,素有"无锡露天历史博物馆"之美誉。

清代康熙、乾隆两帝均六次南巡,他们泛舟惠山寺塘泾,钟情惠山之古雅,独宠秦氏寄畅园。据记载,两个皇帝在1684至1784年这100年间,分别六下江南,游历惠山共18次,留下115首诗文。康熙"朝游惠山寺,闲饮惠山泉",乾隆"每值南巡春仲月,轻舟必先溯梁溪"。乾隆对惠山推崇有加,他爱"寄畅园中眺碧螺",他赞叹"惟惠山幽雅闲静"。他还分别在北京清漪园和圆明园中依照寄畅园仿造了花园,在承德避暑山庄仿造惠山竹炉山房,在清漪园中仿黄埠墩建造凤凰墩,至今尚有实物,传为佳话。

惠山古镇景区是精彩纷呈的。惠山庙会、元宵灯会、三月香会、无锡市花杜鹃花节、惠

山泥人艺术节、金秋惠山菊会、中秋赏月大会等系列活动传承历史,各地游人纷至沓来。惠山古镇景区,这处城市中的胜景,璀璨的历史文化散发着迷人的气质,便捷舒适的配套设施糅合了时尚舒适的游览体验,正逐渐成为具有高度国内影响力和国际知名度的旅游目的地,成为海内外游客的乐游之地和休闲之处。

三、惠山古镇作为大运河文化带明珠和江南古镇联合申遗项目所展现的独特文化价值

惠山古镇具有山、水、林、泉、花等自然资源,又有古园、古寺、古祠堂、古书院等人文古迹,是中国传统文化中儒佛道诸方面的代表,体现了无锡人民的生活审美和精神寄托,是江南文脉在无锡千年传承的例证。对照联合国教科文组织公布的世界文化遗产标准:具有突出、普遍价值,具有原真性和完整性,符合世界文化遗产的若干价值准则,我们将惠山古镇的价值归纳如下:

1.为一种已消逝的文明或文化传统提供一种独特的,至少是特殊的见证。惠山祠堂群传承千年,目前尚有各种类型的祠堂108座,是世界文化遗产预备名录中全国唯一的祠堂群落,反映了无锡人民对于祖宗、先贤、英雄和自然神灵的敬畏和慈悲;以血缘为纽带的祠堂文化是中国古老文化的见证,目前这一功能正在复兴中。

2.代表一种独特的艺术成就,一种创造性的天才杰作。文人园林的代表作——明代的寄畅园,反映了人与自然的和谐相处,利用山水,以独特的延山引水方式来表达人与物的融合,抒发内心之畅。2017年,国内专家在无锡召开寄畅园建园490年学术会议,曹汛教授将寄畅园列为全国五大名园之首。中国工程院院士孟兆祯说:"寄畅园之所以能成为中国名园,因其

'天人合一'的意境，即'虽由人作，宛自天开'。"孟兆祯赞叹："寄畅园可谓'山贵有脉，水贵有源，脉源贯通，全园生动'的典范。"

3. 可作为景观的杰出范例，展示出人类历史上一个或几个重要阶段。上千年传承不绝的茶泉文化，无锡最古老的风景名胜——天下第二泉，体现了人民对美好生活品质的追求。历史久远的寺院文化，反映了儒佛道三教文化在惠山地区的融合及对社会民众的滋养与福泽，反映了人们的道德与精神追求。

4. 从历史、艺术或科学角度看，具有突出、普遍价值的建筑物、雕刻和绘画。书院、诗词及其背后的文化名人，涉及山水人文、精神生活，将一座山、一条运河结合起来，表达了文人对中国文化的理解和寄托。泥人、庙会、传说、故事等散发出浓郁的中国传统文化气息，至今仍为人们所乐道。清代康熙乾隆对惠山古镇水文化、山文化的推崇使得寄畅园、惠山寺、天下第二泉名扬宇内。另外，距今 6000—4500 年的锡山先民遗址、唐宋石经幢、明代园林遗址、大量的古碑古匾等文物，映照了中国传统文化的灿烂。

5. 可作为传统的人类居住地或使用地的杰出范例。惠山古镇的人民临水而居，临水筑祠堂并守望这一传统文化，反映了人们对自然山水、历史人文、民俗民风及美好家园的热爱，也反映了运河文化对当地人民生活的滋养。

四、大运河国家文化公园无锡段惠山古镇的保护、传承和利用

2017 年 8 月，习近平总书记在中央办公厅关于大运河文化带的调研报告上作了重要批示："大运河是祖先留给我们的宝贵遗产，是流动的文化，要统筹保护好、传承好、利用好。"无锡文旅集团作为经营管理大运河畔惠山古镇景区的国资集团，近几年来积极响应并参与省市领导关于大运河国家文化公园无锡段惠山古镇的规划建设，形成了指尖上的无锡、舌尖上的无锡、耳尖上的无锡这三个规划概念，并积极筹划惠山特色风情小镇工作，力争成为运河边独具魅力，融旅游观光、文化休闲于一体，具有独特文化体验的大型遗产型旅游文化企业。重点做好如下工作：

从 2008 年开始到 2012 年，惠山古镇完成了运河支流寺塘泾沿线下河塘祠堂群和上河塘部分祠堂建筑的修复，整修了沿河的码头，整治了水系，重建了宝善桥。惠山古镇二期工程是锡惠景区与惠山古镇一体化运营之后开展的规模最大的祠堂群修复项目。二期工程分两块实施，其中惠山浜建筑面积 8332 平方米，上塘祠堂群建筑面积约 6500 平方米，总投资分别为 8382 万元及 9900 万元。这两个项目已于 2017 年 7 月开工，2018 年 12 月完成惠山浜沿河祠堂群修复及烧香浜南岸配套景观、建筑、道路铺装工程。2019 年有望修复上河塘祠堂群。2019 年将开挖并建成烧香浜水系，形成完整的惠山古镇框架。无锡市政府已经批复同意成立惠山古镇景区管理处，做将实施整个景区的统一封闭管理，控制游客流量，有效保护文化遗产。

目前，惠山古镇景区正在积极申报国家 5A 级旅游景区，新的游客中心、停车场、旅游设施、标识标牌均已基本建设到位，即将迎接国家文化和旅游部验收，有希望申报成功，获得批准。这将是无锡市区运河沿线唯一的国家 5A 级旅游景区，必将对运河经济带建设做出新的突出贡献。

自 2004 年起，惠山一直在申报世界文化遗产，惠山祠堂群于 2012 年 11 月入选中国世界文化遗产。现在拟以惠山古镇名义与江南水乡古镇一起申报，有望于 2021 年提出申报。这一举动必将持续提升惠山古镇作为运河古镇的文化价值，促进文化经济的大发展。

另外，按照政府规划，拟利用惠山古镇风

貌协调区靠近运河西路的 30 公顷地块，打造特色旅游风情小镇，这必将为惠山景区开展全域旅游增加亮点和活力，成为无锡市区旅游的热点，为发展运河经济做出突出贡献。

惠山古镇积极参加由扬州市政府主导的世界运河历史文化城市合作组织，参加世界运河城市论坛，同时也作为世界旅游古镇联盟创始单位，积极开展跨区域性的文化旅游推广活动，宣传运河，宣传古镇。惠山古镇作为无锡运河文化的重要节点，要加快建设步伐，特别是要规划利用好风貌区，打造特色文化小镇，为运河经济带增姿添彩，同时也要为申报世界文化遗产作好准备，发挥好拉动区域文化经济、发展全域旅游的积极作用。

谈人本主义与历史街区文化遗产保护

——以无锡清名桥历史文化街区为例

陈钰彬 *

【摘要】 历史街区文化遗产与人们的生活息息相关，其不仅是历史上人们生活的印证，更作为精神栖居地润饰着现代居民的生活。因而除了对其遗产形态、功能、价值的维护外，我们更应考虑人的维度，将人本主义思想融入到历史街区文化遗产保护中来。本文从人本主义思想出发，剖析了文化遗产语境下的人本主义内涵，结合无锡清名桥历史街区保护的实际案例，分析了人本主义在历史街区文化遗产保护中的重要性和实际应用，提出了将人本主义运用到历史街区文化遗产保护中的一些实践方法，并对历史街区文化遗产的阐释、教育意义进行了引申讨论。

【关键词】 历史街区　文化遗产保护　清名桥历史街区　人本主义

意大利著名文化遗产专家朱力阿诺·沃佩[1]说过："考古学家在挖掘东西的时候，发现的不是东西，不是物品，是人。"他认为文化遗产保护需要不断创新，但在创新的过程中，我们需要的不仅仅是科技的支撑，以人为本在文物遗产保护方面的重要性才是不言而喻的，我们要关注过去的人，但更要关注今天和明天的人。

如今，在文化遗产保护议题尤其是历史文化街区保护中，民众的参与显得越来越重要，人与文化遗产之间的血脉关系也不断被学界提起。文化遗产保护的对象是过去的人的产物，保护的目的是为了现在和未来的人得到更多精神文化滋养，可见文化遗产保护的每一个环节都离不开人的参与，因而以人为本的理念应贯穿于文化遗产保护的全过程。

一、 文化遗产语境下的人本主义内涵

人本主义一词源于西方，原属心理学研究范畴，强调人的自由意志和价值，注重人的责任与发展。早至古希腊，人们在城市规划和建筑构造时就已经考虑到追求人的尺度、人的感受以及人与自然的协调，人本主义思想孕育并发展于城市规划与建设的过程中。2003年我国提出了科学发展观，并以以人为本作为其核心，主张人是发展的第一动力，一切为了人，一切依靠人。此种观点对于历史街区文化遗产保护也有着启发意义和实践意义，在文化遗产领域，人本主义思想也在不断得到体现。

遗产产生于过去，因而其保护固然当与其原生环境的行为主体——过去的人连接起来；

* 陈钰彬：复旦大学文物与博物馆学系硕士研究生

遗产存在于当下的语境，因而其保护应该与当下语境下的行为主体——当下的人联系起来；遗产具有传承性，遗产保护不仅是对当下遗产价值的肯定及发展，更是为了未来的人的发展，因而其保护当与未来的人也联系起来。可见，"人"与遗产保护之间是密不可分的，我们在遗产保护中不仅要注重人的主体地位，重视市民的参与程度，更应考虑人与遗产之间的和谐关系的保存，让"活"的遗产实现可持续发展。正如杜晓帆教授在谈到城市历史遗产保护时提到的那样："我们不仅要重视城市的格局和那些重要的建筑形态，还应关注与该地区文化历史相关的所有物质和非物质构成，特别是生活在其中的人。正是现代居民的存在构成了特有的环境和文化表征。而这个环境又恰恰反映了一个民族或者一个地区文化发展的过程。所以，保护文化遗产应该更重视遗产与人之间的血脉关系、包括它们之间在历史和当代的真实状态。"[2]因而笔者认为，文化遗产保护语境下的人本主义意指为了人类美好生活的崇高目标而采取人性化、科学化手段对文化遗产进行保护，强调人的主体性与参与性。

二、人本主义在历史街区文化遗产保护中的重要性和作用

历史街区是一种特殊的文化遗产类型，其最早在《雅典宪章》中被提及："对有历史价值的建筑和街区，均应妥为保存，不可加以破坏。"[3]历史街区不仅是人们生活方式和传统记忆得以延续的载体，更是人们的生活栖居地，因而"人"在历史街区文化遗产保护中有着重要的地位。随着我国对文化遗产保护的不断重视，近年来各地对历史街区的规划、保护实践如火如荼地进行，无锡市在历史街区规划与保护中发挥了良好的示范作用。其中，清名桥历史街区的保护尤其值得一提。

运河是流动的文化，运河遗产作为流动文化的载体，更有着丰富而深刻的价值。清名桥历史街区位于无锡历史底蕴最深厚的中心城区，坐落在千年古运河边，以古运河"水弄堂"为中轴，清名桥为中心，北起南长桥，南至水仙庙，东西向沿伯渎港及其他支流拓展，余者毗陵运河两岸。古运河上有了清名桥，便多了一份古朴的韵致，这里人文景观荟萃、名胜古迹叠连，清名桥也渐成无锡古运河的标志性建筑和著名的景点。无锡市政府一直以来都十分注重对该街区的保护。1986年，清名桥被列为无锡市级文物保护单位。2007年开始，无锡市政府动手对清名桥地区进行古迹开发和修复工作。清名桥文化街区内拥有国家、省、市级文保单位19处、牌坊8座、其他文物遗存17处。无锡市政府启动清名桥历史文化街区保护性修复工程以来，始终坚持"保护传承、有机更新"的理念，以期使清名桥历史街区永葆活力。

清名桥历史街区是原生态的江南古巷，其不仅有着绮丽的水乡景色，还保留着吴地的历史文化和市民风情。自古以来，清名桥街区就充满了人的印记，并在人的滋养下形成了独特的运河文化和江南特色，因此对清名古韵的保护就离不开人的参与、离不开人性的滋养。正是人本主义在清名桥历史街区保护中的合理运用，使其保护开发取得成功。

笔者将清名桥历史街区遗产保护划分为保护前、中、后三个阶段，分别来探讨人本主义在历史街区遗产保护中的体现和重要作用。

（一）保护前

该阶段是文化遗产保护前的规划部署阶段。清名桥文化街区作为无锡建设中国历史文化名城的重点项目，在保护规划前便不断得到重视。"自1983年南长段古运河被纳入《无锡市区古运河规划》以来，南长集各方之智，经

反复论证，先后编制了《南长新城（古运河片区）概念规划》《南长新城（古运河片区）控制性详规》《清名桥历史文化街区保护、整治、复兴修建性详细规划》及休闲、旅游等各类专项规划，并于 2007 年 12 月正式启动了清名桥历史文化街区保护性修复工程。"[4]可见，清名桥历史街区保护有一个长期规划的过程，并且由政府牵头，规划目标明确，力图在保存文化遗产的完整性和原真性的基础上，打造集文化遗产、旅游休闲、文博艺术体验于一体的活态遗产和具有江南古运河特色的"无锡名片"。不可否认，清名桥历史街区的保护带有其经济目的，但文化遗产保护与旅游开发经济发展并不矛盾，关键在于要把握好其间的平衡点。清名桥历史街区保护便很好地做到了这一点，因为其在规划部署时便抓住了"人"这一维度。一方面，其旅游开发充分考虑原住民的生存状态和精神归属感，注重对民俗风情和文化记忆的保护，紧紧把握住人与遗产之间的精神纽带，诚如北京大学教授汪芳曾在会议中提到的那样，"无锡古运河历史街区旅游开发的核心理念是，客观主义原真性的保护、社区居民的参与、文化记忆的认同"[5]；另一方面，无锡市在遗产保护初期规划阶段便强调适度开发原则，以传播文化遗产内涵、普及民智为目标，发掘遗产中能够与公众连接的点，架起遗产与公众密切联系的桥梁，这样不仅达到了经济目的，还能传播知识，普及民智。

（二）保护中

清名桥历史街区的保护是在缜密的规划下完成的，因而其非常注重完整性，无论是桥梁、运河、房屋等物质因素，还是与其相关的居民居住形态、民俗等非物质因素都得到了很好的保存。在保护工程中，一方面，清名桥历史街区从人们生活的舒适度和便利性考虑，将传统的江南水乡文化与现代因素相结合，与一些商业机构合作，引入了具有现代元素的服务。历史上的南长街商铺林立，是带有商业气息的，因而鼓励商家入驻不仅能够为当地居民的生活和游客的游览带来便利，还能唤起历史的记忆，因此无论是游客还是临近居民都能在其间找到情感上的归属感。另一方面，清名桥历史街区注重对居民生活原态的保护。尽管南长街引入了大量现代元素，但南下塘却保留了水乡生活最原始的面貌，把保护修建好的古迹与枕河人家的日常市井生活联系在一起，保留水乡特色，并突出当地的民俗风情。再者，清名桥历史街区注重文化创意产业的开发与发展，具有强烈的公共文化服务意识，这一切都是建立在"人"的需求之上，例如其引进了文化创意、工艺美术、大师工作室等文化产业，推出了"醉江南"紫砂茶壶、"时光之礼""国色生香""弄堂习俗"等凸显清名桥元素的系列文化产品，文化氛围浓厚，充分满足人们多方位的需求。

总的来讲，在清名桥历史街区保护中，当地政府是主导者，居民和入驻的商业机构是参与者和实践者。政府设计宏观的规划，继而交给居民和商家具体执行，政府尊重、理解并支持在遗产保护中产生的新需求，也正是在保护工程中形成的各方的联动性、互动性促进了区域的整体发展。

（三）保护后

历史街区文化遗产保护后阶段主要包括对遗产保护工程的评估与总结、对历史街区遗产价值的再研究、对历史街区的宣传等，这个阶段常常容易被忽视。遗产保护是一个长期的过程，在每一个阶段都应有人的参与。清名桥历史街区的保护并未在工程竣工后止步，而是在不断反思研究中谋求更长远的发展。

首先，清名桥历史街区保护作为大运河文化遗产保护的重要案例，具有较强的学术研究意义，因而也吸引了许多专家对其进行探讨。

2011年4月"中国文化遗产保护无锡论坛——运河遗址保护"会议在无锡举行；2009年10月27日至28日"中国大运河文化遗产保护无锡峰会"在无锡召开，国际国内权威专家参会并对清名桥历史街区保护进行了总结与思考。这些学术研讨会不仅为清名桥历史街区的进一步保护提供建议，还促进遗产保护学术理论研究的发展，更对以人为本的文化遗产保护理念进行了深化。

此外，清名桥历史街区实现了"走出去"的战略。2011年1月，以清名桥街区为创作题材的主题艺术展在中国美术馆展出；2012年10月23日，由巴黎中国文化中心和中国文化传媒集团共同主办的"中国历史文化名街展"隆重开幕，清名桥历史街区向西方观众展现了独特的江南水乡风韵，并促进了清名桥文化品牌和无锡城市形象的传播，在多元文化对话的基础上推动了国际前沿遗产保护经验的交流。有趣的是，在开幕式上，无锡本土画家现场创作清名桥古街的画作赠送给西方的嘉宾，引起轰动。这不仅是我国绘画传统技艺的传承与宣传，更是清名桥历史街区文化与西方文化的活态互动；这不仅将无锡政府和市民对文化遗产保护参与的热情传达给了西方社会，更展现出我们在遗产保护方面的东方自信。

三、将人本主义合理运用到历史街区遗产保护中的实践方法

无锡清名桥历史文化街区的案例给了我们种种启示，在商业化潮流下如何保留历史街区遗产的文化底蕴，如何使原生态的民居生活方式融入历史街区保护的实践，都是值得我们探讨的问题。"江南水弄堂"无锡清名桥的保护实践经验也可为同类历史街区保护提供借鉴。

（一）观念上：重视人的作用，认识到人在遗产保护中的作用

单霁翔在谈文化遗产保护时明确提出："文化遗产保护比文物保护更强调世代传承性和公众参与性。人们都是文化遗产的主人，不是政府和文物单位的专利，只有当地居民自觉守护，才能实现文化遗产的尊严，有尊严的文化遗产才有强盛的生命力。"[6]可见，文化遗产保护离不开人的参与，人作为文化遗产的创造者、保护者和继承者，应在遗产保护中得到重视。

首先，在历史街区文化遗产保护中，居民自身遗产意识的建立是遗产保护的内在驱动力。居民的生活形态是历史街区文化遗产的活态组成部分，作为历史街区的主人和历史街区保护直接利益相关者，居民只有认识到历史街区文化遗产的价值，建立起文化历史意识和主人翁意识，对自身生存环境进行反思和合理规划，产生凝聚力，才能从内部出发，明确历史街区保护需求，增强历史街区遗产保护的积极性。

其次，作为总体规划者，政府必须意识到"人"在历史街区保护中的作用。一方面，在我国现行体制下，政府是历史街区遗产保护的牵头人和主导者，政府对"人"的重视将直接影响到"人"在遗产保护中的参与性与能动性；另一方面，政府和"人"之间协作关系的建立作为润滑剂，将有助于历史街区保护工程的积极推进，政府必须意识到当地居民的作用、综合考虑居民的实际利益与需求、提供相关保障机制，与居民建立起和谐的合作关系。

再者，社区意识的建立助力历史街区保护。在我国，社区的概念较为模糊。人类群体的活动离不开一定的地区范围，离不开与地域范围内其他人群的交流互动，历史街区本身具有社区性质，社区的文化维系力和社区管理理念对于历史街区遗产保护有着不可言喻的作用，只

有意识并利用好这种作用，才能促进社区文化建设，继而为历史街区保护提供动力。实际上，社区文化氛围的营造是居民认同感、归属感和文化情感需求的凝结，重视文化氛围建设，为居民参与遗产保护搭建平台，是深化公众参与的工作目标。

（二）行动上：发挥人的作用，让人参与到历史街区遗产保护中来

布雷西亚城市博物馆考古专家弗朗西斯卡·布兰卡奇奥在成都访问期间曾提出："文化遗产的优秀呈现，必须要有激情，必须要有历史，必须要有人类。"[7] 在城镇化进程不断加快的背景下，社会文化大背景、科技、政策组织、学科研究、专家团队等都为历史街区文化遗产保护提供了各方支持，然而，作为历史街区最大的利益相关者，公众在遗产保护中的主体性地位不容忽视，因而必须发挥人的作用，让人参与到历史街区遗产保护中来。

首先，保护建立在对历史街区的资源整合及研究的基础之上。要将历史街区的内涵、遗产保护的工作原则和方法传达给居民，使其首先有一个基本认识，只有在认识的基础上才能通过各种政策组织等鼓励其参与。然后，政府应通过各种形式引导公众参与，形成遗产保护与公众参与之间的良性互动。公众如何参与？如何找到一个合适的切入点来将历史街区融入公众的生活？我想，一是寻找历史街区遗产与公众之间的联系，在把握好联系的基础上搭建遗产保护与公众智慧间的桥梁，例如清名桥历史街区便抓住了遗产与居民共同的文化记忆这一要素，通过对古街道的还原再造、对运河记忆的回溯等勾起公众的历史情怀，引导居民一起勾勒清名桥街区未来景象，激发公众参与热情；二是契合公众的兴趣点，充分满足公众的探索欲望和参与欲望，例如举办文化教育活动、遗产保护实践课堂等；三是将公众纳入历史街

区遗产保护团队，可以选择对当地居民想法有着深入了解的居民代表，让其与专家一起参与到遗产保护规划、实施、评估全过程，汇聚居民力量，形成公众智慧库。

伦勃朗的作品《夜巡》于 2019 年在阿姆斯特丹国立博物馆里进行修复，其修复过程全方位向世界各地的人展示，即使不能亲临博物馆，身在异国的人们都能坐在家中观赏画作修复过程。博物馆将修复过程对外开放，不仅能够使世界各地艺术爱好者欣赏画作内容，还能使公众了解修复程序，监督修复过程，甚至对修复工作提出自己的想法和建议，形成良性互动。文物修复过程向公众敞开大门的这种做法也值得遗产保护工作借鉴。在进行遗产保护时不妨建立起监督与分享机制，将历史街区保护的进展实时展现给公众，这一方面有助于公众和社会对遗产保护进行监督，另一方面可激发公众对遗产价值的认同和思考，使其汇聚力量，献言献策，共谋发展。再如，在北京旧城东四南历史文化街区的保护案例中，有一个由居民、产权单位、专家、志愿者组成的"史家胡同风貌保护协会"，协会成员参与历史街区保护过程，以协会为平台汇集社会资源和居民力量，进行居民访谈，并将保护规划及实施进展都以透明化的方式向公众呈现，鼓励居民主动参与历史街区遗产保护与建设，凝聚并保护共同文化记忆。这样的实践经验都为历史街区遗产保护提供新思路。

（三）反思人的作用，加强遗产评估与反馈

就目前我国文化遗产保护的实际情况来看，遗产保护的评估反馈性环节尚未得到足够重视。尽管各部门不断推进遗产价值评估、遗产保护状况评估等工作并已取得不少成绩，但我国目前尚未形成一个成熟的遗产评估体系，在实际工作中遇到了评估指标科学性不足、遗产评估理论研究支撑不足、评估覆盖范

围不够全面、评估结果的反馈渠道不畅等问题。实际上，评估与反馈对于遗产保护有着重要作用。一方面，评估的过程即是对文化遗产保护进行反思的过程，通过评估过程，人们可以认识到在遗产保护工程中有哪些好的方法可以继续运用、在保护中出现了什么问题、应该如何解决等；另一方面，评估与反馈所得的体系化经验结果将丰富和完善遗产保护理论，提升遗产保护能力、管理能力和遗产可持续发展能力。

"评估按照介入时间，一般可分为事先评估、事中评估、事后评估和跟踪评估四类。"[8]事先评估是在遗产保护工程开始前在遗产保护规划、政策制定、区域开发等方面对遗产可能造成的影响进行预测分析和评价，并征求公众对遗产保护的意见，从宏观科学的角度事先对保护工程进行总体规划与预测。事中评估是在遗产保护过程中审视保护工作进行情况，呼吁公众及社会各界对遗产保护工作进行监督，及时发现问题、反馈问题、纠正问题。事后评估即总结性评估，在遗产保护工程完成后进行，主要涉及对遗产整体保护效果、保护内容和范围、遗产可持续发展能力、公众评价等因素，形成遗产保护经验性总结。跟踪评估是一个长期的过程，通过对保护对象、遗产利用现状的长期观察与调研，结合长时间来公众对遗产保护的反馈，对遗产可持续发展能力进行有效评估，继而对遗产保护过程中的环节进行反思与改进。不难看出，遗产评估的每一个环节都离不开公众，公众的参与是遗产保护有效性的重要保障。同时，在评估体系和评估指标的建立中，必须首要考虑的一大重要因素也是公众。除了专家学者的意见，应更多倾听公众的声音，集民智汇民意，将专家评估和公众评估二者相结合，促进遗产保护评估理论和实践的发展。

四、余论：从清名桥文化街区保护谈开去

清名桥历史街区的保护实现了现代生活方式与传统民居文化的对话，清名古韵深深印刻在现代人心间，这也正是遗产保护的目的。遗产保护的目的是让遗产价值永存，让"活"的遗产更好地服务于人们的精神生活。历史街区文化遗产源于人们的生活并维系着人们的生活，因而应当重视如何实现其对公众的教育意义这一议题。基于公众的文化需求，要想使历史街区遗产价值最大化，必须使公众最大限度地享用遗产，这就离不开对历史街区遗产进行阐释、展示与宣传。

文化遗产阐释的倡导者和实践者弗里曼·提尔顿（Freeman Tilden）提倡通过阐释来理解，通过理解来欣赏，通过欣赏来保护[9]。中国古迹遗址保护协会（ICOMOS China）理事长宋新潮也曾指出文化遗产的阐释需要符合四点原则：一是内容必须真实；二是阐释要有科学的方法；三是要有利于社会团结和发展；四是强调尊重社区在阐释中的重要性。[10]通过阐释向观众传达历史街区的文化魅力，推动历史街区和社区文化的可持续发展，是促进公众与遗产有效对话的重要途径。此外，遗产阐释也应与时俱进，在媒体技术革新时代，以数字化媒体技术为媒介将历史街区的文化内涵进行阐释与展示，不失为拉近公众与历史街区遗产距离的好方法。

文化遗产保护后该如何进行价值宣传与推广，使更多人受益于文化遗产，也是当今值得探讨的议题。一方面，可在契合观众兴趣的基础上挖掘更多历史街区遗产保护背后的故事；另一方面，与公众分享成果，强调与公众的互动性，让城市的发展与遗产保护并行。阿格里真托神殿之谷公园是意大利代表性的文化遗产，其在推广上做了许多工作。公园不仅通过出版物、电影等宣传内涵，提升知名度，还定

期组织相关教育活动,如让学生参与公园考古工作、公众清洗文物等,使公众在参与文化遗产相关工作之余对遗产有了更深入的理解与认识,甚至点燃公众对遗产保护的热情。

事实上,我国历史街区遗产保护中出现了严重的同质化问题。如何解决这个问题?我想只有认识"人"、把握好"人"的作用,将人的历史、人所创造的文化内涵在遗产保护中充分体现,让文化遗产充满人的痕迹。此外,还应将历史街区放在区域的大背景下,充分考虑地区特色和当地公众的文化需求,进行特色公共教育活动的设计及公共文化设施的引入。

人本主义思想在历史街区遗产保护中的运用,不仅在遗产保护理论思想上取得了突破,更在诸如清名桥历史街区这样的遗产保护实践中得到了价值体现。历史街区的起源与发展都离不开人的参与,其保护工作也应有着人的踪影。历史街区遗产保护只有认识并发挥"人"的作用,其价值才能得到最大限度的发挥。

注　释

［1］　意大利福贾大学教授。

［2］　杜晓帆:《守住城市历史遗产的"芯"》,《中国文物报》2014年8月22日。

［3］　1933年8月国际现代建筑学会拟订于雅典。

［4］　刘霞主编:《中国历史文化名街——清名桥历史文化街区》,古吴轩出版社,2011年版,引自前言部分。

［5］　刘霞主编:《中国历史文化名街——清名桥历史文化街区》,古吴轩出版社,2011年版,第279页。

［6］　单霁翔:《文化遗产保护:应更强调公众参与》,《团结报》2012年6月7日。

［7］　《中意研讨会回顾:意大利文化遗产与天府之国的浪漫邂逅》,2018年10月8日,http://mp.weixin.qq.com/s?__biz=MzI0NzM3MTgzMg==&mid=2247486340&idx=1&sn=2a6fcb3be3f1d777ad66585681119cbd&chksm=e9b04ad3dec7c3c5cd14421d67789ba38024164d7d16a4ca3d271560f026b485d415b125b5e3&mpshare=1&scene=23&srcid=09224xLQqzcUkN8vmEU0IDDK#rd.

［8］　余建立:《我国文化遗产保护管理评估的实践和理论探索》,《中国文物科学研究》2016年第3期,第73页。

［9］　〔美〕弗里曼·提尔顿(Freeman Tilden):《解释我们的遗产》,北卡罗来纳大学出版社,1984年版。

［10］　ICOMOS China:《ICOMOS文化景观、阐释展示等科学委员会召开会议》,2018年10月27日,http://www.icomoschina.org.cn/news.php?class=442.

附录
APPENDIX

无锡文博大事记（2018.7-2019.6）

2018 年

7 月

1 日，由海澜集团倾力打造的民间美术馆——海澜美术馆在江阴落成开放，"笔墨长江 时代华章——海澜美术馆开馆展"同时开幕。

5 日，《江阴市文物保护工作三年行动计划（2018—2020）》正式发文公布，为今后三年江阴文物保护工作的指导性文件。

10 日，"独运匠心 巧施天工——扬州当代玉雕珍品展"在无锡博物院开展，此次展览遴选扬州玉器厂近 100 件（套）原创玉雕精品展出，展期至 8 月 19 日。

20 日，陕西省文物保护研究院检测全国重点文物保护单位惠山寺经幢，探测其是否有空鼓、是否有倾斜，分析其材料风化程度，保证其稳定，并对其做防潮。另外还对金莲桥做评估，防风化，加固桥身结构。

21 日，无锡博物院邀请扬州玉器厂玉器研究所设计师朱士平做客锡博讲坛，做"浅谈中国玉文化的传承与发展——'和田玉、扬州工'"主题讲座。

25 日，无锡博物院召开锡博开放十周年院庆系列活动新闻发布会，公布了院庆主题、Logo、海报及系列主题活动，新华日报、无锡日报、扬子晚报等 20 多家媒体参加了新闻发布会。

29 日，"'墨海行舟'杨劲华、盛九皋书画展"在程及美术馆开幕，共展出两位艺术家近百幅代表作品，展期至 8 月 8 日。

29 日，"一衣带水——日本油画家成田祯介绘画展"在无锡美术馆（无锡市书画院）开幕，共展出 40 多件作品。

本月，无锡市考古研究所和江阴市博物馆考古征集部对黄山炮台旧址进行勘探，勘探小石湾炮台遗址、马鞍山炮台、东山大炮台、黄山炮台 6 座、国民党前沿指挥所、机枪哨 4 座、东山咀张之洞炮台和西山咀张之洞炮台。

8 月

8 日，由无锡博物院与无锡日报报业集团合作策划制作的全媒体本土文化栏目《无锡宝藏——无锡人讲无锡文物故事》完成拍摄，并于次日起逐一发布。

11 日—12 日，东林国学讲堂"《大学》根本智慧"在东林书院道南祠举行。

12 日，"周国清书画展"在程及美术馆隆重开幕，共展出周国清先生 67 幅书法和绘画作品，展期至 8 月 22 日。

13 日，荣智健先生捐款修复龙光塔签约仪式在惠山古镇真赏斋艺术馆举行。

18 日，由江阴市博物馆主办的"记忆——建馆三十周年特展"于江阴市博物馆开展，共展出文物 30 件（组），展期至 11 月 18 日。

22 日—23 日，2018 年无锡市文物档案工作培训班在宜兴举办，全市各市（县）区文物主管部门、市区各乡镇街道，以及下辖有文物保护单位的市直相关管理单位共 90 多人参加了培训。

25 日，2018 年宜兴与太湖西部早期文明专家座谈会在宜兴市博物馆举行。会上专家、学者听取了下湾遗址发掘成果汇报，并就近年来太湖西部的考古研究成果进行探讨和分享。

25 日，无锡博物院邀请香港近墨堂书法研究基金会董事长林霄做客锡博讲坛，做"祝允明与陈淳、王宠的师承"主题讲座。

9 月

7 日，"风尚与变革——近代百年中国女性生活形态掠影展"在无锡博物院开展。此次展览是无锡地区首次举办的女性主题展览，从中国妇女儿童博物馆遴选所藏珍贵文物近 250 余件（组）展出，展览持续至 10 月 8 日。

11，惠山古镇申报世界文化遗产推进会召开。会上明确成立申遗领导小组，按 2019 年 3 月和 2020 年 3 月两个节点分别完成规划申报规划文本和建设工程。

15 日，"第十三届中国徐霞客国际旅游节'徐霞客之路'画展"在江阴市博物馆开展，共展出作品 81 件，展期至 25 日。

15 日，无锡博物院邀请原上海博物馆陶瓷研究部主任范冬青做客锡博讲坛，做"高古瓷鉴藏"主题讲座。

22 日，东林书院举行第三届"释奠礼"及东林会讲。

26 日，"汉唐石韵——长安古代石刻艺术精品展"开幕式在宜兴市博物馆举办，展览共展出 64 组 88 件石刻文物珍品，以及 51 组石碑拓本。

28 日，"梁溪折桂——无锡博物院开放十周年特展"在无锡博物院开幕。本次展览甄选青铜器、玉器、瓷器、造像、泥塑、紫砂、金银器、竹木牙雕、书画等各类文物近 80 件，展期至 2019 年 1 月 8 日。

30 日，"归途——吕经伟捐赠尹瘦石相关作品、物品展"在宜兴市博物馆开幕。本次展览包括尹瘦石生前的画作遗稿、生活用品、书籍报刊、各类证件、文玩摆件，共 2305 件（套），其中书籍 992 本。

10 月

2 日，"回音——程及美术馆开馆 10 周年特展"在程及美术馆开展，共展出绘画、摄影、装置、影像多元化作品 100 多件，展期至 11 月 10 日。

4 日，东林雅集（戊戌第五期）"天韵社与杨荫浏中国音乐史的研究"在东林书院时雨斋举行。

11 日，第八届中国（无锡）国际文化艺术产业博览交易会正式开幕，无锡博物院文创产品小鹿香插、苔痕树影马克对杯荣获"最受欢迎的无锡十大文创产品"称号。

16 日，"均临天下——谈伟光珍藏明清宜兴均陶展"隆重开幕，宜兴市博物馆与浙江雅育集团签订合作协议，"澄心学堂"入驻宜兴市博物馆。

17 日，"枫叶流丹——朱枫百岁绘画艺术展"开幕式在无锡博物院举行，共展出朱枫近百幅书法绘画作品，展期至 10 月 30 日。

17 日，惠山古镇二期建设暨龙光塔修缮项目开工仪式正式启动，省委常委、市委书记李小敏，荣氏家属代表荣智健先生和市政府、市人大、市政协等出席开工仪式。

20 日，无锡博物院邀请故宫博物院研究馆员汪亓做客锡博讲坛，做"漫谈故宫博物院藏《石渠宝笈》著录书画"主题讲座。

31 日，由江阴市文广新局出品，江阴职业技术学院等单位联合摄制的 12 集非遗纪录片《江阴好手艺·第二季》正式播出。

31 日，无锡博物院被评为"全国中小学生研学实践教育基地"，为无锡市唯一获评的单位。

本月，无锡市考古所对新吴区尤家弄—顾更上土墩墓群进行考古调查。

11月

3日，"丝绸之路上的神秘王国——西夏文物精品展"在无锡博物院开展。本次展览共展出宁夏回族自治区自新中国成立以来考古发掘的西夏文物精品100余件（套），展期至2019年1月6日。

5日，江阴市博物馆考古征集部参加砂山石室土墩的抢救性发掘工作，至2019年1月中旬告一段落，共发掘土墩4个，其中发掘石室土墩墓3座，出土春秋时期的原始瓷和印文硬陶等近30件。

17日，无锡博物院邀请原江苏省文物保护研究所、南京博物院文物保护科学技术研究所所长万俐做客锡博讲坛，做"青铜器修复与鉴赏"主题讲座。

18日，江苏省文物行政执法与管理研修班在无锡开班，来自全省文物执法管理、公安内保和刑侦执法人员近80余人参加了此次研修班。

18日，东林雅集（戊戌第六期）"杨荫浏和四大知识群体"在东林书院时雨斋举行。

21日，"云水萦回溪上路——纪念华之宁先生特展"在无锡博物院开展。此次展览展出了华之宁先生各个时期精品画作近60幅，以及先生的作画用品和其他艺术品，展期至12月18日。

23日—26日，无锡博物院参加第八届"中国博物馆及相关产品与技术博览会"，无锡博物院设计的"梁溪折桂——无锡博物院开放十周年特展"海报从260余幅作品中脱颖而出，入选"2018缪斯慕博物馆海报设计推介"十佳海报。

24日，惠山寺经幢和金莲桥检测工程开始，此工程由陕西久传文物保护工程公司实施。

30日，"徐浩飞捐赠作品展"在无锡博物院开幕，共展出徐浩飞先生作品50余件，展期至2019年1月1日。

12月

2日—4日，首届江南文脉论坛在无锡举办，国内外知名专家学者围绕书画、诗词、园林等主题展开交流探讨，梳理理江南文脉，传承和弘扬江南文化基因。

5日，宜兴市博物馆成功加入中国博物馆协会安全专业委员会。

13日，省文物局组织专家对无锡市考古研究所负责发掘的新吴区鸿山街道海洋公园二期地块明清墓群和梅村街道梅里古镇二期项目商周遗址考古工作进行了发掘验收。

17日，茂新面粉厂旧址入选第二批国家工业遗产名单。

22日，无锡博物院邀请国际博物馆协会副主席、中国博物馆协会副理事长兼秘书长安来顺做客锡博讲坛，做"让参观博物馆成为一种新的生活方式"主题讲座。

27日，由无锡市文化遗产保护基金会协同无锡博物院、无锡市博物馆协会共同举办的2018年无锡市优秀文博论文评选活动圆满结束，评选出30篇获奖论文。

本月，江阴市博物馆做好本年度捐赠、征集文物的移交、登记等入库工作，2018年共接收文物80组171件，资料18组28件。

2019 年

1月

9日，惠山寺经幢、金莲桥桥梁及龙光塔铜葫芦三处拓片交付，此项目由陕西文物保护工程公司负责实施，经市文物局批准。

15日，惠山古镇申遗和建设工程指挥部撤销并入锡惠公园。

19日，无锡博物院邀请现任第十三届全国政协委员，全国政协文化文史与学习委员会委员，南京大学历史学院教授、博士生导师贺云翱做客锡博讲坛，做"江苏历史与文化创造"

主题讲座。

25 日，"丹青澄怀——陶心华藏画展"在无锡博物院开展，共展出陶心华藏品中的精品 54 幅，展期至 11 月 30 日。

25 日，"万里江海通——江南与海上丝绸之路"开展暨长三角中小型博物馆联盟研讨会在江阴市博物馆隆重举行，会上组建了长三角中小型博物馆联盟。

28 日，陈建国先生将自己珍藏了 30 余年的陶心华旧藏手札合册封面无偿捐赠给无锡博物院，使得册页与封面历经多年终得重逢。

2 月

1 日，"画写初心·无锡市书画院新春献礼暨 2018 年度作品展"在无锡美术馆（无锡市书画院）开展，展出了无锡市书画院 9 位专职画家 2018 年的创作成果。

5 日，无锡博物院新春特别活动开幕，从年初一到年初六，开展了一系列充满"年味"的春节民俗活动。

5 日，惠山寺发现南宋瓷器史料。

14 日，市文广旅游局局长蒋蕴洁、副局长宗翡一行三人先后调研无锡博物院、无锡市文化遗产保护和考古研究所，并召开座谈会。

18 日—24 日，"感知中国·江苏文化周"在柬埔寨与泰国举办，无锡非遗及"无锡故事"图片展吸引了众多嘉宾和当地民众，展示无锡的城市魅力。

23 日，无锡博物院邀请江南大学人文学院副教授刘桂秋做客锡博讲坛，做"中国书信文化与书信礼仪"主题讲座。

3 月

7 日，"泥与火的精灵——潘超安陶塑作品展"在无锡博物院开幕，共展出潘超安近年创作的陶塑作品 70 余件，展期至 3 月 13 日。

10 日，江阴市博物馆开展"扬帆起航——

也谈江南与海上丝绸之路"专题讲座，南京博物院院长龚良、江阴市文体广电和旅游局局长周晓虹、江阴市博物馆馆长翁雪花、志愿者代表等出席活动。

20 日，无锡博物院召开新闻发布会，公布 2019 年度展览计划，并公布了"锡博英才行动"项目。

23 日，无锡博物院邀请故宫博物院书画部副研究馆员秦明做客锡博讲坛，做"从无锡博物院藏《黄易书画合册》谈起"主题讲座。

28 日，省政府公布第八批江苏省文物保护单位名单，无锡共有 12 处入选，无锡"省保"数量达到 76 处。

30 日，"纸寿千秋，币有万种——无锡博物院藏历代纸币展"在无锡博物院开展，展览共计展出各类纸币 500 余张，展期至 6 月 2 日。

30 日，"经典与传承"——当代俄罗斯列宾美术学院师生优秀素描作品全国巡展在程及美术馆开展，展期至 4 月 13 日。

4 月

3 日，无锡商汇置业有限责任公司董事长孙银龙先生向无锡博物院捐赠了两封茅盾的亲笔手札，填补了无锡博物院相关藏品的空白。

16 日，"得天之清——无锡艺兰文化展"开幕式暨风雅之夜在无锡博物院盛大启幕，市人大常委会副主任吴峰枫，市政协副主席韩晓枫，市文广旅游局党委书记、局长蒋蕴洁等领导出席了开幕式，展期至 7 月 16 日。

19 日，《无锡文博论丛》编委会年会在无锡博物院召开，会议听取了编辑部工作汇报、编委会建议，并明确了下一年的编委会年会承办单位。

23 日，"迎接黎明——庆祝无锡解放 70 周年主题展"在无锡博物院开幕，共展出革命文物 90 余件，图片资料近百幅，展期至 10 月 20 日。

24 日，锡惠公园召开惠山寺经幢、金莲桥检测结果成果汇报会，陕西久传文物工程公司汇报工作，市文物局、文旅集团等领导、专家出席。

27日，无锡博物院邀请江苏省兰花协会秘书长叶军然做客锡博讲坛，做"无锡艺兰史略"主题讲座。

5月

17日，江阴市博物馆"博悟少年成长营——问鼎"入选2018年度江苏省博物馆青少年教育示范项目。

18日，无锡博物院开展义务鉴定、锡博讲坛等活动，并与南京博物院、苏州博物馆、南通博物苑、江阴市博物馆等九家博物馆联动推出"5·18国际博物馆日——《传统的未来》"网络直播，为公众奉上一场精彩纷呈的博物馆奇妙夜。

19日，无锡博物院结合中国旅游日"文旅融合，美好生活"的主题，继"5·18国际博物馆日"后再次开放夜场，举办博物院奇妙夜活动。

21日，无锡市人民政府在锡山顶龙光塔下举办"龙光塔修缮项目竣工仪式"，市委常委、市委宣传部部长袁飞、市人大副主任吴峰枫、市政协副主席丁旭初、市政府副秘书长严健媛、市文化遗产基金会理事长王慧芬及荣智健先生儿子香港隆源企业控股有限公司总经理荣明棣等参加。

22日，"简至诗意升起时——约翰·莫尔绘画奖（中国）特展"在程及美术馆隆重开幕，此次展览是无锡博物院程及美术馆与约翰·莫尔展览基金会的首次合作，汇集了中英两国10位艺术家的64幅作品，展期至7月15日。

24日，由无锡博物院和江苏省兰花协会共同举办的"得天之清——无锡艺兰文化国际研讨会"在无锡举行，来自中、日、韩三国的兰

文化专家参加了此次研讨会。

本月，阖闾城东小城的本体保护工作完成并对外开放。

6月

2日，东林国学讲堂"解读王船山《诗广传》"在东林书院道南祠举行。

3日，中国社会科学院考古研究所华东基地成立，无锡市文化遗产保护和考古研究所为理事单位。

12日，惠山古镇申报世界文化遗产研究及咨询合同签约仪式在惠山古镇中国泥人博物馆举行。中国文化遗产研究院院长柴晓明，苏州市计成文物建筑研究设计院院长戈荣华、国信司南（北京）地理信息技术有限公司总经理刘武、惠山古镇景区鲍坚强等分别作为代表签订四方协议。

15日，无锡博物院邀请中国钱币学会秘书处处长，副研究员杨君做客锡博讲坛，做"中国古代银元宝铸造工艺及张献忠沉银"主题讲座。

17日，惠山古镇文化旅游发展有限公司进行机构改革，撤销原文物管理科，成立园艺景观部，加挂文物管理部、申遗办牌子。

21日，"第十届程及美术奖优秀美术作品展"在江苏省美术馆开展，共展出110余件作品，展览入选"庆祝新中国成立70周年——江苏省基层优秀美术作品展览"。

22日，东林国学讲堂"漫谈唐调吟诵"在东林书院道南祠举行。

27日，江阴市博物馆"也谈江南海丝 唱响丝路红歌"快闪活动荣获2019年度江苏省"传媒+新技术"优秀案例。

28日，"云端·印象——中国民族博物馆藏民族版画艺术展"在无锡博物院拉开帷幕，共展出110余件作品。

（整理人：陈如芳、许静）

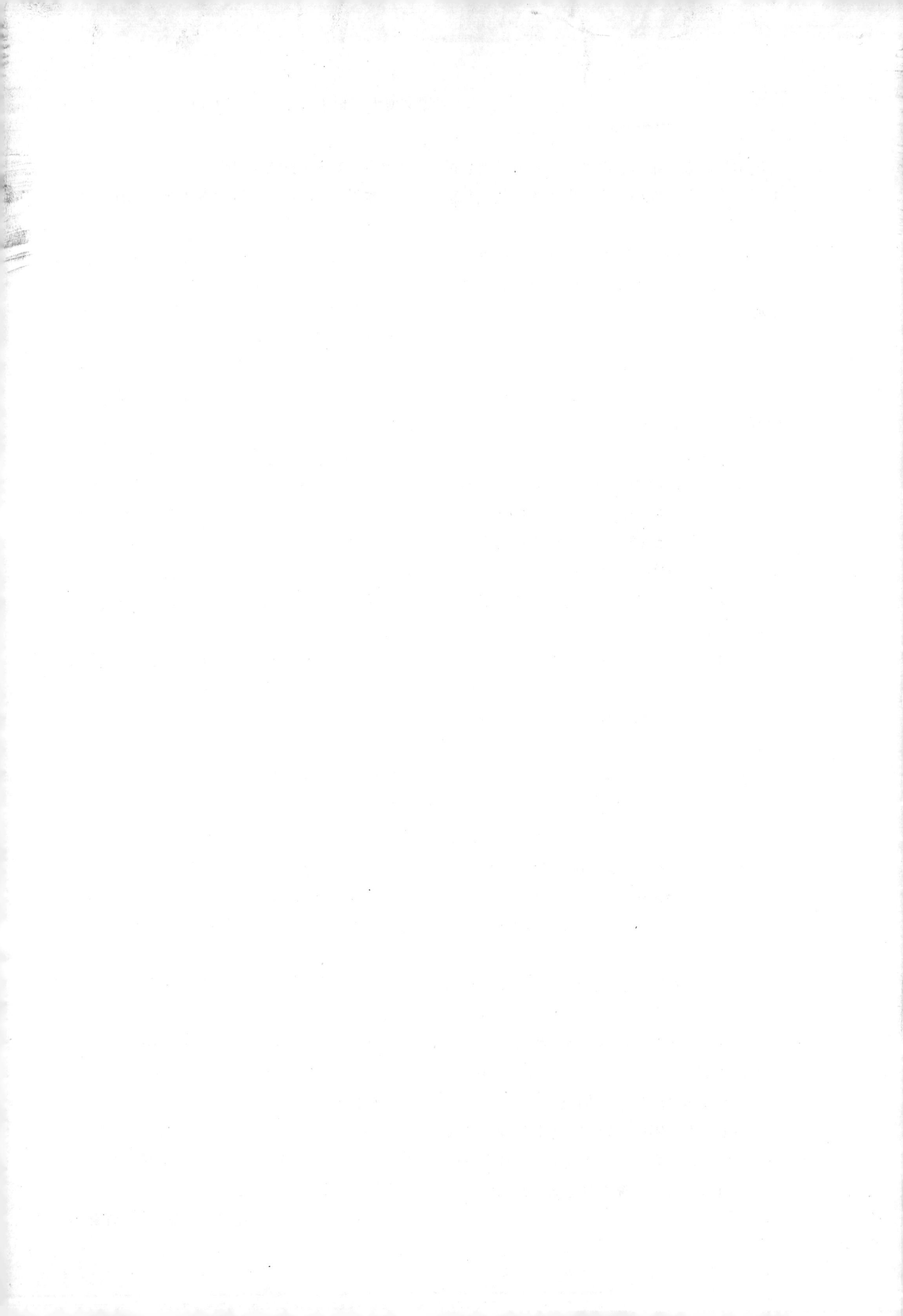